SECONDE SÉRIE
DE LA
BIBLIOTHÈQUE
LATINE-FRANÇAISE

DEPUIS ADRIEN JUSQU'A GRÉGOIRE DE TOURS

publiée

PAR C. L. F. PANCKOUCKE
OFFICIER DE LA LÉGION D'HONNEUR

IMPRIMERIE PANCKOUCKE,
rue des Poitevins, 14.

JORNANDÈS

DE LA SUCCESSION
DES ROYAUMES ET DES TEMPS

ET

DE L'ORIGINE ET DES ACTES
DES GOTHS

TRADUCTIONS NOUVELLES

PAR M. A. SAVAGNER
Ancien élève pensionnaire de l'École des Chartes
Professeur d'histoire en l'Université, etc.

PARIS
C. L. F. PANCKOUCKE, ÉDITEUR
OFFICIER DE L'ORDRE ROYAL DE LA LÉGION D'HONNEUR
RUE DES POITEVINS, 14

1842

NOTICE

SUR JORNANDÈS.

Parmi les nations qui attaquèrent avec le plus d'énergie l'empire romain sur son déclin, durant les IVe et Ve siècles de l'ère chrétienne, celle des Goths joue un des rôles les plus remarquables. Elle porta des coups terribles à l'Orient comme à l'Occident, et fit trembler plus d'une fois et Rome et Constantinople, jusqu'au jour où, déjà maîtresse de l'Espagne, elle arracha l'Italie et l'antique souveraine du monde à ce ramas de barbares dont Odoacre était le roi. Les souverains de ce peuple, le plus facile à civiliser parmi tous ceux qui prirent part au vaste mouvement qui ouvre l'histoire des temps modernes, déployèrent dans la paix et dans la guerre, soit comme alliés, soit comme ennemis des derniers empereurs, des facultés brillantes, et plusieurs sont comptés, avec raison, parmi les grands hommes de cette époque, si pleine d'agitation.

Le premier écrivain qui ait consacré un travail spécial à l'origine et à l'histoire de la race gothique, est l'illustre sénateur Magnus Aurelius Cassiodore. Lui-même nous affirme ce fait dans la préface du livre Ier de ses *Variæ*[1]. Le roi Athalaric, dans une lettre écrite au sénat au sujet de Cassiodore, créé par lui préfet du prétoire, parle également de cet ouvrage[2].

Malheureusement pour la science historique, ce monument, qui eût, sans aucun doute, fourni des données du plus haut intérêt, non-seulement sur les Goths, mais peut-être aussi sur le monde barbare tout entier, est devenu la proie du temps. Jornan-

---

[1] Il met dans la bouche d'une autre personne ces paroles, qui s'adressent à lui : « Duodecim libris Gothorum historiam defloratis prosperitatibus condidisti. »

[2] « Iste reges Gothorum, longa oblivione celatos, latibulo vetustatis eduxit, etc. — Originem Gothicam historiam fecit esse Romanam, etc. » (*Variarum* lib. IX, epist. 25.)

dès, il est vrai, en a fait un extrait, qu'un heureux destin a conservé jusqu'à nos jours.

Mais ce travail de Jornandès est-il réellement un abrégé, un résumé de l'ouvrage beaucoup plus étendu de Cassiodore? Nous répondrons à cette question par les propres paroles de l'auteur dans son Épître dédicatoire à Castalius : « Tu m'engages à résumer les douze volumes du sénateur (Cassiodore) sur l'origine et les actions des Gètes.... C'est pour nous un fardeau trop lourd, parce que ces livres ne sont pas à notre disposition, de manière que nous en suivions rigoureusement le sens. Mais.... j'ai relu naguère ces livres dans l'espace de trois jours, grâce à la faveur de son intendant. Bien que je n'en reproduise pas littéralement les termes, je crois cependant en conserver dans leur intégrité les pensées et les faits. J'y ai joint quelques détails qui s'y rapportent, et que j'ai tirés des histoires grecques et latines, y ajoutant de moi-même le commencement, la fin, et diverses choses dans le corps même de l'ouvrage. »

Ce passage démontre avec la dernière évidence que Jornandès n'avait qu'une connaissance très-imparfaite de l'ouvrage de Cassiodore; qu'il n'a pu le suivre fidèlement; que probablement il en a bouleversé tout le plan; qu'il a dû ou pu l'altérer dans ses parties les plus saillantes peut-être et les plus curieuses[1]; qu'il y a mêlé une foule de choses étrangères, sinon au sujet, du moins aux recherches de l'illustre sénateur.

Il ne faut donc consulter qu'avec méfiance un semblable document, qui est une compilation plutôt que l'abrégé d'une histoire consciencieusement faite et puisée aux meilleures sources. Cette méfiance est d'autant mieux justifiée, que l'on ne peut reconnaître et déterminer les passages que Jornandès doit à Cassidore, ceux qu'il doit à d'autres auteurs, ceux enfin où il prétend s'appuyer sur les antiques traditions et sur les chants nationaux des Goths. Quant à ce qui lui appartient en propre, il le dit lui-même : c'est le commencement, la fin, et quelques détails épars dans le corps de l'ouvrage. Or, ce commencement n'est pas sans importance pour l'étude des connaissances géographiques répandues dans le monde romain au VIe siècle de l'ère chrétienne : c'est une

---

[1] Il n'en aurait conservé que quelques brillants lambeaux (*splendidi panni*, selon l'expression de quelques critiques).

description de la terre, où l'auteur fait une mention spéciale de quelques îles, nommément de la Bretagne et de la Scanzie, d'où, selon lui, sont sortis les Gètes ou les Goths[1]. On peut lui attribuer également ce qu'il rapporte de Dicenéus, puis la mention qu'il fait de sa propre famille, enfin la conclusion à partir de la mort de Théodéric. Cette conclusion, au surplus, présente peu de détails véritablement intéressants.

Il est permis de laisser à Cassiodore tout le reste, sauf les parties où Jornandès cite d'autres auteurs, mais surtout le récit de la guerre des Huns et de la bataille de Châlons. Là, en effet, Jornandès se montre plus habile narrateur et plus habile écrivain que dans tout le reste de son ouvrage. En particulier, le discours qu'il met dans la bouche d'Attila ne manque pas d'un certain mouvement. Ce morceau, d'ailleurs, est capital pour la connaissance de l'un des faits les plus remarquables de cette période appelée, à tort peut-être, la *Migration des peuples*, et qui sert comme d'introduction à l'histoire du moyen âge[2].

Jornandès paraît, en général, animé d'un amour sincère de la vérité; mais son ignorance et le défaut d'ordre dans ses lectures, défaut qui se révèle à chaque page, comme aussi les préjugés de son siècle, lui ont fait confondre beaucoup de choses. Il est donc essentiel de le contrôler sans cesse par les écrits des autres historiens qui ont raconté les mêmes faits que lui. Quant à son style, il se ressent à un haut degré de la décadence ou plutôt de la transformation que subissait de son temps la langue latine : il manque de correction, de pureté et quelquefois de clarté ; quelquefois aussi l'on y remarque du mouvement et des inten-

---

[1] C'est dans ces pages que se trouvent les *quelques détails utiles sur la géographie des anciens pays du nord* que signale l'auteur de l'article JORNANDÈS dans la *Biographie universelle*, et non, comme le dit par erreur ce même écrivain (M. Fournier fils), dans le prétendu traité *de Origine mundi*, dont nous parlerons plus loin.

[2] On peut comparer notre traduction de ce passage avec celle qu'en a donnée M. Ph. Lebas, membre de l'Institut, dans l'article CHALONS (bataille de) de son *Dictionnaire encyclopédique de l'Histoire de France*. — Voir aussi le parti qu'en ont tiré les historiens modernes, entre autres Gibbon, Luden (*Histoire d'Allemagne*, t. 1er de notre traduction, Parent-Desbarres, Paris, 1839), M. de Chateaubriand (*Études sur l'Histoire de France*, t. II), et notre ami Mary Lafon (*Histoire du midi de la France*, t. 1er). Remarquons, en passant, que ce dernier place le champ de bataille, non à Châlons-sur-Marne, mais à Mauriac. D'autres l'ont bien placé en Catalogne !

tions de grandeur et de noblesse ; mais bientôt l'auteur retombe dans sa somnolence habituelle. Du reste, quoi qu'il en soit de ses défauts, ce livre est un des monuments les plus utiles que l'historien puisse consulter sur cette partie si peu connue encore des annales du genre humain[1].

Avant nous, cet ouvrage de Jornandès avait été traduit, en 1703[2], sous le titre d'*Histoire générale des Goths*, par Drouet de Maupertuy[3]. Cette traduction, dédiée emphatiquement à Charles XII, roi de Suède, est très-infidèle et mal écrite : ce n'est presque toujours qu'une paraphrase flasque et insignifiante ; les difficultés n'y sont jamais abordées de front, et le traducteur ne s'est pas fait scrupule de laisser de côté ou d'écourter les passages embarrassants. Drouet de Maupertuy a fait précéder son œuvre d'une préface ou plutôt d'une sorte d'introduction qui est un morceau rare d'absurdité historique.

L'Histoire des Goths a eu plusieurs éditions. La plus ancienne que nous ayons pu consulter est celle d'Augsbourg (*Augustæ Vindelicorum*, mars 1515, petit in-folio), à la suite de laquelle se trouve l'histoire des Lombards, par Paul Diacre. La bibliothèque Mazarine en possède un fort bel exemplaire. En 1588, Fournier en donna, à Paris, d'après un manuscrit ayant appartenu à P. Pithou, un texte plus correct avec les œuvres de Cassiodore. On remarque encore les éditions publiées : 1° par Bonaventure Vulcanus, avec d'autres ouvrages traitant du même sujet et avec le *De successione regnorum* (Lugd. Batav., ex officina Plantiniana, apud Fr. Raphelengium), en 1597, et non en 1618,

---

[1] Pour certaines parties de l'histoire des Goths, on doit comparer au récit de Jornandès, celui de Priscus et celui de Procope : le premier, pour ce qui est relatif à Attila ; le dernier, pour ce qui concerne la guerre dirigée par Bélisaire contre les Ostrogoths en Italie.

[2] Le titre porté, par erreur, 1603. Cette traduction, publiée chez la veuve de Claude Barbin, paraît être aujourd'hui assez rare ; car la seule bibliothèque publique où nous ayons pu la trouver, est celle de l'Arsenal. En tête de cet exemplaire se trouve une note manuscrite fort élogieuse, avec laquelle nous sommes loin d'être d'accord, car nous n'avons pu tirer la moindre utilité du travail de notre devancier. L'auteur de la note dont nous parlons est probablement l'ancien conservateur de la Bibliothèque de la Vallière, dont le fonds, comme l'on sait, a servi de base à celle dite aujourd'hui de l'Arsenal.

[3] C'est à tort que l'auteur (déjà cité) de l'article JORNANDÈS, de la *Biographie universelle*, écrit le nom du traducteur : *Drouet de Maupertuis*; nous l'écrivons comme Drouet lui-même, au bas de son épître dédicatoire.

comme le disent à tort Muratori, et après lui la *Biographie universelle*; 2° par Fr. Lepreux (Lyon 1594) : c'est celle dont nous avons adopté les divisions et que nous avons en général suivie; 3° par Lindenbrog, avec des notes (Hambourg, 1611); 4° par Grotius, dans sa collection des historiens qui ont écrit sur les Goths (Amsterdam, Elzévir, 1655, in-8°); 5° par les éditeurs de la *Bibliotheca Patrum*, t. xi. Mais la meilleure édition est celle de dom Garet, bénédictin de Rouen, publiée avec les œuvres de Cassiodore (en 1679), d'où cette histoire a passé dans la grande collection de Muratori (*Scriptores rerum Italicarum*, t. 1, p. 1), revue par Sassi, qui, entre autres variantes, a donné au bas des pages celles que fournit un très-ancien manuscrit de la bibliothèque Ambrosienne[1].

Il existe encore de Jornandès un ouvrage dont le titre se donne diversement. Le voici dans sa plus grande étendue : *De regnorum ac temporum successione, et actibus Romanorum, ceterarumque gentium liber ad Vigilium*. Trithème intitule ce livre *De gestis Romanorum*. Nous ne savons pourquoi l'auteur de l'article JORNANDÈS, dans la *Biographie universelle*, lui donne le titre de *De origine mundi*, sans ajouter, comme le fait un ancien manuscrit signalé par Vossius, *et actibus Romanorum ceterarumque gentium*. Nous n'avons pas trouvé non plus dans cette espèce de chronique les *détails utiles sur la géographie des anciens pays du Nord*, que l'imagination du biographe a cru voir. Du reste, Beatus Rhenanus mit ce livre au jour en 1531, à Bâle, in-folio, avec d'autres ouvrages; Gruter l'imprima avec des notes et avec l'Histoire des Goths, à Hanau, en 1611; il se retrouve dans quelques-unes des éditions du *De rebus Geticis*, citées précédemment, et enfin, sans notes et sans commentaires, dans le tome 1er, 1re partie, des *Scriptores rerum Italicarum*, de Muratori. Notre traduction est la première que l'on en ait donnée, et, pour des parties fort importantes, nous reconnaissons avoir trouvé d'utiles secours dans les travaux de notre respectable maître et ami M. du Rozoir, professeur d'histoire au collège royal de Louis-

---

[1] C'est donc encore une fois à tort que la *Biographie universelle* dit que Sassi revit et corrigea le texte de Garet sur un manuscrit de la Bibliothèque Ambrosienne. Le texte de Garet n'a pas été altéré par Sassi; ce dernier a seulement ajouté, en dehors de ce texte, des variantes, dont quelques-unes sont remarquables.

le-Grand, et dans ceux de notre collègue M. Ragon, l'un et l'autre traducteurs forts distingués de Florus. Le premier a bien voulu, de plus, nous éclairer de ses conseils.

Il paraît qu'en dehors de ses éditeurs et de ses imprimeurs, ce livre *De la succession des royaumes et des temps* a été rarement lu, et qu'il ne l'a pas été même par un savant mort ces dernières années, et dont, en beaucoup de circonstances, les ouvrages font autorité, sinon sous le rapport de la critique littéraire, du moins sous celui des indications historiques et bibliographiques : nous voulons parler de feu Schœll. Voici ce qu'il dit de Jornandès, dans son *Histoire de la littérature romaine :*

« Jornandès, ou Jordanus, écrivit en 552 une histoire des Goths et un abrégé de celle de l'empire romain depuis Romulus jusqu'à Auguste. Cet ouvrage n'est que la copie de Florus avec quelques additions et quelques changements, de manière que l'on peut corriger l'un par l'autre. »

Or, Schœll n'a pas fait attention que cette chronique de Jornandès est réellement une sorte d'abrégé, non-seulement de l'histoire romaine, mais encore de l'histoire universelle, et que cet abrégé, qui commence à l'origine du monde, loin de s'arrêter à la mort d'Auguste, s'étend jusqu'à une époque fort avancée du règne de Justinien. Si du reste Schœll l'avait lu, il se serait facilement aperçu que, si dans la partie empruntée à Florus, il est très-possible de redresser par celui-ci les fautes et les inexactitudes de Jornandès, il ne l'est pas réciproquement de corriger Florus par l'écrivain barbare. Les additions de Jornandès sont étrangères à la période traitée par l'historien romain, et les changements faits par lui consistent surtout en suppressions fort importantes. Celles-ci nous suggèrent une remarque qui n'est pas sans intérêt.

Florus, tout en résumant à grands traits les exploits militaires et les aggrandissements territoriaux successifs de la république romaine, présente parallèlement à ce tableau celui des mouvements populaires, des vicissitudes intérieures, des modifications graduelles subies par la constitution. C'est que les anciens avaient compris toute l'étendue de la science historique, toute son utilité comme base des études politiques. Ils l'avaient traitée par conséquent, sinon avec cette netteté et cette précision que l'école moderne cherche à lui donner, du moins avec largeur, avec profondeur et avec un puissant coup d'œil d'ensemble. Mais, après Tacite, l'art d'écrire l'histoire et l'intelligence même de cette science disparurent sensiblement des pays occidentaux de l'empire; on remplaça l'étendue des idées par la petitesse du genre anecdotique; les hautes considérations générales sur les faits ou sur le mouvement des institutions politiques, par les déclamations adulatrices jetées sans pudeur à la face des plus honteux tyrans[1]; la largeur et la noblesse de la composition et du style, par la sécheresse de la chronique, mal dissimulée sous quelques phrases sonores, mais vides. L'histoire, en un mot, tomba tout d'un coup dans la plus déplorable nullité, et c'est à peine si quelques faibles exceptions nous permettent de penser que, dans ces siècles malheureux, il se trouvait encore quelques hommes capables d'accorder une attention sérieuse aux plus grands intérêts de l'humanité. Il n'y avait là rien que de naturel. L'oppression abrutit les hommes, et leur ôte toute grandeur, tout ressort, toute faculté intellectuelle. Les choses furent bien pires après que l'invasion des barbares eut été consommée. Quel intérêt pouvaient avoir, aux yeux même des plus instruits parmi ces nouveaux venus, les vieilles agitations du forum, les débats des plébéiens et des patriciens, les proscriptions de Sylla, la guerre sociale, les lois agraires et les incessantes transformations de la constitution romaine? Conquérants, ils ne virent plus dans l'histoire que le fait le plus matériel, celui qui frappe le plus vivement l'imagination des hommes à demi civilisés, le spectacle des guerres de nation à nation; ils ne demandèrent plus aux annales des peuples que le récit des conquêtes par lesquelles ces peuples s'étaient tour à tour élevés à un haut degré de splendeur, par lesquelles ensuite ils avaient été renversés tour à tour, pour abandonner à des races plus heureuses leur suprême domination. N'ayant encore nulle organisation gouvernementale fixe et bien réglée, ils laissèrent écouler du temps avant que de s'inquiéter des principes constitutifs des sociétés, et encore ceux d'entre eux qui s'en occupèrent étaient des hommes de génie, des hommes d'un génie supérieur, que le vulgaire ne comprenait pas, et qui ne purent construire

---

[1] En effet, ne sommes-nous pas réduits à compléter les données insuffisantes des compilateurs et des abréviateurs par celles que peuvent nous fournir les épistolographes, les rhéteurs et les panégyristes?

qu'une œuvre éphémère, dont les ruines furent impuissantes, plus tard, à comprimer l'essor de la féodalité naissante.

En face de cet état des esprits, et soumis aux mêmes influences, les historiens, ou les auteurs de cette époque auxquels on est habitué à donner ce titre, ne pouvaient écrire autrement que la masse ne pensait; eux-mêmes ne portaient pas leurs vues beaucoup plus haut. Ajoutons qu'en général ils manquaient de connaissances suffisantes et d'une saine érudition. Il est donc facile de comprendre comment ils laissèrent presque de côté dans leurs ouvrages la partie politique de l'histoire, celle surtout qui s'attache aux relations intérieures des peuples; comment, en un mot, ils ne s'occupèrent plus que des faits extérieurs[1].

La chronique de Jornandès (car son *De regnorum ac temporum successione* est une véritable chronique à la façon de celles du moyen âge) est une preuve convaincante de la justesse de ces observations. Voyez, en effet, s'il dit un seul mot du gouvernement ou des événements intérieurs de l'Assyrie, de la Perse, de la Grèce, de l'Égypte! Voyez si, arrivé à l'histoire de Rome, il nous fait comprendre l'organisation de la monarchie, puis celle de la république! Les guerres et l'expulsion des rois, les guerres avec les Gaulois, avec les Samnites, avec les Tarentins, avec Pyrrhus, avec Carthage, avec la Macédoine, avec l'Asie, etc., voilà ce qu'il nous raconte; puis vient une sèche nomenclature des empereurs. Mais où trouvez-vous chez lui la retraite au mont Sacré, les lois agraires, la guerre sociale, celle des esclaves, le triumvirat? A peine dit-il quelques mots de César, et cela encore par forme de transition et pour arriver convenablement à la bataille d'Actium, à la ruine de l'Égypte, à la soumission du monde au pouvoir d'Auguste. Il n'explique nullement l'établissement de l'empire ni l'organisation donnée à ce vaste corps. Les mouvements des barbares sont par lui fort superficiellement signalés. Il ne trouve rien à dire sur l'état des arts et des sciences. Chose plus singulière encore! cet homme, chrétien et moine, accorde à peine deux ou trois mots à la fondation de la religion chrétienne. On dirait que cette partie de l'histoire ne le touche que légère-

---

[1] Dans l'*Introduction* à notre traduction d'Ammien Marcellin, nous nous proposons d'examiner à fond les causes de la décadence de l'histoire en Occident, et le caractère général des ouvrages historiques qui nous restent depuis Tacite jusqu'à la fin du vi^e siècle.

ment. S'il indique parfois les persécutions, il se garde bien d'en rechercher la cause ou d'en déterminer le véritable caractère; encore moins essaye-t-il de faire connaître la formation successive du gouvernement ecclésiastique, et les rapports réciproques des papes et des empereurs. Les tentatives faites par Julien pour le rétablissement du paganisme comme religion de l'État obtiennent tout au plus, de lui, une simple mention, résumée en un seul mot. Les progrès de la religion qui le compte au nombre de ses ministres, n'attirent guère son attention, et il ne daigne pas consigner dans sa *Chronique* les temps et les lieux où fut successivement portée la lumière de l'Évangile; et, pourtant, on ne peut supposer que les secours et les documents lui aient manqué.

Dans ce livre, Jornandès a mis évidemment à contribution plusieurs auteurs, aujourd'hui perdus peut-être; mais il n'en nomme aucun, si ce n'est Jamblique, auquel il prend une sentence pour en faire son début. Dans toute la partie non empruntée à Florus, le style de l'abréviateur barbare est d'une extrême faiblesse, et, comme nous venons de le dire, son travail ne nous offre guère de détails nouveaux. Il est encore une singularité qui ne doit pas nous échapper, et qui ne fait honneur ni au goût ni aux lumières de notre auteur. Dans les parties de sa chronique qu'il a empruntées à des auteurs chrétiens (tels qu'Eusèbe), et dans celles qui paraissent lui appartenir en propre, dans les dernières pages de sa chronique, par exemple, il parle le langage d'un ministre de l'Évangile; mais dans tout ce qu'il a tiré de Florus, il s'exprime en païen, et semble admettre encore le pouvoir des dieux de l'ancienne Rome. Certes, en cela, il n'avait pas la prétention de donner à sa composition ce qu'on appelle aujourd'hui la *couleur locale*. Dans ces mêmes pages, il se regarde comme Romain, et parle de la grandeur de Rome avec le même enthousiasme que Florus lui-même.

En résumé, le livre *De la succession des royaumes et des temps*, curieux sous quelques rapports, offre un bien moindre intérêt que l'*Histoire des Goths*. Aussi la plupart des anciens éditeurs, et Muratori lui-même, ont-ils placé celui-ci avant l'autre, dont pourtant il doit en quelque sorte former le complément, d'après les intentions de l'auteur lui-même, exprimées dans son Épître dédicatoire à Vigilius. Nous avons, avec l'édition de Lepreux, suivi l'ordre le plus rationnel, en sens inverse de la valeur historique de chacun des deux ouvrages.

Voilà, ce nous semble, tout ce que l'on peut dire de ceux-ci. Mais que dire de l'auteur lui-même? Ce que nous savons de lui se borne à deux lignes de son *Histoire des Goths*, où il fait brièvement connaître sa généalogie; le reste n'est que conjecture.

JORDANÈS, JORDANUS ou JORNANDÈS (car son nom s'écrit également de ces diverses manières) s'exprime ainsi sur lui-même : « .... Cujus Candacis Alanowamuthis patris mei genitor Peria, id est meus avus notarius, quousque Candax ipse viveret, fuit.... Ego item (quamvis agrammatus) Jornandes, ante conversionem meam notarius fui. » En conséquence, Jornandès était Goth d'origine, et il vivait au vi^e siècle de l'ère chrétienne; comme il a conduit son histoire jusqu'au temps de Justinien le Grand, on peut croire qu'il la composa vers l'an 552. Vossius, Cavéus, d'autres critiques, et enfin le bénédictin Garet, lui donnent le titre d'évêque de Ravenne. L'opinion vulgaire l'a considéré, il est vrai, jusqu'aujourd'hui, comme évêque de cette ville, ou du moins comme évêque des Goths[1]. Mais voici les raisons pour lesquelles Muratori[2] lui conteste cette qualité. Il faut, selon lui, regarder comme presque certain que jamais Jornandès ne fut élevé à des fonctions aussi éminentes que celles d'évêque de Ravenne. Nous trouvons un catalogue fort exact des archevêques de Ravenne dans Rubéus, dans Ughelli et autres auteurs, et, ce qui semble décisif, dans Agnellus, écrivain très-ancien, puisqu'il vivait au ixe siècle, sous le règne de l'empereur Lothaire Ier (ce dernier nous a laissé les vies de ces prélats; elles ont été publiées d'après un manuscrit de la bibliothèque d'Este par Benoît Bacchinius); l'on n'y rencontre nulle trace de Jornandès ou Jordanès. Il est difficile que, dans la liste de ces évêques, Jordanès ait échappé à l'attention et à l'érudition d'Agnellus, surtout lors-

---

[1] Bayle, dans son *Dictionnaire*, dit également que Jornandès fut évêque de Ravenne. Les deux lignes qu'il consacre à notre auteur sont insignifiantes. *Voyez* encore les *Mémoires de Trévoux*, janvier 1704, art. vi, édition de France; et MORÉRI, *Dictionnaire historique*, édition des libraires associés. Ce dernier s'étend un peu plus que Bayle sur Jornandès; mais ce qu'il en dit n'est pas exempt d'erreurs. On trouve les mêmes indications dans Possevin (*in Apparat. sacr.*) et dans Gesner (*in Biblioth.*).

[2] *In Jordanis, sive Jornandis chronicon de rebus Geticis præfatio* (*Scriptt. rerum Italic.*, t. i, pars i^a).

qu'il s'agissait d'une église si célèbre, et qui possédait tant de monuments, de diptyques et de chartes. Christophe Sandius, dans ses notes sur Vossius[1] s'exprime ainsi : « Venantius Fortunatus nous fait connaître, pour l'an 565, un archevêque de Ravenne nommé Vitalis, et inconnu aux auteurs cités plus haut, c'est-à-dire à Rubéus, à Sigonius, à Baronius, etc. » Mais il faut lire Rubéus lui-même[2] et Bacchinius[3]. Que du moins Jornandès ait été évêque des Goths, c'est sur quoi il ne s'explique pas lui-même. Sigebert de Gemblours, il est vrai, faisant mention de notre historien, l'appelle *Jordanès évêque*, et Godefroi de Viterbe a fait de même. De plus, dans quelques manuscrits cités par Vossius[4], l'un des traités de Jornandès dont nous publions la traduction est intitulé : *Jordani episcopi Liber de origine mundi et actibus Romanorum ceterarumque gentium*. Dans un autre manuscrit fort ancien de la bibliothèque d'Este, on lit ces mots : *Huc usque Jordanus episcopus natione Gothus, ut ipse testatur, sua chronica et Gothorum historias protelavit*. Enfin Jean Trithème, dans son livre sur les écrivains ecclésiastiques, dit en termes formels que Jornandès devint de moine évêque des Goths. Les écrivains postérieurs se sont emparés de ces témoignages fort peu concluants, et dans l'article même de la *Biographie universelle* que nous avons plusieurs fois rappelé, l'on n'hésite pas à donner à notre auteur la qualification d'évêque. Bien que Jornandès lui-même garde le silence à cet égard, et que ce renseignement ne vienne que du seul Sigebert de Gemblours, on n'est pas absolument en droit de nier qu'il ait été revêtu des honneurs de l'épiscopat. Ce que, du reste, nous devons tenir pour certain, c'est qu'il quitta les fonctions de notaire pour embrasser la vie monastique, et c'est lui-même qui nous apprend cette circonstance[5]. A quelle époque était-il né? en quel lieu? En quel temps et en quel lieu mourut-il? Quelles furent d'ailleurs les principales circonstances de sa vie? Les deux ouvrages que nous avons de lui sont-ils les

---

[1] *De Historic. Latin.* n. 22.
[2] *Hist. Ravenn.*, lib. III.
[3] *Observatt. ad vitam S. Maximiani*, p. 108, part. 2.
[4] *De Hist. Latin.*, lib. II, c. 20.
[5] Il s'exprime en effet ainsi : « Ante conversionem meam notarius fui. » Et il a été suffisamment prouvé, par divers glossateurs, que jadis le mot *conversio* signifiait l'entrée dans la vie monastique.

seuls qui soient sortis de sa plume, ou bien en avait-il composé d'autres encore ? Ce sont là autant de questions qu'il faut laisser dans l'obscurité[1].

Qu'il nous soit permis, en terminant cette Notice, de dire quelques mots de la traduction que nous soumettons aujourd'hui au jugement du public. Nous nous sommes fait un devoir de la plus scrupuleuse fidélité, et souvent nous avons sacrifié à la clarté du sens une élégance d'expression qui, après tout, n'existe pas dans l'original. Nous avons cherché à résoudre les difficultés assez nombreuses que présente le texte, et à dégager la pensée des ambiguïtés dont l'entoure trop souvent un style vicieux. Dans les notes, nous avons été sobre de variantes, ne donnant que celles qui offrent un intérêt réel, et nous avons évité des dissertations soit historiques, soit philologiques, qui seront mieux placées ailleurs. Nous pensons, toutefois, n'avoir négligé aucune observation essentielle, et nous nous sommes toujours appuyé sur les meilleures autorités. Enfin, si nous n'avons pas réussi complétement dans notre tâche, nous espérons que les amis de la science historique et des lettres latines nous sauront quelque gré d'avoir remis en circulation un livre dont les exemplaires commencent à être rares, d'en avoir donné un texte corrigé avec soin, et enfin, d'avoir fait de consciencieux efforts pour en offrir une interprétation, sinon brillante, du moins utile.

A. SAVAGNER.

[1] Legendre a eu tort de comprendre Jornandès parmi les historiens de France : tout ce que cet auteur dit de notre histoire ne remplit pas deux pages ; encore, dans ces deux pages, les noms propres sont-ils altérés et les faits mal présentés.

DES ROYAUMES

ET

DES TEMPS.

Jornandès.

JORNANDES VIGILIO

s. d.

Vigilantiæ vestræ, nobilissime frater Vigili, gratias refero, quod me perlongo tempore dormientem, vestris tandem interrogationibus excitastis. Deo magno gratias, qui vos ita fecit sollicitos, ut non solum vobis tantum, quantum et aliis vigiletis, macte virtutis et meriti. Vis enim præsentis mundi cognoscere ærumnas, aut quando cœpit, vel quid ad nos usque perpessus est, edoceri. Addis præterea, ut tibi, quomodo respublica cœpit et tenuit, totumque pæne mundum subegit, et hactenus vel imaginarie teneat, ex dictis majorum flosculos carpens breviter referam : vel etiam quomodo regnum a Romulo, et deinceps ab Augusto Octaviano, in Augustum venerit Justinianum. Quamvis simpliciter, meo tamen pandam eloquio. Licet nec conversationi meæ, quod admones, convenire potest, nec peritiæ : tamen ne amici petitionibus obviemus, quoquo modo valuimus, late sparsa collegimus, et prius ab autoritate divinarum scripturarum, cui et inservire convenit, inchoantes, et usque ad orbis terræ diluvium, per familiarum capita currentes, devenimus ad regnum Nini, qui, Assyriorum in gente regnans, omnem pæne Asiam subjugavit, et usque ad Arbacem Medum, qui, destructo regno Assyriorum, in Medos illud convertit, tenuitque usque ad Cyrum Persam ; qui itidem Medorum

JORNANDÈS A VIGILIUS

SALUT.

Je rends grâces, très-noble frère Vigilius, à votre vigilance, de m'avoir enfin tiré, par vos questions, d'un trop long sommeil. Je rends grâces au Dieu tout-puissant de vous avoir inspiré cette sollicitude qui vous fait veiller non-seulement pour vous-même, mais encore pour les autres : courage! persévérez dans cette vertu et dans ce mérite. Tu veux en effet connaître les misères du monde présent, c'est-à-dire apprendre quand il a commencé, ou encore ce qu'il a souffert jusqu'à nos jours. Tu demandes de plus que je te raconte brièvement, en recueillant dans les écrits de nos aïeux, ce qu'ils offrent de plus saillant, comment la république a commencé et s'est maintenue, comment elle a soumis le monde presque tout entier, et conserve de nos jours encore cet empire, tout au moins en imagination ; en d'autres termes, comment de Romulus, et ensuite d'Auguste Octavien, le pouvoir est venu à Justinien Auguste. Je révèlerai ces choses, simplement il est vrai, mais enfin dans le style qui m'est propre. Bien que ce que tu me demandes ne puisse convenir ni à mes occupations habituelles ni à mon talent, je n'ai pas voulu rester sourd aux instances d'un ami ; selon nos facultés, nous avons rassemblé les documents épars en mille ouvrages : prenant pour point de départ l'autorité des divines écritures, à laquelle il faut de toute nécessité se soumettre, et parlant ensuite sommairement des chefs des familles jusqu'au déluge universel, nous arrivons au règne de Ninus, qui, dominant sur la nation des Assyriens, subjugua presque toute l'Asie, et jusqu'au Mède

regnum subversum in Persas transtulit. Et exinde usque ad Alexandrum Macedonem, qui, devictis Persis, in Græcorum ditionem rempublicam demutavit. Post hoc, quomodo Octavianus Augustus Cæsar, subverso regno Græcorum, in jus dominationemque Romanorum perduxit. Et quia ante Augustum, jam per septingentos annos, consulum, dictatorum, regumque suorum solertia, Romana respublica nonnulla subegit, ab ipso Romulo ædificatore ejus originem sumens, in vicesimoquarto anno Justiniani imperatoris, quamvis breviter, uno tamen in tuo nomine, et hoc parvissimo libello confeci, jungens ei aliud volumen, de origine actuque Geticæ gentis, quod jam dudum communi amico Castalio edidissem, quatenus diversarum gentium calamitate comperta, ab omni ærumna liberum te fieri cupias, et ad Deum convertas, qui est vera libertas. Legens ergo utrosque libellos, scito quod diligenti mundum, semper necessitas imminet. Tu vero ausculta Joannem apostolum, qui ait : « Carissimi, nolite diligere mundum, neque ea quæ in mundo sunt; quia mundus transit, et concupiscentia ejus. Qui autem fecerit voluntatem Dei, manet in æternum. » Estoque toto corde diligens Deum et proximum, ut adimpleas legem, et ores pro me, nobilissime et magnifice frater.

Arbacès : celui-ci, après avoir détruit le royaume des Assyriens, fit passer l'empire aux Mèdes, qui le gardèrent jusqu'au temps de Cyrus le Perse. Ce prince, à son tour, renversa la monarchie des Mèdes, et transféra la suprématie aux Perses. De là nous descendons au temps d'Alexandre le Macédonien, qui vainquit les Perses, et, par une nouvelle révolution, assura aux Grecs le pouvoir souverain. Puis nous disons comment Octavien-Auguste César renversa la domination des Grecs, et la fit tomber au pouvoir des Romains. Et comme avant Auguste, pendant sept siècles déjà, et grâce à l'habileté de ses consuls, de ses dictateurs et de ses rois, la république romaine avait fait de grandes conquêtes, je pars de Romulus, son fondateur, pour arriver à la vingt-quatrième année de Justinien, et, bien qu'en peu de mots, et en ta seule considération, je raconte les faits en ce très-petit livre, y joignant un autre volume sur l'origine et les gestes de la nation gothique : il y a longtemps que je l'ai publié, en faveur de notre ami commun Castalius; mais je te l'adresse, parce qu'après avoir connu les calamités des diverses nations, tu désireras te rendre libre de toute misère, et te tourner vers Dieu, qui est la vraie liberté. Ainsi donc, en lisant ces deux petits livres, sache que la nécessité pèse toujours sur celui qui aime le monde. Suis plutôt les paroles de l'apôtre Jean, qui dit : « Très-chers frères, n'aimez point le monde ni les choses qui sont dans le monde, parce que le monde passe, ainsi que les désirs qu'il fait naître. Celui, au contraire, qui aura fait la volonté de Dieu, vit dans l'éternité. » Aime donc de tout ton cœur Dieu et le prochain, afin que tu accomplisses la loi, et que tu pries pour moi, mon très-noble et magnifique frère.

BREVIARIUM.

I. Auctoris consilium. Prima hominum gubernatio. Regni Assyriorum reges ad Sardanapalum, quibus admixta narratio belli Trojani, originis Latinorum et Judaici status sub aristocratia et monarchia.

II. Successio regni Medorum. Romæ initium. Ad Persas regni Medorum translatio.

III. Regni Græcorum successio. Ægypti reges. Monarchia Augusti.

IV. Regni Romanorum successio. Urbs condita. Remi cædes. Constitutio reipublicæ. Romuli mors, Numæ regnum, Tulli item Hostilii, Anci Martii, Tarquinii Prisci, Servii Tulli, Tarquinii Superbi. Regni ejus finis. Quæ in singulis regibus eximia fuerint.

V. Pulsis regibus consules creati sunt. Varia bella Romanorum. Galli Senones Italiam vastant. Clades Alliensis. Roma capta. Capitolium Manlius tuetur. Galli Roma pelluntur.

VI. Prœlia cum Gallis. Campaniæ amœnitas. Pro Campania bellum adversus Samnites. Romani sub jugum missi, postea labem abolent, hoste victo.

VII. Belli Tarentini origo. Pyrrhus Tarentinis fert auxilium, et Romanos dolo tentat. Victoriæ triumphique de Tarentinis splendor. Picentes et Salentini domiti.

VIII. Romani Siciliam invadunt. Prima eorum victoria navalis. Bellum in Africam translatum. Reguli virtus, clades, constantia.

IX. Metelli victoria. Appius victus. Naufragium classis Carthaginiensium. Catuli de Carthaginiensibus victoria. Bellum contra Ligures, Insubres Gallos, Punicum secundum: Saguntinorum clades. Pugnæ ad Ticinum, Trebiam, Thrasimenum lacum, Cannas. Maximum Annibalis erratum.

SOMMAIRE.

I. Dessein de l'auteur. Premier gouvernement des hommes. Rois du royaume des Assyriens jusqu'à Sardanapale. On y mêle le récit de la guerre de Troie, de l'origine des Latins, et de l'État juif sous l'aristocratie et la monarchie.

II. Succession du royaume de Macédoine. Commencements de Rome. Translation du royaume des Mèdes aux Perses.

III. Succession de l'empire des Grecs. Rois d'Égypte. Monarchie d'Auguste.

IV. Succession de l'empire romain. La ville fondée. Meurtre de Rémus. Constitution de la république. Mort de Romulus; règne de Numa, de Tullus Hostilius, d'Ancus Martius, de Tarquin l'Ancien, de Servius Tullius, de Tarquin le Superbe. Fin de ce royaume. Qualités remarquables de chacun de ces rois.

V. Création des consuls après l'expulsion des rois. Diverses guerres des Romains. Les Gaulois Sénonais dévastent l'Italie. Défaite d'Allia. Prise de Rome. Manlius défend le Capitole. Les Gaulois sont chassés de Rome.

VI. Combats avec les Gaulois. Délices de la Campanie. Guerre contre les Samnites au sujet de la Campanie. Les Romains passent sous le joug, et effacent ensuite cette honte en battant les ennemis.

VII. Origine de la guerre de Tarente. Pyrrhus secourt les Tarentins, et essaye de triompher des Romains par la ruse. Éclatante victoire et triomphe sur les Tarentins. Soumission des Picentins et des Salentins.

VIII. Les Romains envahissent la Sicile. Leur première victoire navale. La guerre transportée en Afrique. Courage, défaite, héroïsme de Regulus.

IX. Victoire de Metellus. Défaite d'Appius. Naufrage de la flotte carthaginoise. Victoire de Catulus sur les Carthaginois. Guerre contre les Ligures, les Gaulois Insubriens. Seconde guerre punique. Ruine des Sagontins. Batailles du Tésin, de la Trébie, du lac Thrasimène, de Cannes. Grande faute d'Annibal.

X. Romani respirant, Fabius, primus reipublicæ vindex. Recuperata per Marcellum Sicilia. Sardinia. Scipionum in Hispania clades. Scipionis filii fortitudo, temperantia. Hannibalis adversa fortuna. Fortissimum Romanorum facinus. Hasdrubal a Romanis cæsus. Translatum in Africam bellum. De summa rerum postrema pugna.

XI. Bellum Macedonicum, Numidicum, Epiroticum, Illyricum. Pannoniæ, Noricum, Thraciæ occupatæ. Bessi a Lucullo devicti. Asia, Bithynia, Cappadocia Romanis datæ. Antiochus, Cilices, Isauri, victi et spoliati.

XII. Cyprus in provinciæ formam redacta. Libya, Ægyptus, Armenia, Syria, subactæ. Res gestæ Pompeii in Asia et Ventidii Bassi adversus Persas et Parthos. Augusti bella in Germanos, Dalmatas, Pannonios, Thraces, et alios : Antonium deinde et Cleopatram. Jano clauso, moritur Augustus.

XIII. Imperium Tiberii, Caligulæ, Claudii Neronis et aliorum usque ad Valentinianum et Valentem.

XIV. Valentiniani et Valentis aliorumque sequentium principatus, ad Augustulum. Res Gothicæ. Res sub Anastasio et Justino majore gestæ.

XV. Justiniani imperium, Belisarii de Vandalis victoria. Ejusdem bellum contra Gothos, et res feliciter gestæ.

XVI. Absentia Belisarii res Italiæ turbantur, et Totilas, Gothorum rex, prospere agit. Guntharis tragœdia. Longobardorum et Gepidarum atrox pugna.

X. Les Romains respirent. Fabius, premier vengeur de la république. La Sicile reconquise par Marcellus. La Sardaigne. Revers des Scipion en Espagne. Courage et tempérance de Scipion le fils. La fortune contraire à Annibal. Exploit héroïque des Romains. Asdrubal tué par les Romains. La guerre transportée en Afrique. Dernière bataille; elle est décisive.

XI. Guerres de Macédoine, de Numidie, d'Épire, d'Illyrie; la Pannonie, le Noricum, la Thrace conquis. Les Besses vaincus par Lucullus. L'Asie, la Bithynie, la Cappadoce données aux Romains. Antiochus, les Ciliciens, les Isaures vaincus et dépouillés.

XII. Cypre réduite en province. La Libye, l'Égypte, l'Arménie, la Syrie subjuguées. Exploits de Pompée en Asie et de Ventidius Bassus contre les Perses et les Parthes. Guerres d'Auguste contre les Germains, les Dalmates, les Pannoniens, les Thraces et d'autres peuples; enfin contre Antoine et Cléopâtre. Auguste meurt après avoir fermé le temple de Janus.

XIII. Règnes de Tibère, Caligula, Claude Néron, etc., jusqu'à Valentinien et Valens.

XIV. Règnes de Valentinien et de Valens, etc., jusqu'à Augustule. Histoire des Goths. Événements accomplis sous Anastase et Justin l'Ancien.

XV. Règne de Justinien. Victoire de Bélisaire sur les Vandales; sa guerre contre les Goths et ses succès.

XVI. L'absence de Bélisaire met la confusion dans les affaires d'Italie, et Totilas, roi des Goths, obtient des succès. Mort tragique de Gunthar. Bataille terrible entre les Lombards et les Gépides.

JORNANDIS

DE REGNORUM AC TEMPORUM SUCCESSIONE LIBER.

I. Romani, ut ait Iamblichus, armis et legibus exercentes sese, orbem terrae suum fecerunt. Armis siquidem construxerunt, legibus autem conservaverunt. Quod et ego sequens eruditissimum virum, dum aliqua de cursu temporum scribere delibero, necessarium duxi opusculo meo velut insigne quoddam ornamentum praeponere. Cupio namque ob inquisitiones amici fidelissimi, ex diversis voluminibus majorum praelibans aliquos flosculos, pro captu ingenii mei, in unum redigere, et in modum historiunculae, tam annorum seriem, quam etiam eorum virorum qui fortiter in rempublicam laboraverunt, gesta strictim breviterque colligere. Quod quamvis simpliciter reor dictum videri doctissimis, gratum tamen fore existimo mediocribus, dum et brevia sine fastidio legant, et sine aliquo fuco verborum, quae lectitaverint, sentiant.

Ab origine etenim orbis, primaque creatione, tam hominum quam elementorum, usque orbis terrae diluvium,

JORNANDÈS.

DE LA SUCCESSION

DES ROYAUMES ET DES TEMPS.

I. Ce fut à la fois par les armes et par les lois, selon l'expression de Iamblique, que les Romains arrivèrent à l'empire du monde. En effet, ils construisirent par les armes, et conservèrent par les lois. Marchant sur les traces de ce savant auteur, je me suis proposé d'écrire quelques pages sur le cours des temps, et j'ai cru nécessaire de placer cette réflexion, comme un brillant ornement, en tête de mon opuscule. Je désire, en effet, répondre aux instances d'un fidèle ami, recueillir quelques fleurs des divers volumes laissés par les anciens, les réduire en un tout, selon la capacité de mon esprit, et résumer d'une manière brève et succincte, dans le cadre d'une histoire peu étendue, tant la suite des années que les gestes de ces hommes qui ont courageusement travaillé à la gloire de la république. Que si les savants trouvent peut-être de la simplicité dans mon discours, je pense néanmoins qu'il sera agréable aux hommes d'une instruction médiocre, pourvu qu'ils lisent sans ennui un exposé sommaire, et comprennent ce qu'ils auront lu, sans un vain étalage de paroles.

A partir de l'origine du monde et de la première création, tant des hommes que des éléments, jusqu'au

secundum veridici legislatoris verba Moysi, duo millia ducentos quadraginta et duos annos collegimus [r]. In quibus annis adhuc rudi et simplici hominum natura, non reges, sed familiarum capita in suo genere erant. Quorum tamen ordo hujuscemodi fuit. Adam, protoplastus primusque mortalium, vixit annos ccxxx et genuit Seth. Seth vixit annos ccv et genuit Enos. Enos autem vixit annos cxc et genuit Cainan. Cainan autem vixit annos clxx et genuit Malalehel. Malalehel vixit annos clxv et genuit Iareth. Iareth vero vixit annos clxii et genuit Enoch. Enoch vero vixit annos clxx et genuit Mathusalem. Mathusalem vixit annos clxxvii et genuit Lamech. Lamech quoque vixit annos centum octoginta octo, et genuit Noe. Noe vero sexcentorum erat annorum, quando diluvium mundi crudelissima facinora expiavit. A cujus regimine, vel ab ipso diluvio usque ad confusionem linguarum, quae item ob delicta aedificantium turrim facta est in campo Sennaar, et Heber, in quo Hebraeorum genus et lingua prisca remansit, quia nec in illa conspiratione interfuit, sunt anni quingenti vigintiquinque per familias sic. Arfaxat filius Sem, nepos Noe, qui post diluvium anno secundo est genitus, vixit annos cxxxv. Cainan vero vixit annos cxxxv et genuit Sale. Sale autem vixit annos centum xxx et genuit Heber. Heber quoque vixit annos cxxx et genuit Falech. A confusione vero linguarum, et primatu Heber, a quo Hebraei, et usque nativitatem Abrae, quando et primus rex in gente regnabat

déluge universel, nous comptons deux mille deux cent quarante-deux ans, selon les paroles du véridique législateur Moïse. La nature de l'homme, dans ces années, étant encore grossière, il y avait, non des rois, mais des chefs de famille dans leur race. Voici l'ordre dans lequel ils se succédèrent. Adam, le premier formé et le premier des mortels, vécut deux cent trente ans et engendra Seth. Seth vécut deux cent cinq ans et engendra Enos. Enos vécut cent quatre-vingt-dix ans et engendra Cainan. Cainan vécut cent soixante-dix ans et engendra Malalehel. Malalehel vécut cent soixante-cinq ans et engendra Jareth. Jareth vécut cent soixante-deux ans et engendra Enoch. Enoch vécut cent soixante-dix ans et engendra Mathusalem. Mathusalem vécut cent soixante-dix-sept ans et engendra Lamech. Lamech vécut cent quatre-vingt-huit ans et engendra Noé. Noé était âgé de six cents ans, lorsque le déluge expia les crimes affreux du monde. Depuis le gouvernement de ce patriarche, c'est-à-dire depuis le déluge même jusqu'à la confusion des langues, qui eut lieu dans la plaine de Sennaar, à cause des péchés de ceux qui construisirent la tour de Babel, et jusqu'à Heber, en qui se conservèrent la race des Hébreux et l'ancienne langue, parce qu'il ne participa point à cette conspiration, il y a cinq cent vingt-cinq ans qui se divisent entre les familles ainsi qu'il suit : Arfaxat, fils de Sem et petit-fils de Noé, qui naquit la seconde année après le déluge, vécut cent trente-cinq ans. Caïnan vécut cent trente-cinq ans et engendra Salé. Salé vécut cent trente ans et engendra Heber. Heber vécut également cent trente ans et engendra Falech. Depuis la confusion des langues et le gouvernement d'Heber, d'où sont venus les Hébreux, jusqu'à la naissance d'Abraham, époque où vivait dans la nation des Assyriens le premier roi, Ninus, alors dans la quarante-deuxième année de son règne, et, en suivant la série des générations énumérées ci-dessus, il s'écoula

Assyriorum Ninus, anno regni sui XLII suprascripta familiarum serie, currentes fiunt anni quingenti quadraginta unum. Sic Falech vixit annos CXXX et genuit Ragan. Ragan vixit annos CXXXII et genuit Saruch. Saruch autem vixit annos CXXX et genuit Nachor. Nachor vero vixit annos LXXIX et genuit Thare. Thare quoque vixit annos LXX et genuit Abram. Simul ergo ab Adam usque ad nativitatem Abræ, id est ab ortu mundi usque quadragesimum secundum annum regis Assyriorum Nini, ut supra diximus, per familias capitaque eorum fiunt generationes viginti. Anni autem tria millia CCC et octo.

Unde jam relictis familiis, regum seriem prosequamur: et sicut Eusebius seu Hieronymus, primum Assyriorum, deinde Medorum, Persarumque, et Græcorum regnum percurrentes, ad Romam imperium quomodo delatum sit, vel quali tempore, latius, si Dominus permiserit, exsequamur. Origo ergo regum regnorumque antiqua Assyria nobis amplexanda est. In qua primus Ninus Beli filius, urbem sui nominis fabricans Niniven, regnavit annos XLII[2]; ubi a primo anno ipsius Nini, et usque in ultimum annum Thonos Concoloros, quem regem Sardanapalum appellant, quem occidit Arbaces Medorum præfectus, regnum illud ftranserens in Medos, regnatum est a regibus XXX et VI, per annos mille ducentos quadraginta, sic. Ninus rex Assyriorum post nativitatem Abræ regnavit annos decem. Semiramis uxor Nini annos XLII : hanc dicunt quasi Babyloniæ conditricem, quamvis non legatur quia con-

cinq cent quarante et un ans. Ainsi Falech vécut cent trente ans et engendra Ragan. Ragan vécut cent trente-deux ans et engendra Saruch. Saruch vécut cent trente ans et engendra Nachor. Nachor vécut soixante-dix-neuf ans et engendra Tharé. Tharé vécut soixante-dix ans et engendra Abraham. En récapitulant donc depuis Adam jusqu'à la naissance d'Abraham, c'est-à-dire depuis l'origine du monde jusqu'à la quarante-deuxième année du règne de Ninus, roi des Assyriens, comme nous l'avons dit plus haut, il y eut, par les familles et leurs chefs, vingt générations, et trois mille trois cent huit ans.

A partir de ce point, laissant de côté les familles, nous suivrons la série des rois; et, comme l'ont fait Eusèbe et Jérôme, jetant un coup d'œil rapide sur les monarchies, d'abord des Assyriens, puis des Mèdes, des Perses et des Grecs, nous dirons plus en détail, si le Seigneur nous le permet, comment et en quel temps l'empire passa à Rome. Nous devons considérer l'Assyrie comme l'antique origine des rois et des royaumes. Dans ce pays, Ninus le premier, fils de Bélus, construisant une ville appelée, de son nom, Ninive, régna quarante-deux ans. Là, depuis la première année de ce même Ninus, jusqu'à la dernière année de Thonos Concoloros, roi que l'on appelle Sardanapale, et qui fut tué par Arbacès, gouverneur des Mèdes, lequel fit passer aux Mèdes cette monarchie, régnèrent trente-six rois, pendant douze cent quarante ans, dans l'ordre qui suit. Ninus, roi des Assyriens, régna dix ans encore après la naissance d'Abraham. Sémiramis, épouse de Ninus, régna quarante-deux ans. On la représente comme la fondatrice de Babylone, quoique nous lisions qu'elle ne bâtit pas cette ville, mais qu'elle la répara seulement. Sous

didit, sed quia reparavit. Sub ea Abram adolescit in Chaldea. Zameis, qui et Ninias, filius Nini et Semiramidis, annos xxxviii. Cujus tricesimotertio anno facta est promissio ad Abraham, quum esset annorum lxxv. Arius annos xxx, cujus decimo anno centenarius Abraham genuit filium Isaac. Aralius regnavit annos xl : hujus in ultimo regni anno nascuntur gemini Isaac, id est Jacob et Esau. Xerses qui et Baleus annos xxx. In hujus regni tempore Jacob germanum fugiens Esau, descendit in Ægyptum solus, ditatusque cum turba adscendit. Armanitres annos xxxviii. Jacob a servitute soceri Laban recedens, ad patrem revertitur. Belochus annos xxxi : hoc regnante Joseph adolescens somnia sua fratribus et patri narravit. Baleus annos xlii : hujus anno tricesimo Jacob penuria famis descendit in Ægyptum, ibique filium suum reperit præpositum terræ totius Ægypti. Altadas annos xxxii : hoc regnante Jacob defunctus in Ægypto, cujus cadaver Joseph cum magno honore locat in terram Chanaan. Maminthus annis xxx : sub istius regni tempore, moritur Joseph, et Hebræos deprimunt Ægyptii gravissima servitute. Manchalcus annos xxx, et hoc regnante servitus durat in Ægypto Hebræorum. Sperus annos xxx : hujus regni temporibus ultimis, Ambra ex tribu Levi genuit Moysen. Mamilus triginta annis, et hoc regnante Moses adolescens omnem philosophiam didicit Ægyptiorum. Sparetus annis quadraginta, quo tempore Moyses occiso Ægyptio in terram fugit Madiam. Ascades annos quadra-

son règne, Abraham grandit en Chaldée. Zaméis, nommé encore Ninias, fils de Ninus et de Sémiramis, tint le sceptre pendant trente-huit ans. C'est dans la trente-troisième année du règne de ce prince, que Dieu fit ses promesses à Abraham, alors âgé de soixante-quinze ans. Arius régna trente ans, et, dans la dixième de ces années, Abraham, alors centenaire, engendra son fils Isaac. Aralius régna quarante ans, et, dans la dernière année de ce règne, naissent les deux fils jumeaux d'Isaac, à savoir Jacob et Ésaü. Xersès, qu'on appelle encore Baléus, régna trente ans. C'est au temps de ce règne, que Jacob, fuyant son frère Ésaü, descendit seul en Égypte, et, y étant devenu riche, en remonta avec une multitude. Armanitrès régna trente-huit ans. Jacob, quittant le service de son beau-père Laban, revient vers son père. Belochus régna trente et un ans : de son temps, Joseph encore jeune expliqua les songes de ses frères et de son père. Baléus régna quarante-deux années. Dans la trentième, Jacob, pressé par la famine, descendit en Égypte, et y trouva son fils placé à la tête de toute la terre d'Égypte. Altadas régna trente-deux ans. C'est à cette époque que mourut en Égypte Jacob, dont le corps fut enseveli avec de grands honneurs dans la terre de Chanaan, par son propre fils. Maminthus régna trente ans. Vers la fin de ce règne, Joseph meurt, et les Égyptiens font peser sur les Hébreux la tyrannie la plus oppressive. Manchaléus règne trente années, pendant lesquelles continue la servitude des Hébreux en Égypte. Sperus régna trente ans, et ce fut dans les derniers temps de ce prince, qu'Ambra, de la tribu de Lévi, engendra Moïse. Mamilus régna trente ans, et, de son temps, Moïse adolescent apprit toute la philosophie des Égyptiens. Sparetus règne quarante ans ; vers cette époque, Moïse, ayant tué un Égyptien, s'enfuit dans la terre de Madian. Ascadès occupe le trône pendant quarante ans : ce fut dans la huitième année du

ginta; hujus regni anno octavo Moyses quadringentesimo trigesimo anno repromissionis populum Hebræorum in signis et virtutibus educit ex Ægypto, eisque in eremo per annos quadraginta legem exponit. Amyntes XLV annis; hujus nono anno moritur Moyses, et Jesus Nave ducatum populo præbet. Belochus annis XXV, sub quo Othoniel, judex Hebræorum, populum et sacerdotium continet Finees. Belebares annis XXX, quo tempore Hebræorum judex Aioth, Allophylique infesti omnino Hebræis. Lamprides annis XXXVII, et in hujus regno ipse perdurat Aioth. Sosares annis XX, et hujus temporibus quamvis senex, tamen adhuc consistit Aioth, pugnatque cum alienigenis, et vicit aditus a Deo. Lampares annos XXX, quo regnante Judæis præerat Debora. Pannias annis XLV, sub cujus tempore præfuit Gedeon, qui et Jerobaal; Sosarnius annos XVIIII, sub cujus tempore Thola et Abimelech judices erant Hebræorum. Mithreus annis XXIX, sub quo Judæis præerat Jair. Tantanes XXII annis, cujus sub regno judices Hebræorum, Hesebon et Labdon.

Nam et ipso tempore Græci Trojam vastaverunt. Unde Æneas fugiens in Italiam venit, se quoque cum Latino Fauni filio, Pici nepote, Saturni abnepote, affinitatis gratia jungens, accepta filia ejus in uxorem Lavinia, unitos Phrygas, Italosque populos nominavere Latinos, et sic deinceps quamvis in pauperrimo regno, locoque angusto, quod dicebatur Agrolaurentum, regna-

règne de ce prince et dans la quatre cent trentième de la nouvelle promesse, que Moïse, par la puissance des signes et des vertus, fit sortir d'Égypte le peuple des Hébreux ; puis, durant quarante années, il leur exposa la loi dans le désert. Amyntès gouverne quarante-cinq années ; dans la neuvième, meurt Moïse, et Jésus Navé se charge de la conduite du peuple. Belochus règne vingt-cinq ans : sous lui Othoniel est juge des Hébreux, tandis que Finéés tient le peuple et le sacerdoce. Bélébarès règne trente ans ; de son temps Aïoth fut juge des Hébreux, dont les Allophyles se montrèrent ennemis acharnés. Lampridès régna trente-sept ans, et, durant son règne, Aïoth resta juge. Sosarès règne vingt ans, et, de son temps, Aïoth, quoique vieux, se maintient, combat les étrangers et en triomphe, inspiré par Dieu. Lamparès règne trente ans, à l'époque où Débora était à la tête des Juifs. Pannias règne quarante-cinq ans, vers le temps où le peuple de Dieu eut pour juge Gédéon, appelé aussi Jérobaal. Sosarnius règne dix-neuf ans ; alors Thola et Abimélech étaient juges des Hébreux. Mithreus règne vingt-neuf ans ; sous lui Jaïr gouvernait les Juifs. Tantanès gouverne vingt-deux ans ; sous son règne, Hésébon et Labdon furent juges des Hébreux.

C'est dans ce même temps que les Grecs détruisirent Troie. Énée, s'enfuyant de cette ville, vint en Italie, s'allia avec Latinus, fils de Faunus, petit-fils de Picus, arrière-petit-fils de Saturne, et reçut pour épouse Lavinie, fille de ce prince : les Phrygiens, unis aux peuples d'Italie, furent appelés Latins ; et ainsi, à partir de ce moment, ils régnèrent, bien que dans un royaume très-pauvre, et dans un territoire très-borné, désigné par le nom d'Agrolaurentum. Après Latinus, régnèrent Énée

verunt. Post Latinum Æneas et successores ejus, qui et Silvii Albanique vocati, pro Albana urbe et pro postumo Ænea ejusdem Æneæ, qui idcirco Silvius dictus est, quia Lavinia post mortem Æneæ, timens Ascanii invidiam, clam eum in silva generavit, Æneamque Silvium nominavit. Ante quem, ut superius diximus, Italiæ regnatum est, a Jano, Saturno, Pico, Fauno atque Latino, per annos circiter CLXXX. Teuteus annos XL; sub quo Samson ille ultra fortes fortissimus judex Hebræorum. Tinneus annos triginta; hoc regnante anno decimo octavo, Heli sacerdos, audito nuntio de morte filiorum, arcaque testamenti ablata, cadens mortuus est. Dercilius annos XL; sub quo aliquantum tempus, Saul rex Hebræorum, alius vero rex David ex tribu Juda constitutus regnavit. Eupales XXX annis et octo; hoc regnante anno tricesimo secundo, Salomon templum Domini inchoavit, et perfecit singulare in mundo, per annos septem. Laosthenes annos XLV; et hoc regnante Assyriis, Salomon regnat Hebræis, Sadoch vero et Achias Selonites prophetant. Pritiades annis XXX; sub quo jam mortuo Salomone, inter Roboam et Jeroboam regnum dividitur Hebræorum, et alii Judæi, alii dicuntur Israelitæ. Ofrathæus annis XX; sub isto in parte Judæorum regnat Josaphat, Israelitarum vero celeri morte Nabad et Basa, Ela et Ambri obcuntibus, tenebat regimen Achas cum Hiesabel. Ofrathenes annis L; sub quo Joram, Ochozias, et Arthalia, et Joas parti Judææ regnabant; Israeli vero Ochozias, Joram, et Jehu,

et ses successeurs, appelés aussi Silviens et Albains, pour
la ville d'Albe et pour Énée, fils posthume de ce même
Énée ; ce jeune prince fut surnommé Silvius, parce que,
après la mort d'Énée, Lavinie, redoutant la jalousie
d'Ascagne, le mit secrètement au monde dans une forêt,
et l'appela Énée Silvius. Avant lui, comme nous l'avons
dit plus haut, l'Italie fut gouvernée par Janus, Saturne,
Picus, Faunus et Latinus, durant l'espace de cent quatre-
vints ans environ. Teutéus régna quarante ans, et sous
lui Samson, le plus fort parmi les forts, fut juge des
Hébreux. Tinnéus occupa le trône pendant trente ans ;
dans la dix-huitième année de son règne, le grand prêtre
Héli, ayant appris la mort de ses fils et l'enlèvement de
l'Arche du Testament, tomba à la renverse et mourut.
Dercilius régna quarante ans ; sous lui, Saül fut quelque
temps roi des Hébreux ; mais un autre roi, David, élu
dans la tribu de Juda, prit le sceptre. Eupalès gouverna
trente-huit ans ; dans la trente-deuxième année du règne
de ce prince, Salomon commença le temple du Seigneur,
et termina en sept ans ce monument sans pareil dans le
monde. Laosthène régna quarante-cinq ans, et dans le
temps où il gouvernait les Assyriens, Salomon régna sur
les Hébreux, Sadoch et Achias Sélonitès prophétisèrent.
Pritiadès règne trente ans ; sous lui, et après la mort de
Salomon, Roboam et Jéroboam se partagent le royaume
des Hébreux, dont les uns sont appelés Judéens, et les
autres Israélites. Ofrathéus règne vingt ans : de son
temps, Josaphat est roi de Juda ; mais en Israël, après
la mort prématurée de Nabad et Basa, et le passage au
pouvoir d'Éla et d'Ambri, Achas tint avec Hiésabel les
rênes de l'État. Ofrathène régna cinquante ans ; sous lui,
Joram, Ochozias, Arthalie et Joas furent souverains en
Juda ; en Israël, Ochozias, Joram et Jéhu se succédèrent
sur le trône. Acrajapes régna quarante-deux ans ; sous
lui Amasias, appelé au trône de Juda, obtint le souve-

principatui unus post alium successerunt. Acrajapes annis xlii; sub quo Amasias in Juda regno adscitus obtinet principatum; Israeli vero Joachas, et Joas, unus post alium regnat. Thonos Concoloros, quem Græci Sardanapalum nominant, annis xx; sub quo Judæorum Azarias, qui et Ozias, Israelitis vero Jeroboam.

Regnum vero Assyriorum; post numeros annorum mille ducentorum et quadraginta finem tantæ diuturnitatis accepit, ad Medosque translatum est. Nam Arbaces præfectus Medorum, Sardanapalo occiso regnum ejus invasit, et in Medos deduxit.

REGNI MEDORUM SUCCESSIO.

II. Arbaces, Medorum rex, annos xxviii [3]; sub quo regnat adhuc Azarias, qui et Ozias, Judæ in parte. In Israel autem post Roboam paucis diebus fuerat Zacharias, rursusque Sellum, quibus successerat Manae. Sosarinus annis xxx. In Judæ parte regnabat Joatham, Israelitis Facee, quando et quintodecimo anno prima olympias cœpta est numerari. Tunc etiam post innumerabiles, ut ita dicam, Laurenti loci, et Latii reges Silvios Albanosque, qui trecentos per annos in parte Italiæ regnaverunt, quamvis pauperrime, Amulius rex Numitoris fratris sui filiam Rheam nomine; quæ et Ilia vocabatur, vestalem virginem fecerat. Quæ gravida inventa, dum scelus suum nititur excusare, a Marte se compressam mentita est. Ex qua genitis duobus, geminos rex exponi

rain pouvoir; en Israël, Joachas et Joas régnèrent l'un après l'autre. Thonos Concoloros, que les Grecs appellent Sardanapale, régna vingt ans; sous lui, Juda fut gouverné par Azarias, nommé aussi Ozias, et Israël par Jéroboam.

Quant au royaume des Assyriens, après avoir duré douze cent quarante ans, il vit mettre fin à son existence, et fut transféré aux Mèdes. En effet, Arbacès, gouverneur de Médie, s'empara du royaume de Sardanapale après la mort de ce prince, et en transféra le siége parmi les Mèdes.

SUCCESSION DU ROYAUME DES MÈDES.

II. Arbacès gouverna les Mèdes pendant vingt-huit ans. Sous lui, Azarias, qui est appelé aussi Ozias, continue de régner sur Juda. En Israël, après Roboam, Zacharie n'avait eu que peu de jours le pouvoir, puis Sellum, et après eux Manaë. Sosarinus régna trente ans. En Juda régnait Joatham, en Israël Facéé, lorsque, dans la quinzième de ces années, on commença à compter la première olympiade. A cette même époque, et après une série pour ainsi dire innombrable de rois Silviens et Albains du territoire de Laurente et du Latium, qui régnèrent durant trois siècles en Italie, quoique très-pauvrement, le roi Amulius avait forcé à se consacrer à Vesta la fille de Numitor son frère, Rhéa, appelée encore Ilia. Cette princesse, trouvée enceinte, s'efforça d'excuser son crime, et prétendit que Mars lui avait fait violence. Elle mit au monde deux jumeaux; le roi ordonna de les exposer. Une courtisane, nommée Lupa, entendit leurs vagissements, les recueillit aussitôt et les

præcepit. Quos vagientes meretrix quædam, Lupa nomine, quum audisset, statim tollens ad Faustulum pastorem adduxit. Quos Accia uxor ejus nutriens, inter alios pastores conversari edocuit. Madiclus annos XL; quo Medis regnante, Judæis regnabat Achas, Israelitis alius Facee; annoque Madicli nono, septima olympiade, Romulus ejusque germanus, quos inter pastores enutritos diximus, collecta pastorum multitudine, Romanæ urbis ædificia inchoaverunt, suoque de nomine junior, qui germanum peremerat, urbem vocari Romam præcepit.

Cujus actus, seriemque successorum ejus saltu quodam prætergrediens, externa regna, ut cœpi, percurram; et quum se locus obtulerit, ad eum ordinem redeam; tantum qui legis, adverte, ab origine mundi, ad hujus usque magnæ urbis exortum annos fuisse IIIJM DCL. Cardices annos XIII; sub quo Ezechias filius Achas succedens regnat Judæis. Nam Israelitarum gentes supradicti Madicli quintodecimo anno, a Salmanassar Chaldæorum rege, Medorum sunt in montibus transductæ captivæ, postquam regnassent in Samaria annos CCL. Dejoces annos LIV; hujus tempore primo Hebræorum ex Juda Manasses ductus captivus; et ferreis vinculis illigatus, fertur pœnitentiam egisse. Cujus et canticum pœnitentiæ legitur. Postea vero reversus in regno suo, successorem reliquit filium suum Ammon. Fraortes annos XXIII; sub quo Josias rex Judæorum, qui lucos succidit, et gentium idola de suo regno abjecit, Deumque cœli integre coluit. Cyaxa-

apporta au berger Faustulus. Accia, femme de celui-ci,
leur servit de nourrice, et les habitua à vivre parmi les
autres bergers. Madiclus gouverna les Mèdes pendant
quarante ans ; de son temps, Achas régnait sur Juda, et
un autre Facéé sur Israël. Dans la neuvième année de
Madiclus, et dans la septième olympiade, Romulus et
son frère, élevés, comme nous l'avons dit, au milieu des
bergers, rassemblèrent une multitude de ces hommes, et
commencèrent à construire la ville de Rome, à laquelle
le plus jeune, qui avait tué son frère, ordonna de donner
son propre nom.

Passant comme en sautant sur ses actes et sur la suite
de ses successeurs, je parcourrai, comme j'ai commencé
à le faire, l'histoire des royaumes étrangers; et, lorsque
l'occasion s'en présentera, je reviendrai à cet ordre de
faits. Seulement, vous qui me lisez, remarquez que depuis l'origine du monde jusqu'à la naissance de cette
grande ville, il s'est écoulé quatre mille six cent cinquante ans. Cardicès régna treize ans : sous lui, Ézéchias,
fils d'Achas, ayant succédé à son père, règne sur Juda.
Car les tribus d'Israël furent emmenées captives dans
les montagnes des Mèdes, par Salmanassar, roi des Chaldéens, dans la quinzième année de Madiclus dont nous
avons parlé, après avoir régné deux cent cinquante ans
à Samarie. Déjocès fut roi pendant cinquante-quatre ans :
au commencement de son règne, Manassès, roi des Hébreux, fut emmené captif de Juda, et l'on dit qu'il expia
ses fautes dans les fers. Nous avons son cantique de pénitence. Revenu plus tard dans son royaume, il laissa
pour successeur son fils Ammon. Fraortes régna vingt-trois ans ; sous lui les Juifs eurent pour roi Josias, qui
coupa les bois sacrés, repoussa de son royaume les idoles
des nations, et adora sans partage le Dieu du ciel. Cyaxare

res annos xxxii; sub quo Judæis regnat Joachim, cui successit Heliachim, qui et Joachim, alterque et Joachim primo adhuc Cyaxare vivente successit, in quo et finis regni evenit. Astyages annos xxxii; hujus anno octavo Judæi de Hierosolyma captivantur a Nabuchodonosor rege. Sic regnum Medorum, quod per annos cclviii duravit, destructum est, et in Persas translatum, quia Cyrus rex Persarum, Darius Medorum, filius suprascripti Astyagis, parentela conjuncti, nepos avunculusque fuerunt : irruentesque super Balthasar abnepotem Nabuchodonosor, regem Babyloniæ, id est Chaldæorum, regnum ejus pervadunt. Mortuoque Dario, Cyrus et suum, id est Persarum, et affinis sui Darii, hoc est Medorum, cum illo quod captivaverat, tertio regno obtinuit. Post is admodum gentem Persarum elevavit. Quæ gens a Cyro prædicto, et usque ad Darium filium Arsami, regnat per annos plus minus ccxxx; et sic ad Græcos devenit, post reges xiv Persarum de gente.

Cyrus Persa annos xxxii; hic fere quingenta millia Judæorum laxata captivitate regredi fecit in Judæam : qui constructo altari, templi fundamenta jecerunt. Quumque a vicinis gentibus impediretur opus, usque ad Darium remansit imperfectum. Cambyses annos viii; et sub isto opus impeditum a vicinis consistit, nec ædificatur. Magi duo fratres regnant mensibus viii. Darius annos xlvi; cujus secundo reædificatum est templum a Zorobabel et Jesu filio Josedech quingentesimo duodecimo anno post

régna trente-deux ans; sous lui Juda eut pour roi Joachim, auquel succéda Héliachim, appelé aussi Joachim, et un autre Joachim monta sur le trône dès les premiers temps de Cyaxare, époque où arriva aussi la fin du royaume. Astyage régna trente-deux ans; dans sa huitième année, les Juifs furent emmenés captifs de Jérusalem par le roi Nabuchodonosor. Le royaume des Mèdes, qui avait duré deux cent cinquante-huit ans, fut détruit et transféré aux Perses; parce que Cyrus, roi des Perses, Darius, roi des Mèdes, fils de cet Astyage que nous venons de mentionner, unis par une alliance, devinrent oncle et neveu : se jetant sur Balthasar, petit-fils de Nabuchodonosor, roi de la Babylonie, c'est-à-dire des Chaldéens, ils envahissent ses États. Puis, après la mort de Darius, Cyrus réunit son royaume, c'est-à-dire celui des Perses, et le royaume de son parent Darius, c'est-à-dire celui des Mèdes, au troisième État dont il s'était emparé. Ensuite ce prince éleva au premier rang la nation des Perses. Cette nation, à partir de Cyrus, dont nous venons de parler, jusqu'à Darius, fils d'Arsame, règne environ deux cent trente ans, comme nous allons le dire, et passe ensuite aux Grecs, après avoir eu quatorze rois de la race des Perses.

Cyrus le Perse régna trente-deux ans. Après avoir brisé les fers d'environ cinq cent mille Juifs, il leur permit de retourner en Judée; ils construisirent un autel et jetèrent les fondements d'un temple. Mais cet ouvrage, entravé par les nations voisines, resta sans être achevé jusqu'au temps de Darius. Cambyse régna huit ans, et, sous lui, les travaux, contrariés par les peuples voisins, furent arrêtés, et le temple ne fut point bâti. Deux frères mages règnent huit mois. Darius occupe le trône durant quarante-six années, dans la seconde desquelles le temple fut reconstruit par Zorobabel et par Jésus, fils de Josédech, cinq cent douze ans après sa première construction

primam Salomonis ædificationem, ab Adam vero plus minus IIIIM DCCCCXXX. Xerses deinde filius Darii annis XX regnavit Persis, Medis atque Chaldæis. Artabanus menses VII; Artaxerses, qui Macrochir dicebatur, annos XL; Xerxes menses duos. Sogdianus menses VII. Darius cognomento Nothus annos XVIII. Artaxerses Mnemon, Darii et Parisatidis filius, annos XL. Ipse est ab Hebræis qui dicitur Asuerus, sub quo liber Hester confectus est. Artaxerses qui et Ochus annos XXVI. Hic etenim Sidonem subvertit, Ægyptumque suo subegit imperio, Syriamque cunctam invasit. Arses filius Ochi annos IV. Sub quo Jadus maximus et insignis pontifex Judæorum. Darius filius Arsami annos VI. Hunc Alexander Magnus Macedo occidit, regnumque ejus in suum redegit dominium, qui Alexandriam in suo nomine condidit, ubi regnatum est a regibus Græcorum per annos CCXCVI. Sic :

REGNI GRÆCORUM SUCCESSIO [4].

III. Alexander Magnus post mortem Darii annos VI. Ptolemæus, Lagi filius, annos XI [5]. Hic iterum gentem Hebræorum captivam ducit in Ægyptum. Ptolemæus Philadelphus annos XXVIII. Hic captivitate Judæorum relaxata, muneribusque Eleazaro pontifice Judæorum placato, divinas scripturas per septuaginta interpretes, ex Hebræa lingua vertit in Græcam. Ptolemæus Evergetes annos XXVI. Hujus temporibus Jesus filius Syrach Sapientiæ librum scripsit. Ptolemæus Philopator annos

par Salomon, et environ quatre mille neuf cent trente ans après Adam. Ensuite Xersès, fils de Darius, régna vingt ans sur les Perses, les Mèdes et les Chaldéens. Artabanus ne régna que sept mois. Artaxersès, surnommé Macrochir (Longue-Main), régna quarante ans; Xerxès deux mois; Sogdien sept mois; Darius, surnommé Nothus, dix-huit ans; Artaxersès Mnémon, fils de Darius et de Parisatis, quarante ans. C'est le même que les Hébreux appellent Asuérus, et c'est sous lui que fut composé le livre d'Hester. Artaxersès, appelé encore Ochus, régna vingt-six ans. Ce prince renversa Sidon, soumit l'Égypte à sa domination, et envahit toute la Syrie. Arsès, fils d'Ochus, régna quatre ans. Sous lui s'illustra Jadus, grand prêtre des Juifs. Darius, fils d'Arsame, régna six ans. Alexandre le Grand, roi de Macédoine, fit périr ce prince et soumit tout son royaume à sa domination. Il fonda Alexandrie, ainsi nommée en son honneur, et, dans cette ville, les rois des Grecs régnèrent deux cent quatre-vingt-seize ans, ainsi qu'il suit :

SUCCESSION DU ROYAUME DES GRECS.

III. Alexandre le Grand régna six ans, à partir de la mort de Darius. Ptolémée, fils de Lagus, régna onze ans. Ce prince emmena encore une fois la nation des Hébreux captive en Égypte. Ptolémée-Philadelphe régna vingt-huit ans. Après avoir mis un terme à la captivité des Juifs et apaisé par des présents Éléazar, leur pontife, il fit traduire les divines écritures de la langue hébraïque en grec par soixante-dix interprètes. Ptolémée-Évergète régna vingt-six ans. De son temps Jésus, fils de Syrach, écrivit le livre de la Sagesse. Ptolémée-Philopator régna dix-sept ans. Sous lui, les mêmes Juifs furent vaincus, et soixante mille d'entre eux tués par Antiochus, roi de

XVII. Sub hoc iidem victi Judæi, et sexaginta millia eorum cæsa ab Antiocho rege Syriæ, quando et pontifex magnus Onias. Ptolemæus Epiphanes annos XXIX. Hic directo Scopa principe militiæ capit Judæam. Rursusque Scopa superante, Judæam sibi sociat in amicitiam Antiochus. Ptolemæus Philometor annos XXV. Sub hoc rege Aristobulus, peripateticus philosophus, scripsit commentarios in libros Moysi, et regi obtulit Ptolemæo. Antiochus, agens contra legem Judæorum, multos interemit. Contra quem Judas, qui et Machabæus, arma commovit. Ptolemæus Evergetes annos XXVIII. Hoc regnante, Jonatas dux Judæorum præclarus, qui cum Romanis et Spartiatis fœdus iniit. Ptolemæus Fiscon, qui et Soter, annos XVII; sub hoc Aristobulus Jonathæ filius, rex pariter et pontifex constitit Judæorum. Ptolemæus, qui et Alexander, annos X; quo regnante multa Judæorum populus, tam ab Alexandrinis, quam etiam ab Antiochensibus tolerabat. Ptolemæus, qui a matre fuerat ejectus, annos VIII. Judæis tunc regnabat Ameus, qui et Alexander. Ptolemæus Dionysius annos XXX; sub cujus regno Alexandra, quæ et Salome, uxor Alexandri regis Hebræorum, Hierosolymis regnat. Ex cujus ætate Judæos rerum confusio et variæ clades oppresserunt. Cleopatra annos XXII; qua regnante Judæi in amicitiam Romanorum se sociantes, eorum jam legibus vivunt, quia Pompeius sublato regno ab Aristobulo, Hircanum fratrem ejus præfecerat. Hanc siquidem Cleopatram Romanus ductor suscipiens Anto-

Syrie, pendant qu'Onias était grand prêtre. Ptolémée-Épiphane régna vingt-neuf ans. Celui-ci envoya Scopa, chef de sa milice, s'emparer de la Judée. Scopa ayant eu de nouveau le dessus, Antiochus s'allia la Judée par un traité d'amitié. Ptolémée-Philométor régna vingt-cinq ans. Sous ce roi, Aristobule, philosophe péripatéticien, écrivit des commentaires sur les livres de Moïse, et en fit hommage au roi Ptolémée. Antiochus, agissant contre la loi des Juifs, fit périr un grand nombre d'entre eux. Judas, surnommé Machabée, prit les armes contre lui. Ptolémée-Évergète tint vingt-huit ans le sceptre. Sous son règne, Jonatas, chef des Juifs, s'illustra, et fit alliance avec les Romains et les Spartiates. Ptolémée-Fiscon, que l'on surnomme aussi Soter, régna dix-sept ans. Sous lui, Aristobule, fils de Jonatas, fut tout ensemble roi et pontife des Juifs. Ptolémée, surnommé Alexandre, régna dix ans. Sous lui, le peuple des Juifs eut beaucoup à souffrir, tant des Alexandrins que de ceux d'Antioche. Ptolémée, qui avait été chassé par sa mère, régna huit ans. Les Juifs avaient alors pour souverain Améus, qu'on appelle aussi Alexandre. Ptolémée-Denys fut roi pendant trente ans. Sous son règne, Alexandra, appelée aussi Salomé, épouse d'Alexandre, roi des Hébreux, régna à Jérusalem. A partir de son temps, la confusion des affaires et des désastres divers écrasèrent les Juifs. Cléopâtre tint pendant vingt-deux ans les rênes du pouvoir. Sous son règne, les Juifs, devenus alliés et amis des Romains, vivent déjà sous leurs lois, parce que Pompée, ayant enlevé la couronne à Aristobule, leur avait donné pour souverain Hircan, frère de ce prince. Quant à Cléopâtre, Antoine, général des Romains, la prit pour épouse, la fit asseoir à ses côtés, et combattit ses propres concitoyens. Auguste Octavien le vainquit dans un combat naval près des rivages d'Actium, et le réduisit au point que les deux époux se donnèrent eux-mêmes la mort, et

nius, et suo socians lateri, contra cives proprios dimicat. Quem Augustus Octavianus in certamine superans Actiatico in litore, egit, ut utrique jugales seipsos perimerent, regnumque eorum in Romanorum imperium devenit, ubi et usque hactenus, et usque in finem mundi secundum Danielis prophetiam, regni debetur successio. Et quidem abhinc Augustalis exoritur potestas, quod animo recondendum est.

Augustus imperator, qui et Octavianus dicebatur, a quo posteri principes vocati sunt Augusti, tam cives patrios rebelles, quam etiam gentes externas superans, singularem sibi vindicat principatum, regnans per annos LVII. Hujus quadragesimo secundo imperii, Dominus noster Jesus Christus de sancta virgine natus, ut verus Deus, ita et verus homo, in signis et virtutibus admirandis enituit, anno ab origine mundi VM D, ab urbis autem Romæ conditione anno DCCLV. Et quia Romanorum regum ordinem actusque inquirere statuisti, et nos breviter tuis percontationibus respondere sumus polliciti, necessarium est ergo, nobis ea interim, quæ ad tempora Augusti imperatoris dicuntur, omittere; et rursus ad Romanæ urbis primordia repedare, originemque Romuli ejus conditoris exponere, simulque successorum ejus, regum consulumque, annos actusque ad liquidum demonstrare. Qui sunt hi :

REGNI ROMANORUM SUCCESSIO.

IV. Ab origine urbis Romæ et usque Tarquinium regem cognomento Superbum, qui expulsus est, numeran-

leur royaume échut à l'empire romain, auquel jusqu'à ce jour et jusqu'à la fin du monde, selon le prophète Daniel, appartient la succession au souverain pouvoir. Et c'est de ce moment que s'élève la puissance des Augustes, ce qu'il faut bien se graver dans l'esprit.

L'*imperator* Auguste, que l'on appelait aussi Octavien, et d'après lequel les princes qui le suivirent ont pris le titre d'augustes, triomphant et de ses concitoyens rebelles et des nations étrangères, conquiert le pouvoir monarchique et règne cinquante-sept ans. C'est la quarante-deuxième année de ce règne que notre seigneur Jésus-Christ, né de la sainte vierge, véritable dieu comme véritable homme, brilla par sa gloire et par ses admirables vertus; il s'était écoulé cinq mille cinq cents ans depuis l'origine du monde, et sept cent cinquante-cinq depuis la fondation de Rome. Et comme tu as résolu de rechercher la succession et les actes des rois des Romains; comme, de notre côté, nous avons promis de répondre sommairement à tes questions, il est nécessaire que nous laissions de côté ce qu'on nous apprend sur les temps de l'empereur Auguste; il nous faut remonter au berceau de la ville de Rome, exposer l'origine de Romulus, son fondateur, et faire connaître clairement les années et les actes de ses successeurs, rois et consuls. Les voici :

SUCCESSION DE LA MONARCHIE DES ROMAINS.

IV. Depuis l'origine de la ville de Rome jusqu'au roi Tarquin, surnommé le Superbe, qui fut chassé, on

tur anni CCXLIII⁶. Nam primus ille, et urbis et imperii conditor Romulus, fuit a Marte (ut ipsorum verbis loquamur) genitus, et Rhea Silvia : hoc sese sacerdos gravidatam confessa est. Nec mox fama dubitavit, quum Amulii regis imperio abjectus in aquam profluentem cum Remo fratre, non potuit extingui. Siquidem et Tiberis amnem repressit, et relictis catulis lupa secuta vagitum, ubera admovit infantibus, matrisque gessit officium. Sic repertos Faustulus regii gregis pastor tulit in casam, atque educavit. Alba tum erat Latio caput, Iuli opus. Nam Lavinium patris Æneæ contempserat. Abhinc Amulius jam septima soboles regnabat, fratre pulso Numitore, cujus ex filia natus erat Romulus. Igitur statim prima juventutis face⁷ patruum ab arce deturbat, avum reponit. Ipse fluminis amator et montium, apud quos erat educatus, moenia nova urbis agitabat. Gemini erant, uter auspicaretur, et regeret, adhibere placuit deos. Remus montem Aventinum, hic Palatinum occupat. Prius ille sex vultures, hic postea duodecim vidit. Sic victor urbem augurio excitat, plenus spei bellatricem fore; id assuetæ sanguini et prædæ aves pollicebantur. Ad tutelam novæ urbis, sufficere vallum videbatur : cujus dum angustias Remus increpat, saltu transilivit. Dubium an jussu fratris, occisus est. Prima certe victima fuit, munitionemque urbis novæ sanguine suo consecravit. Imaginem urbis magis, quam urbem fecerat; incolæ deerant. Erat in proximo lucus; hunc asylum facit, et

compte deux cent quarante-trois ans. Le premier roi, le fondateur de la ville et de l'empire, Romulus, était (pour parler comme les Romains eux-mêmes) fils de Mars et de Rhéa Silvia. C'est de ce dieu que cette prêtresse se déclara enceinte. Et bientôt la renommée n'en douta plus, lorsque l'enfant, jeté avec Rémus son frère, par l'ordre du roi Amulius, dans les eaux du fleuve débordé, ne put y périr. En effet, le Tibre ramena ses ondes dans son lit, et une louve, abandonnant ses petits, suivit les vagissements de ces enfants, approcha ses mamelles de leur bouche, et leur servit de mère. Ils furent trouvés dans cet état par le berger des troupeaux du roi, par Faustulus, qui les porta dans sa chaumière, et les éleva. A cette époque, Albe, construite par Iüle, était la capitale du Latium. Iüle, en effet, avait méprisé Lavinium, la ville d'Énée, son père. Amulius, descendant de ce prince à la septième génération, régnait sur ce pays, après avoir chassé son frère Numitor, dont la fille avait donné le jour à Romulus. Aussi Romulus, dès qu'il fut arrivé à la première jeunesse, chassa son oncle de sa forteresse, et replaça son aïeul sur le trône. Lui-même, ami du fleuve et des montagnes où il avait été élevé, rêvait les murailles d'une ville nouvelle. Romulus et Remus étaient jumeaux; il leur plut de s'en rapporter aux dieux pour savoir lequel donnerait son nom à la ville et la gouvernerait. Rémus se plaça sur le mont Aventin, Romulus sur le mont Palatin. Le premier vit six vautours; le second, un instant après, en vit douze. Ainsi, vainqueur par l'augure, il élève la ville, plein de l'espérance qu'elle sera guerrière : c'est ce que lui promettaient ces oiseaux accoutumés au sang et à la proie. Pour la défense de la nouvelle ville, un fossé semblait suffisant; Rémus, le trouvant trop étroit, le franchit d'un saut. Il fut tué sans que l'on sache positivement si ce fut par l'ordre de son frère. Du moins fut-il la première victime, et consacra-t-il de son sang

statim mira hominum vis. Latini Thuscique pastores, etiam transmarini Phryges, qui sub Ænea; Arcades, qui sub Evandro duce confluxerant. Ita ex variis quasi elementis congregavit corpus unum, populumque Romanum ipse fecit.

Erat vero unius ætatis populus. Virorum itaque matrimonia a finitimis petita, quia non impetrabantur, manu capta sunt; simulatis quippe ludis equestribus, virgines, quæ ad spectaculum venerant, prædæ fuerunt. Hæc statim causa bellorum. Pulsi fugatique Veientes. Cœninensium captum ac direptum est oppidum. Spolia insuper opima de rege Acrone Feretrio Jovi manibus reportavit. Sabinis prodita porta per virginem Tarpeiam, non dolo : sed puella pretium rei, quod gerebant in sinistris manibus, petierat; dubium clypeos, an armillas. Illi ut et fidem solverent, et ulciscerentur [8], clypeis obruere. Ita admissis intra mœnia hostibus, atrox in ipso foro fit pugna, adeo ut Romulus Jovem oraret, fœdam ut suorum fugam sisteret. Hinc templum, et Stator Jupiter. Tandem funeribus intervenere raptæ, laceris comis : sic pax facta cum Tatio, fœdusque percussum. Secutaque res mira dictu, ut relictis sedibus suis, novam in urbem hostes demigrarent, et cum generis suis avitas opes pro dote sociarent. Auctis brevi viribus, hunc rex

les fortifications de la ville nouvelle. Romulus avait fait l'image d'une ville plutôt qu'une ville : les habitants manquaient. Dans le voisinage se trouvait un bois sacré; il en fit un asile, et aussitôt y accourut une étonnante multitude d'hommes : des bergers du Latium et de la Toscane, et même des Phrygiens d'outre-mer qui avaient afflué avec Énée, des Arcadiens qui étaient venus sous la conduite d'Évandre. C'est ainsi qu'il forma, pour ainsi dire, d'éléments divers un seul corps, et fit lui-même le peuple romain.

Ce peuple ne pouvait durer qu'un âge d'homme. Ils demandèrent des femmes aux peuplades voisines, et, comme on ne leur en accorda point, ils les enlevèrent par la force : on simula des jeux équestres, et l'on fit main basse sur les jeunes filles que le spectacle avait attirées. Aussitôt des guerres. Les Véiens furent repoussés et mis en fuite. La citadelle des Céniniens fut prise et détruite. De plus, Romulus offrit à Jupiter Férétrien les dépouilles opimes arrachées de ses propres mains au roi Acron. Une jeune fille, Tarpéia, ouvre une porte de la ville aux Sabins; ce n'est pas qu'elle songeât à une trahison; mais cette enfant leur avait demandé pour récompense ce qu'ils portaient à leur bras gauche, sans dire si elle entendait par là les boucliers ou les bracelets. Eux, et pour tenir leur parole, et pour se venger, l'écrasèrent sous leurs boucliers. L'ennemi reçu de cette manière dans l'enceinte des murs, il s'engagea, dans le Forum même, un combat si terrible, que Romulus se vit forcé de supplier Jupiter d'arrêter la fuite honteuse des siens. De là, le temple et Jupiter Stator. Enfin les femmes enlevées se jetèrent, les cheveux épars, au milieu du carnage; ce fut ainsi que la paix se fit avec Tatius, et que l'alliance fut conclue. Il s'ensuivit une chose merveilleuse : les ennemis, abandonnant leurs demeures, vinrent habiter la ville nouvelle, et mirent en commun, avec leurs gendres, comme

sapientissimus statum reipublicæ imposuit. Juventus divisa per tribus, in equis et armis, ut ad subita bella excubaret, consilium reipublicæ penes senes esset, qui ex autoritate patres, ab ætate senatus vocabantur. His ita ordinatis, repente quum concionem haberet ante urbem, apud Capreæ paludes, e conspectu ablatus est. Discerptum aliqui a senatu putant, ob asperius ingenium. Sed oborta tempestas, solisque defectio, consecrationis speciem præbuere. Cui rei mox Julius Proculus fidem fecit, visum a se Romulum affirmans augustiore forma, quam fuisset: mandare præterea, ut se pro numine acciperent. Quirinum in cœlo vocari: placitum diis, ut gentium Roma potiretur.

Successit Romulo Numa Pompilius, quem Curibus Sabinis agentem ultro petiverunt, ob inclytam viri religionem. Ille sacra, cæremonias, omnemque cultum deorum immortalium docuit: ille pontifices, augures, salios, ceteraque sacerdotia: annumque in XII menses, fastos dies nefastosque descripsit. Ille ancilia atque palladium, secreta quædam imperii pignora, Janumque bifrontem, fidem pacis ac belli, in primis focum Vestæ virginibus colendum dedit, ut ad simulacrum cœlestium siderum, custos imperii flamma vigilaret. Hæc omnia quasi monitu deæ Egeriæ, quo magis barbari acciperent. Eo denique

dot, leurs richesses héréditaires. Les forces de la république s'étant promptement accrues, voici la constitution que ce roi très-sage lui imposa. La jeunesse fut divisée en tribus, avec des chevaux et des armes, pour être toujours en éveil en cas de guerre subite; le conseil de la république fut remis aux vieillards, appelés pères à cause de leur autorité, et sénat à cause de leur âge. Les choses ainsi ordonnées, Romulus, au moment où il tenait une assemblée du peuple hors de la ville, près des marais de Caprée, disparut tout à coup aux yeux des hommes. Quelques auteurs pensent qu'il fut mis en pièces par le sénat, à cause de l'âpreté de son caractère. Mais une tempête qui s'éleva, et une éclipse de soleil donnèrent à cet événement toute l'apparence d'une consécration. Bientôt Julius Proculus confirma cette croyance en affirmant que Romulus lui était apparu sous une forme plus auguste que ne l'était sa forme véritable; et que, de plus, il avait ordonné qu'on le reconnût comme dieu : que dans le ciel il s'appelait Quirinus, et qu'il plaisait aux dieux que Rome devînt maîtresse des nations.

Romulus eut pour successeur Numa Pompilius : celui-ci vivait à Cures, dans le pays des Sabins. Les Romains allèrent de leur propre mouvement lui offrir le trône, à cause de sa grande réputation de piété. Ce prince. leur enseigna les choses sacrées, les cérémonies et tout le culte des dieux immortels. C'est lui qui institua les pontifes, les augures, les saliens et les autres sacerdoces; il divisa l'année en douze mois, et détermina les jours fastes et néfastes. C'est lui qui donna aux Romains les ancilies et le palladium, gages mystérieux de l'empire, Janus aux deux visages, la bonne foi de la paix et de la guerre, et surtout le feu sacré dont l'entretien était remis aux vierges de Vesta, pour qu'à l'exemple des astres du ciel, la flamme gardienne de l'empire brûlât dans d'éternelles veilles. Et toutes ces institutions, il prétendit les

ferocem populum redegit, ut quod vi et injuria occuparat imperium, religione atque justitia gubernaret.

Excepit Pompilium Numam Tullus Hostilius, cujus honori et virtuti regnum ultro datum. Hic omnem militarem disciplinam artemque bellandi instituit. Itaque mirum in modum exercitata juventute, provocare ausus est Albanos, gravem et diu principem populum. Sed quum pari robore frequentibus proeliis utrique comminuerentur, misso in compendium bello, Horatiis, Curatiisque, trigeminis hinc atque inde fratribus utriusque populi fata permissa sunt. Anceps et pulchra contentio, exituque ipso mirabilis. Tribus quippe illinc vulneratis, hinc duobus occisis, qui supererat Horatius, addito ad virtutem dolo, ut distraheret hostem, simulat fugam, singulosque pro ut sequi poterant, adortus exsuperat. Sic rarum decus aliis, unius manu parta victoria est, quam ille mox parricidio foedavit. Nam flentem spolia circa se sponsi quidem, sed hostis, sororem viderat : hunc tam immaturum amorem virginis ultus est ferro, ut audiret leges, nefas : sed abstulit virtus parricidam, et facinus infra gloriam fuit. Nec diu in fide Albanus perstat. Nam Fidenates bello missi in auxilium ex foedere medii inter duos exspectavere fortunam. Sed rex callidus ubi inclinare socios ad hostem videt, tollit animum quasi mandasset ipse.9. Spes inde Romanis; metus hostibus incussus;

fonder par l'inspiration de la déesse Égérie, afin que ces hommes encore barbares les acceptassent avec moins de répugnance. Enfin il amena ce peuple farouche à ce point, qu'il gouverna par la justice et la religion l'empire dont il s'était emparé par la violence et par l'injustice.

Numa Pompilius fut remplacé par Tullus Hostilius, au mérite et au courage duquel le peuple offrit de son propre mouvement le souverain pouvoir. Ce roi fonda toute la discipline militaire et l'art de faire la guerre. Aussi, après avoir admirablement exercé la jeunesse, il osa provoquer les Albains, peuple redoutable et longtemps dominant. Mais les deux peuples, se voyant affaiblis par de fréquents combats soutenus à forces égales, voulurent abréger la guerre, et les destinées des deux nations furent confiées aux Horaces et aux Curiaces, de part et d'autre trois frères. La lutte fut douteuse et belle, admirable par son issue même. D'un côté, trois frères étaient blessés, de l'autre deux étaient tués; l'un des Horaces, qui restait encore, joignit la ruse au courage; pour isoler ses ennemis, il feignit de fuir, et, les attaquant l'un après l'autre, à mesure qu'ils purent le suivre, il les vainquit tous trois. Ainsi, gloire bien rare chez les autres peuples, la victoire fut assurée par la main d'un seul homme; mais bientôt celui-ci la souilla par un parricide. Car il avait vu sa sœur pleurant autour de lui sur les dépouilles d'un fiancé, mais aussi d'un ennemi; il punit par le fer cet amour si déplacé de la jeune fille : c'était un crime, à n'écouter que la loi; mais le courage fit absoudre le parricide, et le crime disparut devant la gloire. L'Albain ne persévéra pas longtemps dans la foi promise. Car, appelé, en vertu des traités, au secours de Rome contre les Fidénates, il se tint immobile entre les deux armées, attendant les décrets de la fortune. Mais l'habile Tullus, dès qu'il vit ses alliés pencher vers l'ennemi, ranima les courages comme s'il eût ordonné lui-même cette inaction.

sic fraus proditorum irrita fuit. Itaque hoste victo, ruptorem fœderis M. Suffetium religatum inter duos currus, pernicibus equis distrahit, Albamque ipsam, quamvis parentem, æmulam tamen diruit, quum prius omnes opes urbis, ipsumque populum Romam transtulisset : prorsus ut consanguinea civitas non perisse, sed in suum corpus redisse rursus videretur.

Ancus deinde Marcius nepos Pompilii ex filia, pari ingenio. Igitur et muro mœnia amplexus est, et influentem urbi Tiberim ponte commisit, Ostiamque in ipso maris fluminisque confinio posuit coloniam, jam tunc videlicet præsagiens animo futurum, ut totius mundi opes et commeatus, illo velut maritimo urbis hospitio reciperentur.

Tarquinius postea Priscus, quamvis transmarinæ originis, regnum ultro petens accepit, ob industriam atque elegantiam, quippe qui oriundus Corintho, Græcum ingenium Italicis artibus miscuisset. Hic et senatum centum patrum numero ampliavit, et centuriis tribus auxit, quamvis Attius Navius numerum augeri prohiberet, vir summus augurio. Quem rex in experimentum rogavit, fieri ne posset, quod ipse mente conceperat. Ille rem expertus augurio, posse respondit. « Atqui hoc, inquit, agitabam; an cotem illam secare novacula possem ? » Et augur, « Potes, » inquit, et secuit; inde Romanis sacer au-

Les Romains furent remplis d'espérance ; l'ennemi frappé de terreur ; et par là échouèrent les machinations des traîtres. Après la défaite de l'ennemi, M. Suffetius, le violateur des traités, fut, par l'ordre de Tullus, attaché entre deux chars, et mis en pièces par deux chevaux fougueux. Le roi détruisit Albe elle-même, mère de Rome, mais sa rivale. Auparavant il avait transporté à Rome toutes les richesses et le peuple même de cette ville; de sorte qu'une cité unie à Rome par les liens du sang, parut non pas avoir été détruite, mais être rentrée dans son propre sein.

Ensuite vint Ancus Marcius, petit-fils de Pompilius par sa fille, homme d'un égal génie. Il entoura Rome de murailles, réunit par un pont les deux rives du Tibre, dont le cours traverse la ville, fonda la colonie d'Ostie, à l'embouchure même du fleuve dans la mer, présageant dès lors l'avenir, et voyant dans cette fondation nouvelle l'entrepôt maritime de la ville éternelle, où viendraient affluer les richesses et les marchandises du monde entier.

Après lui, Tarquin l'Ancien, quoiqu'il fût originaire des pays d'outre-mer, sollicita le trône et l'obtint, grâce à ses talents et à l'élégance de ses manières. En effet, sa famille venait de Corinthe. A l'esprit italien il mêla le génie des Grecs. Il accrut le nombre des sénateurs, qui jusqu'alors avait été de cent, et le porta à trois cents, bien que Attius Navius, homme éminent dans la science augurale, s'opposât à cette augmentation. Le roi, pour éprouver Navius, lui demanda si une chose à laquelle il avait pensé ne pourrait pas se faire. Navius, après avoir pris les augures, répondit que cela se pouvait. « Eh bien, dit Tarquin, voici à quoi je réfléchissais : Pourrais-je, avec un rasoir, couper cette pierre? — Tu le peux, » répliqua l'augure ; et il la coupa. Dès lors l'augurat fut sacré aux yeux des Romains. Tarquin ne

guratus. Neque pace Tarquinius, quam bello promptior. Duodecim namque Thusciæ populos frequentibus armis subegit. Inde fasces, trabeæ curules, annuli, faleræ, paludamenta, prætextæ. Inde quod aureo curru quatuor equis triumphatur; togæ pictæ, tunicæque palmatæ. Omnia denique decora et insignia, quibus imperii dignitas eminet, sumpta sunt.

Servius Tullius deinceps gubernacula urbis invadit, nec obscuritas inhibuit, quamvis matre serva creatum. Nam eximiam indolem uxor Tarquinii Tanaquil liberaliter educaverat, et clarum fore visa circa caput flamma promiserat. Ergo inter Tarquinii mortem adnitente regina substitutus in locum regis, quasi in tempus regnum dolo partum sic egit industrie, ut jure adeptus videretur. Ab hoc populus Romanus relatus in censum, digestus in classes, decuriis ac collegiis distributus, summaque regis solertia ita est ordinata respublica, ut omnia patrimonii, dignitatis, ætatis, artium, officiorumque discrimina in tabulas referrentur, ac sic maxima civitas minimæ domus diligentia contineretur.

Postremus fuit omnium regum Tarquinius, cui cognomen Superbus ex moribus datum. Hic regnum avitum, quod a Servio tenebatur, rapere maluit, quam exspectare; missisque in eum percussoribus, scelere partam potestatem non melius egit, quam adquisierat. Nec

fut pas moins actif dans la guerre que dans la paix. En effet, il subjugua, par de nombreux combats, douze peuples de la Toscane. De là les faisceaux, les trabées curules, les anneaux, les phalères, les manteaux, les prétextes. De là l'usage du triomphe sur un char doré attelé de quatre chevaux; de là encore les toges brodées et les tuniques ornées de palmes; de là enfin tous ces ornements et tous ces insignes qui rehaussent la dignité du pouvoir suprême.

Après Tarquin l'Ancien, Servius Tullius s'empara du gouvernement de la ville, et l'obscurité de son origine ne fut pas un obstacle à son élévation, quoiqu'il fût né d'une mère esclave. Car Tanaquil, épouse de Tarquin, avait formé par une éducation libérale l'esprit distingué que la nature lui avait donné, et une flamme qu'on avait vue voltiger autour de sa tête, avait annoncé qu'il s'illustrerait un jour. Aux derniers moments de Tarquin, il fut donc, grâce aux efforts de la reine, mis à la place du roi, et, après avoir, comme pour un temps, acquis le trône par la ruse, il l'occupa avec tant de talent, qu'il sembla y être légitimement monté. Par lui le peuple romain fut soumis au cens, réparti en classes, divisé en décuries et en colléges, et, par un effet de la rare habileté de ce roi, la république fut tellement organisée, que toutes les différences de patrimoine, de dignité, d'âge, de métier et d'emploi furent consignées sur des registres, et qu'ainsi la plus grande des cités put être régie tout aussi facilement que la moindre maison.

Le dernier de tous ces rois fut Tarquin, auquel son caractère fit donner le surnom de Superbe. Celui-ci aima mieux enlever par un crime qu'attendre le trône de son aïeul, occupé par Servius; et, après avoir envoyé contre lui des assassins, il n'exerça pas mieux qu'il ne l'avait acquise une puissance achetée par un forfait. Et Tullia était digne d'un tel monstre; pour saluer roi son mari,

abhorrebat moribus Tullia, quæ ut virum regem salutaret, supra cruentum patrem vecta carpento, consternatos equos egit. Sed ipse in senatum cædibus, in plebem verberibus, in omnes superbia, quæ crudelitate gravior est, in bonos grassatus, quum sævitiam domi fatigasset, tandem in hostes conversus est. Sic valida Latii oppida capta sunt, Ardea, Ocriculum, Gabii, Suessa Pometia. Tum quoque cruentus in suos. Neque enim filium verberare dubitavit, ut simulantis transfugam apud hostes hinc fides esset. Quo a Gabiis, ut voluerat, recepto, et per nuncios consulenti, quid fieri vellet; eminentia forte papaverum capita virgula excutiens, quum per hoc interficiendos esse principes vellet intelligi, ea superbia sic respondit, ut senserat. Tamen de manubiis captarum urbium templum erexit. Quod dum inauguraretur, cedentibus ceteris diis, mira res dictu, extis restitere Juventas et Terminus. Placuit patribus contumacia numinum, siquidem firma omnia et æterna pollicebantur. Sed illud horrendius, quod molientibus ædem, in fundamentis humanum caput repertum est. Nec dubitavere cuncti, monstrum pulcherrimam imperii sedem, caputque terrarum promittere. Tamdiu superbiam regis populus Romanus perpessus est, donec aberat libido. Hanc ex liberis ejus importunitatem tolerare non potuit. Quorum quum alter ornatissimæ feminæ Lucretiæ stuprum intulisset, matrona dedecus ferro expiavit; imperium tum regibus abrogatum.

elle fit passer sur le corps sanglant de son père le char qui la portait, poussant en avant ses chevaux épouvantés. Tarquin sévit contre le sénat par des meurtres, contre le peuple par des flagellations, contre tous par un orgueil plus outrageant que la cruauté, et se livra contre les gens de bien à toutes les violences; puis, ayant épuisé au-dedans sa férocité, il se tourna contre l'ennemi du dehors. C'est ainsi que furent prises les places fortes du Latium, Ardée, Ocriculum, Gabies, Suessa Pometia. Alors encore il se montra cruel envers les siens. En effet, il n'hésita pas à faire battre de verges son propre fils, afin que celui-ci, sous les apparences d'un transfuge, gagnât la confiance de l'ennemi. Ce fils, une fois reçu à Gabies, comme l'avait voulu son père, fit demander à ce dernier, par des messagers, ce qu'il devait faire. Tarquin abattit de sa baguette des têtes de pavots qui s'élevaient au-dessus des autres, donnant à comprendre par là qu'il fallait faire périr les principaux de la ville; le même orgueil qui dirigeait ses pensées lui dicta cette réponse. Tarquin cependant éleva un temple avec les dépouilles des villes conquises. Lorsqu'il fut inauguré, les autres dieux se retirèrent; mais, chose merveilleuse, la déesse de la Jeunesse et le dieu Terme resistèrent aux victimes. Les sénateurs virent avec joie l'opiniâtreté de ces divinités, qui promettaient à Rome une force inébranlable et l'éternité. Mais ce qui fut plus prodigieux, c'est qu'en creusant les fondations de l'édifice, on y trouva une tête humaine. Personne ne douta que ce prodige n'annonçât à Rome qu'elle serait le siége magnifique de l'empire et la tête du monde. Le peuple romain supporta l'orgueil du roi tant qu'il ne s'y mêla point de débauche; mais il n'en put supporter l'outrage de la part de ses fils. L'un d'eux fit violence à une femme éminente, à Lucrèce, qui expia son déshonneur par le poignard. Alors le pouvoir fut arraché aux rois.

Hæc est prima ætas populi Romani et quasi infantia [10], quam habuit sub regibus septem, per annos, ut diximus, CCXLIII; quadam fatorum industria tam variis ingenio, ut reipublicæ ratio et utilitas postulabat. Nam quid Romulo ardentius? Tali opus fuit, ut invaderet regnum. Quid Numa religiosius? Ita res poposcit, ut ferox populus, deorum metu mitigaretur. Quid ille militiæ artifex Tullus? bellatoribus viris quam necessarius, ut acueret ratione virtutem. Quid ædificator Ancus, ut urbem colonia extenderet, ponte jungeret, muro tueretur. Jam vero ornamenta Tarquinii et insignia, quantam principi populo addiderunt ex ipso habitu dignitatem? Actus a Servio census quid effecit, nisi ut ipsa se nosset Romana respublica? Postremo Superbi illius importuna dominatio nonnihil, imo vel plurimum profuit. Sic enim effectum est, ut agitatus injuriis populus, cupiditate libertatis incenderetur, mutataque regali dominatione, ad consulum infulas se conferret, qui bini annis singulis, rempublicam gubernantes, sequenti anno ab aliis venientibus succedebantur, scientesque se annis tantum singulis præesse in populo, erga alios agebant, qualiter eos erga se acturos postea cupiebant. Qui ordo usque ad Augustum Cæsarem obtinuit privilegium, per viros nongentos quindecim in annis CCCCLVIII. Novem siquidem annis, sine consulibus, sed tantum sub tribunis plebis fuit, quatuor sine judicibus. Nam post exactos reges annum unum quinis diebus, singulis diebus singuli senatorum rempublicam obtinue-

C'est là le premier âge du peuple romain et comme son enfance, qui s'écoula à travers deux cent quarante-trois ans, comme nous l'avons dit, sous sept rois, aussi différents de caractère, grâce à une sorte de calcul des destins, que semblaient l'exiger la position et les intérêts de la république. En effet, quoi de plus ardent que Romulus? il fallait un homme de cette trempe pour envahir le pouvoir. Quoi de plus religieux que Numa? les circonstances le demandaient ainsi, afin que ce peuple encore farouche fût adouci par la crainte des dieux. Et Tullus, cet habile organisateur de l'art militaire? il le fallait à des hommes belliqueux, pour doubler leur courage par la tactique. Et Ancus, le constructeur? il le fallait pour accroître la ville d'une colonie, pour en réunir les deux parties par un pont, pour la défendre par des murailles. Et les ornements et les insignes introduits par Tarquin, quelle dignité ne donnèrent-ils pas au peuple-roi par les dehors mêmes? Et que produisit le cens exécuté par Servius, si ce n'est que la république romaine se connut elle-même? Enfin l'insupportable tyrannie elle-même du Superbe, loin d'être nuisible, fut d'une haute utilité. Elle eut ce résultat que le peuple, soulevé par tant d'injustices, se sentit enflammé de l'amour de la liberté; et, après avoir renversé la domination royale, tourna ses regards vers les insignes des consuls : ceux-ci, au nombre de deux pour chaque année, gouvernaient la république; puis ils étaient remplacés par deux consuls nouveaux, et, comme ils savaient qu'ils n'étaient à la tête du peuple que pour une année, ils tenaient à l'égard des autres la conduite qu'ils désiraient voir tenir ensuite envers eux-mêmes. Cet ordre, jusqu'à Auguste César, jouit du premier rang et fut représenté par neuf cents personnages, dans l'espace de quatre cent cinquante-huit ans. Car le peuple fut neuf ans sans consuls et seulement sous les tribuns du peuple;

runt, et tunc duobus creatis consulibus, Bruto et Collatino, in posterum usque ad Pansam et Hirtium servaverunt per annos praenotatos. Et quia omnium consulum nomina actusque conscribere, et mihi taedium, et tibi, qui legis, fastidio fore praecavi; aliqua exinde praelibans, multa supersedi, quod paene nonnullis jam usurpatum esse breviatumque opus cognovi.

REGNUM ROMANORUM.

[Pulsis regibus, annuus excipit consulatus.]

V. Igitur primi consulum Brutus et Collatinus, quibus ultionem sui matrona moriens mandaverat. Populus Romanus ad vindicandum libertatis ac pudicitiae decus quodam quasi instinctu deorum concitatus, regem repente destituit, bona diripit, agrum Marti suo consecrat, imperium in eosdem libertatis suae vindices transfert, mutato tamen, ut diximus, et jure, et nomine. Quippe ex perpetuo annuum placuit, ex singulari duplex; ne potestas solitudine vel mora corrumperetur, consulesque appellavit pro regibus, ut consulere civibus suis debere meminissent. Tantumque libertatis novae gaudium incesserat, ut vix mutati status fidem caperent; alterumque ex consulibus Lucretiae maritum, tantum ob nomen et genus regium, fascibus abrogatis, urbe dimitterent. Itaque sub-

et quatre ans sans juges. Car pendant un an et cinq jours après l'expulsion des rois, chaque sénateur, à tour de rôle, gouverna pendant un jour la république; puis furent créés deux consuls, Brutus et Collatin, et cette magistrature se maintint jusqu'à Pansa et Hirtius durant le nombre d'années que nous venons d'indiquer. Et comme j'ai pressenti que transcrire les noms et les actes de tous les consuls serait pour moi un ennui, et pour toi, qui me lis, une fatigue, je ne m'attache qu'à quelques traits saillants, passant beaucoup de choses sous silence; car je sais d'ailleurs que ce travail a déjà été entrepris et abrégé par plusieurs auteurs.

DOMINATION ROMAINE.

[Après l'expulsion des rois, commence le consulat annuel.]

V. Les premiers consuls furent donc Brutus et Collatin, auxquels Lucrèce expirante avait remis le soin de sa vengeance. Le peuple romain, excité comme par une inspiration divine à sauver l'honneur de la liberté et de la pudeur, déposa tout à coup le roi, s'empara de ses biens, consacra ses terres au dieu national, à Mars, transporta le pouvoir aux vengeurs de sa liberté, en changeant toutefois, comme nous l'avons dit, et leurs droits et leur titre. En effet, au lieu d'une autorité perpétuelle, il voulut un pouvoir annuel; au lieu d'un chef, il en voulut deux; afin que la puissance ne pût se corrompre entre les mains d'un seul ou par la durée, il donna à ses magistrats suprêmes le nom de consuls au lieu de celui de rois, pour qu'ils se rappelassent toujours qu'ils devaient veiller aux intérêts de leurs concitoyens. Et la liberté nouvelle avait inspiré à ces hommes un tel enthousiasme, qu'ils eurent peine à se fier à l'heureux changement opéré dans l'État, et qu'ils renvoyèrent de la ville, après lui avoir retiré les faisceaux,

stitutus Valerius Publicola, summo studio nisus est ad augendam populi majestatem. Nam et fasces ei pro concione summisit, et jus provocationis adversus ipsos dedit : et ne species arcis offenderet, eminentes ædes suas in plana submisit. Brutus vero favori civium etiam domus suæ clade et parricidio velificatus est; quippe quum studere de revocandis in urbem regibus liberos suos comperisset, protraxit in forum, et in concione media virgis cæcidit, securique percussit, ut plane publicus parens, in locum liberorum adoptasse sibi populum videretur.

Liber jam hinc populus Romanus prima adversus exteros arma pro libertate corripuit, pro finibus mox, deinde pro sociis, tum gloria et imperio, lacessentibus assidue usquequaque finitimis : quippe quum patrii soli gleba esset, sed statim hostile pomœrium, mediusque inter Latium atque Etruscos, quasi in quodam bivio, collocatus, omnibus portis in hostem incurreret, donec quasi contagione quadam per singulos itum est, et proximis quibusque correptis totam Italiam sub se redigeret. Nam Porsena, rex Etruscorum, ingentibus copiis aderat, et Tarquinios manu reducebat. Hunc tamen, quamvis et armis et fame urgeret, occupatoque Janiculo, in ipsis urbis faucibus incubaret; sustinuit, repulit, novissime etiam tanta admiratione perculit, ut superior ultro cum

l'un des consuls, le mari de Lucrèce, à cause de son nom seul et de son origine royale. Valérius Publicola, mis à sa place, s'efforça, avec le plus grand zèle, d'étendre la majesté du peuple. Car il abaissa devant lui les faisceaux dans les assemblées nationales, et lui donna le droit d'appel contre les consuls eux-mêmes, et, pour ne point l'offenser par l'apparence d'une citadelle, il fit raser sa maison construite sur une éminence, et la rebâtit dans la plaine. Quant à Brutus, il se fraya la route à la faveur de ses concitoyens, aux dépens même de sa famille et par le meurtre de ses enfants. En effet, ayant acquis la certitude que ses fils travaillaient à rappeler les rois dans la ville, il les fit traîner dans le forum, ordonna qu'on les battît de verges en pleine assemblée, et qu'enfin on les frappât de la hache, comme pour montrer que, père de la patrie, il avait adopté pour ses enfants le peuple tout entier.

Libre dès lors, le peuple romain prit les armes contre les étrangers d'abord pour la liberté, bientôt pour ses frontières, ensuite pour ses alliés, puis pour la gloire et la domination, tandis que de tous côtés ses voisins le harcelaient sans cesse. En effet, le champ qu'il cultivait appartenait au sol de la patrie; mais le territoire ennemi commençait presque au pied des murailles de la ville; placé comme dans un carrefour entre le Latium et les Étrusques, il se jeta par toutes ses portes sur l'ennemi, jusqu'à ce que, par une sorte de contagion, il s'infiltra successivement dans tous ces peuples, et, gagnant de proche en proche, finit par soumettre à ses lois l'Italie tout entière. Car Porsena, roi des Étrusques, était là avec des troupes formidables, et ramenait les Tarquins par la main. Et cependant, quoiqu'il pressât la ville par les armes et par la famine; quoique, maître du Janicule, il pesât en quelque sorte sur la gorge de Rome; cette cité soutint ses efforts, le repoussa, et enfin le frappa d'une telle admiration, que, malgré sa supériorité, il fit alliance et amitié

pæne victis amicitiæ fœdera feriret. Nam Mucius Scævola, Romanorum fortissimus, regem per insidias in castris ipsius aggreditur. Sed ubi frustratus circa purpuratum ejus illatus ictus, teneretur; ardentibus mox focis intulit manum, terroremque geminat dolo. « En ut scias, inquit, quem virum effugeris, idem trecenti juravimus. » Quum interim, immane dictu, hic interritus, ille trepidaret, tanquam manus regis arderet. Sed ne sexus quidem muliebris altera laude cessaret, ecce et virginum virtus; una ex obsidibus regi data, elapsa custodia Clœlia per patrium flumen equitabat. Rex quidem, tot tantisque virtutum territus monstris, valere liberosque esse jussit. Tarquinii tamdiu dimicaverunt, donec Aruntem filium regis manu sua Brutus occidit, superque ipsum vulnere mutuo exspiravit, plane quasi adulterum ad inferos usque sequeretur. Nec secus Latini Mamilio Tusculano duce apud Regilli lacum expugnantur, vincuntur, atque subjiciuntur. Satricum atque Corniculum, Soraque et Algidum, eorum urbes captæ, provinciaque effecta; de Veiis et de Bovillis pudet, sed triumphavere Romani. Tibur nunc suburbanum, et æstivæ Præneste deliciæ, nuncupatis in Capitolio votis petebantur: idem tunc Fesulæ, quod Carræ nuper: idem nemus Aricinum, quod Herculis saltus: Fregellæ, quod Cæsarea: Tiberis, quod Euphrates. Coriolos quoque, proh pudor! devictos, avidos adeo gloriæ fuisse Romanos legimus, ut post captum oppidum Caius Marcius Coriolanus nominatus sit, quasi Numantia aut Africa no-

avec ces hommes presque vaincus. En effet, Mucius Scévola, le plus courageux des Romains, tend des embûches au roi et l'attaque dans son propre camp. Mais il se trompa et frappa l'un de ses officiers ; on s'empara de lui ; alors il étendit sa main sur un foyer ardent, et redoubla par une ruse la terreur de l'ennemi : « Sachez, dit-il, à quel homme vous avez échappé ; trois cents Romains ont juré de tenter la même entreprise. » Cependant, chose inouïe ! l'un restait impassible, et l'autre tremblait, comme si la main du roi lui-même avait brûlé. Pour que les femmes aussi eussent leur part de gloire, des jeunes filles déployèrent un rare courage. L'une des vierges données en otage au roi, Clélie, s'échappa du lieu où elle était gardée, et s'élança à cheval dans le fleuve de sa patrie. Le roi, épouvanté de tant et de si grands prodiges de courage, voulut que Rome subsistât et fût libre. Les Tarquins combattirent jusqu'au jour où Brutus tua de sa propre main Aruns, fils du roi ; mais les deux adversaires se percèrent l'un l'autre, et Brutus expira, comme s'il voulait poursuivre l'adultère jusque dans les enfers. Néanmoins les Latins, commandés par Mamilius de Tusculum, sont battus près du lac Régille, vaincus et subjugués. Satricum et Corniculum, Sora et Algidum, leurs villes, sont prises, et l'on fait de leur pays une province. On rougit de Véies et de Bovilles ; mais les Romains en triomphèrent. Alors ce n'était qu'après avoir fait des vœux au Capitole, qu'on se rendait à Tibur, aux portes de la ville, et à Préneste, si délicieuse en été ; Fésules était alors ce que Carres fut plus tard ; le bois d'Aricie, ce que fut la forêt d'Hercule ; Frégelles, ce que fut Césarée ; le Tibre, ce que fut l'Euphrate. Après avoir vaincu ceux de Corioles, nous lisons, ô honte ! que les Romains se montrèrent si avides de gloire, qu'après la prise de la ville, Caïus Marcius fut surnommé Coriolan, comme si l'on venait de soumettre au nom romain Nu-

mini [Rom.] induceretur. Exstant et de Antio spolia, quae Maenius in suggesto fori, capta hostium classe, infixit: si tamen illa classis; nam sex fuere rostratae. Sed hic numerus illis initiis navale bellum fuit. Pervicacissimi tamen Latinorum Æqui et Volsci fuere, et quotidiani (ut sic dixerim) hostes. Et hos praecipue Titus Quinctius domuit, ille dictator ab aratro, qui obsessa et paene jam capta Mallii consulis castra egregia victoria recuperavit. Medium erat tempus forte sementis, quum patricium virum nixum aratro suo, lictor in ipso opere deprehendit. Inde in aciem profectus, ne quid a rustici operis imitatione cessaret, victos pecudum more sub jugum misit. Expeditione finita, rediit ad boves rursus triumphalis agricola. Fides numinum! qua velocitate? intra quindecim dies coeptum peractumque bellum prorsus, ut festinasse dictator ad relictum opus videretur. Pari tenore Veientes, Falisci, et Fidenates, tunc magno labore devicti sunt. Qui modo et si fuerint, non videntur aliquod reliquisse vestigium. Laborat enim annalium fides, ut Veios, Faliscos, Fidenates fuisse credam.

Galli autem Senones, gens natura ferox, moribus incondita, ad hoc ipsa corporum mole, perinde armis ingentibus, adeo Romano generi terribilis fuit, ut plane nata ad hominum interitum, urbium stragem videretur. Hi quondam ab ultimis terrarum oris, et cingente omnia

mance ou l'Afrique. Il existe aussi des dépouilles d'Antium, que Ménius fit attacher à la tribune, dans le forum, après avoir pris la flotte ennemie, si toutefois c'était là une flotte; car il y avait six navires à éperons. Mais cette lutte contre un si petit nombre, dans ces commencements, s'appelait une guerre navale. Parmi les Latins, cependant, les plus opiniâtres furent les Èques et les Volsques; ce furent, si je puis m'exprimer ainsi, des ennemis de tous les jours. Ils furent surtout domptés par Titus Quinctius, ce dictateur arraché à la charrue, qui délivra par une éclatante victoire le camp du consul Mallius, assiégé et déjà presque pris. On était précisément au temps des semailles, et le licteur trouva ce patricien appuyé sur sa charrue et tout occupé de ses travaux rustiques. De là Quinctius courut au combat, et, pour imiter en tout les usages des champs, il fit passer l'ennemi vaincu sous le joug, comme un vil troupeau. L'expédition finie, le laboureur triomphal revint à ses bœufs. Grands dieux! quelle étonnante rapidité! En moins de quinze jours la guerre fut commencée et terminée, comme si le dictateur avait eu hâte de reprendre les travaux qu'il avait interrompus. Les Véiens, les Falisques, les Fidénates furent vaincus de la même manière; mais il fallut contre eux de grands efforts. Il n'y a qu'un instant ils existaient encore, et pourtant il ne semble pas qu'ils aient laissé le moindre vestige. Car il nous faut toute la confiance que méritent les annales, pour croire qu'il y eut des Véiens, des Falisques et des Fidénates.

Mais les Gaulois Sénonais, nation d'un caractère farouche, de mœurs barbares, redoutables de plus par leur taille gigantesque et par leurs armes d'une dimension prodigieuse, se montrèrent si terribles au peuple romain, qu'ils semblèrent nés pour exterminer les hommes et anéantir les villes. Ces barbares, venus en bandes innombrables des dernières limites du monde et des rivages de

oceano, ingenti agmine provecti, quum jam media vastassent, positis inter Alpes et Padum sedibus, ne his quidem contenti per Italiam bacchabantur. Tunc Clusium Thusciae urbem obsidebant, ubi pro sociis et foederatis Romanus intervenit, missis ex more legatis. Sed quod jus apud barbaros violasset, ferocius agunt, et inde ad certamen cum exercitu conversi Galli, Clusio Romam contendunt. Quibus ad Alliam flumen cum exercitu Fabius consul occurrit; non Cremerae foedior clades [11]. Itaque hunc diem fastis Roma damnavit. Fuso exercitu, Galli jam moenibus urbis appropinquabant, ubi paene nulla erant praesidia. Tum igitur sic, ut nunquam alias, apparuit illa vera Romana virtus. Jam primum majores natu, amplissimis usi honoribus, in foro coeunt. Ibi devovente pontifice, diis se manibus consecrant. Statimque in suas quisque aedes regressi sunt, sicut in trabeis erant, et amplissimo cultu, in curulibus sellis sese reposuerunt; ut quum venisset hostis, in sua quisque dignitate moreretur. Pontifices autem et flamines, quidquid religiosissimi in templis erat, partim in doliis refossa terra reconderunt, partim imposita plaustris, secum Veios auferunt: virgines ex sacerdotio Vestae, nudo pede fugientia sacra comitantur. Tamen excepisse fugientes unus e plebe fertur Albinus, qui, depositis uxore ac liberis, virgines in plaustrum recepit; adeo tunc quoque in ultimis religio publica privatis affectibus antecellebat. Juventus, quam satis constat vix mille hominum fuisse, duce Manlio, arcem Capitolini montis

l'Océan qui environne toute la terre, avaient déjà dévasté les pays intermédiaires, et, après avoir fixé leurs demeures entre les Alpes et le Pô, peu satisfaits de ces conquêtes, promenaient leur fureur à travers l'Italie. Ils assiégeaient alors Clusium, ville de Toscane, où le Romain intervint pour ses amis et alliés, en envoyant, selon l'usage, des ambassadeurs. Mais ils violèrent le droit des gens auprès des barbares; les Gaulois agirent avec plus de colère, et, se préparant au combat avec l'armée, ils quittèrent Clusium pour marcher sur Rome. Le consul Fabius marcha contre eux avec une armée, et les rencontra près de la rivière d'Allia. Le désastre de Cremera ne fut pas plus affreux. Aussi Rome effaça-t-elle ce jour de ses fastes. L'armée fut mise en fuite, et les Gaulois approchaient des murs de la ville, laissée presque sans défense. Alors se déploya, plus qu'en aucune autre circonstance, le véritable courage romain. Et d'abord les vieillards qui avaient été revêtus des plus hautes dignités, s'assemblent dans le forum. Là, tandis que le pontife prononçait les paroles sacrées, ils se dévouèrent aux dieux mânes. Et aussitôt chacun d'eux retourna dans sa maison, vêtu, comme il était, de la trabée et de ses plus beaux ornements, et s'assit dans sa chaise curule, afin qu'à l'arrivée de l'ennemi, chacun mourût dans sa dignité. Les pontifes de leur côté et les flamines enlevèrent des temples les objets les plus sacrés, et, les cachant dans des tonneaux, les enfouirent sous terre; ou bien les placèrent sur des chariots et les emmenèrent avec eux à Véies; les vierges du collège de Vesta accompagnent pieds nus les objets sacrés dans cette fuite. Cependant on dit qu'un homme du peuple, nommé Albinus, recueillit le cortége fugitif et les plaça dans sa voiture, dont il fit descendre sa femme et ses enfants; tant alors, même dans les dernières calamités, la religion publique l'emportait sur les affections privées. La jeunesse, qui, d'après

insedit, obtestata ipsum quasi præsentem Jovem, ut, quemadmodum ipsi ad defendendum templum ejus occurrissent, ita ille virtutem illorum numine suo tueretur. Aderant interim Galli, apertamque urbem adeunt. Ibi sedentes in curulibus suis prætextatos senes, vel ut deos, geniosque venerati, mox eosdem postquam esse homines liquebat, alioquin nihil respondere dignantes, pari vecordia mactant, facesque tectis injiciunt, et totam urbem igni, ferro, manibus solo exæquant. Sed mensibus barbari (quis crederet?) circa montem unum pependerunt, nec diebus modo, sed noctibus quoque omnia experti; quum tamen Manlius nocte subeuntes, clangore anseris excitatus, a summa rupe dejecit : et ut spem hostibus demeret, quanquam in summa fame, tamen ad speciem fiduciæ, panes ab arce jaculatus est : et stato die, per medias hostium custodias, Fabium pontificem ab arce dimisit, qui solemne sacrum in Quirinali monte conficeret: atque ille per media hostium tela incolumis religionis auxilio rediit, propitiosque deos renuntiavit. Novissime quum jam obsidio sua barbaros fatigasset, mille pondo auri recessum suum venditantes, subito aggressus a tergo Camillus cæcidit, ut omnia incendiorum vestigia Gallici sanguinis inundatione deleret.

des données assez certaines, s'élevait à peine à un millier d'hommes, occupa, sous la conduite de Manlius, la citadelle du mont Capitolin, suppliant Jupiter, pour ainsi dire présent, de protéger par sa divine puissance leur courage, de même qu'ils accouraient eux-mêmes à la défense de son temple. Cependant les Gaulois étaient arrivés; ils entrent dans la ville ouverte. A l'aspect des vieillards assis sur leurs chaises curules et revêtus de la prétexte, ils furent frappés de respect, comme en présence de dieux et de génies; mais dès qu'ils se furent assurés que c'étaient des hommes, et comme ceux-ci dédaignaient de leur répondre, ils les massacrent avec une lâche fureur, égale au respect qu'ils avaient d'abord ressenti, lancent des torches sur les toits et détruisent la ville de fond en comble par le feu, par le fer, et de leurs mains même. Mais pendant des mois entiers (qui le croirait?) les barbares furent arrêtés au pied d'une seule colline, recourant à tous les moyens, non-seulement de jour, mais encore durant la nuit; une nuit toutefois ils escaladaient le Capitole, lorsque Manlius, éveillé par le cri d'une oie, les précipita du haut du rocher, et, pour ôter tout espoir à l'ennemi, quoiqu'il se vît réduit aux dernières extrémités de la famine, lança des pains du haut de la citadelle, comme pour prouver sa confiance en ses ressources; et, dans un jour consacré, il envoya du sein de sa forteresse, à travers les postes ennemis, le pontife Fabius accomplir, selon l'usage, les cérémonies saintes sur le mont Quirinal; Fabius, protégé par la religion, revint sain et sauf au milieu d'une grêle de traits lancés par l'ennemi, et annonça que les dieux étaient favorables. Enfin, les barbares, fatigués déjà de la longueur du siége, vendirent leur retraite au prix de mille livres pesant d'or; mais tout à coup Camille, les attaquant par derrière, les tailla en pièces, pour effacer dans les flots du sang gaulois tous les vestiges des incendies allumés par eux.

VI. Igitur, pastorum quondam casa, urbs enituit, et post servatam a Manlio, restitutamque a Camillo, acrius etiam vehementiusque in finitimos surrexit. Nec tamen contenti Romani suis eos mœnibus expulisse, quum per Italiam naufragia sua latius traherent, sic persecuti sunt ductante Camillo, ut hodie nulla Senonum vestigia supersint. Semel apud Anienem trucidati, quum singulari certamine Manlius aureum torquem barbaro inter spolia detraxit, unde et Torquatus est dictus. Item in Pomptino agro, quum simili pugna Valerius insidente galeæ sacro alite adjutus retulit spolia, dictusque est ipse Corvinus. Necnon tamen post aliquot annos, omnes reliquias eorum in Etruria, ad lacum Vadimonis Dolabella delevit, ne quis exstaret ex ea gente, qui incensam a se Romanam urbem gloriaretur. Conversoque a Gallis Torquato, Latini experti sunt, et devicti. Indeque Sabini, qui eorum belli socii ductante Tatio exstitissent, a Curio Dentato subacti, eorumque loca a Baranio fonte in Adriatico tenus mari, igni ferroque vastata, tantæque Romano populo additæ opes, ut nec ipse posset exstimare, qui vicerat. Precibus deinde Campaniæ motus, non pro se, sed pro sociis Samnitas invadit. Omnium namque non modo Italiæ tantum, sed pæne toto orbe terrarum pulcherrima Campaniæ plaga est; nihil mollius cœlo, denique bis floribus vernat; nihil uberius solo; ideo Liberi Cererisque certamen dicitur. Nihil hospitalius mari; hic ille nobilis portus Caieta, Misenus, te-

VI. Ainsi, cette ville qui jadis n'était qu'une chaumière de bergers, brilla d'un éclat tout nouveau, et, après avoir été sauvée par Manlius, reconstruite par Camille, se leva plus active et plus terrible que jamais contre les peuples voisins. Cependant les Romains ne se contentèrent pas d'avoir chassé les Gaulois de leurs murailles : tandis que ces barbares traînaient plus loin à travers l'Italie les débris de leur naufrage, ils les poursuivirent sous la conduite de Camille, de telle sorte qu'il ne reste plus aujourd'hui aucun vestige des Sénonais. Une fois ils furent taillés en pièces auprès de l'Anio ; dans cette occasion, Manlius, entre autres dépouilles, enleva le collier d'un barbare qu'il avait vaincu en un combat singulier, et c'est de là qu'il fut surnommé Torquatus. Dans un combat semblable, près des marais Pontins, Valerius, aidé par un oiseau sacré qui vint s'abattre sur son casque, remporta aussi des dépouilles, et fut surnommé Corvinus. Quelques années après cependant, Dolabella anéantit leurs débris en Étrurie, près du lac de Vadimone, pour qu'il ne restât pas un homme de cette race qui pût se glorifier d'avoir porté l'incendie dans la ville de Rome. Après en avoir fini avec les Gaulois ; Torquatus fit sentir sa valeur aux Latins, qu'il vainquit ; puis les Sabins, qui, sous la conduite de Tatius, avaient été les alliés des Latins dans cette guerre, furent subjugués par Curius Dentatus ; leurs habitations, depuis la fontaine Barania jusqu'à la mer Adriatique, furent dévastées par le feu et le fer, et le peuple romain remporta de cette expédition des richesses si considérables, qu'il fut impossible au vainqueur lui-même de les calculer. Touché ensuite des prières de la Campanie, le peuple romain envahit pour ses alliés, et non pour lui, le pays des Samnites. En effet, la Campanie est la plus belle contrée non-seulement de l'Italie, mais presque de toute la terre. Rien n'est plus doux que son climat ; deux printemps y

pentes fontibus Baiæ, Lucrinus et Avernus, quædam maris ostia. Hic amicti vitibus montes, Gaurus, Falernus, Massicus, et pulcherrimus cunctorum Vesuvius Ætnei ignis imitator. Urbes ad mare, Formiæ, Cumæ, Puteoli, Neapolis, Herculaneum, Pompeii, et ipsa caput urbium Capua, quondam inter tres maximas, Romam Carthaginemque, numeranda. Pro hac urbe, et his regionibus populus Romanus Samnitas invadit; gentem, si opulentiam quæras, aureis et argenteis armis, et discolori veste, usque ad ambitum armatam : si fallaciam, saltibus fere et montibus grassatam : si rabiem ac furorem, sacris legibus humanisque hostiis in exitium urbis agitatam : si pertinaciam, sexies rupto fœdere, cladibusque animosiorem. Hos tamen quinquaginta annis per Fabios ac Papirios patres, eorumque liberos, ita subegit et domuit, ita ruinas ipsas urbium diruit, ut hodie Samnium in ipso Samnio requiratur, nec facile appareat materia quatuor et viginti triumphorum.

Maxime tamen nota et illustris apud Caudinas Furculas ex hac gente clades, Veturio Postumioque consulibus accepta est. Clauso per insidias intra eum saltum exercitu,

donnent chaque année leurs fleurs. Rien n'est plus fertile que son territoire : aussi dit-on qu'elle est le théâtre d'une lutte constante entre Bacchus et Cérès. Rien n'est plus hospitalier que la mer qui baigne ses rivages : c'est là que se trouvent le port célèbre de Caïete, Misène, puis Baïes aux sources chaudes, le Lucrin et l'Averne, sortes d'embouchures de la mer. C'est là que se trouvent ces montagnes couvertes d'un manteau de vignes, le Gaurus, le Falerne, le Massique, et la plus belle de toutes, le Vésuve, cet imitateur des feux de l'Etna. Sur les bords de la mer, sont les villes de Formies, de Cumes, de Putéoles, de Naples, d'Herculanum, de Pompéii; la capitale de toutes ces villes, Capoue, méritait jadis d'être comptée, avec Rome et Carthage, parmi les trois plus grandes cités du monde. Ce fut pour cette ville et pour ces régions que le peuple romain envahit le pays des Samnites. Veut-on connaître l'opulence de ce peuple ? il était couvert d'armes d'or et d'argent, et paré, jusqu'à la recherche, de vêtements de diverses couleurs; sa perfidie? il se tenait embusqué dans les bois et dans les montagnes pour surprendre son ennemi; son acharnement et sa fureur? c'était par les lois sacrées et par les sacrifices humains qu'il s'excitait à la ruine de Rome; enfin son opiniâtreté fut telle que, rompant six fois les traités, il se releva plus acharné de ses désastres. En l'espace de cinquante années toutefois, grâce aux Fabius et aux Papirius et à leurs fils, le peuple romain les soumit et les dompta si bien, dispersa tellement les ruines mêmes de leurs villes, qu'aujourd'hui l'on chercherait vainement le Samnium dans le Samnium, et que l'on n'y reconnaîtrait pas aisément la matière de vingt-quatre triomphes.

Cependant le fait le plus remarquable et le plus célèbre de cette guerre est la honte des Fourches Caudines imposée par cette nation, sous le consulat de Veturius et de Postumius. L'armée, tombée dans un piége, se vit

unde non posset evadere, stupens tanta occasione dux hostium Pontius, Herennium patrem consuluit, num illos sub jugum mitteret, an occideret. Sapienter, ut senior, suaserat. Hic armis exutos mittere sub jugum maluit, ut nec amici forent beneficio, et post flagitium hostes magis. Itaque et consules statim magnifice voluntaria deditione turpitudinem foederis dirimunt, et ultionem flagitans miles, Papirio duce, horribile dictu, strictis ensibus, per ipsam viam ante pugnam furit, et in congressu arsisse omnium oculos hostis auctor fuit. Nec prius finis caedibus datus, quam jugum [sibi] promissum Romani et duci Samnitum, et hostibus reposuerunt.

Hactenus cum singulis gentibus certatum est, mox acervatim; sic tamen quoque par omnibus fuit. Etruscorum duodecim populi, Umbri in id tempus intacti, antiquissimus Italiae populus Samnitum, et reliqui in excidium Romani nominis repente conjurant. Erat terror ingens tot simul tantorumque populorum; late Etruriam infesta quatuor agminum signa volitabant. Ciminius interim saltus in medio, ante invius plane, quasi Calydonius vel Hercynius, adeo terrori erat, ut senatus consuli denuntiaret, ne tantum pericli ingrederetur. Sed nihil horum terruit ducem, quin fratre praemisso exploraret accessus. Ille per noctem pastorali habitu specu-

enfermée dans ce défilé, d'où elle ne pouvait sortir; tout étonné d'une si bonne fortune, le chef des ennemis, Pontius, consulta Herennius son père et lui demanda s'il devait faire passer les Romains sous le joug ou les massacrer. Le vieillard donna le conseil le plus prudent. Pontius aima mieux faire passer sous le joug les Romains après les avoir dépouillés de tout, négligeant ainsi de mériter leur amitié par un bienfait, et irritant leur haine par un affront. Aussi les consuls, par un magnifique dévouement, rompent un traité si honteux en se livrant volontairement à l'ennemi; et les soldats, demandant à grands cris la vengeance, sous le commandement de Papirius, agitent avec fureur (spectacle effrayant!), durant la marche même et avant le combat, leurs épées nues; l'ennemi attesta qu'au moment de l'action, les yeux de tous lançaient des flammes; et l'on n'arrêta le carnage que lorsque les Romains eurent fait peser à leur tour sur le général des Samnites et sur les ennemis le joug dont on les avait menacés eux-mêmes.

Jusqu'alors le peuple romain n'avait lutté contre les nations que séparément; bientôt c'est en masse qu'il va les combattre, et il saura cependant faire tête à tous ses ennemis. Les douze peuples des Étrusques, les Ombriens jusqu'alors intacts, les Samnites, la nation la plus ancienne de l'Italie, et d'autres encore, conspirent tout à coup en commun la ruine du nom romain. La terreur était grande devant des peuples si nombreux et si puissants tout ensemble. Les enseignes ennemies de quatre armées se déployaient au loin dans l'Étrurie. Cependant au centre la forêt Ciminienne, auparavant tout à fait impraticable, comme celles de Calydon ou d'Hercynie, inspirait une telle frayeur, que le sénat défendit au consul d'en affronter les hasards. Mais rien ne put épouvanter le consul; il envoya en avant, pour sonder les abords, son propre frère. Celui-ci, déguisé en berger, examina tout

latus omnia, refert totum iter. Sic Fabius Maximus periculosissimum bellum sine periculo explicuit; nam subito inconditos atque palantes aggressus est, captisque superioribus jugis, in subjectos suo jure detonuit; ea namque species illius fuit belli, quasi in terrigenas e cœlo ac nubibus tela jacerentur. Nec tamen incruenta illa victoria; nam oppressus in sinu vallis alter consulum Decius more patrio devotum diis manibus obtulit caput, solemnemque familiæ suæ consecrationem in victoriæ pretium redegit.

VII. Necdum Etrusco bello exempto, mox sequitur Tarentinum, unum quidem in nomine, sed multiplex in victoriis. Hoc enim Campanos, Apulos, atque Lucanos, et caput belli Tarentinos, id est totam pæne Italiam, et cum his omnibus Pyrrhum regem Epirotarum, Græciæ regem, una velut ruina pariter involvit; ut eodem tempore et Italiam consumeret, et transmarinos triumphos auspicaretur. Tarentus Lacedæmoniorum opus, Calabriæ quondam et Apuliæ, totiusque Lucaniæ caput, quum magnitudine, et muris, portuque nobilis, tum mirabili situ, quippe in ipsis Adriæ maris faucibus posita in omnes terras, Histriam, Illyricum, Epirum, Achaiam, Africam, Siciliam, vela dimittit. Imminet portui ad prospectum maris positum theatrum, quod quidem causa miseræ civitati [caput] fuit omnium calamitatum. Ludos forte celebrabant, quum adremigantem litori Romanam

pendant la nuit, et fit connaître tous les passages. C'est ainsi que Fabius Maximus termina sans danger la guerre la plus dangereuse; car il attaqua à l'improviste les ennemis sans ordre et dispersés çà et là, et, s'étant emparé des points les plus élevés, il en fit à son gré tomber la foudre sur leurs bataillons déployés à ses pieds. Et en effet, il sembla dans cette guerre que des traits fussent lancés du haut du ciel et du sein des nuages sur les habitants de la terre. Et pourtant cette victoire ne fut pas non plus obtenue sans effusion de sang; car l'un des consuls, Décius, resserré dans la gorge d'une vallée, offrit, à l'exemple de ses pères, par un dévouement solennel, sa tête aux dieux mânes, et acheta la victoire au prix de cette consécration pour ainsi dire héréditaire dans sa famille.

VII. La guerre d'Étrurie était à peine terminée, que déjà s'engagea la guerre de Tarente, une par son nom, mais multiple par les victoires; en effet, elle enveloppa comme dans une même ruine les Campaniens, les Apuliens et les Lucaniens, et les Tarentins, la tête de cette guerre, c'est-à-dire presque toute l'Italie, et avec tous ces peuples Pyrrhus, roi d'Épire, roi de Grèce; comme pour consumer en même temps l'Italie et présager les triomphes d'outre-mer. Tarente, ouvrage des Lacédémoniens, autrefois capitale de la Calabre, de l'Apulie, et de toute la Lucanie, célèbre par sa grandeur, par ses murs et par son port, est remarquable aussi par son admirable situation; en effet, placée à l'entrée même de la mer Adriatique, elle envoie ses vaisseaux vers toutes les terres, dans l'Istrie, dans l'Illyrie, dans l'Épire, dans l'Achaïe, dans l'Afrique, dans la Sicile. Le port est dominé par un théâtre placé en face de la mer, et qui fut pour cette malheureuse cité la cause de toutes ses calamités. Les Tarentins célébraient des jeux, lorsqu'ils virent une flotte romaine s'approcher du rivage à force de rames; la croyant ennemie, ils s'élancent sans réflexion, et l'insultent. Qui

classem vident, atque hostem rati, emicant sine discrimine et insultant. Qui enim? aut unde Romani? Nec satis. Aderat sine mora querelam ferens legatio. Hanc quoque foede per obscoenam turpemque dictu contumeliam violant; et hinc bellum. Sed apparatus horribilis, quum tot simul populi pro Tarentinis consurgerent, omnibusque vehementior Pyrrhus, qui, semigræcam ex Lacedæmoniis conditoribus civitatem vindicaturus, cum totis viribus Epiri, Thessaliæ, Macedoniæ, incognitisque in id tempus elephantis, mari, terra, viris, equis, armis, addito insuper ferarum terrore veniebat. Apud Heracleam et Campaniæ fluvium Lirim, Levino consule prima pugna facta est, quæ tam atrox fuit, ut Ferentanæ turmæ præfectus Obsidius invectus in regem turbaverit, coegeritque projectis insignibus prœlio excedere. Actum erat, nisi elephanti converso in spectacula procurrissent bello. Quorum quum magnitudine, tum deformitate, et novo odore simul ac stridore consternati equi, quum incognitas sibi belluas amplius quam erant suspicarentur, fugam stragemque late dederunt. In Apulia deinde apud Asculum melius dimicatum est, Curio Fabricioque consulibus. Jam quippe terror belluarum exoleverat, et Gaius Minutius quartæ legionis hastatus, unius proboscide abscisa, mori posse belluas ostenderat. Itaque et in ipsas pila congesta sunt, et in turres vibratæ faces, tota hostium agmina ardentibus ruinis operuerunt: Nec alius finis cladi erat, quam nox dirimeret, postremusque fu-

sont-ils ? et d'où viennent ces Romains ? Ce n'est pas assez ; sans retard une députation se présente pour faire entendre des plaintes; ils l'outragent également d'une manière ignoble par des injures obscènes et qu'il serait honteux de répéter. De là la guerre. Mais l'appareil en fut terrible; tant de peuples se levant à la fois pour les Tarentins, et Pyrrhus, plus violent que tous, venant venger une ville à moitié grecque fondée par les Lacédémoniens, avec toutes les forces de l'Épire, de la Thessalie, de la Macédoine, et avec des éléphants, alors inconnus dans ces contrées, arrivant par mer, par terre, avec des hommes, des chevaux, des armes, ajoutant à tout cela la terreur qu'inspiraient des bêtes monstrueuses. Le premier combat fut livré par le consul Lévinus près d'Héraclée et du Liris, fleuve de Campanie; il fut si acharné, qu'Obsidius, préfet de la cavalerie férentine, se jeta sur le roi, le mit en désordre, et le força de quitter le champ de bataille en jetant loin de lui les insignes de la royauté. C'en était fait, si les éléphants ne fussent accourus, changeant la face du combat. Les chevaux effrayés et par leur grandeur, et par leur difformité, et par leur odeur, nouvelle pour eux, et par leurs cris, croyant ces animaux, qui leur étaient inconnus, plus dangereux qu'ils ne l'étaient en effet, prirent la fuite et causèrent une déroute sanglante et générale. Ensuite on combattit avec plus d'avantage en Apulie, près d'Asculum, Curius et Fabricius étant consuls. En effet, la terreur causée par ces énormes animaux s'était déjà dissipée, et Gaïus Minutius, hastaire de la quatrième légion, avait prouvé, en coupant la trompe d'un des éléphants, que ceux-ci pouvaient mourir. On lança donc des traits contre ces animaux eux-mêmes, et des torches jetées sur les tours couvrirent tous les bataillons ennemis de décombres brûlants. La nuit seule, en séparant les combattants, mit fin au carnage, et le roi, qui prit la fuite le dernier, fut rapporté lui-même

gientium rex ipse a satellitibus saucius in armis suis referretur. Lucaniæ suprema pugna, sub Arusinis, quos vocant, campis, ducibus iisdem, quibus superius, sed cum tota victoria exitum, quem datura virtus fuit, casus dedit. Nam provectis in primam aciem rursus elephantis, unum ex illis pullum adacti in caput teli gravis ictus avertit. Qui quum per stragem suorum recurrens stridore quereretur, mater agnovit, seque quasi vindicare vellet, exhibuit; quum omnia circa quasi hostilia gravi mole permiscuit, ac sic eædem feræ, quæ primam victoriam abstulerunt, secundam parem fecerunt, tertiam sine controversia tradiderunt. Nec vero tantum armis, et in campis, sed consiliis et domi quoque intra urbem cum rege Pyrrho dimicatum est. Quippe post primam victoriam, intellecta Romana virtute, statim desperavit armis, seque ad dolos contulit; nam interemptos cremavit, captivosque indulgentius habuit, et sine pretio restituit, missisque legatis in urbem, omni modo annisus est ut, facto foedere, in amicitiam reciperetur. Sed et bello et pace, et foris et domi, omnem in partem Romana virtus tum se approbavit. Nec alia magis, quam Tarentina victoria ostendit populi Romani fortitudinem, senatus sapientiam, ducum magnanimitatem. Nec alius pulchrior in urbem, aut speciosior triumphus intravit. Ante hunc diem, nihil præter pecora Volscorum, greges Sabinorum, carpenta Gallorum, fracta Samnitum arma vidisses; tum autem, si captivos aspiceres, Molossi, Thes-

blessé, mais sur ses armes, par ses gardes. Dans la dernière bataille livrée en Lucanie, dans les champs Arusiniens, comme on les appelle, et sous les mêmes chefs que précédemment, la victoire fut complète, et le hasard amena une issue que le courage eût d'ailleurs assurée ; car les éléphants ayant encore une fois été placés au premier rang de l'ordre de bataille, l'un d'eux, encore très-jeune, fut forcé à la retraite par une blessure dangereuse causée par une flèche qui l'avait atteint à la tête ; il s'enfuyait à travers le carnage des siens, et poussait des gémissements avec des cris affreux ; sa mère le reconnut, et se porta en avant comme pour le venger ; par sa masse énorme elle jeta le désordre tout autour d'elle, comme au milieu de bandes ennemies ; et ainsi, ces mêmes animaux, qui avaient enlevé aux Romains la première victoire et qui avaient rendu la seconde douteuse, leur assurèrent la troisième sans contestation. L'on fit la guerre au roi Pyrrhus non-seulement par les armes et en pleine campagne, mais aussi par les délibérations dans l'intérieur même de la ville ; en effet, après la première victoire, il comprit tout le courage romain, désespéra aussitôt de ses armes, et recourut à la ruse ; car il brûla ceux qui avaient péri sur le champ de bataille, traita les prisonniers avec bonté, et les rendit sans rançon ; il envoya des ambassadeurs à Rome, et fit tous ses efforts pour arriver à un traité et pour se faire admettre dans l'amitié du peuple romain. Mais alors l'énergie romaine se déploya en tous sens, et dans la guerre et dans la paix, et au dehors et au dedans ; nulle autre victoire que celle de Tarente, ne fit briller d'un plus vif éclat le courage du peuple romain, la sagesse du sénat, la magnanimité des généraux ; et jamais un triomphe plus beau, plus imposant, n'entra dans la ville. Avant cette époque, on n'avait vu amener dans Rome que les troupeaux des Volsques, ceux des Sabins, les chariots des

sali, Macedones, Brutius, Apulus, atque Lucanus: si pompam, aurum, purpura, signa, tabulæ, Tarentinæque lautitiæ. Sed nihil libentius populus Romanus aspexit, quam illas, quas timuerat cum turribus suis belluas, quæ non sine sensu captivitatis submissis cervicibus victores sequebantur. Post Tarentinam cladem domiti Picentes, et caput gentis Asculum, a Sempronio duce; qui, tremente inter prœlium campo, Tellurem deam promissa æde placavit. Salentini vero Picentibus additi, caputque his regionibus Brundisium, cum inclyto portu, Mitilio duce, et in hoc certamine victoriæ pretium templum sibi pastoria Pales ultro poposcit. Postremi Italicorum in fidei munere Vulsini opulentissimi Etruscorum implorantes opem adversus eos quondam suos, qui libertatem a dominis datam in ipsos erexerant, translataque in se republica dominabantur. Sed hi quoque, duce Fabio Gurgite, pœnas dederunt.

VIII. Domita subactaque Italia, populus Romanus Appio Claudio consule, primum fretum ingressus est, fabulosis infame monstris, æstuque violentum. Sed adeo non est exterritus, ut ipsam illam ruentis æstus violentiam pro munere amplecteretur, quod velocitas navium juvaretur, statimque ac sine mora Hieronem Syracusanum tanta celeritate devicit, ut ille ipse prius se victum, quam hostem videret, fateretur. Duellio Cornelioque consulibus

Gaulois, les armes brisées des Samnites ; mais alors, au nombre des captifs, on comptait des Molosses, des Thessaliens, des Macédoniens, des hommes du Brutium, de l'Apulie, de la Lucanie ; et, pour relever la pompe de ce cortége, on voyait éclater l'or, la pourpre, les statues, les tableaux, et toutes les recherches du luxe de Tarente. Mais ce qui flatta le plus les regards du peuple romain, ce furent ces animaux qu'il avait redoutés avec leurs tours, et qui, comme s'ils sentaient leur captivité, suivaient les vainqueurs la tête baissée. Après la chute de Tarente, les Picentins furent domptés, et Asculum, capitale de cette nation, fut prise par Sempronius ; un tremblement de terre s'étant fait sentir durant le combat, ce général apaisa la déesse Tellus en promettant de lui élever un temple. Après la soumission des Picentins, vint celle des Salentins, et de Brindes, la principale ville de ces contrées, avec son port célèbre ; on dut cette conquête à Mitilius ; et dans cette lutte, la déesse des bergers demanda aussi un temple pour prix de la victoire. Le dernier peuple de l'Italie qui restât à soumettre, était les Vulsiniens, les plus riches des Étrusques ; ils implorèrent le secours des Romains contre leurs esclaves, qui, abusant contre leurs maîtres de la liberté qu'ils avaient obtenue, s'étaient emparés du pouvoir et dominaient dans la république. Fabius Gurgès châtia leur insolence.

VIII. L'Italie domptée et soumise, le peuple romain, sous le consulat d'Appius Claudius, affronta pour la première fois ce détroit fameux par ses monstres fabuleux et par l'agitation terrible de ses eaux. Mais, loin de se sentir épouvantés, les Romains regardèrent comme un bienfait de la fortune la violence même de ces courants impétueux ; elle semblait devoir activer encore la célérité de leurs vaisseaux. Aussitôt et sans retard ils battent Hiéron, roi de Syracuse, avec tant de rapidité, que ce prince, de son propre aveu, fut

etiam mari congredi ausus est. Tum quidem ipsa velocitas classis comparatæ, victoriæ auspicium fuit. Interea enim sexagesimum diem, quam cæsa fuerat, centum sexaginta navium classis in ancoris stetit, ut non arte factæ, sed quodam munere deorum conversæ in naves atque mutatæ arbores viderentur. Prœlii vero forma mirabilis, quum illas celeres volucresque hostium naves, hæ graves tardæque comprehenderent: longe plus illis nauticæ artis, detorquere remos, et ludificari fuga rostra. Injectæ enim ferreæ manus, machinæque validæ, ante certamen multum ab hoste derisæ, coactique hostes quasi in solido decernere. Victor ergo apud Liparam mersa aut fugata hostium classe primum illum maritimum egit triumphum. Cujus quoddam gaudium fuit, quum Duellius imperator non contentus unius diei triumpho, per vitam omnem, ubi a cœna rediret, prælucere funalia, et præcinere sibi tibias jussit, quasi quotidie triumpharet. Præ tanta victoria, leve hujus prœlii damnum fuit, alter consulum interceptus Asina Cornelius, qui simulato colloquio evocatus, atque ita oppressus fuit, perfidiæ Punicæ documentum. Calatino dictatore fere omnia præsidia Pœnorum Agrigento, Drepanis, Panormo, Eryce, Lilybeoque detraxit. Trepidatum est semel, circa Camerinensium saltum. Sed eximia virtute Calpurnii tribuni militum periculo evasimus. Qui lecta trecentorum militum manu, insessum ab hostibus tumulum occupavit, adeoque moratur hostes, dum exerci-

vaincu avant d'avoir vu l'ennemi. Rome osa même livrer des batailles navales sous les consuls Duellius et Cornelius. Alors la rapide création de la flotte fut le présage de la victoire. En effet, soixante jours après que le bois eut été tiré de la forêt, la flotte, composée de cent soixante navires, fut à l'ancre sur le rivage ; comme si les arbres n'eussent point été façonnés par la main de l'homme, et que, par une métamorphose soudaine, la faveur des dieux les eût transformés en vaisseaux. Et ce fut, dans ce combat, un merveilleux spectacle, de voir les bâtiments romains, lourds et pesants, saisir de légers navires qui semblaient voler sur les ondes. Les Carthaginois avaient bien plus d'expérience nautique, et plus d'habileté à désemparer les galères ennemies, et à éviter par une fuite agile le choc de leurs éperons. Mais lorsque tombèrent sur eux ces mains de fer et ces redoutables machines, objets pour eux de tant de plaisanteries avant l'action, ils se virent forcés de combattre comme sur terre. La flotte ennemie fut coulée ou mise en fuite, et les Romains, vainqueurs près de Lipara, célébrèrent pour la première fois un triomphe maritime. Ils furent saisis d'une sorte d'enthousiasme ; Duellius, proclamé *imperator*, non content du triomphe d'un seul jour, voulut que, durant toute sa vie, lorsqu'il viendrait de souper chez ses amis, on le reconduisît à sa maison, à la lueur des flambeaux et au son des flûtes, comme s'il triomphait chaque jour. Une victoire si complète fit paraître léger l'échec de l'autre consul, Cornelius Asina, qui, attiré à une conférence trompeuse, y fut surpris et lâchement accablé ; exemple frappant de la perfidie punique ! Le dictateur Calatinus chassa presque toutes les garnisons carthaginoises, entre autres celles d'Agrigente, de Drépane, de Panorme, d'Éryx et de Lilybée. Une fois cependant l'armée romaine fut en péril vers le bois de Camérine ; mais elle fut sauvée par le courage héroïque

tus omnis evaderet : ac sic pulcherrimo exitu Thermopylarum et Leonidæ famam adæquavit. Hoc illustrior noster, quod expeditioni tantæ superfuit, et nihil inscripserit sanguine. Lucio Cornelio Scipione, quum jam Sicilia suburbana esset populi Romani provincia, serpente latius bello Sardinia adnexa atque Corsica, transiit Olbiam; ibi Alericæ urbis excidio incolas terruit, adeoque omni terra et mari Pœnos fugavit, ut jam victoriæ nihil, nisi Africa ipsa restaret.

Marco Attilio Regulo duce, jam in Africam navigabat bellum. Nec defuerant, qui in ipso Punici maris nomine ac terrore deficerent : insuper augente Manlio tribuno metum, in quem, nisi paruisset, securi districta irruisset imperator. Metus mortis navigandi fecit audaciam, mox deinde ventis remisque properatum est, tantusque terror hostici adventus fuit Pœnis, ut apertis pæne portis Carthago caperetur. Prima præmium belli fuit civitas Clypea. Prima enim a Punico litore, quasi arx et specula procurrit; et hæc, et trecenta amplius castella vastata sunt. Nec cum hominibus modo, sed cum monstris quoque dimicatum est; quum quasi in vindictam Africæ nata miræ magnitudinis serpens posita apud Bagradam castra vexaverit. Sed omnium victor Regulus, quum terrorem nominis sui late circumtulisset, quumque magnam vim ju-

du tribun militaire Calpurnius, qui, suivi de trois cents soldats d'élite, s'empara d'une hauteur occupée par l'ennemi, et l'arrêta si bien, que toute notre armée eut le temps de s'échapper. Le succès de cette action éclatante égala la gloire des Thermopyles et de Léonidas. Le Romain eut même un avantage sur le Spartiate; car il survécut à un si grand exploit, et n'eut point à tracer de caractères avec son sang. Sous Lucius Cornelius Scipion, la Sicile était déjà une province et comme un faubourg de Rome. La guerre s'étendit plus loin : elle joignit aux possessions romaines la Sardaigne et la Corse, et les Romains passèrent à Olbia; ils épouvantèrent les habitants de ces contrées par la ruine de la ville d'Aleria, et purgèrent tellement de Carthaginois la terre et la mer, que bientôt il ne leur resta plus à vaincre que l'Afrique elle-même.

Déjà, sous la conduite de Marcus Attilius Regulus, la guerre naviguait pour ainsi dire vers l'Afrique. Plus d'un soldat tremblait au nom seul de la mer punique, et à la terreur qu'elle inspirait; et le tribun Manlius augmentait encore leur effroi. Si cet homme ne se fût résigné à l'obéissance, le général l'eût fait frapper de la hache. La crainte de la mort enhardit les esprits contre les dangers de la navigation. Bientôt les vents et les rames donnent à la flotte un rapide essor, et l'approche de l'ennemi inspira aux Carthaginois une telle épouvante, que Carthage fut presque surprise les portes ouvertes. La ville de Clypea fut la première conquête de cette guerre : elle se présente en effet la première sur le rivage d'Afrique, dont elle est comme la citadelle et le poste d'observation. Cette place et plus de trois cents autres forteresses furent dévastées. On eut à combattre, non-seulement les hommes, mais aussi des monstres. Un serpent d'une grandeur prodigieuse, que l'Afrique semblait avoir produit pour sa vengeance, désola le camp romain établi près de Ba-

ventutis, ducesque ipsos aut cepisset aut haberet in vinculis, classemque ingenti præda onustam, et triumpho gravem in urbem præmisisset; jam ipsam belli caput Carthaginem urgebat obsidione, ipsisque portis inhærebat. Hic paululum circumacta fortuna est tantum, ut plura essent Romanæ virtutis insignia, cujus fere magnitudo calamitatibus approbatur. Nam conversis ad externa auxilia hostibus, quum Xanthippum illis ducem Lacedæmon misisset, a viro militiæ peritissimo Regulus victus est, fœdaque clades, Romanisque usu incognita; nam vivus in manus hostium venit fortissimus imperator. Sed ille quidem par tantæ calamitati fuit; nam nec Punico carcere infractus est, nec legatione suscepta; quippe diversa, quam hostis mandaverat, censuit, ne pax fieret, nec commutatio captivorum reciperetur. Sed nec illa voluntario ad hostes suos reditu, nec ultimo sive carcere, seu crucis supplicio deformata majestas. In omnibus admirabilior, quid aliud quam victor de victoribus? Ad quæ etiam Carthago non cesserat, de fortuna triumphavit. Populus autem Romanus multo acrior intentiorque pro ultione Reguli, quam pro victoria fuit.

IX. Metello igitur consule conspirantibus arctius Pœnis, et reverso in Siciliam bello, apud Panormum sic hostes cæcidit Romanus exercitus, ne amplius eam insulam aggredi cogitarent. Argumentum ingens victoriæ centum circiter elephantorum captivitas. Sic quoque magnas

grada; mais Regulus triomphe de tous les obstacles, il répand au loin la terreur de son nom; les guerriers de Carthage, généraux et soldats, tombent en foule sous ses coups ou dans ses fers; une flotte chargée d'un butin immense, riche matière d'un triomphe, annonce à Rome les succès de son armée; enfin le centre de la guerre, Carthage même est assiégée, et Regulus est à ses portes. Ici la fortune s'éloigna de nous un moment, mais seulement pour multiplier les exemples de cette vertu romaine dont toute la grandeur se déploie dans les calamités. Car les ennemis ayant demandé des secours étrangers, Lacédémone leur envoya pour général Xanthippe, et Regulus fut vaincu par cet habile capitaine; le désastre fut effroyable, et jamais les Romains n'en avaient encore éprouvé d'aussi terrible : car l'intrépide général tomba vivant entre les mains des ennemis. Mais sa grande âme égala son infortune; car il ne fut ébranlé ni par sa prison de Carthage ni par la négociation qu'on lui confia. En effet, il combattit lui-même les propositions que l'ennemi l'avait chargé de porter au sénat, et il s'opposa à la conclusion de la paix et à l'échange des prisonniers, qui assurait sa délivrance. Ni son retour volontaire chez les ennemis, ni son dernier supplice, soit dans la prison, soit sur la croix, ne portèrent atteinte à sa gloire. Que dis-je? En tout cela il fut plus admirable encore : vaincu, il triompha de ses vainqueurs; et, si Carthage ne succomba point devant lui, il triompha du moins de la fortune. Mais le peuple romain poursuivit la vengeance de Regulus avec bien plus d'ardeur et d'acharnement que la victoire même.

IX. En conséquence, sous le consulat de Metellus, les Carthaginois, faisant des efforts plus énergiques, reportèrent la guerre en Sicile. L'armée romaine fit, auprès de Panorme, un tel carnage des ennemis, qu'ils ne songèrent plus désormais à conquérir cette île. Ce fut un grand témoignage de cette victoire, que la prise d'environ

egit prædas, ut gregem illum, non bello, sed venatione cepisset. Appius Claudius consul non ab hostibus, sed a diis ipsis superatus est, quorum auspicia contempserat; ibi statim classe demersa, ubi ille præcipitari pullos jusserat, quod pugnare ab his vetaretur. Marcus Fabius Buteo classem jamjam in Africo mari apud Ægimurum ostium in Italiam ultro navigantem cecidit. Quantus tum triumphus tempestate intercidit cum opulenta præda? Classis adversis acta ventis, naufragio suo Africam et Syrtes, omnium imperia gentium, insularumque litora implevit. Magna clades fuit, sed non sine aliqua principis populi dignitate interceptam tempestate victoriam, et triumphum perisse naufragio constat. Et tamen quum Punicæ prædæ omnibus promontoriis insulisque fluitarent, populus Romanus et sic triumphavit. Lutatio Catulo consule tandem bello finis impositus apud insulas, quibus nomen Ægates. Nec major alias in mari pugna, quippe commeatibus, exercitu, propugnaculis, armis gravis classis, et in ea quasi tota Carthago, quod ipsum exitio fuit. Romana classis prompta, levis, et expedita, et quodam genere castrensis, ad similitudinem pugnæ equestris, sic remis agebatur quasi habenis, et in hos vel illos [ictus] mobilia rostra, speciem viventium præferebant. Itaque momento temporis laceratæ hostium rates, totum inter Siciliam Sardiniamque pelagus naufragio suo operuerunt. Tanta denique fuit illa victoria, ut de excidendis hostium mœnibus non quæreretur. Supervacuum

cent éléphants. Cette proie était si grande, que cette multitude d'animaux semblait avoir été prise à la chasse et non pas à la guerre. Le consul Appius Claudius fut vaincu non par les ennemis, mais par les dieux eux-mêmes, dont il avait méprisé les auspices; sa flotte fut submergée à l'endroit même où il avait fait jeter les poulets sacrés, parce qu'ils lui défendaient de combattre. Bientôt après, Marcus Fabius Buteo défit, sur la mer d'Afrique, près d'Égimure, une flotte ennemie qui se dirigeait vers l'Italie. Quel triomphe et quel riche butin nous furent alors ravis par la tempête! Notre flotte, battue par les vents contraires, remplit des débris de son naufrage l'Afrique, les Syrtes, tous les empires de la terre et les rivages des îles. Malheur déplorable sans doute, mais qui ne fut pas sans gloire pour le peuple-roi; car il est certain que la tempête seule lui arracha la victoire, et que son triomphe fut englouti par un naufrage; ou plutôt, les dépouilles de Carthage allant se briser contre tous les promontoires et toutes les îles, ce fut ainsi que triompha le peuple romain. Enfin, sous le consulat de Lutatius Catulus, un terme fut imposé à cette guerre près des îles qu'on appelle Égates. Jamais bataille navale ne fut plus terrible : la flotte ennemie, surchargée de vivres, de machines, d'armes et de soldats, semblait porter Carthage tout entière; et c'est ce qui causa sa perte. La flotte romaine, prompte, agile et légère, offrait en quelque sorte l'image d'une armée de terre. Ce fut comme un combat de cavalerie; nos vaisseaux obéissaient à la rame, ainsi que des chevaux au frein; et leurs mobiles éperons multipliaient leurs atteintes avec tant d'art, qu'ils semblaient animés. Aussi les navires ennemis furent déchirés en un instant, et couvrirent de leur naufrage toute la mer qui sépare la Sicile de la Sardaigne. En un mot, cette victoire fut si grande, que les Romains ne s'inquiétèrent pas de renverser les murs de la ville ennemie. Il parut inutile de sévir

visum est, in arcem murosque sævire; quum jam in mari esset deleta Carthago.

Peracto quidem bello Punico, nec dum aliquantulum respirato, sequitur Liguricum. Nam Ligures hi, imis Alpium jugis adhærentes, inter Varum Macramque amnem impliciti, dumis silvestribus victitabant; quos pæne majus fuit invenire, quam vincere. Tuti siquidem locis et fuga, durum atque velox genus, ex occasione latrocinia magis, quam bella faciebant. Itaque quum diu multumque eluderent saltu, viis, latebris, Deceates, Oxybii, Euburiates, Juganni; tandem Fulvius latebras eorum igni sepsit, Bæbius vero in plana deduxit, Postumius ita exarmavit, ut vix reliquerit ferrum, quo terra coleretur. Post quos mox Galli. Insubribus et his Alpium incolis, animi ferarum, corpora plusquam humana erant. Sed experimentum deprehensum est; quippe virtus eorum sicut primo impetu major, quam virorum est, ita sequens minor, quam feminarum. Alpina corpora humente cœlo educata, habent quoddam simile nivibus suis. Quum mox caluere pugna, statim in sudorem eunt, et levi motu quasi sole laxantur. Hi sæpe et alias, et Viridomaro duce non prius posituros se baltea, quam Capitolium ascendissent, juraverant; factum autem est, et victos eos Æmilius in Capitolio discinxit. Et quod dux eorum de Romano milite prædam Marti suo torquem aureum devovisset, intercepit Jupiter votum, et de ejus ipsius Ariovistinis aliorumque Galiorum torquibus aureum trophæum

contre une citadelle et contre des remparts, puisque déjà Carthage avait été détruite sur la mer.

La guerre punique terminée, on eut à peine le temps de respirer, et l'on vit commencer la guerre de Ligurie. Les Ligures, cachés au pied des Alpes, entre le Var et la Macra, vivaient dans des lieux hérissés de buissons sauvages; il fut presque plus difficile de les trouver que de les vaincre. Défendus par la nature du sol et la facilité de la fuite, cette race dure et agile se livrait, selon l'occasion, au brigandage plutôt qu'elle ne faisait la guerre. Longtemps leurs défilés étroits, leurs chemins impraticables, leurs retraites profondes, dérobèrent à nos poursuites toutes ces peuplades, Décéates, Oxybiens, Euburiates, Jugannes; enfin le consul Fulvius incendia leurs repaires; Bebius les fit descendre dans la plaine; Postumius les désarma complétement, leur laissant à peine du fer pour labourer leurs champs. Bientôt, après les Ligures, vint le tour des Gaulois. Les Insubriens et les autres peuples des Alpes avaient le courage des bêtes féroces et une stature surhumaine. Mais, l'expérience l'a prouvé, plus qu'hommes dans le premier choc, ils étaient moins que femmes dans le second. Ces hommes des Alpes, élevés sous un ciel humide, ont quelque chose des neiges de ces montagnes. A peine échauffés par le combat, ils fondent en sueur; et, à la moindre agitation, ils s'amollissent comme la neige aux rayons du soleil. Ils avaient fait souvent le serment, et ils le renouvelèrent sous leur chef Viridomar, de ne point délier leurs baudriers, qu'ils n'eussent escaladé le Capitole. Il en fut ainsi; car Émile, leur vainqueur, les délia dans le Capitole même. Leur chef avait voué à leur dieu Mars un collier d'or réservé des dépouilles des soldats romains; mais Jupiter s'empara de ce vœu, et Flaminius lui érigea un trophée d'or composé des colliers d'Arioviste lui-même et des autres Gaulois. Enfin leur roi Viridomar

Jovi erexit Flaminius. Rex quoque eorum Viridomarus Romana arma Vulcano promiserat. Aliorsum vota ceciderunt. Occiso enim eo, Marcellus tertia post patrem Romulum Feretrio Jovi arma suspendit. Illyrici autem, id est Veneti seu Liburni, sub extremis Alpium radicibus agunt, inter Arsiam Titiumque flumen, longissime per totum Adriatici maris litus effusi. Hi regnante Teutana muliere populationibus non contenti, licentiæ scelus addiderunt; legatos Romanos ob ea, quæ deliquerant, jure agentes, ne gladio quidem, sed ut victimas securi percusserunt. Præfectos navium igni comburunt. Idque quo indignius foret, mulier imperavit. Itaque Gnæo Fulvio Centimalo duce late domantur: strictæ secures in principum colla, legatorum manibus litavere.

Post primum autem Punicum bellum, vix quadriennium requies : ecce alterum bellum, minus quidem spatio (nec enim amplius decem novem annos tenens), sed adeo cladium atrocitate terribilius, ut si quis conferat damna utriusque populi, similior victo sit populus ille, qui vicit. Urebat nobilem populum mare ablatum, raptæ insulæ, dare tributa, quæ jubere consueverat. Hinc ultionem puer Hannibal ad aram patris juraverat, nec morabatur. Igitur Saguntus in causam belli electa est, vetus Hispaniæ civitas, et opulenta; fidei erga Romanos magnum quidem, sed triste monumentum. Quam in libertatem communi fœdere exceptam, Hannibal, causas novorum motuum quærens, et suis et suorum manibus

avait promis à Vulcain les armes romaines; mais d'autres vœux furent exaucés. En effet, Marcellus tua ce prince, et, pour la troisième fois depuis Romulus, suspendit dans le temple de Jupiter Férétrien les armes d'un général ennemi. Les Illyriens, c'est-à-dire les Vénètes ou Liburnes, vivent à l'extrémité et au pied des Alpes, entre les fleuves Arsia et Titius, et s'étendent au loin sur toute la côte de la mer Adriatique. Ces peuples, gouvernés par une femme appelée Teutana, non contents de leurs brigandages, ajoutèrent le crime à la licence. Rome leur avait envoyé des ambassadeurs pour demander satisfaction de leurs outrages; ils les font périr, non par le glaive, mais par la hache, comme des victimes. Les commandants de nos vaisseaux sont brûlés vifs, et, pour comble d'indignité, ils le sont par l'ordre d'une femme. Mais enfin Gnéus Fulvius Centimalus dompte au loin ces barbares, et les têtes de leurs chefs, en tombant sous la hache, satisfont aux mânes de nos ambassadeurs.

A peine avait-on joui de quatre années de repos depuis la première guerre punique, qu'on vit éclater la seconde, moins longue, il est vrai (elle ne dura pas plus de dix-neuf ans), mais bien plus féconde en désastres, et en désastres si terribles, que, si l'on compare les pertes des deux peuples, le vainqueur pourra paraître le vaincu. C'était, pour une nation fière, une douleur cuisante, d'être déchue de l'empire de la mer, de la possession de ses îles, et de payer les tributs, que naguère elle était accoutumée à exiger des autres. Aussi Annibal enfant avait juré à son père, au pied des autels, de venger sa patrie, et il brûlait d'accomplir son serment. Pour faire naître un sujet de guerre, il attaqua Sagonte, antique et opulente ville d'Espagne, illustre, mais déplorable monument de fidélité aux Romains. Les deux peuples, d'un commun accord, lui avaient garanti son indépendance. Annibal, cherchant une cause de nouveaux troubles, fit

evertit, ut Italiam sibi rupto fœdere aperiret. Summa fœderum Romanis religio est. Itaque ad auditam sociæ civitatis obsidionem, memores icti quoque fœderis cum Pœnis, non statim ad arma procurrunt, dum prius more legitimo queri malunt. Interim jam novem mensibus fessi fame, machinis, ferro, versa denique in rabiem fide, immanem in foro excitant rogum, dum desuper se suosque cum omnibus opibus suis ferro et igni corrumpunt. Hujus tantæ cladis auctor Hannibal poscitur. Tergiversantibus Pœnis, dux legationis; « Quæ, inquit, mora est, Fabius. In hoc sinu bellum pacemque porto, utrum eligitis? » Succlamantibus bellum; « Bellum ergo, inquit, accipite. » Et excusso in media curia togæ gremio, non sine horrore, quasi pleno sinu bellum ferret, effudit; similis exitus belli initiis fuit. Nam quasi has inferias sibi Saguntinorum ultimæ diræ in illo publico parricidio incendioque mandassent : ita manibus eorum vastatione Italiæ, captivitate Africæ, ducum et regum, qui id bellum gesserunt, exitio parentatum est. Igitur simul se in Hispaniam movit illa gravis et luctuosa Punici belli vis atque tempestas, destinatumque Romanis jamdiu fulmen Saguntino igne conflavit; statim quodam impetu rapta medias fregit Alpes, et in Italiam ab illis fabulosæ altitudinis nivibus velut cœlo missa descendit. Ac primi quidem impetus turbo inter Padum et Ticinum valido statim fragore detonuit. Tunc Scipione duce fusus exercitus, saucius etiam ipse venisset in hostium manus im-

écrouler Sagonte sous sa main redoutable et sous celles de ses propres habitants, afin de s'ouvrir le chemin de l'Italie après avoir rompu l'alliance. Les Romains ont pour les traités le respect le plus religieux. Aussi, en apprenant le siége d'une ville alliée, ils n'oublient pas non plus le pacte juré avec les Carthaginois, et, au lieu de courir aussitôt aux armes, ils aiment mieux, suivant le droit des gens, faire entendre de justes plaintes. Cependant, pressés depuis neuf mois déjà par la faim, par les machines, par le fer, les Sagontins sentent leur fidélité se tourner en rage; ils élèvent sur la place publique un immense bûcher, et y périssent volontairement, par le fer et par le feu, avec leurs familles et leurs richesses. Rome demande qu'on lui livre Annibal, l'auteur de cette terrible catastrophe. Les Carthaginois cherchent des détours : « Que signifie cette hésitation? leur dit Fabius, chef de l'ambassade. Dans le pli de cette robe je porte et la paix et la guerre; choisissez. — La guerre! » s'écrièrent les Carthaginois. « Eh bien, recevez donc la guerre! » reprend Fabius. Puis il secoua, en la déployant, sa robe au milieu du sénat; et son visage était terrible comme si, en effet, elle portait là guerre dans ses plis. L'issue de la lutte répondit à ce prélude. En effet, comme si les dernières imprécations des Sagontins, au milieu de leur terrible incendie et du parricide de tout un peuple, avaient invoqué ces sanglantes expiations, la dévastation de l'Italie, la captivité de l'Afrique, le trépas des rois et des généraux qui se jetèrent dans cette grande querelle, vengèrent leurs mânes. A peine, au sein de l'Espagne, s'est soulevée la terrible et lamentable agitation, la cruelle tempête de la guerre punique; à peine s'est allumée au bûcher de Sagonte la foudre dès longtemps destinée aux Romains; tout à coup l'orage s'élance d'un essor impétueux, il sillonne en grondant les cimes des Alpes, et, du sommet fabuleux de leurs neiges amoncelées, il

perator; nisi protectum patrem prætextatus admodum filius ab ipsa morte rapuisset. Hic erit Scipio, qui in exitium Africæ crescit, nomen ex malis ejus habiturus. Ticino Trebia succedit; hic secunda Punici belli procella desævit, Sempronio consule. Tum callidissimi hostes, frigidum et nivalem diem nacti, quum se ignibus prius oleoque fovissent (horribile dictu) homines a meridie et sole venientes, nostra nos hieme vicerunt. Thrasimenus lacus tertium fulmen Hannibalis, imperatore Flaminio. Ars nova Punicæ fraudis : quippe nebula lacus, palustribusque virgultis tectus equitatus, terga subito invasit pugnantium. Nec de diis possumus queri; imminentem temerario duci cladem prædixerant insidentia signis examina, et aquilæ prodire nolentes : commissamque aciem secutus terræ tremor, nisi illum horrorem soli equitum virorumque discursus, et mota vehementius arma fecerunt. Quartum, id est pæne ultimum vulnus imperii, Cannæ ignobilis Apuliæ vicus, sed magnitudine cladis emersit, et sexaginta millium cæde patrata nobilitata. Simul in exitium infelicis exercitus, dux, terra, cœlum, dies, tota rerum natura consensit. Siquidem non contentus simulatis transfugis Hannibal, qui mox terga pugnantium cæciderunt, insuper callidus alias imperator, in patentibus campis, observato loci ingenio, quod et sol ibi acerrimus, et plurimus pulvis, et Eurus ab oriente semper; quasi ad constitutum ita instruxit aciem, ut Romanis adversus hæc omnia obversis, quasi secum cœ-

semble, du haut des cieux, se précipiter sur l'Italie. Ses premières explosions éclatent avec un épouvantable fracas entre le Pô et le Tésin. Alors l'armée de Scipion est mise en fuite; le général est lui-même blessé, et il allait tomber aux mains de l'ennemi, si son fils, à peine revêtu de la robe prétexte, ne lui eût fait un rempart de son corps, et ne l'eût arraché au trépas. Ce sera ce Scipion qui croît pour la ruine de l'Afrique; il tirera son surnom des malheurs de cette contrée. Au Tésin succéda la Trébie : là, sous le consul Sempronius, se déchaîna la seconde tempête de la guerre punique. Les Carthaginois, profitant habilement d'une journée froide et neigeuse, se chauffèrent et se frottèrent d'huile avant le combat, et, chose étrange! ces hommes, accoutumés au soleil du Midi, nous vainquirent par notre hiver même. Au lac de Thrasimène, Annibal lança son troisième foudre sur nos légions, commandées par Flaminius. Le génie carthaginois se signala par un nouvel artifice. La cavalerie ennemie, couverte par les vapeurs du lac et par les joncs de ses marais, attaqua tout à coup nos troupes par derrière. Nous ne pouvons pourtant nous plaindre des dieux : un essaim d'abeilles, en se posant sur nos drapeaux, nos aigles, en refusant d'avancer, avaient présagé le malheur qui menaçait un chef téméraire; et, l'action à peine engagée, on avait ressenti un tremblement de terre; à moins cependant que les tumultueuses évolutions des hommes et des chevaux et la violente agitation des armes n'aient produit cet ébranlement du sol. Une quatrième et presque mortelle blessure vint frapper l'empire à Cannes, village obscur de l'Apulie; mais la grandeur de notre désastre a sauvé de l'oubli le nom de ce village, devenu trop fameux par le carnage de soixante mille Romains. Là, tout sembla concourir à la perte de notre malheureuse armée, le général, la terre, le ciel, l'air, la nature entière. Non content de nous avoir envoyé de faux trans-

lum tenens, vento, pulvere, et sole pugnaret. Itaque duo maximi exercitus cæsi ad hostium satietatem, donec Hannibal dicere tmiliti suo : Parce ferro. Ducum alter fugit, alter occisus est, dubium uter majore animo. Paulum puduit, Varro non desperavit. Documenta cladis, cruentus aliquamdiu Aufidus.: pons de cadaveribus jussu ducis factus, in torrente Vergello : modii duo annulorum missi [sunt] Carthaginem, dignitatisque equestris taxata mensura; dubium deinde non erat, quin ultimum illum diem habitura fuerit Roma, quintumque intra diem epulari Hannibal in Capitolio potuerit (sic Pœnum illum dixisse Maharbalem Hamilcari ferunt), si Hannibal, quemadmodum sciret vincere, sic uti victoria scisset. Sed tum quidem illum, ut vulgo dici solet, aut fatum urbis imperaturæ, aut ipsius mens mala, et aversi a Carthagine dii, in diversum abstulerunt. Et quum victoria posset uti, frui voluit; relictaque Roma, Campaniam Tarentumque perrexit, ubi mox et ipse, et ipsius exercitus ardor elanguit; adeo ut vere dictum sit, Capuam Hannibali Cannas fuisse. Siquidem invictum Alpibus, indomitumque armis Campani (quis crederet?) soles, et tepentes fontibus Baiæ subegerunt.

fuges qui massacrèrent nos soldats par derrière, Annibal, ce capitaine si rusé du reste, observant le champ de bataille, reconnut que c'était une vaste plaine, exposée à toute l'ardeur du soleil, couverte de poussière, et où soufflait toujours un vent d'orient. Il rangea donc son armée de manière à laisser aux Romains tous les désavantages de la position; et, comme s'il eût disposé du ciel même, il se donna pour auxiliaires le vent, la poussière et le soleil. Deux grandes armées furent taillées en pièces; l'ennemi se rassasia de carnage; Annibal même fut obligé d'ordonner aux siens d'épargner les vaincus. Des deux consuls l'un survécut, l'autre fut tué, et l'on ne sait lequel montra la plus grande âme : Paul Émile rougit de vivre; Varron ne désespéra pas. Les ondes de l'Aufide longtemps sanglantes, un pont de cadavres jeté par l'ordre d'Annibal sur le torrent de Vergelle, les anneaux de nos chevaliers envoyés en deux boisseaux à Carthage, et les pertes de l'ordre estimées à cette étrange mesure, furent les témoignages de notre défaite. C'en était fait, cette heure devait être la dernière de Rome, et dans cinq jours Annibal pouvait souper au Capitole, si, comme l'on assure que le Carthaginois Maharbal le dit à Amilcar, Annibal eût su profiter de la victoire aussi bien qu'il savait vaincre; mais il fut entraîné ailleurs, comme on l'a souvent répété, ou par le destin de la ville éternelle, future souveraine du monde, ou peut-être par son mauvais génie et par les dieux irrités contre Carthage. Il pouvait profiter de la victoire; il voulut en jouir. Au lieu de marcher sur Rome, il parcourut les champs de la Campanie et de Tarente; là se ralentirent bientôt son ardeur et celle de son armée; et l'on a dit avec raison que dans Capoue Annibal avait trouvé Cannes. Cet homme, que les Alpes n'avaient pu vaincre, que les armes n'avaient pu dompter, le soleil de la Campanie (qui le croirait?) et les tièdes fontaines de Baïes le subjuguèrent.

X. Permissum est interim Romans respirare, et quasi ab inferis emergere : arma non erant, detracta sunt templis : deerat juventus, in sacramentum liberata servitia : egebat aerarium, opes suas senatus in medium libens protulit : necnon pariter quod in bullis cingulisque et annulis erat, nec quicquam sibi auri reliquerunt. Eques secutus exemplum, imitataeque equitem tribus. Denique vix suffecerunt tabulae, vix scribarum manus, Levino Marcelloque consulibus, quum privatorum opes in publicum referrentur. Quid autem in eligendis magistratibus, quae centuriarum sapientia, quum juniores a senioribus consilium de creandis consulibus petierunt? Quippe adversus hostem toties victorem, tam callidum, non virtute tantum, sed suis etiam pugnare consiliis oportebat. Prima redeuntis et, ut ita dixerim, reviviscentis imperii spes Fabius fuit, qui novam de Hannibale victoriam commentus est, non pugnare. Hinc illi cognomen novum et reipublicae salutare, Cunctator; hinc illud ex populo, ut imperii Scutum vocaretur. Itaque per Samnium totum, per Falernos, Gauranosque saltus sic maceravit Hannibalem, ut quia frangi virtute non poterat, mora comminueretur. Inde Claudio Marcello duce, etiam congredi ausus est; cominus venit et pepulit e Campania sua, et ab obsidione Nolae urbis excussit. Ausus est et Sempronio Graccho duce per Lucaniam sequi, et terga premere cedentis; quamvis quum, o pudor, servili pugnaret exercitu (nam hucusque tot mala

X. Cependant il est permis au peuple romain de respirer et de sortir, pour ainsi dire, du tombeau; il se trouve sans armes, il en tire des temples; sans guerriers, il affranchit, il reçoit au serment militaire les esclaves; le trésor était vide, le sénat offrit avec joie ses richesses; chacun sacrifia de même ses bulles, ses ceintures, ses anneaux, et nul ne garda ce qu'il pouvait posséder d'or. Les chevaliers suivirent cet exemple; les tribus imitèrent les chevaliers. Telle fut enfin, sous les consuls Lévinus et Marcellus, la multitude des dons particuliers, que ni les registres ni les secrétaires ne purent suffire à l'inscription de ces offfrandes. En même temps, quelle sagesse dans les centuries pour l'élection des magistrats! Les jeunes gens consultèrent les vieillards sur le choix des nouveaux consuls. On sentait que, pour combattre un ennemi tant de fois vainqueur et si habile, il fallait lutter non-seulement par le courage, mais aussi par la prudence. Le premier espoir de la république ranimée et comme renaissante fut Fabius : il sut remporter une victoire nouvelle sur Annibal; son moyen fut de ne pas combattre. De là pour lui ce surnom nouveau de *Temporiseur*; si salutaire à la république, et celui de *Bouclier de l'empire*, que le peuple lui décerna. Il suit et harcèle Annibal par tout le pays des Samnites, dans les bois de Falerne et du Gaurus; de telle sorte que celui qui n'a pu être brisé par la valeur, est consumé par une sage lenteur. Bientôt, sous la conduite de Claudius Marcellus, le Romain ose affronter et combattre Annibal; il en vient aux mains avec lui, et le force à lever le siége de Noles. Il ose encore, sous les ordres de Sempronius Gracchus, le poursuivre à travers la Lucanie, et le serre de près dans sa fuite. Cependant Rome alors, ô honte! ne combattait que par la main de ses esclaves (car l'excès de ses malheurs l'avait réduite si bas); mais à ces esclaves elle avait donné la liberté; par là elle en avait fait des Ro-

compulerunt), sed libertate donatos, de servitute Romanos fecerunt; o horribilem in tot adversis fiduciam, o singularem animum et spiritum populi Romani; tam arctis afflictisque rebus, ut de tota Italia dubitare debuisset, ausus tamen est in diversa respicere. Quumque hostis in jugulo per Campaniam et Apuliam volitaret, mediamque de Italia Africam faceret, eodem tempore et hunc sustinebat, et in Siciliam, Sardiniam, Hispaniamque divisa per terrarum orbem arma mittebat. Siciliam mandat Marcello; nec diu, restituit; tota enim insula in una urbe superata est. Grande illud, et ante id tempus invictum caput Syracusæ, quamvis Archimedis ingenio defenderetur, aliquando cesserunt; longe illi triplex murus, totidemque arces, portus ille marmoreus, et fons celebratus Arethusæ; nisi quod hactenus profuere, ut pulchritudini victæ urbis parceretur. Sardiniam Gracchus arripuit; nihil illi gentium feritas, Insanorumque (nam sic vocantur) immanitas montium profuere. Sævitum in urbes, urbemque urbium Caralim, ut gens contumax vilisque mortis, saltem desiderio patrii soli domaretur.

In Hispaniam vero missi Gnæus et Publius Scipiones, pæne totam Pœnis eripuerunt provinciam. Sed insidentes Punicæ fraudis insidiæ, alterum ferro castrametantem, alterum, quum evasisset in turrim, cinctum facibus oppresserunt. Igitur in ultionem patris et patrui missus est cum exercitu Scipio, cui jam grande nomen de Africa fata de-

mains. Étonnante confiance, au milieu de tant d'adversités! merveilleux courage, généreuse audace du peuple romain! Dans une position si embarrassante et si déplorable, il devait désespérer de toute l'Italie, et pourtant il osa faire face de tous côtés. Ses ennemis couraient en tous sens à travers la Campanie et l'Apulie; l'Afrique était en quelque sorte au milieu de l'Italie; et cependant Rome tout à la fois soutenait le choc d'Annibal, et envoyait ses légions en Sicile, en Sardaigne, en Espagne, remplissant le monde de ses armées. La Sicile, remise à Marcellus, ne lui résista pas longtemps; car l'île tout entière fut vaincue dans une seule ville. La superbe capitale, Syracuse, jusqu'alors invaincue, est forcée de céder, malgré le génie d'Archimède qui la défend. Sa triple enceinte, ses trois forteresses, son port de marbre, et sa fontaine d'Aréthuse tant vantée, ne servirent qu'à désarmer le vainqueur, charmé de la beauté de sa conquête. Gracchus s'empara de la Sardaigne. Ni le courage féroce de ses peuples, ni la hauteur prodigieuse de ses montagnes, que l'on appelle les *Monts Insensés*, ne purent la défendre. Toutes ses villes, et Caralis sa capitale, furent traitées avec rigueur; afin que des hommes qui se faisaient un jeu de la révolte et de la mort, fussent domptés du moins par le spectacle douloureux de leur patrie dévastée.

Cn. et P. Scipion, envoyés en Espagne, arrachèrent presque entièrement ce pays aux Carthaginois; mais les piéges de la perfidie punique les attendaient: l'un fut tué en traçant l'enceinte de son camp; l'autre, brûlé dans une tour où il s'était réfugié. Alors, pour venger son père et son oncle, le jeune Scipion part avec une armée, Scipion auquel déjà les destins réservaient un magnifique surnom aux dépens de l'Afrique domptée. Et cette belli-

creverant. Bellatricem illam, viris armisque nobilem Hispaniam, illam seminarium hostilis exercitus, illam [jam] Hannibalis eruditricem, incredibile dictu, totam a Pyrenæis montibus in Herculis columnas, in Oceanum recuperavit. Eodem quidem die, quo obsessa est Carthago, capta est, nescio citius an felicius; quam facile, vel una probat; omenque Africanæ victoriæ fuit quod tam facile victa est Hispaniæ Carthago. Certum est tamen, ad profligandam provinciam maxime profecisse ducis sanctitatem; quippe qui captivos pueros puellasque præcipuæ pulchritudinis barbaris restituerit, ne in conspectum suum quidem passus adduci, ne quid de virginitatis integritate delibasse saltem oculis videretur. Hæc in diversa terrarum populus Romanus; nec ideo tamen visceribus Italiæ inhærentem submovere poterat Hannibalem. Pleraque ad hostem defecerant, et dux acerrimus contra Romanos Italicis quoque viribus utebatur. Jam tamen eum plerisque oppidis et regionibus excussere Romani. Jam Tarentum tulerant, jam et Capua, sedes, domus, et patria altera Hannibalis tenebatur. Cujus amissio tantum Pœno duci dolorem dedit, ut inde totis viribus Romam converteretur. O populum dignum orbis imperio, dignumque omnium favore et admiratione hominum ac deorum! Compulsus ad ultimos metus ab incepto non desistit, et sua de urbe sollicitus, Capuam tamen non obmisit; sed parte exercitus sub Appio consule relicta, parte Flaccum in urbem secuta, absens si-

queuse Espagne, fameuse par ses hauts faits et par ses héros, cette pépinière de soldats pour les armées de nos ennemis, cette école du terrible Annibal, fut par lui (chose incroyable!) reconquise tout entière, depuis les Pyrénées jusqu'aux colonnes d'Hercule, jusqu'aux rivages de l'Océan. Carthagène fut assiégée et prise en un jour; le dut-on à l'activité ou au bonheur de Scipion? c'est ce que je ne puis décider; mais cette seule ville prouve combien cette conquête fut facile; et la facile réduction de la Carthage d'Espagne présagea la défaite de la Carthage d'Afrique. Il est certain toutefois que la vertueuse continence du général contribua plus que tout le reste à la soumission de la province; en effet, il rendit aux barbares leurs enfants captifs et de jeunes filles d'une rare beauté, sans même avoir permis qu'on les amenât en sa présence, de peur de paraître effleurer, ne fût-ce que des yeux, leur pureté virginale. Voilà ce que le peuple romain faisait sur divers points de la terre; et cependant Annibal, comme attaché aux entrailles de l'Italie, ne pouvait en être arraché. Plus d'un peuple avait embrassé la cause de l'ennemi, et cet infatigable guerrier se servait aussi contre les Romains des forces mêmes de l'Italie. Déjà néanmoins les Romains l'avaient chassé de plusieurs villes et de plusieurs contrées. Déjà ils lui avaient enlevé Tarente; déjà même ils étaient maîtres de Capoue, la résidence, le domicile, la seconde patrie d'Annibal; la perte de cette ville fut si douloureuse au général carthaginois, que de là il marcha sur Rome avec toutes ses forces. O peuple vraiment digne de l'empire du monde, digne de la faveur et de l'admiration de tous les hommes et des dieux! Au milieu des alarmes les plus pressantes, il persévère dans ses entreprises; réduit à craindre pour Rome même, il n'abandonne point Capoue. Le consul Appius y reste avec une partie de l'armée; Flaccus conduit l'autre au secours de la ville-reine : ainsi le peuple romain

mul præsensque pugnabat. Quid ergo miramur, moventi castra a tertio lapide Hannibali iterum ipsos deos restitisse ? Tanta enim ad singulos illius motus suis imbrium copia effusa est, tantorum ventorum violentia coorta est, ut divinitus hostem submoveri, non a cœlo, sed ab urbis ipsius mœnibus et Capitolio videatur. Itaque fugit et cessit, et in ultimum se Italiæ recepit sinum, quum urbem tantum non adortam reliquiset. Siquidem ab Hispania Hasdrubal frater Hannibalis cum exercitu novo, novis viribus, nova belli mole veniebat; actum esset procul dubio, si vir ille cum fratre se junxisset. Sed hunc quoque tantum, quod ab Alpe descenderat, apudque Metaurum castrametantem Claudius Nero cum Livio Salinatore debellat. Nero in ultimos Italiæ angulos submoverat Hannibalem. Livius in diversissimam partem, id est in ipsas nascentes Italiæ fauces signa converterat. Tanto id est, omni, qua longissima est Italia, solo interjacente, quo consilio, qua celeritate, consules castra conjunxerint, inopinatumque hostem collatis signis oppresserint, neque id fieri Hannibal senserit, difficile dictu est. Certe Hannibal re cognita, quum projectum fratris caput ad sua castra vidisset, « Agnosco, inquit, infelicitatem Carthaginis. » Hæc fuit illius viri non sine præsagio quodam fati imminentis prima confessio. Jam certum erat Hannibalem etiam ipsius confessione posse vinci; sed tot rerum prosperarum fiducia plenus populus Romanus magni æstimabat, asperrimum hostem in sua

combat, absent et présent à la fois. Lorsqu'Annibal, à trois milles de Rome, levait son camp pour venir l'attaquer, est-il étonnant que les dieux eux-mêmes l'aient une seconde fois arrêté? A chacun de ses mouvements, les cieux versèrent tant de torrents sur ses soldats, il s'éleva de si violents orages, qu'une puissance divine, non du haut du ciel, mais des murs mêmes de la ville et du Capitole, semblait repousser l'ennemi. Aussi le Carthaginois prit-il la fuite; et, dans sa retraite précipitée, il alla se cacher au fond de l'Italie, honteux d'avoir quitté les portes de Rome sans même avoir attaqué la ville. Cependant, du sein de l'Espagne, Asdrubal, frère d'Annibal, s'avançait avec une armée nouvelle, avec de nouvelles forces, pour nous accabler sous le poids d'une nouvelle guerre. C'en était fait de la république, sans aucun doute, si cet homme avait opéré sa jonction avec son frère; mais à peine descendait-il des Alpes, que Claudius Néron et Livius Salinator le battent au moment où près du Métaure il traçait son camp. Néron avait refoulé Annibal à l'extrémité de l'Italie. Livius avait porté ses drapeaux du côté le plus opposé, c'est-à-dire vers les gorges naissantes de l'Italie. Malgré l'immense intervalle que toute la longueur de l'Italie mettait entre les deux consuls, ils joignent leurs forces avec une célérité et un concert admirables, et tombent inopinément sur Asdrubal, qu'ils écrasent avant qu'Annibal eût soupçonné leur entreprise. A la nouvelle du désastre de son frère, à la vue de sa tête sanglante, que les Romains avaient jetée dans son camp, il s'écria : « Je reconnais l'infortune de Carthage. » Ce fut le premier aveu arraché à ce héros, et comme le présage du destin qui le menaçait. Dès lors on dut croire, sur la foi d'Annibal lui-même, qu'Annibal n'était pas invincible. Mais le peuple romain, rempli de confiance par tant de succès, mettait une grande gloire à vaincre ce terrible ennemi dans son Afrique elle-même. Sous la con-

Africa debellare. Duce igitur Scipione in ipsam Africam tota mole conversus, imitari coepit Hannibalem, et Italiae suae clades in Africa vindicare. Quas ille, dii boni, Hasdrubalis copias fudit! quos Syphacis Numidici regis equitatus! quae quantaque utriusque hostis castra facibus illatis una nocte delevit! denique jam non a tertio lapide, sed ipsas Carthaginis portas obsidione quatiebat: sic factum, ut inhaerentem atque incubantem Italiae extorqueret Hannibalem. Non fuit major sub imperio Romano dies, quam ille, quum duo omnium et antea et postea ducum maximi duces, ille Italiae, hic Hispaniae victor, collatis cominus signis, direxere aciem. Sed et colloquium fuit inter ipsos de legibus pacis; steterunt diu, mutua admiratione defixi : ubi vero de pace non convenit, signa cecinere. Constat utriusque confessione, nec melius instrui aciem, nec acrius potuisse pugnari. Hoc Scipio de Hannibalis, Hannibal de Scipionis exercitu praedicaverunt. Sed tamen Hannibal cessit, praemiumque victoriae Africa fuit : et secutus Africam statim terrarum orbis.

XI. Post Africam jam vinci neminem puduit [12], sed aequo jure ubique subacti. Primum igitur Levino consule populus Romanus Ionium mare ingressus, tota Graeciae litora, velut triumphante classe peragravit. Spolia quippe Siciliae, Sardiniae, Africae praeferebat, et manifestam victoriam, quam nata in praetoria puppi laurus pollicebatur. Aderat sponte in auxilium Attalus

duite de Scipion, il se jette donc de tout son poids sur l'Afrique, imite Annibal, et venge sur l'Afrique les maux de sa chère Italie. Quelles armées nombreuses d'Asdrubal (grands dieux!), quelle innombrable cavalerie du Numide Syphax il met en fuite! quels camps immenses de l'un et de l'autre chef il détruit en une seule nuit par l'incendie! Bientôt il n'est plus seulement à trois milles de Carthage; il en bat les portes, il en presse le siége. Il fit si bien, qu'il arracha de l'Italie Annibal qui s'acharnait sur cette contrée et pesait sur elle. Jamais pour l'empire romain ne brilla un plus grand jour que celui où les deux premiers capitaines qu'on eût vus jusqu'alors et qui aient paru depuis, Annibal, vainqueur de l'Italie, Scipion, vainqueur de l'Espagne, déployèrent leurs enseignes rivales à la tête de deux armées opposées; le combat fut précédé d'une conférence où ils traitèrent de la paix. A la vue l'un de l'autre, ils restèrent quelque temps immobiles, saisis d'une mutuelle admiration; mais ils ne purent s'accorder, et la trompette donna le signal. Il est constant, de l'aveu des deux généraux, qu'on ne pouvait, des deux côtés, ni ranger une armée dans un meilleur ordre, ni combattre avec plus d'ardeur. Scipion rendit ce témoignage de l'armée d'Annibal, Annibal de celle de Scipion; mais Annibal succomba. L'Afrique fut le prix de la victoire, et le monde entier suivit le sort de l'Afrique.

XI. L'Afrique vaincue, aucun peuple ne rougit plus de l'être; mais tous furent soumis à un pouvoir modéré. Sous le consulat de Levinus, une flotte romaine parut pour la première fois sur la mer d'Ionie; elle parcourut comme en triomphe tous les rivages de la Grèce. En effet, elle étalait les dépouilles de la Sicile, de la Sardaigne, de l'Afrique; un laurier, né sur la poupe du vaisseau prétorien, fut le présage éclatant de la victoire. Attale, roi de Pergame, s'était de lui-même armé pour

rex Pergamenorum; aderant et Rhodii, nauticus populus, quibus a mari consul, a terris omnia equis virisque quatiebat. Bis victus, bis fugatus rex Macedonum, bis exutus castris, quum tamen nihil terribilius Macedonibus fuit ipso vulnerum aspectu, quæ [tamen] non spiculis, nec sagittis, nec ullo Græculo ferro, sed ingentibus pilis, nec minoribus adacta gladiis ultra morem patebant. Enimvero Flaminio duce, ad invios antea populo Romano Chaonum montes, Savumque amnem per abrupta vadentem, et ad ipsa Macedoniæ claustra penetratum victoria fuit. Nam postea nunquam ausus congredi rex, ad tumulos, quos Cynocephalos vocant, uno, ac ne eo quidem in justo prœlio opprimitur. In Numidia tunc amici populi Romani regnabant. Sed Jugurtha contra se bellum movit Romanorum, propter necem Adherbalis et Hiempsalis, Micipsæ liberorum, expugnataque est primum a Metello consule, dehinc a Mario Numidia domita. Mauritaniam vero Sochoris tuebatur; sed quum collectio omnium Maurorum facta est, Jubas rex, videns quæ pugnæ fuisset successio, mox superatum sese sentit; veneno hausto defecit, omnisque Mauritania Romanis subacta. Tripolis namque, et utraque Mauritania, Sitifensis et Cæsariensis, similiter Romano juri, ceterorum formidine tactæ, ultro se subegerunt. Hispanias quamvis, ut superius diximus, Saguntina clades ab amicitiis Romanorum segregasset, Scipio tamen eas tam gratia, quam virtute rursus conjunxit Romanis, rursusque

notre cause. Les Rhodiens, peuple navigateur, nous prêtaient sur la mer le secours de leurs vaisseaux, tandis que tout cédait sur terre aux efforts du consul, de son infanterie et de sa cavalerie. Le roi de Macédoine fut deux fois vaincu, deux fois mis en fuite, deux fois dépouillé de son camp. Mais rien n'effraya plus les Macédoniens que l'horrible profondeur de leurs blessures; au lieu des traits, des flèches, des faibles armes de la Grèce, ils éprouvèrent la force de nos longues javelines, et la pesanteur de nos épées, qui ouvraient de larges chemins à la mort. Sous la conduite de Flaminius, nous arrivâmes jusqu'aux monts de Chaonie, inaccessibles jusqu'alors pour le peuple romain, et jusqu'au fleuve Savus, qui se précipite entre des roches escarpées, en un mot, jusqu'aux barrières de la Macédoine elle-même. Y pénétrer, ce fut la vaincre; car le roi n'osa plus en venir aux mains, et il fut écrasé près des hauteurs qu'on appelle Cynocéphales, dans une seule rencontre qui, quoique décisive, ne fut pas même un combat. Alors régnaient en Numidie des amis du peuple romain; mais Jugurtha s'attira la guerre avec les Romains à cause de l'assassinat d'Adherbal et de Hiempsal, fils de Micipsa. La Numidie fut d'abord vaincue par le consul Metellus, ensuite domptée par Marius. Quant à la Mauritanie, elle était défendue par Sochoris. Mais lorsque tous les Maures eurent été réunis, le roi Juba, voyant quelle marche la lutte avait suivie, se sentit bientôt vaincu. Il s'empoisonna, et toute la Mauritanie fut subjuguée par les Romains; car la Tripolitaine et les deux Mauritanies, la Sitifienne et la Césaréenne, gagnées par la terreur des autres pays, se soumirent d'elles-mêmes à la domination romaine. La ruine de Sagonte avait, comme nous l'avons dit plus haut, détaché les Espagnes de l'amitié des Romains; mais Scipion, par sa bonté et par son courage les réunit de nouveau à la république: s'étant soulevées encore une fois, elles furent pacifiées par

resistentes Sylla consul sedavit. Celtiberos similiter cum Numantinis adversus Romanos insurgentes Scipio junior sedavit, compescuit, atque pæne subvertit. Cantabri et Astures confisi montium suorum munimine, dum resistere moliuntur, plenissime demoliti sunt, et in provinciam redacti. Tarraconenses, Lusitani, Galleci, Carthaginisii, et Seticaniæ contra promontorium Africæ sitæ, omnes uno pæne prœlio superatæ, et in provincias Romanas descriptæ sunt. Epirotæ, qui in Illyrico quamvis cum Pyrrho rege suo contra Italiam conspirassent, tamen primum pacem moliti, secundo ac tertio rebellantes, cum Achivis et Thessalis edomiti, Romano jugo subacti sunt. Macedonia namque primum sub Philippo, deinde sub Perseo, tertio sub Pseudo-Philippo arma contra se provocavit Romana, oppressaque primo Flaminio consule, secundo a Paulo, tertio a Metello superata, colla submisit, Romanaque provincia facta. Illyriam autem, cum Gentione suo rege, Macedonibus auxiliantibus vicit Romanorum Lucius prætor, et in provinciam redegit. Dardanos Mœsiosque Curione primum proconsule domuit, primusque omnium Romanorum Danubium amnem usque profectus, cuncta ejus loca vastavit. Pannoniarum quoque regem in certamine superans, idem Lucius redegit in provinciam utrasque Pannonias. Amantinos autem qui inter Savum Dravumque flumina insident, rege eorum interempto, ipsa vice Romanam fecit provinciam. Marcomanni et Quadi in illa Valeria,

le consul Sylla. Les Celtibériens, avec ceux de Numance, se révoltèrent contre Rome ; Scipion le jeune les apaisa, les fit rentrer dans l'ordre, et les détruisit presque. Les Cantabres, confiants dans leurs montagnes qui leur servaient de remparts, tentèrent de résister, furent complétement abattus et réduits en province. Ceux de la Tarraconaise, de la Lusitanie, de la Gallice, de Carthagène et de la Séticane, placés à l'opposite du promontoire d'Afrique, furent tous vaincus presque en un seul combat, et classés en provinces romaines. Les Épirotes, qui, bien qu'ils eussent, avec Pyrrhus leur roi, conspiré dans l'Illyrique contre l'Italie, avaient cependant demandé la paix, se révoltèrent une seconde et une troisième fois; mais, domptés avec les Achéens et les Thessaliens, ils furent réduits sous le joug de Rome. La Macédoine, d'abord sous Philippe, puis sous Persée, et en troisième lieu sous le Pseudo-Philippe, attira sur elle les armes romaines; écrasée une première fois par le consul Flaminius, vaincue une seconde fois par Paul-Émile et une troisième par Metellus, elle courba la tête et devint province romaine. Lucius, préteur romain, vainquit l'Illyrie avec Gentius, son roi, qui avait secouru les Macédoniens, et réduisit ce pays en province. Les Dardaniens et les Mésiens furent, pour la première fois, domptés par le proconsul Curion : celui-ci fut le premier Romain qui pénétra jusqu'aux rives du Danube, dont il dévasta tous les environs. Le même Lucius, vainqueur dans un combat du roi des Pannoniens, réduisit les deux Pannonies en provinces. Il fit également, après avoir tué leur roi, une province des Amantins, qui habitent entre les deux fleuves de la Save et de la Drave. Les Marcomans et les Quades, établis dans cette Valérienne, qui s'étend entre la Drave et le Danube, furent alors écrasés par le même général, et Auguste traça les limites entre les Romains et les barbares à travers la Vindélicie, le Noricum et la Mésie.

quæ inter Dravum Danubiumque interjacet, ab eodem tunc ductore oppressi, finesque inter Romanos et barbaros ab Augusto per Vindeliciam, Noricum Mœsiamque dispositi. Daces autem post hæc jam sub imperio suo Trajanus Decebalo eorum rege devicto, [in] terras ultra Danubium, quæ habent decies centum mille passus, in provinciam redegit. Sed Galienus eos, dum regnaret, amisit; Aurelianusque imperator, evocatis exinde legionibus, in Mœsia collocavit, ibique aliquam partem Daciam mediterraneam, Daciamque ripensem constituit, et Dardaniam junxit. Illyricus autem cuncta per partes quidem et membra devicta, ad unum tamen corpus aptata est, quæ habet intra se provincias decem et octo; hæ sunt, Norici, duæ Pannoniæ, duæ Valeriæ, Suevia, Dalmatia, Mœsia superior, Dardania, Daciæ duæ, Macedonia, Thessalia, Achaia, Epiros, Prævales, Creta, simul decem octo. Thracias autem non aliter, nisi occasio Macedonici belli, fecit aggredi. Diri namque homines, omniumque gentium ferocissimi sunt Thraces, quorum sævitiam pariter habent et Scordisci, et Emimontii, Asticique, ob quorum immanitatem Romani multa et gravia pertulerunt, crebrisque certaminibus exercitus cæsus. Ad postremum a Marco Claudio et ipsi subacti, et loca eorum in provinciam redacta, jugum excepere Romanum. Nam Marcus Drusus intus eos in montibus eorum contrivit, Minutius in Hebro amne eorum multos exstinxit et vicit. Rhodopeni per Appium Claudium

Quant aux Daces, Trajan, après avoir, durant son règne, vaincu Décébale leur roi, réduisit en province les terres qu'ils occupaient au delà du Danube, et qui ont dix fois cent mille pas. Mais Galien, étant sur le trône, les perdit; et l'empereur Aurélien, ayant retiré les légions stationnées dans ces contrées, les établit dans la Mésie, et y institua une Dacie méditerranéenne et une Dacie riveraine, en y joignant la Dardanie. L'Illyrie fut tout entière soumise par parties, il est vrai, et comme par membres; pourtant on en fit un seul corps, et elle renferme dix-huit provinces qui sont les Noriques, les deux Pannonies, les deux Valériennes, la Suévie, la Dalmatie, la Mésie supérieure, la Dardanie, les deux Dacies, la Macédoine, la Thessalie, l'Achaïe, l'Épire, Prévales, la Crète; en tout dix-huit. Les Thraces ne furent attaqués qu'à l'occasion de la guerre de Macédoine; car les Thraces sont des hommes farouches, la plus cruelle de toutes les nations; les Scordisques, les Émimontins et les Astiques partagent leur barbarie; leur férocité fit souvent et beaucoup souffrir les Romains, dont les armées furent décimées dans des luttes fréquentes. Enfin, ces peuples eux-mêmes furent soumis par Marcus Claudius, leur territoire réduit en province, et ils subirent le joug des Romains; car Drusus les écrasa au sein de leurs montagnes; Minutius massacra un grand nombre d'entre eux sur les bords de l'Hèbre, et les vainquit. Les tribus du Rhodope furent subjuguées par Appius Claudius, et Marcus soumit aux Romains des cités maritimes de l'Europe, qui, après avoir été longtemps romaines, avaient fini par se révolter. Lucullus combattit le premier en Thrace contre les Besses, et dompta ces peuples qui l'emportaient sur tous ceux de ces contrées par leur courage et par leur renommée; et, après avoir vaincu les Émimontins, il soumit à la domination romaine Pulpudena, appelée aujourd'hui Philippopolis, et Ustudama, maintenant Adrianople.

devicti sunt, et civitates maritimas Europæ, quæ dudum Romanæ fuissent, et postmodum rebellassent, Marcus Romanis subegit. Lucullus siquidem primus in Thracia contra Bessos pugnans, eos qui in fortitudine famaque præibant, devicit; Emimontiosque debellans, Pulpudenam quæ nunc Philippopolis, et studamam, quæ Adrianopolis vocatur, in Romanorum redegit dominium. Similiter et capiens civitates quæ litori Pontico inhærebant, id est Apolloniam, Galatam, Parthenopolim, et Tomos Istri, omniaque loca usque ad Danubium subdens, Scythis Romanorum ostendit virtutem.

Hactenus ad partes occiduas; nunc quæ in eoa plaga sunt percurramus. Primum quidem in Asia locum Romani hæreditario jure invenerunt. Nam Attalus rex, amicissimus populi Romani, humanis rebus excedens, per testamentum suum Romanos suo in regno hæredes constituit: quod pæne non ante Romanus populus adiit, nisi et suo labore vicina loca cepisset, id est Lydiam, Cariam, Hellespontum, utramque Phrygiam. Nam Rhodus opinatissima insula, et totius Adriæ insularum metropolis pæne cum omnibus Cycladibus, arma pertimescens Romana, jam dudum se fœderatam, populo illi conjunxerat, et navali bello solatia condonabat. Cum quibus Servilius proconsul directus, quasi piratico bello, obtinuit tamen Pamphyliam, Lyciam, Pisidiamque devicit; fecitque provincias. Bithyniam vero Nicomedes rex moriens, testamentali voce reliquit. Gallo-

De même il s'empara des villes établies sur le rivage du Pont, à savoir Apollonia, Galata, Parthénopolis, et Tomes de l'Ister, soumit tout le territoire jusqu'au Danube, et montra aux Scythes la valeur romaine.

Voilà ce qui se passait dans les régions occidentales; voyons ce qui se faisait en Orient. Le droit d'hérédité avait donné aux Romains leur premier établissement en Asie; car le roi Attale, très-ami du peuple romain, se sentant près de mourir, institua, par son testament, les Romains pour héritiers de son royaume; mais le peuple romain eut peine à s'y établir avant d'avoir conquis par ses efforts les contrées voisines, c'est-à-dire la Lydie, la Carie, l'Hellespont, les deux Phrygies; car Rhodes, cette île si célèbre, et la métropole de presque toutes les îles de la mer Adriatique, avec toutes les Cyclades, redoutant les armes romaines, s'était depuis longtemps unie par les traités au peuple-roi, et lui assurait son appui dans les guerres navales. Le proconsul Servilius, envoyé avec les Rhodiens, comme pour faire la guerre aux pirates, obtint cependant la Pamphylie, vainquit la Lycie et la Pisidie, et en fit des provinces. Quant à la Bithynie, le roi Nicomède, en mourant, la laissa par testament à la république. La Gallogrèce, c'est-à-dire la Galatie, fut enveloppée dans les ruines de la guerre de Syrie; ses peuples, en effet, avaient figuré parmi les auxiliaires du

græciam autem, id est Galatiam Syriaci belli ruina convolvit. Fuit namque inter auxilia regis Antiochi; an fuisset cupidus triumphi Mumius, dubium est. Dubiis namque prœliis fusi fugatique sunt, quamvis sub adventum hostis sedibus relictis in altissimos se montes recepissent, colonos abegit. Olympum tecti sago et magaba insederant. Utrimque fundis sagittisque detracti, in perpetuam se pacem dederunt : sed alligati miraculo quodam fuere, quum catenas morsibus et ore tentassent, quum offricandas in vices fauces præbuissent. Nam Orgiagontis uxor a centurione stuprum passa, memorabili exemplo custodiam evasit, revulsumque adulteri caput ad maritum reportavit. Dejotarum siquidem amicum senatus præfecit Galatiæ, sed posthæc Cæsar eos redegit, provinciamque fecit. Cappadoces quoque sub Epaphra rege constituti, primum per legatos suos Romanorum amicitias petierunt, dehinc, Ariobarzane rege succedente, et a Mithridate expulso, ultro se Romano servitio tradiderunt; magnamque civitatem suam Mazacam in honorem Cæsaris Cæsaream appellaverunt. Post hæc iterum sub Claudio imperatore rex eorum Archelaus Romam adveniens, quasi amicus populi Romani; ibique defunctus, testamentali voce Cappadociam Romanis dedit, et sic jam ex integro in provinciam facta est. Pontus a Pompeio devicta, cum suo rege Mithridate, et facta provincia est. Paphlagoniæ Pylemenes rex amicus populi Romani a multis dum inquietaretur, Romano-

roi Antiochus. Mumius désira-t-il le triomphe? cela est incertain, car ils furent défaits et mis en fuite dans des combats douteux, quoiqu'à l'approche de l'ennemi ils eussent abandonné leurs demeures, pour se retirer dans leurs hautes montagnes. Il chassa les colons; couverts de la saie et du magaba, ils s'étaient établis sur l'Olympe. Chassés de ses deux versants à coups de fronde et de flèche, ils se soumirent à une éternelle paix. Ce ne fut pas sans une sorte de miracle qu'on parvint à les enchaîner; ils mordaient leurs fers; ils se présentaient mutuellement la gorge pour s'étrangler. La femme d'Orgiagonte, leur roi, laissa un mémorable exemple : déshonorée par un centurion, elle s'échappe de sa prison, coupe la tête au Romain, et la porte à son époux. Le sénat mit à la tête de la Galatie Dejotarus, ami de la république; mais plus tard César soumit entièrement cette contrée et en fit une province. Les Cappadociens aussi, sous leur roi Epaphra, demandèrent d'abord par des ambassadeurs l'amitié des Romains; puis, Ariobarzane, son successeur, ayant été chassé par Mithridate, ils se mirent volontairement à la discrétion des Romains, et, en l'honneur de César, ils donnèrent le nom de Césarée à Mazaca, leur grande cité. Longtemps après, sous l'empereur Claude, leur roi Archelaüs vint à Rome, à titre d'ami du peuple romain. Il mourut dans cette ville; il donna par son testament la Cappadoce aux Romains, et c'est ainsi qu'elle fut complétement amenée à l'état de province. Le Pont, avec son roi Mithridate, fut vaincu par Pompée, qui en fit une province. Pylémène, roi de Paphlagonie, ami du peuple romain, se voyant inquiété par de nombreux ennemis, implora le secours de la république. Tandis qu'il se vengeait de ses ennemis, il mourut, déclarant par son testament les Romains pour ses héritiers. Tout ceci se passait en deçà du Taurus. Franchissons maintenant ces montagnes, et rappelons quels pays furent réunis à la

rum petiit auxilium. Se quoque dum de inimicis ulcisceretur, defunctus, Romanos per testamentum hæredes reliquit. Hactenus intra Taurum. Nunc ulterius transgrediamur, et quæ patriæ, aut quibus subjugantibus populo Romano conjunctæ sint, memorabimus. Antiochus, Syriæ fortissimus rex magnum apparatum belli contra populum Romanum commovit; trecenta millia siquidem armatorum, currusque falcatos, quam plures elephantos, innumeros turritos, et instar muralis in acie ordine sitos: cui obviavit Scipio Africani Scipionis frater in Asia ad Magnesiam civitatem; commissoque prœlio, Antiochus victus est, percussumque fœdus cum Romanis; ab Asia discessit, et ultra Taurum ex senatusconsulto regnare permissus est, filiosque ejus in obsidatu Romæ deductos post patris obitum regnare genitali loco concessum. Cilices cum Isauris piratæ effecti, et in mari magno sæpe latrocinia concitantes, a Servilio proconsule victi et prostrati sunt. Hic quoque Servilius, primus Romanorum Tauri jugum pervium fecit, triumphansque de eorum spoliis, Isauricus et Cilicus vocatus est.

XII. Cyprum Cato classe navigera directus invasit. Cypris negantibus habere se aliquid, magnas illic opes reperit, proscriptionibusque multavit. Quod non ferens Gnosius rex eorum, veneno hausto semet occidit, et sic Cyprus Romana facta provincia. Libyam, id est Pentapolim totam, primo illo Ptolemæo Romanis sub libertate concessam, tamen resistentes dehinc, Appio-

domination romaine, et quels en furent les conquérants. Antiochus, vaillant roi de Syrie, fit de grands préparatifs de guerre contre le peuple romain; trois cent mille soldats, des chars armés de faux, d'innombrables éléphants, chargés de tours et rangés comme une ligne de murs dans l'ordre de bataille. Scipion, frère de Scipion l'Africain, marcha à sa rencontre en Asie, près de la ville de Magnésie. On en vint aux mains ; Antiochus fut vaincu et conclut la paix avec les Romains. Il se retira de l'Asie ; un sénatus-consulte lui permit de régner au delà du Taurus ; ses fils furent emmenés en ôtage à Rome, et, après la mort de leur père, on leur permit de régner aux lieux qui les avaient vus naître. Les Ciliciens, devenus pirates avec les Isauriens, et se livrant sur ces vastes mers à de fréquents brigandages, furent vaincus et abattus par le proconsul Servilius. Ce même Servilius fut le premier Romain qui s'ouvrit un chemin à travers les cimes du Taurus, et, triomphant de leurs dépouilles, il reçut les surnoms d'Isaurien et de Cilicien.

XII. Caton, à la tête d'une flotte nombreuse, attaqua l'île de Cypre. Les habitants ayant affirmé qu'ils ne possédaient rien, il y trouva pourtant de grandes richesses, et punit le mensonge par des proscriptions. Gnosius, leur roi, ne pouvant supporter tant d'outrages, s'empoisonna, et de cette manière Cypre devint province romaine. Les conseils d'Appion soumirent aux Romains la Libye, c'est-à-dire toute la Pentapole, donnée d'abord par Ptolémée aux Romains sous la réserve de sa liberté, mais qui en-

nis consilium populo Romano subdidit. Ægyptus omnis ab amicis Romanorum, id est Lagitis per Ptolemæos possessa, posthæc Cleopatra et Antonius jure proprio vindicantes, et sc, et illam amittunt. Montes vero Armeniæ primum per Lucullum Romana arma viderunt, per quem et Osroene et Saracenorum phylarchi devicti, Romanis se dediderunt : Mesopotamiamque idem ipse, Nisiben quoque urbem invasit. Post quem Pompeius, eadem loca ingrediens, Romano confirmavit imperio. Syriam Comagenem justo prœlio Tigrane devicto invaserat. Arabes et Palestini eodem Pompeio ductante devicti sunt. Babylonii autem crebro concertantes, sæpenumero victi, nunquam tamen ad integrum domiti sunt. Quos tamen primum Lucius Sylla proconsul sub Arsace eorum rege devicit, ab eoque rogatus per legatos pacem concessit. Secundo dum Lucius Lucullus a Pontico regno Tigranem regem Armeniæ cum decem et octo millibus superatum expelleret, omni Armenia invasa, ad Mesopotamiam venit, ibi Nisiben cum fratre regis Parthorum cepit, æqua sorte Persidem cupiens devastare, nisi Pompeius, a senatu directus, ei advenisset successor. Hic etenim Pompeius illico veniens, mox nocturno prœlio in minori Armenia super Mithridatem irruens, XLII millia Armeniorum prosternens, ejus castra succendit. Unde Mithridates cum uxore et duobus satellitibus fugiens Bosporum venit, nimiaque desperatione detentus venenum accepit. Sed dum nec sic mors ei ac-

suite s'était montrée récalcitrante. L'Égypte tout entière était possédée par des amis des Romains, à savoir par les Ptolémées Lagides; plus tard Cléopâtre et Antoine la revendiquèrent comme en ayant de droit la propriété; mais ils la perdirent et se perdirent eux-mêmes. Lucullus, le premier, fit voir les montagnes de l'Arménie aux armes romaines; vaincus par lui, l'Osroène et les phylarques des Sarrasins se donnèrent aux Romains; ce même général s'empara de la Mésopotamie et de la ville de Nisibis. Après lui, Pompée parcourut ces mêmes contrées, et en assura la possession à l'empire romain. Après avoir vaincu Tigrane en bataille rangée, il avait envahi la Syrie Comagène. Les Arabes et les peuples de la Palestine furent vaincus sous la conduite du même Pompée. Quant aux Babyloniens, la lutte avec eux se renouvela fréquemment; souvent ils furent battus, mais jamais entièrement domptés. Cependant le proconsul Lucius Syla les vainquit pour la première fois sous leur roi Arsace; celui-ci envoya des ambassadeurs demander la paix, qui lui fut accordée. Ce fut Lucius Lucullus qui leur fit subir la seconde défaite. Il venait de vaincre avec dix-huit mille hommes Tigrane, roi d'Arménie, de le chasser du royaume de Pont, et d'envahir toute l'Arménie, lorsqu'il pénétra en Mésopotamie, où il s'empara de Nisibis et du frère du roi des Parthes; il brûlait de faire subir le même sort à la Perse et de la dévaster, lorsque Pompée, envoyé par le sénat, vint le remplacer. Pompée, à peine arrivé, engagea dans la petite Arménie un combat nocturne avec Mithridate, et, se jetant sur ce prince, lui tua quarante-deux mille Arméniens et incendia son camp. De là Mithridate, prenant la fuite avec son épouse et deux de ses gardes, vint dans le Bosphore, et, en proie au plus violent désespoir, il prit du poison; mais, ne pouvant ainsi mettre fin à ses jours, il ordonna à l'un de ses deux gardes de lui donner la mort. Pendant ce temps, Pompée

cederet, alterum e duobus satellitibus rogavit, ut se perimeret. Pompeius autem in majori Armenia dum persequeretur Tigranem, contra Romanos auxilium commodantem, ille in Artaxata urbe regno deposito, ultro diadema suum Pompeio obtulit : sed Pompeius, pietate ductus, ultra minorem Armeniam ei concessit regnare, auferens ab eo Mesopotamiam, et Syriam, partemque Phœnicis cum Armenia. Nam Bosporanis Colchisque Aristarchium regem Pompeius præposuit, Albanosque insequens, Orodem regem eorum tertio superavit, ad postremum rogatus, pacem concessit. Iberiam similiter cum Artace rege in deditione excepit. Sarracenos Arabasque exsuperans, Hierosolymam inde captivavit. Cum Persis fœdere percusso, revertens Daphnensem agrum Antiochenis concessit ob nimiam loci amœnitatem pro munere.

His et aliis rebus in Syria bene gestis, unius fœdavit avaritia. Nam Crassus consul, dum Parthico inhiat auro, undecim legiones pæne cum suo capite amisit. Cujus in conspectu et filius hostilibus telis effossus, et ipse peremptus, caputque ejus præcisum cum dextera manu, ad regem reportatum ludibrio fuit, neque indigno. Aurum ei liquidum in rictum oris infusum est, ut cujus animus auri arserat cupiditate, ejus etiam mortuum exsangue corpus auro ureretur. Reliqui vero infelicis exercitus, quo quemque rapuit fuga, in Armeniam, Ciliciam, Syriamque distracti, vix cladis tantæ nuntium retulerunt. Hac ergo clade altius Parthi animos elevantes,

poursuivait dans la grande Arménie Tigrane, qui avait fourni des secours aux ennemis de Rome; ce prince, dépouillé du souverain pouvoir dans la ville d'Artaxate, remit volontairement son diadème à Pompée; mais celui-ci, touché de pitié, lui permit de régner hors des limites de la petite Arménie, lui ôtant la Mésopotamie et la Syrie, et une partie de la Phénicie avec l'Arménie. Il donna Aristarque pour roi aux peuples du Bosphore et de la Colchide; puis, poursuivant les Albaniens, il vainquit pour la troisième fois Orodès leur roi, et enfin leur accorda la paix, qu'ils lui demandèrent. Il reçut de même la soumission de l'Ibérie et d'Artacès, roi de ce pays. Vainqueur des Sarrasins et des Arabes, il prit ensuite Jérusalem. Après un traité avec les Perses, il fit don à ceux d'Antioche du territoire de Daphné, à cause des charmes de cette contrée.

Ces exploits, et d'autres encore accomplis en Syrie, furent souillés par l'avarice d'un seul homme. En effet, le consul Crassus, avide de l'or des Parthes, perdit presque onze légions avec sa propre vie. Son fils fut percé sous ses yeux des flèches ennemies; lui-même fut tué; on lui coupa la tête et la main droite; ces horribles restes, portés au roi des Parthes, furent l'objet d'un jeu cruel, mais mérité. On lui versa de l'or dans la bouche, afin que l'or brûlât encore le corps inanimé de celui que la soif de l'or avait dévoré pendant sa vie. Ceux qui survécurent à cette malheureuse armée, arrivèrent, selon la direction où la fuite les entraîna, en Arménie, en Cilicie, en Syrie, et il y en eut à peine assez pour apporter la nouvelle d'un si grand désastre. Ce succès porta à son comble l'orgueil des Parthes; conduits par Pacorus, ils envahissent la Syrie, et, mettant à la tête de leur armée

per Pacorum ducem Syriam invadunt, ducemque Labinium, quem dudum ceperant, exercitui praeponentes, contra socios, id est Romanos, in proelio dirigunt.

Sed Ventidius Bassus Parthos sub utroque duce, Syriam populantes, superatos effugat, Labiniumque interfecit; Pacorum vero regium juvenem telis undique circumseptum exstinxit, moxque capite ejus dempto et circumlato per urbes, quae desciverant, Syriam sine bello recepit. Sic Crassianam cladem Ventidius Pacori capite, Labiniique morte pensavit. Nec sic contentus populus Romanus Crassianum interitum oblivisci, inde adhuc saevit in Parthos. Nam Marcus Antonius, in Mediam ingressus, contra eos arma commovit, ibi superans eos; deinde cum duabus legionibus inedia hiemeque correptus, vix in Armeniam Parthis sequentibus fugit, ibique ereptus est. Sub Augusto dehinc Octaviano Armenii cum Parthis commixti, per Claudium Caesarem, nepotem Augusti ocyus superantur. Armenii siquidem utilius rati, Romanorum amicitiae reconciliari, et proprias sedes incolere, quam cum Parthis conjuncti, et sedes perdere, et Romanos infestos habere. Sic quoque dum in partibus orientalium Romanus laborat exercitus, occiduae plagae infestae sunt. Norici, qui, in Alpibus Noricis habitantes, credebant quasi in rupes et nives bellum non posset ascendere: sed mox omnes illius cardinis populos, Brennos, Teutones, Senones, atque Vindelicos, per eumdem Caesarem gladio Romanus vicit exercitus. Quae tamen

Labinius, depuis longtemps prisonnier parmi eux, ils le poussent à combattre ses compatriotes, c'est-à-dire les Romains.

Mais Ventidius Bassus bat les Parthes qui ravageaient la Syrie sous leurs deux généraux; il les met en fuite et tue Labinius. Quant à Pacorus, jeune prince de la famille royale, les Romains l'entourèrent et le firent périr sous une grêle de traits; on lui coupa la tête, qui fut promenée par les villes qui avaient abandonné notre cause, et la Syrie fut reprise sans combat. C'est ainsi que Ventidius compensa le désastre de Crassus par la tête de Pacorus et par la mort de Labinius. Cela ne suffit pas au peuple romain pour oublier le trépas de Crassus; il continua à sévir contre les Parthes. Marc Antoine entra en Médie, tourna ses armes contre eux, et les vainquit dans ces contrées; puis, surpris avec deux légions par la famine et par l'hiver, et toujours poursuivi par les Parthes, il parvint à grand' peine à s'enfuir en Arménie, où il échappa au danger. Puis, sous Octavien Auguste, les Arméniens, mêlés aux Parthes, furent promptement vaincus par Claudius Néron, petit-fils d'Auguste. Les Arméniens jugèrent qu'il serait plus utile de se concilier de nouveau l'amitié des Romains, et de rester tranquilles possesseurs de leurs demeures, que de perdre leur territoire et d'avoir les Romains pour ennemis en persévérant dans leur union avec les Parthes. Tandis que l'armée romaine supportait ces fatigues dans les régions de l'Orient, des ennemis s'étaient soulevés aussi dans les contrées occidentales. Les Noriciens, qui habitaient dans les Alpes Noriques, semblaient croire que la guerre ne pouvait monter au haut de leurs montagnes et de leurs neiges; mais bientôt l'armée romaine, grâce à ce même César, vainquit par le glaive tous les peuples de ces régions, les Brennes, les Teutons, les Sénonais et les Vindéliciens. On peut juger du courage féroce des peuplades alpestres

fuerit Alpinarum gentium feritas, facile est vel per mulieres ostendere, quæ deficientibus telis, infantes suos afflictos humi, in ora militum adversa miserunt. Nec minore his sævitia, Illyrici pariter accenduntur. Contra quos Augustus e vicino egressus, pontem, unde aquam transiret, fieri imperavit. Dumque aquis et hostibus ad ascensum milites turbarentur, scutum ipse rapuit, et viam primus ingressus est. Tum agmine secuto, quum subruptus multitudine pons succidisset, sauciis manibus et cruribus, speciosior sanguine, et ipso periculo augustior, terga hostium cæcidit. Pannonii vero duobus saltibus, tribus fluviis, Dravo, Savo, Istroque vallantur, contra quos Duennium misit, qui eos plus feliciter vicit, quam eorum flumina cursu rapido currant. Dalmatæ similiter silvis commanentes, plurimam partem latrocinando vastabant : ad quos edomandos Jubium mandat, qui efferum genus fodere terras coegit, aurumque e venis repurgare. Mœsi vero quam feri, quam truces erant ! unus ducum ante aciem postulato silentio ; « Qui vos estis ? » inquit. Responsum est, « Romani gentium domini. » Et ille, « Ita fiet, inquit, si nos viceritis. » Sed mox ad bellum ventum est, nec classicum audire valuerunt; sic a Marcio superati sunt. Thraces antea sæpe, tunc tamen Talca regnante sibi a Romanis desciscunt. Nam hic barbaros et disciplinæ et signis militaribus assuefecerat : sed a Pisone perdomiti, in ipsa captivitate rabiem ostendebant; nam catenas, quibus ligati erant, morsibus vellicantes, fe-

même par celui de leurs femmes : manquant de traits, elles écrasaient sur la terre leurs propres enfants et les lançaient ensuite au visage de nos soldats. Les Illyriens à leur tour ne furent pas animés d'une fureur moins barbare. Auguste, ayant marché contre eux des provinces voisines, ordonna de construire un pont pour passer une rivière. La violence des eaux et les efforts de l'ennemi ayant jeté le trouble au milieu de ses troupes au moment du passage, il arracha le bouclier d'un soldat, et s'élança le premier en avant. On le suivit; mais le pont, surchargé par la multitude, s'écroula; blessé aux mains et aux cuisses, mais plus terrible encore par le sang qui le couvrait et plus auguste encore par le danger même, il tailla en pièces l'ennemi dans sa fuite. Les Pannoniens ont pour remparts deux forêts et trois fleuves, la Drave, la Save et le Danube; il envoya contre eux Duennius, qui les vainquit heureusement, et avec plus de rapidité que leurs fleuves n'en mettent à rouler leurs ondes. Les Dalmates, habitant de même dans des forêts, dévastaient par leurs brigandages la plus grande partie de ces contrées; il chargea de les dompter Jubius, qui contraignit ce peuple sauvage à fouiller la terre et à tirer l'or de ses entrailles. Quant aux Mésiens, quelles n'étaient pas leur férocité et leur barbarie! Un de leurs chefs, avant la bataille, ayant demandé un moment de silence : « Qui êtes-vous? » s'écria-t-il. « Les Romains, fut-il répondu, maîtres des nations. — Oui, les maîtres, répliqua-t-il, quand vous nous aurez vaincus. » Mais bientôt on en vint aux mains, et ils ne purent même soutenir le son de la trompette. C'est ainsi qu'ils furent vaincus par Marcius. Les Thraces, avant cette époque, s'étaient soulevés plus d'une fois; mais alors, sous le règne de Talca, ils se détachèrent de nouveau des Romains. Ce prince avait accoutumé ces barbares à la discipline et aux enseignes militaires des Romains. Domptés par Pison, ils montrèrent leur rage

ritatem suam ipsi puniebant. Daciam quoque ultra Danubium sitam, exindeque sæpius elatos, gelato Danubii alveo, ad furta in Pannoniam transeuntes, Lentulo misso, vicit, expulit, atque subegit. Sarmatas quoque per eumdem Lentulum ultra Danubium pepulit. Qui nihil aliud, ubi degunt, præter nives pruinasque, et silvas habent, tantaque barbaries in illis est, ut nec intelligant pacem. Marmaridas vero, et Garamantes in orientali hiemali plaga per Quirinum subegit. Germanos, Etallos, Britones, Hispanos, Iberos, Astures, Cantabros occiduali axe jacentes, et post longum servitium desciscentes, per se ipse Augustus accedens rursus servire coegit, Romanisque legibus vivere.

Cleopatra vero, Alexandrinorum regina ex genere Lagitarum, Ptolemæorumque successor, prius contra viri sui Ptolemæi insidias Caium Julium Cæsarem interpellavit, qui ob stupri (ut perhibent) gratiam, regnum ejus confirmavit, ipsamque in urbem cum magna pompa deductam, Alexandriæ permisit regnare. Cassius Judæa capta templum spoliavit. Occiso vero in curia Romæ Cæsare Julio, nepos ejus Augustus suscepit principatum, quem Antonius, dum invideret, nihilque lædere posset, urbem Romam ingreditur, et ad partes Ægypti, quasi Romanæ provisor reipublicæ accedit. Ibi jam viduam a viro regnantem reperiens Cleopatram, se quoque cum

jusque dans la captivité; et, par une violence qui portait avec elle sa punition, ils mordaient leurs chaînes avec fureur. La Dacie est située au delà du Danube; ses peuples plus d'une fois, passant le Danube sur les glaces qui le couvrent à certaines époques, s'élancèrent sur la Pannonie, pour s'y livrer au brigandage; Lentulus, envoyé contre eux, les vainquit, les chassa et les subjugua. Le même Lentulus repoussa les Sarmates au delà du Danube. Ces peuples, dans les pays qu'ils habitent, n'ont que des neiges, des frimas et des forêts. Telle était leur barbarie, qu'ils n'avaient pas même une idée de la paix. Par les armes de Quirinus, Auguste subjugua les Marmarides et les Garamantes sur les plages orientales du nord. Les Germains, les Étalles, les Bretons, les Espagnols, les Ibères, les Asturiens, les Cantabres, situés sous l'axe occidental, firent défection après une longue servitude; Auguste les attaqua en personne, et les contraignit à se soumettre de nouveau et à vivre sous les lois romaines.

Cléopâtre, reine d'Alexandrie, de la race des Lagides, et héritière de Ptolémée, appela d'abord Caïus Julius César pour la protéger contre les embûches de Ptolémée son mari : César, pour prix de ses faveurs, comme on l'assure, lui confirma la royauté, et, après l'avoir en grande pompe ramenée dans sa capitale, lui permit de régner à Alexandrie. Cassius, après s'être emparé de la Judée, dépouilla le temple. Jules César ayant été assassiné dans le sénat de Rome, Auguste, son neveu, s'empara du principat. Antoine, son rival, ne pouvant lui nuire, entre dans la ville de Rome, puis se dirige vers l'Égypte, comme défenseur des intérêts de la république romaine. Il y trouva le trône occupé par Cléopâtre, veuve alors. S'unissant à elle, il marche au suprême pouvoir, et cela, non dans l'ombre, mais ouvertement; oubliant à la fois et sa patrie, et son nom, et la toge, et

illa consocians, cœpit sibi dominationem parare, nec tacite; sed patriæ, nominis, togæ, fascium oblitus, in monstrum illud ut mente, ita animo cultuque desciverat; aureus in manu baculus, in latere acinaces, purpurea vestis ingentibus obstricta gemmis. Diadema deerat, ut regina rex et ipse frueretur. Quod Augustus Cæsar audiens, a Brundisio Calabriæ, in Epirum, ut cum a cœpta removeret tyrannide, transierat. Nam Antonius omne Actiacum litus jam classibus obsidebat. Sed mox ubi ad prœlium ventum est, et Cæsaris classis illius cœpit turbare navigium; prima mox fuga regina cum aurea puppi, veloque purpureo in altum se dedit. Mox secutus Antonius; sed instat vestigiis eorum Cæsar. Itaque nec præparata in Occanum fuga, nec munita præsidiis utraque Ægypti cornua Paretonium atque Pelusium profuere. Prope fuere, prope manu tenebantur; primus ferrum occupavit Antonius, regina ad pedes Augusti provoluta tentavit oculos ducis; frustra quidem; nam pulchritudo intra pudicitiam principis fuit; nec illa de vita, quæ offerebatur, sed de parte regni laborat. Quod ut desperavit a principe, servarique se triumpho cognovit, incautiorem nacta custodiam, in mausoleum se regum recepit, ibique maximos, ut solebat, cultus induta, in referto odoribus solio, juxta suum se collocavit Antonium, admotisque ad venas serpentibus, sic morte quasi somno soluta est. Hic finis bellorum Augusti Cæsaris, tam cum civibus, quam cum extraneis. Sic quoque Augustus, ut

les faisceaux, il change tout, sentiments, principes et costume même pour le monstre qui l'a subjugué. Il porte un sceptre d'or à la main, un cimeterre à son côté, une robe de pourpre agrafée de grosses pierres précieuses; il ne lui manquait que le diadème pour que, roi, il possédât une reine. A cette nouvelle, Auguste César était venu de Brindes, ville de Calabre, en Épire, pour lui arracher la tyrannie dont il commençait à se saisir. Antoine avait déjà couvert de ses flottes tout le rivage d'Actium. Mais dès que l'on eut engagé le combat, et que la flotte de César eut jeté le désordre parmi les navires de son rival, la reine, donnant l'exemple de la fuite, gagne la haute mer sur son vaisseau à poupe d'or et à voiles de pourpre. Antoine la suit de près. César s'élance sur leurs traces. En vain ils ont préparé leur fuite sur l'Océan; en vain des garnisons défendent Parétonium et Péluse, les deux boulevards de l'Égypte; ils vont être atteints, ils vont tomber aux mains d'Octave. Antoine alors se perce le premier de son épée; Cléopâtre se jette aux pieds d'Auguste, et cherche à séduire par ses charmes les yeux du vainqueur : inutiles efforts! sa beauté ne peut rien sur la continence du prince. Toutefois, ce qui agite Cléopâtre, ce n'est pas la mort (on lui offrait la vie), c'est la passion de régner. Dès qu'elle désespéra de rien obtenir du prince, et qu'elle se vit réservée pour le triomphe, profitant de la négligence de ses gardes, elle s'enferma dans le mausolée des rois, et là, revêtue, selon son usage, des plus pompeux ornements, elle se plaça dans un cercueil rempli de parfums, étendit près d'elle son cher Antoine; puis, se faisant piquer les veines par des serpents, elle s'endort dans une mort paisible comme le sommeil. Ce fut là le terme des guerres tant civiles qu'étrangères d'Auguste César. Il est appelé Auguste aussi bien que César Octavien. Nul autre empereur ne fut plus heureux dans la guerre, ni plus modéré dans la paix, que

Cæsar Octavianus; quo nullus imperatorum in bellis felicior, nec pace moderatior fuit; civilissimus in omnibus, qui ab oriente in occidentem, a septentrione in meridiem, ac per totum Oceani circulum, cunctis gentibus una pace compositis, Jani portas ipse tunc clausit, et censum Romæ cum Tiberio cogitans, invenit hominum nonagies trecenta septuaginta millia, omnemque orbem venientis Jesu Christi nativitate, pacatum censeri præcepit, regnavitque annos quinquaginta sex : sed imperio ejus secundo ac quadragesimo anno, Dominus Jesus Christus ex Spiritu sancto ac Maria virgine Deus verus ac homo verus nasci dignatus est; quatuordecim residuos annos post Domini adventum corporali præsentia, in pace regnans, et ipse singularem obtinuit principatum, et posteris eamdem imperii potestatem, cum suo nomine Augusti derelinquens, rebus excessit humanis, successorem relinquens Tiberium privignum suum.

XIII. Tiberius Augustus Cæsar regnavit annos viginti tres, qui multos reges ad se blanditiis evocatos, nunquam ad propria regna remisit, in quibus et Archelaum, Cappadocum regem. Cujus et regno, postquam defunctus est, in provinciam verso, Masacam civitatem ejus de nomine suo Cæsaream vocitavit; hujus vero annos XVIII Dominus noster Jesus Christus sub Pontio Pilato in Judæa carne passus est, non deitate.

Caius Cæsar cognomento Caligula regnavit annos tres, menses decem; hic namque Memmium Regulum coegit

ce prince, le plus cultivé sous tous les rapports. De l'orient à l'occident, du nord au midi, et dans le cercle entier de l'Océan, toutes les nations étant calmées par une paix universelle, Auguste ferma en personne le temple de Janus, et, s'occupant avec Tibère du recensement de Rome, il trouva trois millions trente mille habitants, et, au temps de la nativité et de la venue de Jésus-Christ, il ordonna que tout l'univers fût considéré comme pacifié. Il régna cinquante-six ans; mais dans la quarante-deuxième année de son règne, notre seigneur Jésus-Christ daigna naître, vrai Dieu et vrai homme, du Saint-Esprit et de la vierge Marie. Dans les quatorze années qui suivirent la venue du Seigneur et sa manifestation corporelle, Auguste, régnant en paix, obtint le pouvoir monarchique, et, transmettant à ses descendants cette même puissance suprême avec son nom d'Auguste, il sortit de ce monde, laissant pour successeur Tibère son beau-fils.

XIII. Tibère Auguste César régna vingt-trois ans; il attira près de lui par ses caresses un grand nombre de rois, qu'il ne renvoya jamais dans leurs États; parmi eux se trouvait Archelaüs, roi de Cappadoce. Après la mort de celui-ci, son royaume fut transformé en province, et Tibère appela de son nom Césarée, la ville de Masaca, qui en était la capitale. Dans la dix-huitième année de ce règne, notre seigneur Jésus-Christ souffrit sous Ponce-Pilate, en Judée, dans sa chair et non dans sa divinité.

Caïus César, surnommé Caligula, régna trois ans et dix mois. Il força Memmius Regulus à lui donner en ma-

ut uxorem suam sibi lege filiae conjugem daret, instrumentaque matrimonii ut pater consciberet; haec et his similia perpetrans, necnon et in templo Hierosolymitano Jovis statuam per Gaium Petronium statuens, et in Alexandria Judaeos per Flaccum Anilium praefectum opprimens, postremo a protectoribus suis in palatio Romae occisus est, anno aetatis vigesimo nono.

Claudius dehinc huic succedens, regnavit annos tredecim et menses novem. Fecit etiam hic Claudius expeditionem in Britanniam insulam, quam jam nemo ante Julium Caesarem, neque post eum quisquam adire ausus fuerat, [exercitum duxit], ibique sine ullo proelio ac sanguine, intra paucissimos dies, plurimam insulae partem in deditionem recepit. Orcadas autem insulas inter Britanniam in Oceano positas, Romano adjecit imperio. Ac sexto, quo profectus erat, mense Romam repedavit, ibique defunctus est annorum sexaginta quatuor.

Nero, nepos Caii Caligulae, regnavit annos tredecim, menses octo: tantaeque luxuriae fuit, ut frigidis et calidis lavaretur unguentis. Is etenim non solum quidem non profuit reipublicae, imo obfuit nimis. Nam duas legiones in Armenia cum ipsa provincia simul amisit, qui, Parthico jugo servientes, gravem infamiam Romanis dederunt. Juxta omne scelus et parricidium, quod in proprios parentes commiserat, addidit facinus, ut ad instar Trojae Romam incenderet, manusque injiciens in christianos, persecutionem concitat, ipsosque doctores

riage sa propre femme, après l'avoir adoptée pour fille, et à rédiger en qualité de père les actes de cette union. Souillé de ce crime et de beaucoup d'autres du même genre, il fit placer par Gaïus Petronius la statue de Jupiter dans le temple de Jérusalem, et fit opprimer dans Alexandrie les Juifs par le préfet Flaccus Anilius; enfin, à l'âge de vingt-neuf ans, il fut assassiné par ses gardes dans son palais, à Rome.

Claude, son successeur, régna treize ans et neuf mois. Ce Claude fit aussi une expédition dans l'île de Bretagne, où personne, avant ni après Jules César, n'avait osé descendre; et, sans combat ni effusion de sang, il reçut en quelques jours la soumission de la majeure partie de l'île. Il ajouta à l'empire romain les îles Orcades, situées dans les mers de la Bretagne. Il revint à Rome six mois après en être parti, et y mourut à l'âge de soixante-quatre ans.

Néron, neveu de Caïus Caligula, régna treize ans et huit mois : telle était sa mollesse, qu'il se servait au bain de parfums tantôt chauds, tantôt froids. Loin d'être utile à la république, il ne lui fut que trop nuisible; car il perdit en Arménie, avec la province elle-même, deux légions, qui, en se soumettant au joug des Parthes, imprimèrent au nom romain une tache ignominieuse. A tous les crimes, au parricide même, dont il se rendit coupable envers ses parents, il ajouta un épouvantable forfait : pour imiter l'incendie de Troie, il brûla Rome, et, portant sur les chrétiens une main brutale, il donna le signal de la persécution. Il fit périr dans la ville même Pierre et Paul, ces docteurs de la foi; l'un fut cloué à la croix,

fidei Petrum ac Paulum in urbe interemit, alterum cruci affigens, alterum capite plectens; eoque cum dedecore regno evulso, Galba in Iberia, Vitellius in Germania, Otho Romæ imperium arripuerunt, omnesque tamen celeri interitu interierunt.

Vespasianus apud Judæam ab exercitu in regnum ascitus, regnavit annis decem. Nam, relicto filio suo Tito ad expugnationem Hierosolymorum, ipse Romam profectus regnavit in pace.

Titus filius Vespasiani, idemque Vespasianus debellator Judææ gentis, regnavit annis duobus mensibus duobus; hic namque secundum Josephi fidem, undecies centena millia Judæorum fame et gladio interemit, et alia centum millia captivorum publice vendidit. Tantam multitudinem in Hierosolymis autem paschalis festivitas adunaverat.

Domitianus frater Titi, filius Vespasiani, regnavit annos quindecim menses quinque, tantæque fuit superbiæ, ut se deum ab omnibus primum appellari præciperet, multosque nobilium exilio relegans, nonnullosque occidens, de substantiis eorum aureas argenteasque sibi statuas fecit, manusque in christianos injiciens, Joannem apostolum et evangelistam, postquam in ferventi oleo missum non potuisset extinguere, in Pathmos eum insulam relegavit, ubi Apocalypsim vidit. Cujus crudelitatem non tolerantes Romani, in palatio Romæ interficere statuerunt, omneque quod constituerat irritum fecere.

Nerva admodum senex regnavit anno uno mensibus quatuor; qui ut privata vita levis, levior fuit in regno,

l'autre eut la tête tranchée. Néron fut arraché du trône et se déshonora dans sa chute ; Galba dans l'Ibérie, Vitellius en Germanie, Othon à Rome, saisirent le pouvoir ; tous cependant périrent bientôt.

Vespasien, alors en Judée, appelé au trône par l'armée, régna dix ans. Laissant à Titus son fils le soin de prendre Jérusalem, il se rendit lui-même à Rome et régna en paix.

Titus, fils de ce Vespasien, et lui-même Vespasien vainqueur de la nation juive, régna deux ans et deux mois. Ce prince, selon le témoignage de Josèphe, fit périr par la famine et par le glaive onze cent mille Juifs, et en fit vendre cent mille autres comme esclaves au profit du trésor. C'étaient les fêtes de la Pâque qui avaient attiré à Jérusalem une aussi grande multitude.

Domitien, frère de Titus, fils de Vespasien, régna quinze ans et cinq mois, et tel fut son insolent orgueil, que, le premier parmi les empereurs, il voulut que tous l'appelassent Dieu ; exilant un grand nombre de personnages éminents, et en faisant périr plusieurs, il se servit de leurs dépouilles pour se faire ériger des statues d'or et d'argent ; puis, portant sur les chrétiens une main brutale, il fit jeter dans de l'huile bouillante Jean, l'apôtre et évangéliste, sans pouvoir l'y faire périr ; ensuite il le relégua dans l'île de Pathmos, où Jean vit l'Apocalypse. Les Romains, ne pouvant supporter la cruauté de Domitien, résolurent de le tuer à Rome, dans son palais, et d'abolir toutes les lois qu'il avait portées.

Nerva, déjà vieux, régna un an et quatre mois. Ce prince, qui avait été léger dans la vie privée, fut plus

nec quicquam profuit reipublicæ, nisi quod Trajanum se vivente elegit.

Trajanus pæne omnium imperatorum potior regnavit annis viginti octo mensibus sex; hic enim de Dacis Scythisque triumphavit, Iberosque et Sauromatas, Osdroenos, Arabas, Bosphoranos, Colchos edomuit, postquam ad feritatem proruperunt. Seleuciam, et Ctesiphontem, Babyloniamque pervasit et tenuit. Necnon et in mari Rubro classem, unde Indiæ fines vastaret, instituit; ibique suam statuam dedicavit, et post tot labores apud Seleuciam Isauriæ profluvio ventris anno ætatis extinctus est sexagesimo tertio, ossaque ejus in urna aurea collocata, et in foro sub columna posita, solusque omnium imperatorum intra urbem sepultus.

Adrianus Italicæ de Hispania natus, consobrinæ Trajani filius, regnavit annos viginti unum; hic pæne nil profuit reipublicæ nisi quod dudum subversas Alexandriam et Hierosolymam propriis reparavit expensis, nonnullisque in locis publica relaxavit tributa. Hierosolymam siquidem suo de nomine Æliam appellans, nulli Judæorum ingredi permisit. Nam claret eum invidum factis Trajani; quia mox ut ei successit, illico nulla necessitate faciente, exercitum ad se revocans, Mesopotamiam, Assyriamque, et Armeniam Persis reliquit, Euphratem fluvium finem terminumque inter Parthos Romanosque constituens. Quo regnante, Aquila Ponticus Scripturas de Hebræo transtulit. Adrianus morbo apud Baias quatiente obiit.

Antoninus cognomento Pius cum suis Aurelio et Lucio

léger encore sur le trône, et ne rendit à la république d'autre service, que de choisir, de son vivant, Trajan pour son successeur.

Trajan, presque le meilleur de tous les empereurs, régna vingt-huit ans et six mois. Il triompha des Daces et des Scythes, dompta les Ibères et les Sauromates, les Osdroéniens, les Arabes, les Bosphoriens, les Colchidiens, après que ces peuples se furent soulevés dans leur sauvage fureur. Il attaqua et occupa Séleucie, Ctésiphon et la Babylonie; de plus, il établit une flotte sur la mer Rouge, pour dévaster de là les limites de l'Inde; il dédia sa statue dans ces contrées, et, après tant de travaux, il mourut d'un flux de ventre à Séleucie, ville d'Isaurie, à l'âge de soixante-trois ans : ses ossements furent placés dans une urne d'or, et déposés dans le forum sous une colonne; c'est le seul des empereurs qui ait été enseveli dans l'enceinte de la ville.

Adrien, né à Italica, en Espagne, et fils d'une cousine de Trajan, régna vingt et un ans. Il ne rendit guère d'autre service à la république que de reconstruire à ses propres frais Alexandrie et Jérusalem, depuis longtemps détruites, et de diminuer les impôts dans quelques contrées. Il appela de son nom Jérusalem Élia; et ne permit à aucun Juif d'y entrer. Évidemment il était jaloux des exploits de Trajan; car, à peine lui avait-il succédé, que, sans aucune nécessité, il rappela aussitôt l'armée, et abandonna aux Perses la Mésopotamie, l'Assyrie et l'Arménie, assignant l'Euphrate pour limite et pour ligne de démarcation entre les Parthes et les Romains. Sous son règne, Aquila du Pont traduisit de l'hébreu les Écritures. Adrien mourut à Baïes, de maladie.

Antonin, surnommé le Pieux, régna vingt-deux ans

regnavit annis duobus et viginti mensibus tribus. Et si non profuit quidquam Antoninus, nullam tamen læsionem respublica sensit. Defunctus est duodecimo urbis milliario, in villa Sualoris nuncupata, anno ætatis septuagesimo sexto; regnavit annis novem et decem mense uno.

Marcus Antoninus, qui et Verus, et Lucius Aurelius Commodus affinitate conjuncti, æquo jure imperium administraverunt. E quibus junior contra Parthos arma movens, magna egit et fortia, Seleuciamque urbem eorum cum quadringentis millibus accepit pugnatorum. Senior vero multis sæpe bellis interfuit, sæpiusque per duces suos triumphum revexit maxima de gente Quadorum, e quibus cum magna gloria triumphavit. Sed unus in Alteno apoplexiam passus defunctus est; alter in Pannonia urbe periit.

Commodus filius Antonini regnavit annis tredecim, magnumque triumphum de gente revexit Germanica, et post hæc in domo Vestiliani strangulatus defecit.

Helvius Pertinax major sexagenario, quum præfecturam ageret, ex senatusconsulto imperator creatus regnavit menses sex. Hic etenim obsecrante senatu, ut uxorem suam Augustam, filiumque Cæsarem appellaret, « Sufficere, inquit, debet, quod ego ipse invitus regnavi, quum non mererer. » Nimis æquissimus, omniumque communis, quem Julianus jurisperitus in palatio ejus peremit, ipseque postea a Severo occisus est.

Severus genere Afer, Tripolitanus, regnavit annis

et trois mois avec ses parents, Aurelius et Lucius. Si Antonin ne fut pas utile à la république, celle-ci du moins ne souffrit pas d'atteinte sous lui. Il mourut à douze milles de Rome, dans une villa nommée Sualoris, à l'âge de soixante-seize ans. Il régna dix-neuf ans et un mois.

Marc Antonin, appelé aussi Verus, et Lucius Aurelius Commodus, unis par des liens de parenté, gouvernèrent l'empire avec des droits égaux. Le plus jeune de ces deux princes, tournant les armes contre les Parthes, fit de grands et brillants exploits et se rendit maître de Séleucie, leur ville, avec quatre cent mille combattants. Dans sa vieillesse il assista souvent de sa personne à beaucoup de guerres, et plus souvent par ses généraux il remporta des victoires sur la nation très-considérable des Quades, dont il triompha avec une grande gloire. Mais l'un de ces princes mourut d'apoplexie à Altenum; l'autre périt dans une ville de Pannonie.

Commode, fils d'Antonin, régna treize ans, et célébra un grand triomphe sur la race germanique; puis il mourut étranglé dans la maison de Vestilianus.

Helvius Pertinax, plus que sexagénaire, et alors préfet du prétoire, fut créé empereur par un sénatus-consulte, et régna six mois. Comme le sénat le conjurait de donner à sa femme le titre d'Augusta, et à son fils celui de César, «C'est bien assez, répondit-il, que je règne malgré moi, sans l'avoir mérité.» Ce prince, d'une extrême équité, et accessible pour tous, fut tué dans son palais par le jurisconsulte Julianus, qui, à son tour, fut ensuite égorgé par Sévère.

Sévère, Africain de naissance, et venu de Tripoli,

decem et octo, ultusque est occisionem Pertinacis in Juliano; se quoque Pertinacem appellavit. Hic etenim Parthos et Adiabenos, contra Romanos insurgentes, mirabiliter superavit. Arabas quoque interiores ita cecidit, ut regionem eorum Romanam faceret provinciam. Sic quoque triumphans, Parthicus, Arabicus, Adiabenicus dictus est. Hoc regnante Samarites quidam Symmachus, Judæorum factus proselytus, item divinas Scripturas ex Hebræo sermone Græca lingua transfudit, suamque condidit editionem, post quem pæne tertio anno secutus Theodotion Ponticus, item suam in eodem suo opere editionem Scripturarum composuit. Britannicum bellum exortum, unde Severus mirabiliter triumphavit.

Antoninus cognomento Caracalla, filius Severi, regnavit annos septem. Nam ideo hoc nomen nactus est, [eo] quod ejusmodi vestium genera Romæ de manibus erogans, sibi nomen Caracalla, et vesti Antoniana dederit. Sub hoc iterum editio Scripturarum divinarum, quam quintam vocamus, in Hiericho in dolio reperta est. Hic etenim imperator, dum contra Persas movit procinctum, in Osdroene Edessa defunctus est. Macrinus, præfecturam agens prætorianam, imperator creatus est; regnavitque anno uno, occiditurque ab Archelaide.

Marcus Aurelius, Antonini Caracallæ filius, templique Heliogabali sacerdos, imperator factus, anno quarto Emaus in Judæa constructa, et Nicopolis nominata. Tunc et Africanus egregius scriptor temporum, pro ipsa

régna dix-huit ans, et vengea le meurtre de Pertinax sur
Julianus; il prit lui-même le nom de Pertinax. Cet empereur obtint de merveilleux succès sur les Parthes et sur
les peuples de l'Adiabène, qui s'étaient levés contre les
Romains. De plus, il fit éprouver aux Arabes de l'intérieur des pertes si considérables, qu'il put réduire leur
pays en province romaine. Ses triomphes lui valurent les
surnoms de Parthicus, d'Arabicus, d'Adiabenicus. Sous
son règne, un certain Symmaque, Samaritain, devenu
prosélyte des Juifs, traduisit de l'hébreu en grec les divines
Écritures, et acheva son édition; puis, Théodotion du
Pont, qui le suivit à un intervalle de trois ans à peine,
fit entrer son édition des Écritures dans son propre travail. La guerre éclata dans l'île de Bretagne, où Sévère
remporta d'éclatants triomphes.

Antonin, surnommé Caracalla, fils de Sévère, régna
sept ans. Ce surnom lui était venu de ce que, distribuant
de ses mains, à Rome, des vêtements de cette espèce, il
prit lui-même le nom de Caracalla, donnant à ce genre
d'habit celui d'Antonine. Sous lui, encore une fois, une
édition des divines Écritures, que nous appelons la cinquième, fut trouvée à Jéricho dans un tonneau. Cet empereur conduisait une expédition contre les Perses, lorsqu'il mourut à Édesse dans l'Osdroène. Macrin, préfet du
prétoire, fut créé empereur; il régna un an, et fut tué
par Archelaïs.

Marc-Aurèle, fils d'Antonin Caracalla et prêtre du
temple d'Héliogabale, fut fait empereur; la quatrième
année de son règne, fut construite en Judée Emaüs, qu'on
appela Nicopolis. Alors Africanus, historien distingué,
se chargea pour cette ville d'une ambassade auprès du

legationem suscepit ad principem. Sed imperator dum nullum genus obscenitatis in regno suo, quod non faceret, prætermittebat, occisus est a tumultu militari. Regnavit annis quatuor.

Alexander, Mameæ filius, ignobilis fortunæ existens, adhuc juvenis, regni moderationem suscepit : moxque contra Xerxem regem Persarum arma arripiens, mirabiliter de Parthorum spoliis triumphavit. Sub hujus item imperio, in Nicopoli Actiaca, id est Epiro, editio, quæ sexta dicitur divinarum Scripturarum, in dolio reperta est : ipseque Mogontiaco tumultu occiditur militari.

Maximinus, genere Gothico, patre Micca, Abaqua Alana genitus matre, sola militum voluntate ad imperium conscendens, bellum adversus Germanos feliciter gessit. Indeque revertens, contra christianos intestina prœlia, vix annos tres regnans, Aquileiæ a Pupieno occisus est.

Gordianus, admodum puer imperator factus, vix regnavit annos sex. Hic etenim mox ut Romam ingressus est, illico Pupienum et Balbinum, qui, Maximinum occidentes, tyrannidem arripuerunt, occidit : Janumque geminum aperiens, ad Orientem provectus, Parthis intulit bellum, indeque cum victoria revertens, fraude Philippi præfecti prætorii, haud longe a Romano solo interfectus est.

Philippus, imperium impudenter ingressus, regnavit annis septem. Hic etenim filium suum, id est Philippum consortem regni fecit, ipseque omnium imperatorum

prince; mais cet empereur, qui ne pardonnait dans ses États aucun genre d'infamie, à moins qu'il ne s'en rendît lui-même coupable, fut tué dans une révolte des soldats. Il régna quatre ans.

Alexandre, fils de Mamée, sorti d'une basse condition, prit, jeune encore, les rênes de l'État: bientôt, ayant pris les armes contre Xerxès, roi des Perses, il triompha magnifiquement des dépouilles des Parthes. Sous son règne, on trouva à Nicopolis Actiaque, c'est-à-dire en Épire, dans un tonneau, l'édition des divines Écritures qu'on appelle la sixième; quant à Alexandre, il fut tué à Mayence dans une révolte des soldats.

Maximin, Goth de naissance (il avait pour père Micca, et pour mère Abaqua, de la nation des Alains), élevé à l'empire par la seule volonté des soldats, fit avec bonheur la guerre aux Germains. A son retour, il engagea une lutte intestine contre les chrétiens; à peine régnait-il depuis trois ans, lorsqu'il fut tué dans Aquilée par Pupienus.

Gordien, encore très-jeune, fut fait empereur; et son règne ne dura guère que six ans. Bientôt, et dès son entrée à Rome, il fit périr Pupienus et Balbinus, qui, par le meurtre de Maximin, s'étaient frayé le chemin au suprême pouvoir; et, ouvrant les portes de Janus aux deux visages, il se dirigea vers l'Orient, et fit la guerre aux Parthes; il revenait victorieux, lorsque, non loin du sol romain, il fut tué par la trahison de Philippe, préfet du prétoire.

Philippe s'empara impudemment de la souveraineté, et régna sept ans. Il associa à l'empire son fils, appelé Philippe comme lui; de tous les empereurs, ce fut le premier qui se fit chrétien. Dans l'année de son avéne-

christianus primus effectus est, tertioque anno imperii sui, festivitatem Romanæ urbis millesimo anno, quem expleverat, celebravit; urbemque nominis sui in Thracia, quæ dicebatur Pulendena, Philippopolim reconstruens nominavit.

Decius, Pannonia inferiore Bubalia natus, occisis Philippis utrisque, regnavit anno uno, mensibus tribus; armisque in christianos erectis, ob Philipporum nominis odium, ipse bellantibus Getis cum filio suo crudeli morte occubuit abrupto.

Gallus et Volusianus regnaverunt annis duobus mensibus quatuor. Hi quum adversum Æmilianum, qui in Moesia res novas moliebatur, ex urbe profecti essent, in Foro Flaminii interfecti sunt. Æmilianus vero tertio mense invasæ tyrannidis extinctus est.

Valerianus et Gallienus, dum unus in Rhetia a militibus, alter Romæ a senatu in imperio levarentur, regnaverunt annos quindecim. Valerianus siquidem in christianos persecutione commota, statim a Sapore rege Persarum capitur, ibique servitute miserabili consenescit. Gallienus, illius exitum cernens, christianis pacem dedit : sed dum nimis in regno lasciviret, nec virile aliquid ageret, Parthi Syriam Ciliciamque vastaverunt. Germani et Alani, Gallias deprædantes, Ravennam usque venerunt. Græciam Gothi vastantes, Quadi et Sarmatæ Pannonias invaserunt. Germani rursus Hispanias occupaverunt; idcirco Gallienus Mediolani occisus est.

ment, il célébra les solennités du millième anniversaire de la fondation de Rome; il reconstruisit une ville de Thrace nommée auparavant Pulendena, et, de son nom, il l'appela Philippopolis.

Décius, né à Bubalie, dans la basse Pannonie, fit mourir les deux Philippe, et régna un an et trois mois; il tourna ses armes contre les chrétiens, par haine pour le nom des Philippe; mais dans une guerre contre les Gètes, il fut, avec son fils, emporté par une mort cruelle.

Gallus et Volusianus régnèrent deux ans et quatre mois. Sortis de Rome pour marcher contre Émilien, qui s'efforçait en Mésie d'établir un nouvel ordre de choses, ils furent tués à Forum Flaminii. Émilien mourut trois mois après s'être emparé de la souveraineté.

Valérien et Gallien, élevés à l'empire, l'un en Rhétie par les soldats, l'autre à Rome par le sénat, régnèrent quinze ans. Valérien, qui avait suscité une persécution contre les chrétiens, fut presque aussitôt fait prisonnier par Sapor, roi des Perses, lequel le laissa vieillir dans une misérable servitude. Gallien, frappé de la triste fin de son collègue, donna la paix aux chrétiens; mais comme, dans ses États, il s'abandonnait à une excessive mollesse, et ne faisait rien qui fût digne d'un homme, les Parthes ravagèrent la Syrie et la Cilicie. Les Germains et les Alains, pillant les Gaules, s'avancèrent jusqu'à Ravenne. Les Goths dévastèrent la Grèce; les Quades et les Sarmates envahirent les Pannonies; les Germains occupèrent de nouveau l'Espagne. Ces désastres amenèrent la mort de Gallien, qui fut égorgé à Milan.

Claudius regnavit anno uno mensibus octo. Qui Gothos jam per quindecim annos Illyricum Macedoniamque vastantes, bello adortus, incredibili strage delevit, scilicet ut in curia ei clypeus aureus, et in Capitolio statua aurea poneretur, occisusque apud Sirmium est. Post cujus mortem Quintilius frater ejus a senatu Augustus appellatus, octavo decimo imperii sui die Aquileiæ occisus fuit.

Aurelianus Dacia Ripensi oriundus, regnavit annos quinque menses sex. Qui mox Tetrico apud Catalaunios prodente exercitu Gallias recepit, expeditioneque facta ultra Danubium, Gothos magnis prœliis profligavit, cultoresque divini nominis persecutus est. Odenatus Palmyrenus ante ipsum collecta rusticorum manu, Persas de Mesopotamia expellens, ipse ea loca invaserat. Quo occiso, uxor sua Orientis tenebat imperium : contra quam expeditionem suscipiens Aurelianus, apud Hymnas vicum Antiochiæ superavit, Romæque in triumpho vivam perduxit. Ac dehinc secundo arripiens expeditionem, inter Byzantium et Heracleam in Cenophrurio viæ veteris occiditur.

Tacitus regnavit annos sex. Quo occiso apud Pontem, Florianus suscepit imperium, tenuitque diebus trecentis quinquaginta octo. Similiter et ipse apud Tarsum interfectus est.

Probus regnavit annos sex, menses quatuor. Hic Gallos et Hispanos vineas habere permisit. Quo tempore Saturninus, magister militum, dum ad restaurationem Antio-

Claude régna un an et huit mois. Il fit la guerre aux Goths, qui, depuis quinze ans déjà, ravageaient l'Illyrique et la Macédoine ; il les détruisit en faisant de leurs bandes un carnage incroyable : par reconnaissance, on suspendit, en son honneur, un bouclier d'or dans la salle du sénat, et on lui éleva une statue d'or dans le Capitole. Mais il fut assassiné à Sirmium. Après sa mort, Quintilius, son frère, fut proclamé Auguste par le sénat, puis égorgé à Aquilée, le dix-huitième jour de son règne.

Aurélien, originaire de la Dacie riveraine, régna cinq ans et six mois. Bientôt il enleva la Gaule à Tetricus, trahi par son armée à Châlons ; puis, ayant fait une expédition au delà du Danube, il battit les Goths en de terribles combats, et persécuta les adorateurs du nom de Dieu. Odénat de Palmyre, l'ayant prévenu en rassemblant une bande de paysans, avait chassé les Perses de la Mésopotamie, et s'était emparé de ce pays pour son propre compte. Ce prince avait été assassiné, et sa femme régnait sur l'Orient. Aurélien entreprit contre elle une expédition, la vainquit auprès d'Hymnæ, bourg voisin d'Antioche, et l'emmena vivante à Rome, où elle orna son triomphe. Ensuite, ayant commencé une autre expédition, il fut tué entre Byzance et Héraclée, à Cénophrurium, ville située sur l'ancienne route.

Tacite régna six ans. Après le meurtre de ce prince dans le Pont, Florianus saisit le pouvoir, qu'il ne garda que trois cent cinquante-huit jours. Il fut également assassiné à Tarse.

Probus régna six ans et quatre mois. Il permit aux Gaulois et aux Espagnols de planter des vignes. A cette époque Saturninus, maître des soldats, envoyé pour diriger la restauration de la ville d'Antioche, s'y arrogea le pouvoir

chenæ civitatis missus fuisset, abrepta ibidem tyrannide, mox oppressus est, et Apamiæ interfectus. Ipse quoque imperator Probus tumultu militari Sirmio, in turre quæ vocatur Ferrata, occisus est.

Carus cum filiis Carino et Numeriano regnavit annos undecim, oriundus Narbona-Galliæ. Hic admirabiliter pæne omni Perside vastata, nobilissimas earum urbes occupavit, Seleuciam et Ctesiphontem. Bellum Sarmaticum feliciter superavit. Ipse quoque Carus super Tigridem amnem dum castrametaret, fulmine ictus occubuit. Numerianus autem, oculorum dolore tentus, dum in lecticula veheretur, soceri sui Apri insidiis occisus est; fœtor cadaveris vix tertio die agnitus est. Carinus vero apud Margum in prœlio victus occiditur.

Diocletianus Dalmata scribæ filius imperator elatus, regnavit annis viginti. Hic etenim mox, ut in regno elevatus est, illico Aprum in militum concione percussit, jurans sine suo scelere illum Numerianum interemisse, et mox in consortium suum Maximianum Herculium ascivit. Qui Maximianus rusticorum multitudine oppressa, quos Bagaudas dicunt, pacem Gallis reddidit. Quo tempore Carausius, sumpta purpura, Britannias occupaverat. Narseus, rex Persarum, Orienti bellum intulerat. Quinquegentiani Africam infestaverant, Achilleus Ægyptum invaserat. Ob quæ Constantius, et Galerius, ac Maximianus Cæsares assumuntur in regnum. Quorum Constantius, Claudii ex filia nepos fuit: Gale-

suprême; mais il fut bientôt écrasé, et tué à Apamée. L'empereur Probus, lui-même, fut égorgé dans une révolte de soldats; à Sirmium, dans la tour appelée *Ferrata*.

Carus, originaire de Narbonne dans la Gaule, régna onze ans avec ses fils Carinus et Numérien. Ce prince, ayant fait éprouver à la Perse des ravages prodigieux, s'empara des villes les plus importantes de ces peuples, de Séleucie et de Ctésiphon. Il sortit avec bonheur de la guerre contre les Sarmates. Carus périt frappé de la foudre tandis qu'il traçait son camp sur les bords du Tigre. Numérien, qui souffrait d'une maladie d'yeux, et que l'on portait dans une litière, fut égorgé par la trahison d'Aper son beau-père. Ce ne fut guère que le troisième jour que l'odeur fétide du cadavre révéla ce forfait. Quant à Carinus, il perdit la vie après avoir été vaincu dans un combat près de Margus.

Le Dalmate Dioclétien, fils d'un scribe, fut élevé à l'empire et régna vingt ans. Dès qu'il se vit maître suprême, il tua, dans une assemblée des soldats, Aper, jurant que celui-ci avait, sans sa participation au crime, assassiné Numérien; et bientôt après, il associa Maximien Hercule à l'empire. Ce Maximien rendit la paix aux Gaulois en écrasant cette multitude de paysans que l'on appelle Bagaudes. En ce temps, Carausius, s'étant revêtu de la pourpre, avait occupé les provinces britanniques; Narséus, roi des Perses, avait porté la guerre dans l'Orient; les Quinquégentiens avaient désolé l'Afrique; Achille s'était emparé de l'Égypte. Ces circonstances déterminèrent l'association de Constance, de Galerius et de Maximien à l'empire avec le titre de Césars. De ces princes, Constance était petit-fils de Claude par la fille de cet empereur. Galerius était né en Dacie, non loin de Sardique. Dioclétien voulut se les attacher aussi par des liens de

rius in Dacia, non longe a Sardica natus. Atque ut eos Diocletianus etiam affinitate conjungeret, Constantius privignam Herculii Theodoram accepit, ex qua sex liberos procreavit : Galerius autem Valeriam Diocletiani filiam accepit, utræque pristina patrimonia repudiantes. Carporum siquidem gens tunc devicta, et in Romanum solum translata est. Tunc etenim primus omnium imperatorum Diocletianus adorari se ut deum præcepit, et gemmas vestibus calciamentisque inseruit : diademataque in capite ante eum omnes, cum chlamyde tantum purpurea, ut a privatis discernerentur, habebant, et ut judices ceteri salutabantur. Assumpta ergo unusquisque principum expeditione, Diocletianus Ægypti tyranno octavo mense devicto, provinciam cunctam subegit. Maximianus Herculius in Africa Quinquegentianos exsuperavit. Constantius juxta Lingonas una die sexaginta millia Alemannorum cæcidit. Galerius Maximianus victus primo prœlio a Narseo, ante carpentum Diocletiani purpuratus cucurrit. Qua verecundia compunctus, secundo viriliter dimicavit, superavit Narseum, uxores ejus abegit ac liberos, et cum debito honore a Diocletiano susceptus est. Post quam victoriam mirabiliter Diocletianus et Maximianus Romæ triumpharunt; præcedentibus sibi liberis uxoribusque regis Persarum, prædaque illa ingenti gentium diversarum. Sic quoque concitata persecutione in christianos, Diocletianus in Cappadocia defunctus est. Constantius. . . . .

* * * *

parenté : Constance reçut en conséquence en mariage Theodora, belle-fille d'Herculius, dont il eut six enfants; Galerius épousa Valeria, fille de Dioclétien, et l'une et l'autre renoncèrent à leurs anciens patrimoines. Alors la nation des Carpes fut vaincue et transplantée sur le sol romain. A cette époque Dioclétien ordonna, le premier parmi les empereurs, qu'on l'adorât comme dieu; le premier, il orna de pierres précieuses ses vêtements et sa chaussure; tous les princes qui l'avaient précédé n'avaient porté que le diadème et une chlamyde de pourpre, afin qu'on pût les distinguer des simples particuliers, et on ne les saluait que du titre de juges. Chacun des quatre princes se chargea d'une expédition : Dioclétien, ayant vaincu, au bout de huit mois, le tyran d'Égypte, soumit toute la province; en Afrique, Maximien Hercule triompha des Quinquégentiens; Constance massacra en un seul jour, près de Langres, soixante mille Alemans; Galerius Maximianus, vaincu dans un premier combat par Narséus, fut condamné à courir, revêtu de la pourpre, devant le char de Dioclétien. Animé par cette humiliation, il combattit en homme dans une seconde rencontre, vainquit Narséus, emmena avec lui ses femmes et ses enfants, et fut reçu par Dioclétien avec les honneurs qu'il avait mérités. Après cette victoire, Dioclétien et Maximien célébrèrent à Rome un triomphe magnifique, où ils firent marcher devant leur char les enfants et les femmes du roi des Perses, et déployèrent aux yeux du peuple le butin immense enlevé à tant de nations diverses. Dioclétien avait excité une persécution contre les chrétiens, lorsqu'il mourut en Cappadoce. Constance. . . . .

* * * * *

Julianus apostata regnavit anno uno mensibus octo, relictaque christianitate, ad idolorum culturam conversus est, multosque blanda persecutione illiciens ad sacrificandum idolis compulit. Ipse quidem vir egregius, et reipublicæ necessarius, Parthis ingenti apparatu intulit bellum. Ubi proficiscens, christianorum post victoriam sanguinem diis suis votavit. Nonnulla Parthorum oppida in deditionem accepit, multaque vi populatus est, castraque aliquandiu apud Ctesiphontem habuit. Unde egressus, dolo cujusdam transfugæ in deserta perductus, quum urentis ardore solis confectus periret exercitus, ipse, tantorum discriminum anxius, dum per vasta deserti evagatur incautius, ab obvio quodam hostium equite conto ilia percussus interiit, anno ætatis suæ tricesimo tertio. Post quem sequenti die ab exercitu Jovianus, tribunus domesticorum, in regno ascitus est. Jovianus regnavit menses octo; qui mox, necessitate compulsus, Nizibin et magnam Mesopotamiæ partem Sapori, regi Parthorum, contradidit, ipseque odore prunarum præfocatus defunctus est Daclasthamæ, anno ætatis tricesimo tertio.

XIV. Valentinianus et Valens regnaverunt annis tredecim, mensibus quinque. Nam Pannones erant Cibalienses, utrinque germani; in Nicomedia tribunatum Valentinianus agebat, qui, imperator creatus, fratrem suum Valentem regni socium assumpsit. Ipse vero egregius, et Aureliano similis moribus, nisi quod severitatem nimiam et parcitatem, quidam crudelitatem et avaritiam causabantur; relicto germano Orientali in regno, ipse

Julien l'apostat régna un an et huit mois. Renonçant à la foi chrétienne, il se livra au culte des idoles, et, par de flatteuses obsessions, il sut engager beaucoup d'hommes à sacrifier aux faux dieux. Homme distingué, et nécessaire à la république, il entreprit, avec un grand appareil, une guerre contre les Parthes. A son départ, il fit vœu d'offrir à ses dieux, s'il remportait la victoire, le sang des chrétiens. Il reçut la soumission de plusieurs villes des Parthes, en désola beaucoup par la force, et campa quelque temps à Ctésiphon. Sorti de cette place, et entraîné, par la trahison d'un transfuge, dans un pays désert, il vit son armée périr en détail, consumée par l'ardeur d'un soleil brûlant ; lui, inquiet de tant de dangers, courait sans précaution dans ces vastes déserts, lorsqu'il se trouva en face d'un cavalier ennemi, qui, d'un coup de lance, le blessa à la cuisse. Julien mourut à l'âge de trente-trois ans. Après lui, et dès le lendemain, Jovien, tribun des domestiques, fut appelé par l'armée au pouvoir suprême. Jovien régna huit mois. Bientôt la nécessité le réduisit à rendre à Sapor, roi des Parthes, Nizibis et une grande partie de la Mésopotamie ; et lui-même, étouffé par la vapeur de charbons allumés, mourut à Daclasthama, à l'âge de trente-trois ans.

XIV. Valentinien et Valens régnèrent treize ans et cinq mois. Ils étaient frères, nés à Cibalis en Pannonie. Valentinien était investi du tribunat à Nicomédie : créé empereur, il s'associa son frère Valens. Lui-même était un homme distingué, d'un caractère semblable à celui d'Aurélien ; seulement, quelques-uns l'accusaient d'une excessive sévérité, de parcimonie, et d'autres de cruauté même et d'avarice. Laissant à son frère l'empire d'Orient, il se réserva l'Occident. Sous son règne, un autre Valen-

Hesperium tenuit. Quo tunc regnante, alter Valentinianus in Britannia tyrannidem assumens, in continenti oppressus est. Constantinopoli quoque Procopius quidam contra Valentem insurgens, nihilque prævalens, urbe egreditur, et in Phrygiam Salutarem tyrannizans extinctus est, multique partis Procopianæ cæsi atque proscripti. Valens ab Eudoxio, Arianorum episcopo, suasus et baptizatus, contra orthodoxos infestus insurgit. Gratianum filium suum Valentinianus Ambianis imperatorem constituit, quem habuit de Severa priore jugali; et contra Saxones, et Burgundiones, qui plus octoginta millia armatorum primum Rheni in limbo castrametassent, movit procinctum; sed apoplexia subito et sanguinis eruptione Brigione defunctus est. Tunc Gratianus Valentinianum fratrem de Justina Sicula uxore natum, in regno consortem assumit. Nam Valentinianus senior dudum laudante Severa uxore sua pulchritudinem Justinæ, sibi eam sociavit in matrimonio, legesque propter illam concessit, ut omnes viri, qui voluissent, impune bina matrimonia susciperent; quia ideo populosa Parthorum gens est, quia hoc apud eos solenne est, et multarum uxorum unus auditur maritus. Decepta ergo, ut diximus, Justina, Valentinianus edidit ex ipsa quatuor filios, Valentinianum supradictum imperatorem, Gratam, Justamque, et Gallam; de qua Galla dehinc Theodosius imperator, Flaccilla defuncta, quæ Arcadium Honoriumque pepererat, Placidiam generavit, quæ mater fuit moderni Valentiniani junioris imperatoris. Sed nos ad propositum redeamus.

tinien, qui avait usurpé la tyrannie en Bretagne, fût écrasé sur le continent. A Constantinople aussi, un certain Procope se souleva contre Valens; mais, n'ayant pu triompher, il mourut en essayant de régner dans la Phrygie Salutaire. Beaucoup d'hommes du parti de Procope furent mis à mort et proscrits. Valens, séduit et baptisé par Eudoxe, évêque des Ariens, sévit avec fureur contre les orthodoxes. Valentinien déclara empereur, à Amiens, son fils Gratien, qu'il avait eu de Severa, sa première femme. Puis il dirigea une expédition contre les Saxons et les Bourguignons, qui étaient, pour la première fois, venus camper sur les bords du Rhin au nombre de plus de quatre-vingt mille combattants. Mais il mourut subitement à Brigion d'une attaque d'apoplexie et d'une hémorragie. Alors Gratien associa à l'empire son frère Valentinien, né du mariage de son père avec la Sicilienne Justine. Car Valentinien l'Ancien, ayant depuis longtemps entendu Severa, sa femme, vanter la beauté de Justine, s'unit à elle par le mariage, et ce fut à cause d'elle qu'il publia une loi qui permettait à tous ceux qui le voudraient, de contracter une double union; en effet, si la nation des Parthes est si populeuse, c'est que la polygamie est en usage parmi eux, et que plusieurs femmes n'y ont qu'un seul mari. Après avoir, comme nous l'avons dit, déçu Justine, Valentinien en eut quatre enfants : Valentinien l'empereur dont nous venons de parler, Grata, Justa et Galla. De cette Galla, Théodose, plus tard empereur, eut, après la mort de Flaccilla, qui lui avait donné Arcadius et Honorius, Placidie, mère du troisième et plus jeune Valentinien. Mais revenons à notre sujet.

Valens imperator lege lata, ut monachi militarent, nolentes jussit interfici; quando et Theodosius, Theodosii imperatoris postea pater, multique nobilium occisi sunt Valentis insania. Gratianus imperator Alemannorum plus triginta millia apud oppidum Argentalium Galliæ in bello prostravit, Galliasque pacavit. Gens Hunnorum super Gothos irruens, certos ex ipsis subjugat, alios fugat. Qui venientes in Romaniam, sine armorum suscepti dispositione, per avaritiam ducis Maximi fame compulsi, rebellare coacti sunt; superatisque Romanis in congressione, funduntur in Thracias. Contra quos Valens ab Antiochia exire compulsus, in Thraciam proficiscitur, ibique lacrymabili bello commisso, imperator sagitta saucius, in casam deportatur vilissimam, ubi supervenientibus Gothis, igneque supposito, incendio concrematus est. Gothi vero occiso imperatore, jam securi ad urbem properant Constantinopolitanam, ubi tunc Dominica Augusta Valentis uxor multam pecuniam plebi largita, ab urbis vastatione hostes submovit, regnumque cognati, usque dum ille Theodosium ordinasset, fideliter utiliterque servavit.

Theodosius, Hispanus, Italicæ divi Trajani civitatis, a Gratiano Augusto apud Sirmium post Valentis interitum, factus est imperator, regnavitque annos septemdecim; veniensque Thessalonicam, ab Anatolio sancto episcopo baptizatus est; admodumque Ecclesiæ religiosus enituit propagator, reipublicæque defensor eximius. Nam Hunnos et Gothos, qui eam sub Valente defatigassent, di-

Valens empereur porta une loi qui obligeait les moines au service militaire, et fit périr ceux qui s'y refusaient. Dans le même temps Théodose, père de Théodose, plus tard empereur, et beaucoup d'autres personnages éminents furent mis à mort par la folie de Valens. Gratien massacra dans une bataille, près de la ville d'Argentalium, dans la Gaule, plus de trente mille Alemans, et pacifia les Gaules. La nation des Huns, se précipitant sur les Goths, subjugue une partie de ce peuple et met le reste en fuite. Ceux-ci, venant dans la Romanie, et reçus à condition de déposer leurs armes, se virent réduits à la famine par l'avarice du général romain Maxime, et forcés ainsi à la révolte; vainqueurs des Romains dans une rencontre, ils se répandent dans les Thraces. Valens, qui se trouvait à Antioche, se voyant dans la nécessité de marcher contre eux, s'avance vers la Thrace, et là, un combat déplorable s'étant engagé, l'empereur, blessé d'une flèche, est porté dans une misérable cabane; surpris par les Goths, qui mirent le feu à sa retraite, il périt dans les flammes. Les Goths, voyant l'empereur tué, pressent en toute sécurité leur marche sur la ville de Constantinople, où Dominica Augusta, épouse de Valens, répandant parmi le peuple de grandes largesses en argent, empêcha l'ennemi de dévaster cette capitale, et conserva fidèlement et avec habileté l'empire à son neveu, jusqu'à ce que celui-ci eût créé Théodose empereur.

Théodose, Espagnol, né à Italica, la ville du divin Trajan, fut fait empereur par Gratien Auguste, à Sirmium, après la mort de Valens, et régna dix-sept ans. Étant venu à Thessalonique, il fut baptisé par le saint évêque Anatole, et se signala comme propagateur religieux de l'Église, et comme vaillant défenseur de la république. En effet, il vainquit en divers combats les Huns et les Goths, qui avaient fatigué l'empire sous Valens, et

versis prœliis vicit, atque a prava vastatione compescuit. Cum Persis quoque petitus pacem pepigit. Maximum autem tyrannum, qui Gratianum interfecerat, et sibi Gallias vindicabat, apud Mediolanum una cum Valentiniano imperatore aggrediens ab Oriente clausit, cepit, occidit. Eugenium quoque tyrannum atque Arbogastem divino auxilio præditus vicit, deletis eorum decem millibus pugnatorum. Hic etenim Eugenius confisus viribus Arbogastis, postquam apud Viennam Valentinianum extinxerat, invasit; sed mox simul cum vita imperium perdidit. Nam occiso Arbogaste desperans, sua se manu peremit: omnibusque inimicis Theodosius superatis, in pace rebus humanis apud Mediolanum excessit, utramque rempublicam utrisque filiis quietam relinquens. Corpus ejus eodem anno Constantinopolim allatum atque sepultum.

Arcadius et Honorius fratres, filii Theodosii imperatoris, utrumque imperium divisis tantum sedibus tenere cœperunt, id est, Arcadius senior Constantinopolitanam urbem, Honorius vero Romanam. Tunc Ruffinus patricius, Arcadio insidias tendens, Alaricum, Gothorum regem, ut Græcias devastaret, missis clam pecuniis, invitavit. Porro detectus Ruffinus, ab Italiæ militibus [et] Arcadio cum Gaina comite missis, ante portas urbis detruncatus est; caput ejus cum dextera manu Constantinopoli ad ludibrium circumductum, uxoreque ejus exsulata, opes cunctas Eutropius spado promeruit. Gildo Africæ

réprima leurs barbares dévastations. Il accorda aussi aux
Perses la paix qu'ils lui demandèrent. Le tyran Maxime
avait égorgé Gratien et prétendait à la souveraineté des
Gaules; Théodose, réuni à l'empereur Valentinien,
l'attaqua près de Milan, lui ferma les abords de l'Orient,
le fit prisonnier, et le mit à mort. Soutenu par une protection divine, il vainquit aussi le tyran Eugène et Arbogaste, et anéantit leurs dix mille combattants. Cet
Eugène, plein de confiance dans les forces d'Arbogaste,
envahit l'Italie après que Valentinien fut mort à Vienne;
mais bientôt il perdit la vie et l'empire. Désespérant de
sa fortune, lorsqu'il vit Arbogaste tué, il s'ôta la vie de
ses propres mains; et Théodose, vainqueur de tous ses
ennemis, quitta paisiblement ce monde à Milan, laissant
à ses deux fils les deux empires également tranquilles. La
même année, son corps fut transporté et enseveli à Constantinople.

Les deux frères, Arcadius et Honorius, fils de Théodose, gouvernèrent dès lors les deux empires, sans qu'il
y eût d'autre partage que celui des capitales; Arcadius,
l'aîné, eut Constantinople; Honorius eut Rome. Le patrice Ruffin, trahissant Arcadius, invita Alaric, roi des
Goths, en lui envoyant en secret de l'argent, à dévaster
les provinces grecques. Les projets de Ruffin furent dé-
couverts; il fut décapité aux portes de la ville par les soldats d'Italie, envoyés à Arcadius sous la conduite du
comte Gaïnas; sa tête et sa main droite furent promenées
comme un jouet dans les rues de Constantinople; sa
femme fut exilée, et l'eunuque Eutrope devint possesseur
de tous ses biens. Gildon, nommé autrefois comte
d'Afrique par Théodose, voulut, comme s'il méprisait le

comes a Theodosio dudum ordinatus, ac si juvenile regnum utrumque despiciens, sibi velle cœpit Africam tenere, et a fratre proprio Mascelzer dum se vidisset dejectum, oppressionique vicinum, propria se manu peremit. Gaina vero supra nominatus comes Constantinopoli civile bellum commovens, totam urbem igni ferroque turbavit, fugiensque ad Hellespontum piratico ritu vivebat; contra quem navali prœlio dato, multi Gothorum ejus extincti; ipse quoque bello evadens, mox tamen complectitur; post cujus oppressionem, Isauri, per montem Taurum cursitantes, ingens dispendium reipublicæ impetrarunt; contra quos Narbazapatus directus, majus continuo rependit incommodum.

Hesperiam vero plagam in regno Honorii imperatoris primum Radagaisus Scytha cum ducentis millibus suorum inundavit. Quem Huldi et Sarus Hunnorum Gothorumque reges superantes, omnes captivos, quos retulerant, singulis aureis vendiderunt. Stilico vero comes, cujus duæ filiæ, Maria et Thermantia, singulæ uxores Honorii principis fuere, et utræque virgines sunt defunctæ, spreto Honorio, regnumque ejus inhians, Alanorum Suavorumque gentes donis pecuniisque illectas, contra regnum Honorii excitavit, Eucherium filium suum paganum, et christianis insidias molientem, cupiens Cæsarem ordinare. Qui, cum eodem filio suo dejecto, dolo occisus est. Quo anno et Arcadius orientalis imperator moriens post obitum patris annos XIII in imperio fuit. Theodosius

jeune gouvernement des deux princes, s'assurer la souveraineté de l'Afrique ; et, se voyant renversé par son propre frère Mascelzer, et sur le point d'être écrasé, il s'ôta lui-même la vie. Le comte Gaïnas, dont nous avons parlé plus haut, excita une guerre civile à Constantinople, jeta le trouble dans la ville par le fer et par le feu ; puis il s'enfuit vers l'Hellespont, où il mena la vie de pirate. On lui livra un combat naval, et un grand nombre de ses Goths y périrent. Lui-même s'échappa de la mêlée ; bientôt cependant on se rendit maître de sa personne. Cette révolte étouffée, les Isauriens firent des courses à travers le mont Taurus, et causèrent de grands dommages à la république. Narbazapatus, envoyé contre eux, leur fit éprouver aussitôt des pertes plus grandes encore.

Quant aux régions occidentales qui formaient les États de l'empereur Honorius, le Scythe Radagaise les inonda d'abord avec deux cent mille des siens. Huldi et Sarus, rois des Huns et des Goths, le vainquirent, et vendirent à raison d'une pièce d'or par tête, tous les prisonniers qu'ils emmenèrent. Le comte Stilicon, dont les deux filles, Marie et Thermantia, furent l'une et l'autre épouses de l'empereur Honorius, et moururent également vierges, méprisant Honorius, et aspirant à son trône, gagna, par des dons et des sommes d'argent, les nations des Alains et des Suèves, et les excita contre les États d'Honorius. Il désirait créer César son fils Eucherius, qui était païen, et qui tendait des embûches aux chrétiens. Renversé avec ce même fils, il fut tué par trahison. Arcadius, empereur d'Orient, qui mourut cette même année, avait régné treize ans depuis la mort de son père. Théodose le Jeune, son fils, jeune homme distingué, lui succéda sur le trône et régna quarante-trois ans. Alaric, roi des Wisigoths,

junior Arcadii filius loco patris successit in imperio, adolescens egregius, regnavitque annos quadraginta tres. Alaricus, rex Wisigothorum, vastata Italia, Romam ingressus est, opesque Honorii Augusti depraedatus, Placidiam sororem ejus duxit captivam. Quam post haec Ataulfo successori suo, in matrimonium ut acciperet, delegavit. Constantinus tunc quidam Galliis occupatis invasit imperium. Hostes ejus contra eum saevientes, filiumque ejus regno privare cupientes, monachum fecerunt eum. Ipse sanus a Gallia revertens, statim filium suum Constantem ex monacho Caesarem ordinavit. Sed mox ipse apud Arelatum, filius ejus apud Viennam regnum cum vita amiserunt. Itemque eorum exitus immemores Jovinus et Sebastianus in Galliis tyrannidem moliuntur: sed et ipsi illico esse desierunt. Heracleanus post haec cum septingentis et tribus navibus armatis ad urbem Romam depraedandam venit; contra quem Marinus comes egressus, sic eum perterruit, ut tantum cum una navi Carthaginem fugeret, ubi mox ingressus interfectus est. Valia, rex Wisigothorum, facta pace cum Honorio, Placidiam sororem ejus reddidit: quam Constantio patricio, qui eam revocaverat, in matrimonio jungens, Honorius rebus excessit humanis.

Maximus et Jovinus de Hispaniis ferro vincti, adducti atque interfecti sunt. Joannes vero, Honorio defuncto, regnum Occidentale invasit; contra quem Placidia creata Augusta, et Valentinianus filius ejus Caesar diriguntur:

entra dans Rome après avoir dévasté l'Italie, pilla les
trésors d'Honorius Auguste, et emmena captive Placidie,
sœur de ce prince. Plus tard il la remit à son successeur
Ataulfe, pour que celui-ci en fît sa femme. Alors un certain Constantin, qui s'était rendu maître des Gaules,
usurpa l'empire. Ses ennemis, acharnés contre lui, et désirant priver son fils du trône, le contraignirent à se faire
moine. Lui-même, revenu sain et sauf de la Gaule, fit
aussitôt son fils Constant César de moine qu'il était. Mais
bientôt, lui dans Arles, et son fils dans Vienne, perdirent le trône avec la vie. Cependant, oubliant l'exemple
que leur donnait une fin si déplorable, Jovinus et Sébastien veulent arriver dans la Gaule au suprême pouvoir ;
mais, à leur tour, ils cessèrent presque aussitôt d'exister.
Ensuite Héraclien, avec sept cent trois navires armés,
se dirigea sur la ville de Rome pour la piller ; le comte
Marin s'avança contre lui et le frappa d'une telle terreur, qu'il s'enfuit avec un seul navire à Carthage ; à
peine entré dans cette ville, il fut égorgé. Valia, roi des
Wisigoths, fit la paix avec Honorius et lui rendit Placidie sa sœur ; Honorius la donna en mariage au patrice Constance, qui l'avait réclamée, puis il quitta ce
monde.

Maxime et Jovinus, vaincus par le fer en Espagne,
furent amenés prisonniers et mis à mort. Après la mort
d'Honorius, Jean usurpa l'empire d'Occident. Placidie,
créée Augusta, et le César Valentinien son fils, sont envoyés contre lui ; Aspar et Artabure le vainquirent par la

quem et dolo potius Asparis et Artaburis, quam virtute superavit. Occisoque Joanne tyranno, Valentinianus Ravennæ imperator a patruele Theodosio ordinatur, cujus germana Honoria dum ad aulæ decus virginitatem suam cogeretur custodire, clam misso clientulo, Attilam Hunnorum regem invitat in Italiam; quumque veniente Attila votum suum nequiret explere, facinus quod cum Attila non fecerat, cum Eugenio procuratore suo committit. Quam ob rem tenta a germano, et in Constantinopolim Theodosio principi destinata est. Post hæc tertio anno Valentinianus imperator a Roma Constantinopolim ob suscipiendam in matrimonium Eudoxiam Theodosii principis filiam venit, dataque pro munere socero suo tota Illyria, celebratis nuptiis ad sua regna cum uxore recessit. Africana provincia per Bonifacium comitem Wandalis tradita, a Romano jure subtracta est; quia Bonifacius dum in offensam Valentiniani venisset, malo publico se defendere voluit; invitatoque ab Hispaniis Gizerico Wandalorum rege, dolum quem conceperat peperit. Hunnorum rex Attila, junctis secum Gepidis cum Ardarico, Gothisque et Walanis, diversisque aliis nationibus, suis cum regibus, omnem Illyricum Thraciamque, et utramque Daciam, Mœsiam, et Scythiam populatus est. Contra quem egressus Arnegistlus, magister militum Mœsiæ, apud Marcianopolim fortiter dimicavit: eo quoque sub se decidente præventus est, et nec sic quiescens bellare, occisus est.

Marcianus imperator regnavit annos sex menses sex.

ruse plutôt que par la valeur. Après le supplice du tyran Jean, Valentinien fut créé empereur à Ravenne par Théodose son cousin. Honoria sa sœur, se voyant forcée, pour l'honneur de la cour, de garder sa virginité, envoya secrètement un émissaire à Attila, roi des Huns, et l'invita à passer en Italie; mais ne pouvant, à l'arrivée d'Attila, tenir sa promesse, elle commit avec Eugène, son intendant, le crime qu'elle n'avait pas commis avec le roi des Huns. Cette cause détermina son frère à l'arrêter et à l'envoyer prisonnière à Constantinople. Trois ans après, l'empereur Valentinien vint de Rome à Constantinople pour prendre en mariage Eudoxie, fille de l'empereur Théodose; il donna en présent à son beau-père toute l'Illyrie, et revint dans ses États avec son épouse, après la célébration du mariage. La province d'Afrique, livrée aux Wandales par le comte Boniface, fut enlevée à la domination romaine. Boniface, tombé dans la disgrâce de Valentinien, voulut se défendre par le malheur public; ayant appelé d'Espagne Gizeric, roi des Wandales, il consomma la trahison qu'il avait méditée. Attila, roi des Huns, ayant réuni à ses forces les Gépides, avec Ardaric, les Goths et les Walains, et diverses autres nations avec leurs rois, ravagea toute l'Illyrie et la Thrace, les deux Dacies, la Mésie et la Scythie. Arnegistlus, maître de la milice en Mésie, marcha contre lui, et combattit vaillamment à Marcianopolis; mais, tombé à terre, il fut assailli, et, ne cessant pas de combattre, même dans cette triste position, il fut tué.

L'empereur Marcien régna six ans et six mois. Appelé au

Hic enim mox defuncto Theodosio in regno ascitus, Pulcheriam, germanam Theodosii, quæ in palatio matura mulier virginitatem servaverat, in matrimonio adsumens; regnum, quod delicati decessores prædecessoresque ejus per annos fere sexaginta vicissim imperantes minuerant, divina provisione sic reparavit, ut exultatio ingens cunctis accresceret. Nam cum Parthis et Wandalis omnia infestantibus pacem instituit, Attilæ minas compescuit, Nomades Blemmyesque Æthiopia prolapsos per Florum, Alexandrinæ urbis procuratorem, sedavit, et pepulit a finibus Romanorum, obitumque Attilæ et Zenonis Isauri interitum, antequam moreretur, felix comperit: infelicium omniumque inimicorum suorum colla Domini virtute calcans, sexto anno sextoque mense regnans, in pace quievit.

Valentinianus autem, occidentalis imperator, dolo Maximi patricii, cujus etiam fraude Aetius perierat, in campo Martio, per Obtilam et Thraustistilam Aetii satellites, jam percusso Cerealio spadone, truncatus est. Imperium quoque ejusdem Maximus invasit, tertioque tyrannidis suæ mense membratim Romæ a Romanis discerptus est. Gizericus tunc, rex Wandalorum, ab Eudoxia Valentiniani uxore invitatus, ex Africa Romam ingressus est, eaque urbe rebus omnibus exspoliata, eamdem Eudoxiam cum duabus filiabus secum in Africam rediens duxit. Leo, Bessica ortus progenie, Asparis patricii potentia ex tribuno militum factus est imperator. Cujus nutu mox Valentiniani apud Ravennam Majorianus Cæsar

trône après la mort de Théodose, il épousa Pulchérie, sœur de ce prince, laquelle, arrivée à l'âge mûr dans le palais, avait gardé sa virginité. Ses faibles prédécesseurs, les princes qui, avant lui, avaient tour à tour gouverné l'empire pendant soixante années environ, l'avaient singulièrement affaibli; Marcien, par une faveur de la Providence, le releva si bien, que tous en éprouvèrent un vif enthousiasme. En effet, il fit la paix avec les Parthes et les Wandales, qui étendaient partout leurs ravages; il fit taire les menaces d'Attila; il comprima, par Florus, procurateur de la ville d'Alexandrie, les Nomades et les Blemmyes débordés de l'Éthiopie, et les repoussa des frontières romaines; et, avant d'expirer, il eut le bonheur d'apprendre la mort d'Attila et de Zénon l'Isaurien. Après avoir, par la grâce du Seigneur, foulé aux pieds les misérables et tous ses ennemis; il mourut en paix après un règne de six ans et six mois.

Valentinien, empereur d'Occident, fut égorgé par la trahison du patrice Maxime, dont les intrigues avaient déjà fait périr Aétius. Le meurtre fut commis dans le champ de Mars par Obtila et Thransfistila, gardes d'Aétius, au moment où l'eunuque Cerealius venait d'être frappé. Maxime usurpa le trône de sa victime, et, dans le troisième mois de sa tyrannie, il fut mis en pièces à Rome par les Romains. Alors Gizeric, roi des Wandales, appelé par Eudoxie, femme de Valentinien, vint d'Afrique à Rome, et, après avoir dépouillé cette ville de tous ses trésors, il retourna en Afrique, emmenant avec lui Eudoxie et ses deux filles. Léon, Bessé d'origine, fut élevé, par le pouvoir du patrice Aspar, du rang de tribun des soldats au trône impérial. Bientôt, par sa volonté, Majorien fut fait César à Ravenne, pour succéder à Valentinien. Ce prince n'avait pas encore accompli la troisième année de son règne, lorsqu'il fut tué à Der-

est ordinatus, qui tertio necdum anno expleto in regno, apud Dertonam occiditur, locumque ejus sine principis jussu Leonis, Severianus invasit : sed et ipse tyrannidis suae tertio anno expleto, Romae occubuit. Tunc Leo Anthemium, divi Marciani generum, ex patricio Caesarem ordinans, Romae in imperio destinavit, Bigelemque Getarum regem per Ardaburem Asparis filium interemit : Basiliscum cognatum suum, id est fratrem Augustae Verinae in Africam dirigens cum exercitu, qui navali proelio Carthaginem saepe aggrediens, ante eam victus cupiditate, pecuniis vendidit regi Vandalorum, quam in Romanorum potestatem redegerat. Asparem autem patricium, cum filiis Ardabure et Patriciolo, Zenonis generi sui instinctu in palatio trucidavit, occisoque Romae Anthemio Nepotem filium Nepotiani, copulata nepte sua in matrimonio, apud Ravennam per Domitianum clientem suum Caesarem ordinavit. Qui Nepos regno potitus legitimo Glycerium, qui sibi tyrannico more regnum imposuisset, ab imperio expellens, in Salona Dalmatiae episcopum fecit. Sic quoque Leo Leonem juniorem ex Ariadne filia nepotem suum in imperio ordinans orientali, anno sui sextodecimo obiit. Leo junior, mox paucis mensibus quum puerile, ordinanter tamen, rexisset imperium, manu sua genitorem suum Zenonem coronans, imperatoremque constituens, rebus excessit humanis.

Zeno natione Isaurus, gener Leonis imperatoris, regnavit annis decem et septem. Hic etenim dum proces-

DE LA SUCCESSION DES TEMPS.

tona, et Severianus s'empara de sa place sans l'ordre de Léon; mais Severianus lui-même succomba à Rome après la troisième année de sa tyrannie. Alors Léon créa César le patrice Anthemius, gendre du divin Marcien, et l'envoya à Rome pour régner sur l'Occident; il fit périr par les mains d'Ardabure, fils d'Aspar, Bigelès, roi des Gètes; puis il envoya en Afrique, avec une armée, Basiliscus son parent, frère d'Augusta Verina. Basiliscus attaqua Carthage par mer et à plusieurs reprises; mais, vaincu par l'avarice, il la vendit à prix d'argent au roi des Wandales, avant même de l'avoir soumise à la puissance romaine. A l'instigation de Zénon, son gendre, il assassina dans le palais le patrice Aspar avec ses fils Ardabure et Patriciolus; et Anthemius ayant été égorgé à Rome, il donna sa nièce en mariage à Nepos, fils de Népotien, qu'il fit reconnaître pour César à Ravenne. Il avait délégué à cet effet Domitien son client. Ce Nepos, mis légitimement en possession du trône, en chassa Glycerius, qui s'était imposé à l'empire à la manière des tyrans, et le fit évêque de Salone en Dalmatie. Léon venait de déclarer empereur d'Orient Léon, son petit-fils par sa fille Ariadne, lorsqu'il mourut dans la seizième année de son règne. Léon le Jeune gouverna l'empire pendant quelques mois en enfant, mais avec ordre pourtant; puis, après avoir couronné de sa propre main Zénon son père et l'avoir déclaré empereur, il sortit de ce monde.

Zénon, Isaurien de nation, gendre de l'empereur Léon, régna dix-sept ans. Tandis que ce prince passait son

sibus Chalcedone degeret., subito Verina Augusta socrus sua fratrem Basiliscum in imperium inducens, Augustum in urbe appellavit. Quod comperiens Zeno, Chalcedone sine aliqua reipublicæ læsione in Isauriam recessit, malens se solum cum Ariadne Augusta exsulare, quam sua causa reipublicæ aliquid ex bellis civilibus incommodum provenire. Quod Basiliscus cognoscens, Zenonisque fuga lætatus, Marcum filium suum Cæsarem ordinavit. Qui perfidia Nestoriana inflatus, multa contra Ecclesiam tentavit protinus agere : sed volente Deo ante inflatus crepuit medius, quam pœnitens stare potuerat. Nam revertens Zeno rursus in regnum proprium, et eum, et patrem, et matrem in exilium oppidi Slemnii provinciæ Cappadociæ destinavit. Ubi quia caritas Dei et proximi in illis refrixerat, frigore consumpti sunt, vitamque cum regno amiserunt. Parte vero Hesperiæ, Nepote imperatore Orestes fugato, Augustulum suum filium in imperium collocavit; sed mox Odovacer, genere Rugus, Thorcilingorum, Scirorum, Herulorumque turbis munitus, Italiam invasit, Augustulumque imperatorem de regno evulsum in Lucullano Campaniæ castello exilii pœna damnavit. Sic quoque Hesperium regnum Romanique populi principatum, quod septingentesimo nono urbis conditæ anno, primus Augustorum Octavianus Augustus tenere cœpit, cum hoc Augustulo periit, anno decessorum regni imperatorum quingentesimo vicesimo secundo, Gothorum dehinc regibus Romam tenentibus.

temps en discussions à Chalcédoine, Verina Augusta, sa belle-mère, appelant tout à coup à l'empire son frère Basiliscus, le proclama Auguste dans la capitale. A cette nouvelle, Zénon, sans nuire en rien à la république, se retira de Chalcédoine en Isaurie, aimant mieux s'exiler avec Ariadne Augusta, que de causer dans son intérêt les malheurs d'une guerre civile à la république. Lorsque Basiliscus en fut informé, il se réjouit de la fuite de Zénon, et proclama César son fils Marcus. Celui-ci, imbu des erreurs nestoriennes, essaya aussitôt de faire beaucoup de mal à l'Église; mais, par la volonté de Dieu, cet orgueilleux fut renversé avant d'avoir pu se montrer repentant. Car Zénon, replacé sur le trône qui lui appartenait, l'envoya en exil avec son père et sa mère dans la ville de Siemnium en Cappadoce. Là, comme l'amour de Dieu et du prochain s'était refroidi en eux, ils moururent de froid, et perdirent le pouvoir avec la vie. En Occident, Oreste, ayant mis en fuite l'empereur Nepos, plaça sur le trône son propre fils Augustule. Mais bientôt Odovacre, Rugien de naissance, envahit l'Italie avec des bandes de Thorcilinges, de Scires et d'Hérules, arracha l'empire à Augustule, et le condamna à l'exil dans la maison de Lucullus en Campanie. Ainsi l'empire d'Occident et le principat du peuple romain, que, sept cent neuf ans après la fondation de Rome, Octavien Auguste, le premier des Augustes, avait commencé à posséder, périt avec cet Augustule, après qu'il y eut eu des empereurs pendant cinq cent vingt-deux ans. A partir de ce moment, les rois des Goths furent maîtres de Rome.

Theodericus autem, Triarii filius, cognomento Strabo, rex Gothorum, a Sciris suis usque ad Apulum quarto urbis milliario armatus advenit : nulli tamen Romanorum noxius, continuo est reversus. Porro in Illyricum properans, dum inter suorum moventia plaustra progreditur, jacentis super carpentum teli acumine pavitantisque equi sui impulsione fixus, transverberatus interiit, et reipublicæ diem festum morte sua donavit. Walamero rege Gothorum in bello Scirorum defuncto, Theodemir in regno fratris successit, cum Widimero fratre et filio Theoderico; sed missa sorte Widimero partes Hesperias, Theodemiro cum filio Theoderico Illyricum obvenit. Relicta ergo Pannonia, alter Italiam, alter Illyricum suscepit populandum : sed utrique reges mox, ubi sortita loca ingressi sunt, illico rebus humanis excedunt. Widimer Italia, Illyrico Theodemir relictis filiis decesserunt. Quorum Widimer ab Italicis præmiis victus, ad partes Galliæ Hispaniæque, omissa Italia, tendit. Theodericus vero, Zenonis Augusti pellectus humanitate, Constantinopolim venit, ubi magister militum statim effectus, consulis ordinarii triumphum ex publico dono peregit. Sed quia tunc, ut diximus, Odovacer regnum Italiæ occupasset, Zeno imperator, cernens jam gentes illam patriam possidere, maluit Theoderico, ac si proprio jam clienti, eam committi, quam illi, quem nec noverat. Secumque ita deliberans, ad partes eum Italiæ mittens, Romanum illi populum senatumque

Théodéric, fils de Triarius, surnommé le Louche, roi des Goths, arriva en armes depuis ses Scires jusqu'à Apulium, à quatre milles de la ville. Cependant il ne fit de mal à aucun Romain, et revint aussitôt sur ses pas. Il hâtait sa marche en Illyrie, et s'avançait au milieu du mouvement des chariots des siens, lorsque, blessé par la pointe d'un javelot qui se trouvait sur un char, et poussé plus avant contre le trait par le choc de son cheval épouvanté, il expira percé de part en part, et donna, par sa mort, un jour de joie à la république. Walamer, roi des Goths, étant mort dans la guerre des Scires, Théodemir succéda à la royauté de son frère avec Widimer son autre frère et Théodéric son fils ; mais le sort, consulté, donna à Widimer les contrées occidentales et à Théodemir et à son fils Théodéric l'Illyrie. Quittant donc la Pannonie, ils résolurent de ravager l'un l'Italie, l'autre l'Illyrie ; mais à peine les deux rois furent-ils entrés dans les pays que le sort leur avait assignés, qu'ils moururent. Widimer expira en Italie ; Théodémir en Illyrie ; tous deux laissaient des fils. De ceux-ci, Widimer, gagné par les présents de l'Italie, épargna ce pays, et se dirigea vers la Gaule et l'Espagne. Théodéric, séduit par la politesse de Zénon Auguste, vint à Constantinople ; il y fut aussitôt créé maître de la milice, et fut honoré, aux frais de l'État, du triomphe réservé au consul ordinaire. Mais comme alors, ainsi que nous l'avons dit, Odovacre s'était emparé du royaume d'Italie, l'empereur Zénon, voyant les nations étrangères déjà maîtresses de cette patrie, aima mieux qu'elle fût aux mains de Théodéric, qu'il considérait déjà comme son propre client, qu'au pouvoir d'un homme qu'il ne connaissait pas. Ces réflexions le déterminèrent à l'envoyer en Italie, et il lui recommanda le peuple romain et le sénat. Et Théodéric, roi des nations et consul romain, dirigea vers l'Italie sa marche triomphale, vainquit Odovacre en de grands combats,

commendat. Ovansque rex gentium, et consul Romanus Theodericus in Italiam petit, magnisque prœliis Odovacrum vicit, et Ravennam in deditione suscepit. Deinde vero ac si suspectum Ravennæ in palatio jugulans, regnum gentis suæ, et Romani populi principatum prudenter et pacifice per xxx continuit annos.

Ilus autem Isaurus, magister officiorum, et Zenoni imperatori in privata vita amicissimus, caritateque conjunctus, dum secreto molitur internecionem Ariadnes Augustæ, cum ejus viro loquutus est, et in zelo Augustum concitavit. Qui deliberans eam perimere, uni suorum rem tacite demandavit. Quod dum ille agere nititur, cuidam cubiculariæ prodit scelus eadem nocte facturum. Regina scelus cognovit, suoque in lectulo eadem, quæ rem suggesserat, collocata, in episcopium ad Acacium nemine sciente subterfugit. Postera die dum Zeno, rem æstimans perpetratam, luctu quasi confectus et mœrens neminem suscepit, Acacius episcopus ingressus facti arguit impietatem, veniæque fidem exposcit, Augustamque suspicionis innoxiam compromittit, acceptaque fide, veniæ pactione Augusta revertitur : secumque dum crebro deliberat, qua sorte de inimico exigat ultionem, nacta (ut opinata est) opportunitatem, uni suorum mandat in abditis stanti, ut illum a se recedentem perimeret. Qui, parens præceptis reginæ, dum avidus ferit in capite, ense non cervicem, ut cupiebat, sed aurem illius amputavit. Quod periculum evadens Ilus, mox ad urbem re-

et reçut la soumission de Ravenne. Puis, après avoir poignardé dans le palais de Ravenne Odovacre, comme s'il lui était suspect, il posséda sagement et en paix, durant trente années, la royauté de sa nation et le principat du peuple romain.

Ilus, Isaurien, maître des offices, et ami intime de Zénon dans la vie privée, uni à ce prince par une étroite intimité, méditant le meurtre d'Ariadne Augusta, eut une conférence avec son mari, et enflamma la jalousie de l'Auguste. L'empereur résolut de la faire périr, et confia l'exécution à un de ses affidés. Celui-ci, au moment où il cherchait à remplir son horrible mission, révéla à une femme du palais que le crime devait s'accomplir cette nuit même. La reine, avertie de ce projet sinistre, fit placer dans son propre lit celle-là même qui lui avait tout appris, et s'enfuit, à l'insu de tous, à l'évêché auprès d'Acacius. Le lendemain Zénon, croyant tout terminé, feignit d'être accablé de tristesse et de douleur, et ne reçut personne; mais Acacius, l'évêque, entra près de lui, démontra l'impiété du fait, demanda l'assurance d'une grâce entière, affirma qu'Ariadne était innocente de ce dont on la soupçonnait, et après avoir reçu les promesses de l'empereur, l'Augusta, sur la foi du pardon, revint au palais. Mais elle réfléchissait souvent aux moyens de se venger de son ennemi; ayant enfin (elle le croyait du moins) trouvé l'occasion favorable, elle ordonna à l'un des siens de se tenir en embuscade, et de frapper Ilus au moment où il se retirerait d'auprès d'elle. Cet homme, obéissant aux ordres de la reine, frappa vigoureusement Ilus à la tête; mais son glaive lui coupa non la tête, comme il le pensait, mais seulement l'oreille. Ilus, échappé à ce péril, se retira bientôt vers la ville, et, irrité contre Zénon, s'empara de l'Orient. Léonce, envoyé contre lui,

cedens, Zenonique infestus, Orientem invasit. Contra quem Leontius directus, pellicibus verbis illectus, diadema arripuit, simulque Leontius et Ilus reipublicæ inimici effecti, tyranni in partes Syriæ et Isauriæ debacchabantur. Additoque supersolito Isauris dono, omnes simul conspirant contra Zenonem, cujus thesauris in Papyrio castello munitissimo repertis, desæviunt. Sed non post multum ab exercitu Zenonis in eodem castello capti decollatique sunt, et capita eorum Constantinopolim allata, præfixaque hastilibus statuerunt. Sic quoque Zeno, superatis inimicis suis, in pace bona quievit.

Anastasius ex silentiario subito ab Ariadne Augusta in imperio assumptus, simulque imperator et maritus innotuit, regnavitque annis XXVII mensibus duobus. Contra quem Isauri dum sibi, quod Ilus tyrannus ille adjecerat donativum, et Zeno reconciliationis gratia invitus largitus est, ab isto fraudantur; arma arripiunt, consertoque prœlio, juxta Cotzianum Phrygiæ civitatem castrametati, pæne per sex continuos annos reipublicæ adversantur: ubi et Lilingis eorum et in bello et in consilio prævius, quamvis pedibus ob corporis debilitatem segnis, eques tamen in bello acerrimus, dum peremptus fuisset, omnes Isauri fugerunt, atque dispersi sunt et devicti, et perquaquam exsilio ablegati, urbesque eorum nonnullæ solo usque prostratæ. Variis namque sub Anastasio miles prœliis fatigatus, et nunc in Illyrico cum Sabiniano et Mundone ad Margum, nunc cum Pompeio

se laissa gagner par de séduisantes paroles, prit le diadème; et Léonce et Ilus, devenus tous deux ennemis de la république et tyrans, déployèrent leurs fureurs dans les cantons de la Syrie et de l'Isaurie; puis, comme ils donnèrent aux Isauriens un tribut plus considérable que d'habitude, tous à la fois conspirent contre Zénon, et les deux usurpateurs, ayant trouvé les trésors de ce prince dans Papyrium, château très-fort, redoublent leurs excès. Mais peu de temps après, ils furent pris par l'armée de Zénon dans ce même château, et leurs têtes, séparées du corps, furent portées à Constantinople, plantées au bout de deux piques. Zénon, vainqueur ainsi de ses ennemis, s'endormit en paix du sommeil éternel.

Anastase, élevé tout à coup par Ariadne Augusta du rang de silentiaire au trône impérial, fut déclaré tout à la fois empereur et mari de sa bienfaitrice, et régna vingt-sept ans et deux mois. Il refusa aux Isauriens l'augmentation du don annuel que l'usurpateur Ilus leur avait accordée et que Zénon leur avait malgré lui confirmée pour se réconcilier avec eux : ces barbares prirent les armes, et, engageant la guerre contre les troupes romaines campées à Cotzianum, ville de Phrygie, ils inquiétèrent la république presque pendant six années consécutives; mais Lilingis, leur principal chef dans la guerre et dans les conseils, homme lent à la marche à cause de la faiblesse de sa constitution, mais intrépide cavalier sur le champ de bataille, ayant été tué, tous les Isauriens prirent la fuite, furent dispersés et vaincus, chassés partout, et plusieurs de leurs villes rasées jusqu'au sol. Mais le soldat, sous les ordres d'Anastase, fatigué par diverses luttes, et combattant tantôt en Illyrie contre Sabinien et Mundo sur le Margus, tantôt contre Pompée à Adrianople, tantôt contre Aristus à Zorta, tantôt contre les Parthes en Syrie; sans parler des désastres de l'intérieur

ad Adrianopolim, nunc cum Aristo ad Zortam, nunc cum Parthis in Syria, ut omittam intestinas clades et pugnas in foro regiæ civitatis, ad postremum contra Italiam plus piratico quam publico Marte concertans, frustratus est. Sed quod sit plus dolendum, contra ultimum suum famulum Vitalianum de Scythia per sex annos civile bellum extruxit. Is siquidem Vitalianus cum LX millibus armatorum, tertio pæne milliario, non reipublicæ sed regi infestus, accedens, multa suburbana regiæ urbis prædis spoliisque attrivit. Contra quem dum Hypatius nepos Cæsaris cum exercitu numeroso pugnaturus egreditur, ante ab Hunnis auxiliaribus capitur, et Vitaliano turpiter venditur, ante quam aperto prœlio parte adversa sese inimicus ostenderet. Post quem iterum suus gubernator magisterque militum sæpe superati, sæpe irrisi ab eo, et spreti sunt. Sic quoque diversis partibus inimicorum vallatus agminibus Anastasius sæpe congemuit, nulliusque tamen meruit inimicorum suorum vindictam audire : sicut nec ipse ecclesiæ jura servavit, imo mœrens et furens major octogenario ætatis anno, regnique vicesimo et octavo, rebus excessit humanis, contritaque respublica vix Justino ei succedente aliquantulum respiravit.

Justinus ex comite excubitorum a senatu imperator electus annos regnavit novem. Qui mox inhiantes regno suo Amantium præpositum palatii, Andream et Misaelem et Ardaburem cubicularios sentiens, afflixit. Nam Aman-

et des combats livrés dans le forum même de la ville impériale, faisant enfin contre l'Italie une guerre de pirates plutôt qu'une guerre nationale, le soldat fut sans avantages pour Anastase. Mais, ce qui est plus déplorable, il finit par faire une guerre civile de six ans au Scythe Vitalien, l'un de ses officiers. Ce Vitalien, ennemi, non de la république, mais de l'empereur personnellement, s'avança avec soixante mille combattants jusqu'à six milles de Constantinople, et désola par ses pillages plusieurs faubourgs de la ville impériale, dont il enleva les dépouilles. Hypatius, neveu de l'empereur, s'avança pour le combattre, à la tête d'une armée nombreuse ; mais, avant d'avoir pu montrer sur le champ de bataille combien il haïssait cet ennemi, il fut pris par les Huns auxiliaires et ignominieusement vendu à Vitalien. Après Hypatius, son gouverneur et le maître de la milice furent souvent vaincus par Vitalien, et souvent en butte à ses railleries. Anastase, ainsi cerné de tous côtés par ses ennemis, gémit plus d'une fois ; d'ailleurs il n'était pas digne d'apprendre le châtiment d'aucun d'eux ; car il ne respecta pas les droits de l'Église ; affligé et furieux, il mourut âgé de plus de quatre-vingts ans, dans la vingt-huitième année de son règne, et la république écrasée respira à peine un peu sous Justin, qui lui succéda.

Justin, comte des gardes, fut élu empereur par le sénat, et régna neuf ans. Bientôt, s'apercevant qu'Amantius, préposé au palais, et les cubiculaires André et Misaël et Ardabure aspiraient à son trône, il les châtia. En effet, il fit décapiter Amantius et André, et exila à

tium et Andream ferro truncavit, Misaelem et Ardaburem Perdicam in exilium misit. Theocritum quoque, satellitem Amantii, quem idem quoque Amantius ad regnandum clam praeparaverat, comprehensum carceratumque, saxis contisque ingentibus caesum, salsum in gurgitem jecit, sepultum tamen, imperio, cui inhiaverat, eum privans : foedusque cum Vitaliano percussit, et ad se evocatum magistrum militum praesentem et consulem ordinari tum fecit : quem rursus in suspicione habens prioris facti, sedecim vulneribus in palatio cum Celeriano et Paulo satellitibus confossum perimit. Hic quoque imperator ante quartum mensem obitus sui senectuti suae consulens, et reipublicae utilitatibus, Justinianum ex sorore sua nepotem, consortem regni, successoremque imperii ordinans, rebus humanis excessit.

XV. Justinianus regnat jam jubente Domino annos quatuor et viginti, qui ut sceptris regnoque ab avunculo suo mancipatus est, mox Parthos bella moventes destinato exercitu compescuit, et fines proprios tutans Parthorum saepe multos occidit. Postea vero facientibus peccatis, in die sabbati sancti Paschae inito certamine, exercitus et non ducis instinctu, in fluvio Euphrate fugiens Parthos, Romanus numerosus ruit exercitus. Illyricumque saepe ab Herulis, Gepidisque et Bulgaris devastantibus, per suos judices frequenter obstitit vi, subterque caecidit. Post haec Hypatium Pompeiumque regni sui insidiatores, coadunata manu civili Circum ingressos,

Perdica Misaël et Ardabure. Quant à Théocrite, satellite d'Amantius, que celui-ci avait secrètement préparé à monter sur le trône, il le fit arrêter et jeter en prison; ce malheureux, assommé à coups de pierre et de bâton, fut précipité dans la mer; on l'ensevelit pourtant : c'est ainsi qu'il fut privé de l'empire auquel il avait aspiré. Justin fit alliance avec Vitalien, l'appela près de lui, et le fit proclamer maître de la milice présent et consul; mais l'ayant soupçonné de revenir à ses anciens projets, il le fit périr, dans le palais, avec ses gardes Celerianus et Paulus; Vitalien expira percé de seize coups. L'empereur, quatre mois avant sa mort, songeant à sa vieillesse et aux intérêts de la république, associa à l'empire et déclara son successeur Justinien, son neveu, le fils de sa sœur; puis il mourut.

XV. Justinien règne déjà, par la volonté du Seigneur, depuis vingt-quatre ans; dès que son oncle lui eut remis le sceptre et l'empire, il réprima, en envoyant contre eux une armée, les Parthes qui commençaient la guerre, et, mettant à couvert ses propres frontières, il fit souvent périr un grand nombre de Parthes. Mais ensuite, en punition de ses péchés, une nombreuse armée romaine, ayant engagé le combat le saint dimanche de Pâques, et cela sans l'ordre du général, se perdit dans les eaux de l'Euphrate en fuyant devant les Parthes. Justinien résista avec énergie aux Hérules, aux Gépides et aux Bulgares qui dévastaient l'Illyrie, et les battit souvent par ses juges. Ensuite Hypatius et Pompée, voulant lui arracher le trône, réunirent leurs partisans pour une guerre civile et envahirent le Cirque; Hypatius, au lieu de diadème, s'était orné la tête d'un collier d'or et avait déjà pris la place

et Hypatium torque aureo redimitum pro diademate, locaque imperatoris jam occupantem ; Pompeium vero sub chlamyde loricatum, et jam palatium invadentem, utrumque detentum ante fores palatii captum catenatumque discussit, amputatisque eorum capitibus, ante eos fecit imperium perdere quam haberent; sociisque eorum, qui evaserant hac cæde, proscriptis, veluti grandi hoste prostrato, de manubiis triumphavit. Eodemque anno post diuturnum immanemque belli laborem, quod contra Parthos Romanorum fuisset gestum sudoribus, per Ruffinum patricium, perque Hermogenem magistrum officiorum, et utrumque legatum directum ad principem pax depacta est, fœdusque initum, et munera ab utroque principe sibi invicem destinata. Mox quoque soluto de orientali parte exercitu, eumdem ductorem, quem dudum Orienti transmiserat, elegit Belisarium, et numerosos fortissimosque milites deputans, ad australem plagam contra Wandilos mittit ; qui favente Deo qua venerat facilitate, ea celeritate Wandilos superavit, Libyamque ad corpus totius reipublicæ jungens, Gelimerem regem, opesque Carthaginis in urbe regia principi spectante populo obtulit. Cujus nutu remuneratus, consulque ordinarius mox designatus, de manubiis Wandilicis Belisarius triumphavit.

In Italia vero Theoderico rege defuncto, Athalaricus nepos ejus ipso ordinante successit, et annos octo quamvis pueriliter vivens, matre tamen regnante Amalasun-

de l'empereur ; Pompée, couvert d'une cuirasse sous sa chlamyde, envahissait déjà le palais ; mais l'un et l'autre furent pris et chargés de chaînes devant les portes du palais ; ils eurent la tête tranchée, et Justinien leur fit perdre l'empire avant qu'ils n'en fussent les maîtres ; ceux de leurs compagnons qui échappèrent à ce carnage furent proscrits ; et l'empereur, comme s'il avait combattu un ennemi formidable, célébra un triomphe avec leurs dépouilles. La même année, après les fatigues d'une guerre longue et terrible que les Romains avaient soutenue au prix de leurs sueurs contre les Parthes, le patrice Ruffin, et Hermogène, maître des offices, envoyés tous deux en ambassade auprès du roi de ce peuple, conclurent la paix ; une alliance fut faite, et les deux princes s'adressèrent mutuellement des présents. Bientôt après, l'armée d'Orient ayant été licenciée, l'empereur donna un nouveau commandement à Bélisaire, le même général qu'il avait si longtemps opposé à l'Orient ; il lui choisit de nombreux soldats et les plus vaillants, et l'envoya dans les régions occidentales contre les Wandales. Bélisaire, soutenu par la faveur divine, vainquit les Wandales avec une célérité égale à la facilité avec laquelle il était arrivé dans leur pays, et, réunissant la Libye au corps de toute la république, il offrit dans la ville impériale, à son souverain, à la vue du peuple, le roi Gélimer et les trésors de Carthage. Noblement récompensé par Justinien, et bientôt désigné consul ordinaire, Bélisaire célébra son triomphe avec les dépouilles des Wandales.

En Italie, le roi Théodéric était mort : d'après sa volonté, Athalaric, son petit-fils, lui succéda ; bien qu'il ne fût qu'un enfant, car il n'était âgé que de huit ans, il

tha degebat, quando et Gallias diu tentas, Francis repetentibus reddidit. Mortuoque Athalarico, mater sua Theodahatum consobrinum suum regni sui participem faciens, non post multum ipso jubente occisa est. Et quia dudum se suumque filium commendaverat principi Justiniano, is mortem ejus audiens doluit, nec passus est inultum transire : sed mox eumdem ducem belli, qui Pœnorum domitor fuit, et de opibus Wandilicis triumphans adhuc in fascibus erat, agmini diversarum præponens nationum, ad partes Hesperias destinavit : qui primo accessu mox Siciliam pervadit, duce ejus Sinderich superato : ubi dum aliquantum temporis ob ordinandam patriam resideret, comperit in Africa civilia bella intestinaque prœlia debacchari. Nam Stozas pæne ultimus militum, et Martini clientulus magistri militum, tyrannidem arripiens, auctorque seditiosorum effectus, Cyrillo, Marcello, Fara aliisque diversis judicibus dolo peremptis, in ducem Salomonem sæviebat, totamque Africam tyrannico ritu vastabat. Emenso ergo Belisarius a Sicilia in Africam pelago, solita felicitate rebelles fugat, provinciam liberat, Salomonemque rursum Carthagine collocans, Siciliam redit. Ubi mox Eurimund Theodahati Gothorum regis gener, qui contrarius cum exercitu venerat, cernens prosperitatem consulis, ultro se dedit ad partes victoris, oratque ut jam anhelanti suo adventu suspectæ subveniret Italiæ. Constructo ergo Belisarius exercitu, et tam navalia quam equestria ductans agmina,

occupa le trône sous la régence d'Amalasunthe sa mère, et rendit aux Francs, qui les réclamaient, les Gaules longtemps possédées par les Goths. Athalaric étant mort, sa mère associa à la royauté son cousin Théodahat; mais peu de temps après, elle fut assassinée par l'ordre même de ce prince. Et comme, depuis longtemps, elle s'était, ainsi que son fils, recommandée à l'empereur Justinien, celui-ci, à la nouvelle de sa mort, ne voulut pas la laisser sans vengeance. Bientôt le même général qui avait dompté l'Afrique, et qui, après avoir triomphé de la puissance des Wandales, avait encore les faisceaux du consulat, fut par lui mis à la tête d'une armée levée parmi diverses nations, et envoyé dans les contrées de l'Occident. Bélisaire, à peine arrivé en Sicile, s'empara de cette île après avoir vaincu Sindérich, qui y commandait; il y séjourna quelque temps pour y régler les affaires; c'est là qu'il apprit que l'Afrique était en proie aux guerres civiles et aux luttes intestines. En effet Stozas, qui était presque le dernier des soldats et attaché à la personne de Martin, maître de la milice, usurpa le suprême pouvoir et se mit à la tête d'une sédition; après avoir fait périr par trahison Cyrille, Marcellus, Fara, et plusieurs autres juges, il s'acharnait contre le général Salomon, et dévastait toute l'Afrique à la manière des tyrans. En conséquence, Bélisaire traverse la mer qui sépare la Sicile de l'Afrique, et, avec son bonheur ordinaire, met les rebelles en fuite, délivre la province, et, après avoir rétabli Salomon à Carthage, il revient en Sicile. Là, bientôt Eurimond, gendre du roi Théodahat, qui s'avançait contre lui avec une armée, voyant le bonheur du consul, passa volontairement du côté du vainqueur, et le supplia de venir au secours de l'Italie suspecte aux Goths, et qui attendait avec impatience son arrivée. Bélisaire, en conséquence, ayant organisé son armée, vint, à la tête d'une flotte et d'une puissante cavalerie, bloquer Naples, et, après quel-

vallavit Neapolim, paucisque diebus eam obsidens per aquæductum noctu invasit, et tam Gothis qui aderant, quam Romanis bellantibus interfectis, urbem plenissime spoliavit. Quod Theodahatus animadvertens, Witigem unum inter alios ductorem exercitus præponens, contra Belisarium dirigit. Qui Campaniam ingressus, mox ubi ad campos venisset barbaricos, illico exercitus favorem, quem contra Theodahatum suspectum habebat, rex cepit; « Et quid, inquit, vultis ? » At illi, « Tollatur, inquiunt, de medio, qui cum sanguine Gothorum et interitu sua cupit scelera excusari. » Factoque impetu in eum, consona voce Witigem regem denunciant. At ille, regno levatus, quod ipse optaverat, mox populi voto consentit, directis e sociis Theodahatum Ravennam revertentem extinguit, regnumque suum confirmans expeditionem solvit, et, privata conjuge repudiata, regiam puellam Mathesuentam, Theoderici regis neptem, sibi plus vi copulat, quam amore. Dumque ille novis nuptiis delectatur Ravennæ, consul Belisarius Romanam urbem ingressus est, exceptusque ab illo populo quondam Romano et senatu, jam pæne ipso nomine cum virtute sepulto, confestim vicina occupat loca, urbium oppidorumque munimina. Primaque Græca congressione Hunila ductante, Perusinum ad oppidum superat, et plusquam septem millibus trucidatis, reliquos Ravennam usque proturbat. Secunda vero cum ipso Witige Romanas arces vallante, congreditur, machinasque illius et turres, quibus urbem adire

ques jours de siége, y pénétra de nuit par un aqueduc, massacra et les Goths qui s'y trouvaient et les Romains pris les armes à la main, et livra, sans réserve, la ville au pillage. A cette nouvelle, Théodahat nomma Witigès général en chef de son armée, et l'envoya contre Bélisaire. A peine entré dans la Campanie et arrivé aux champs barbares, Witigès se concilia la faveur de l'armée, qu'il soupçonnait d'être hostile à Théodahat : « Et que voulez-vous ? » dit-il aux soldats. Ceux-ci s'écrièrent : « Qu'il périsse celui qui veut faire excuser ses crimes par le sang et la ruine des Goths ! » et, se précipitant autour de Witigès, ils le proclamèrent roi d'une voix unanime. Witigès, élevé sur le trône qu'il avait lui-même désiré, accéda bientôt aux vœux du peuple ; envoyant quelques-uns de ses affidés à Ravenne, il fit mourir Théodahat qui revenait dans cette ville, et, pour consolider son pouvoir, il licencia l'armée ; puis, répudiant la femme qu'il avait choisie dans la condition privée, il épousa, par violence plus que par amour, une jeune fille du sang royal, Mathésuente, nièce du roi Théodéric. Tandis qu'à Ravenne il se livrait à la joie de son nouveau mariage, le consul Bélisaire entra dans Rome, et, reçu par ce peuple autrefois romain, et par le sénat, dont le nom était pour ainsi dire enseveli avec l'antique vertu, il occupa aussitôt les positions voisines, les fortifications des citadelles et des villes. Dans la première rencontre des Grecs avec les Goths, commandés par Hunila, il les bat près de la ville de Pérouse, et, après leur avoir tué plus de sept mille hommes, il chasse le reste jusqu'à Ravenne. La seconde fois il en vint aux mains avec Witigès lui-même, qui cernait les murs de Rome ; il détruisit par le feu les machines et les tours au moyen desquelles ce roi essayait d'approcher de la ville, et, quoiqu'il souffrît lui-même de la famine, il déjoua pendant une année entière les efforts de l'ennemi. Puis il le poursuivit jusqu'à Rimini, le chassa de cette ville, l'en-

tentabat, igni consumptas, per anni spatium, quamvis inedia laborans deludit. Post hæc ad Ariminum persequutus, exindeque effugatum, Ravenna clausum in deditionem suscepit: atque unus consul, qui contra Getas dimicat, pæne pari eventu de Francis, qui cum Theodeberto rege suo plus ducenta millia advenerant, triumphavit; sed quia, ad alia occupatus, alibi noluit implicari, rogantibus Francis pacem concessit, et sine suorum dispendio, de finibus Italicis expulit, sumptoque rege, et regina, simulque et opibus palatii, ad principem, qui eum miserat, reportavit. Sicque intra pauci temporis spatium Justinianus imperator per fidelissimum consulem duo regna duasque respublicas suæ ditioni subegit.

Quod Parthus comperiens, facibusque invidiæ exardens, in Syriam movit procinctum, et Callinicum Cæsareamque devastans, Antiochiam venit. Ubi Germanus patricius cum Justino filio suo, eodemque consule, postquam ab Africana provincia remeasset, dum adventui Parthorum obviare nequit, relicta urbe ad partes secessit Ciliciæ. Parthi vero, vacuam ab exercitu Antiochiam nacti, populum quidem per Orontis alveum ad Seleuciam maritimam cum militibus mixtis fugientem aspiciunt, nec sequuntur, sed prædas per urbem certatim diripiunt, vicinasque urbes et oppida, partim invasa, partim pecuniæ quantitate multata prætereunt, et totius Cœlesyriæ bona sibi unius in anni spatium pæne Parthus assumit. Nec sic quoque recedit, sed jugiter adversus

ferma dans Ravenne, et le força enfin à se rendre; et ce seul consul, qui combattait les Goths, triompha presque avec un égal succès des Francs qui étaient venus au nombre de plus de deux cent mille avec leur roi Théodebert. Mais, occupé d'autres intérêts, il ne voulut pas se jeter dans de nouvelles difficultés; il accorda donc aux Francs la paix qu'ils demandèrent, et, sans aucune perte de son côté, il les chassa de l'Italie; puis, emmenant le roi et la reine des Goths et les richesses du palais, il alla les remettre au prince qui l'avait envoyé. C'est ainsi que, dans un court espace de temps, et par la fidélité d'un consul, l'empereur Justinien soumit à son pouvoir deux royaumes et deux républiques.

A cette nouvelle, le Parthe, brûlé des feux de l'envie, fit avancer une armée en Syrie, et, après avoir dévasté Callinique et Césarée, arriva jusqu'à Antioche. Là, tandis que Bélisaire, encore consul, revenait d'Afrique, le patrice Germain et Justin son fils, ne pouvant arrêter les progrès des Parthes, abandonnèrent la ville et se retirèrent en Cilicie. Les Parthes, trouvant Antioche évacuée par l'armée, et voyant le peuple mêlé aux soldats s'enfuir vers Séleucie, ville maritime, en descendant le cours de l'Oronte, ne le poursuivirent pas, mais pillèrent à l'envi la ville; quant aux cités et aux places voisines, ils emportèrent les unes, épargnèrent les autres en frappant sur elles des contributions; en une seule année le Parthe s'empara de presque tous les trésors de la Célésyrie. Il ne se retira pas pour cela, mais continua sans interruption la guerre avec la république romaine. Le consul, vainqueur des Wandales et des Goths, fut comme d'ordinaire envoyé contre ces autres ennemis. S'il ne les dompta pas,

rempublicam Romanam dimicat; contra quem Wandalicus et Geticus consul solite destinatur; qui et si non, ut reliquas gentes, eum edomuit; tamen ut intra suos se fines recolligeret, compulit, fuissetque de hac gente felici duci parta victoria, ni clades in Italia, quæ post ejus discessum emerserat, celerem ei successorem dedisset Martinum. Qui etsi viribus impar, consilio tamen quamvis cum Constantiano conjuncto non minor, dum resistere contra Parthos non prævalet, ne bella diu teneret, pacem effecit. Cladem vero, quam diximus in Hesperia plaga, ut liquidius lector cognoscat, apertius memorabo.

Egrediente Belisario consule ab Italia, et, ut diximus, rege et regina, opibusque palatii ad principem reportante, Gothi, qui trans Padum in Liguria consistebant, recrudescentes animo ad bella consurgunt, et ordinato sibi regulo Hildebaldo milite, existunt adversi : contra quos dum non unius, sed diversorum tentantur apparatus, illi fortiores effecti persistunt, annique spatio vix emenso, Hildebaldus interficitur, et loco ejus succedit Errarius : qui et ipse vix anno expleto peremptus est, et in regno malo Italiæ Badiula juvenis nepos asciscitur Hildebaldi. Qui mox et sine mora Faventino in oppido Æmiliæ solo, prœlio commisso, Romanum superavit exercitum : et nec diu post hæc item per suos ad cancellos annonariæ Thusciæ feliciter dimicans judices, fugat exercitum, partim donis, partim blanditiis sibi consociat, totamque Italiam cum ipsa Roma pervadit, omniumque urbium

comme il avait dompté les autres nations, il les repoussa du moins, et les contraignit à se replier sur leurs propres frontières; et l'heureux général eût remporté une éclatante victoire sur ce peuple, si les désastres qui, en Italie, avaient bientôt suivi son départ, ne lui avaient pas donné Martin pour successeur. Celui-ci, bien qu'inférieur en forces, ne lui fut pas inférieur en prudence; quoiqu'il fût réuni à Constantien, il ne put résister aux Parthes, et, pour ne pas prolonger la guerre, il fit la paix. Mais pour que le lecteur sache mieux quel désastre avait affligé les Romains en Occident, je le raconterai plus au long.

Lorsque le consul Bélisaire quitta l'Italie, emmenant avec lui, comme nous l'avons dit, pour les présenter à l'empereur, le roi, la reine et les trésors du palais, les Goths, qui se tenaient dans la Ligurie au delà du Pô, reprirent courage et coururent aux armes : se donnant pour roi le soldat Hildebald, ils prennent une position hostile; les efforts, non d'un seul général, mais de plusieurs, sont dirigés contre eux; mais, devenus plus forts, ils résistent; et à peine une année s'est-elle écoulée, que Hildebald est tué, et qu'à sa place succède Errarius; celui-ci, également avant la fin d'une année, fut égorgé, et à ce trône périlleux d'Italie les Goths appellent Badiula, le jeune neveu de Hildebald. Celui-ci, sans plus tarder, engage aussitôt contre les Romains, à Faventinum, ville de l'Émilie, un combat où il les défait; et peu de temps après, combattant avec bonheur, par ses juges, aux portes de la fertile Toscane, il met l'armée en fuite, se l'attache en partie par des présents, en partie par des caresses, envahit l'Italie entière avec Rome elle-même, et, détruisant les fortifications de toutes les villes, dépouille tous les sénateurs, démantèle Rome, et passe en

munimenta destruens, cunctos senatores nudatos, demolita Roma, Campaniæ terra transmutat. Contra quem, ut superius diximus, Belisarius de Oriente digreditur cum paucis, ratus omnem exercitum, quem dimiserat, integrum reperire. Et ideo postquam Ravennam ingressus est, nec cum quibus ei obviaret, invenit; remenso Adriatico mari, Epirum revertitur, ubi Joannes et Valerianus conjuncti, dum in conciones et jurgia concertant, Totila hostile opus in Italia peragit. Belisarius quoque impatiens tantæ crudelitatis, navalem classem a Sicilia solvens, per Tyrrheni maris æstum, Romani in portus se recepit stationem; egressusque ad urbem, quam vi destructam et desolatam attendit, hortansque socios ad reparationem tantæ urbis accingitur: ubi necdum vallo circumseptus, infestum experitur Totilam; sed, solitis victoriis intrepidus, quamvis cum paucis contra eum egressus, sic effugavit, ut plures fugientes Tiberi demergerentur, quam gladio caderent. Indeque hortatus exercitum, regreditur Siciliam, quatenus et Romæ faceret copiam annonæ, et vicinus ad fretum, Totilam turbaret in Campania commorantem. Sed ut assolet, rerum immutatione, et principum voluntate diversa, quiescente in Domino Theodora Augusta, evocatur ad urbem Belisarius de Sicilia. Post cujus discessum Totila securus, iterata rabie, et furentibus Isauris, invadit Romam: et sic sumptis undique viribus, militarique vallatus auxilio ingreditur, cepitque Siciliam.

Campanie. Bélisaire, comme nous l'avons dit, part d'Orient contre lui, avec des forces peu considérables, croyant trouver au complet et en bon état l'armée qu'il avait quittée. Arrivé à Ravenne, il ne trouve point de troupes pour courir au-devant de Badiula; il repasse donc l'Adriatique et retourne en Épire, où Jean et Valérien, collègues, passent le temps en assemblées et en querelles, tandis que Totila poursuit en Italie son œuvre hostile. Bélisaire, ne pouvant supporter tant de cruauté, part de Sicile avec une flotte, et vient, à travers la mer Tyrrhénienne, jeter l'ancre dans le port romain; de là il s'avance vers la ville qu'il voit détruite par la force et désolée; et, ranimant ses compagnons d'armes par ses exhortations, il se prépare à réparer une si grande cité : à peine s'est-il couvert d'un retranchement, qu'il est attaqué par Totila; mais, devenu inaccessible à la crainte parce qu'il était accoutumé à la victoire, il marche contre lui avec un petit nombre d'hommes, et fait éprouver aux Goths une telle défaite, que le Tibre engloutit plus de fuyards que n'en moissonna le glaive. De là, ayant de nouveau encouragé l'armée, il retourna en Sicile pour amener du blé à Rome, et pour chasser, une fois voisin du détroit, Totila qui occupait toujours la Campanie. Mais, comme cela arrive d'ordinaire, les choses changèrent ainsi que la volonté des princes. Theodora Augusta s'était endormie dans le Seigneur; Bélisaire est rappelé de Sicile à Constantinople. Rassuré par son départ, Totila redouble de fureur, tandis que les Isauriens se livraient à leur rage; il emporte Rome; réunissant de toutes parts des forces, et soutenu par des secours en hommes, il envahit et prend la Sicile. Le patrice Germain se disposait à marcher contre lui avec une armée; l'empereur venait, après la mort de Witigès, de lui donner en mariage la veuve de ce prince, Mathésuente, nièce du roi Théodéric; il rendit le dernier soupir à Sardique, laissant enceinte sa femme, qui mit au

Contra quem Germanus patricius dum exire disponit cum exercitu, Mathesuentam, Theoderici regis neptem, et Witigi mortuo derelictam, tradente sibi principe in matrimonio sumptam, in Sardicensi civitate extremum halitum fudit, relinquens uxorem gravidam; quæ post ejus obitum, posthumum edidit filium, vocavitque Germanum. Qua felicitate sibi Totila comperta, totam pæne insultans Romanis devastat Italiam.

In Africa vero a Mauris dudum perempto Salomone, Stozas et Joannes invicem singulari certamine corruunt; aliusque Joannes, qui Stozas junior dicebatur, suscepta tyrannide Guntharim magistrum militum secum esse suadet. Qui, interfecto Ariobindo, jugalem ejus, neptem imperatoris sibi cupiens sociare, prævenitur ab Artabane. Qui eo in convivio trucidato, neptem imperatoris ereptam ad urbem principi dirigit cum honore, simulque ferreis vinculis colligatum et tyrannum destinavit Joannem, qui Stoza perempto, in eadem successerat tyrannide. Quem in urbem discussum, manibusque truncatis, ad exemplum ceterorum in patibulo fixit. Joanni dehinc patricio cognomine Troglita Africæ procuratione commissa, Artabanus evocatus magistri militum præsentis accepit dignitatem.

Nec diu intercedente in ipsum principem manus injicere gestiens, detectus et comprobatus, pietati tamen principali impunitus permansit, et quasi benevolus congratulatione in Siciliam cum Liberio patricio properavit. Joannes vero in Africana provincia feliciter degens,

monde un fils posthume, auquel elle donna le nom de Germain. A la nouvelle de cet événement heureux pour lui, Totila, insultant aux Romains, dévaste presque toute l'Italie.

En Afrique, Salomon avait été depuis longtemps tué par les Maures; Stozas et Jean se tuent l'un l'autre dans un combat singulier; un autre Jean, que l'on appelait Stozas le jeune, usurpe le pouvoir suprême et persuade à Gunthar, maître de la milice, de se déclarer pour lui. Il assassina Ariobinde, désirant s'unir à sa femme, qui était nièce de l'empereur; mais il fut prévenu par Artaban. Celui-ci l'égorgea dans un festin, enleva la nièce de l'empereur et l'envoya à Constantinople, vers son souverain, avec les honneurs qui lui étaient dus; il lui envoya également, chargé de fers, l'usurpateur Jean, qui, après la mort de Stozas, avait succédé à sa tyrannie. L'empereur fit promener ce Jean dans les rues de Constantinople; puis on lui coupa les mains, et on le pendit au gibet, pour servir d'exemple aux autres. Ensuite le gouvernement d'Afrique fut donné au patrice Jean surnommé Troglita; Artaban, rappelé, fut revêtu de la dignité de maître de la milice présent.

Mais bientôt après il conspira contre l'empereur lui-même; découvert et convaincu, il dut l'impunité à la pitié du prince, et, comme de sa propre volonté, il partit pour la Sicile avec le patrice Liberius. Le gouvernement de Jean fut heureux en Afrique; il vainquit par les Maures paisibles les Maures du parti contraire, fit périr en un

Mauris partis adversæ per pacificos Mauros superatis, una die decem et septem præfectos extinxit, pacemque totius Africæ juvante Domino impetravit. Longobardorum gens socia Romani regni principibus, et Theodahati sororis filiam, dante sibi imperatore, in matrimonio jungens regi suo, contra æmulos Romanorum Gepidas, una die pugna commissa, eorum pæne castra pervasit, ceciderúntque ex utraque parte amplius quadraginta millia, nec par, ut ferunt, audita est in nostris temporibus a diebus Attilæ, in illis locis, præter illam, quæ antehac contigerat sub Calluce Magmilide cum Gepidis, aut certe Mundionis cum Gothis, in quibus ambobus auctores belli pariter corruerunt.

Hæ sunt causæ Romanæ reipublicæ præter instantiam quotidianam Bulgarorum, Antarum et Sclavinorum. Quæ si quis scire cupit, annales consulumque seriem revolvat sine fastidio, reperietque dignam nostri temporis rempublicam tragœdia; scietque unde orta, quomodo aucta, qualiterve sibi cunctas terras subdiderit, et quomodo iterum eas ab ignaris rectoribus amiserit; quod et nos pro captu ingenii breviter tetigimus, quatenus diligens lector latius ista legendo cognoscat.

jour dix-sept officiers, et, avec l'aide du Seigneur, rétablit la paix dans toute l'Afrique. Les Lombards, peuple allié des princes de l'empire romain, reçurent de l'empereur, en mariage, pour leur roi, la fille de la sœur de Théodahat; le même jour ils livrèrent bataille aux Gépides, ennemis des Romains, envahirent leur camp, et, de part et d'autre, on vit périr plus de quarante mille hommes. Il n'y eut pas, dit-on, de notre temps et dans ces mêmes lieux, depuis les jours d'Attila, un combat aussi terrible; si ce n'est celui qui, antérieurement, avait eu lieu sous Callux Magnilide avec les Gépides, ou celui de Mundio avec les Goths, où les auteurs de la guerre succombèrent l'un et l'autre.

Telles sont les affaires de la république romaine, outre les attaques journalières des Bulgares, des Antes et des Sclavins. Celui qui désire connaître ces choses, doit lire sans ennui les annales et la suite des consuls; et il trouvera la république digne de la tragédie de notre temps. Il saura quelle fut son origine, quels furent ses accroissements, comment elle soumit la terre entière, comment elle la perdit par l'incapacité de ses souverains. Nous avons, selon la portée de notre intelligence, exposé brièvement toutes ces choses, que le lecteur studieux pourra connaître plus complétement, en recourant aux sources que nous venons de lui indiquer.

NOTES

SUR LE LIVRE

DE LA SUCCESSION DES TEMPS.

1. — *Duo millia ducentos quadraginta et duos annos collegimus.* On sait quelles contradictions règnent parmi les chronologistes, au sujet des années écoulées depuis la création jusqu'au déluge. Elles résultent surtout des différentes copies que nous avons des écrits de Moïse, savoir le texte hébreu, le texte samaritain, et la version grecque des Septante. D'après le texte hébreu, il faudrait compter, pour cet intervalle, 1656 ans, et 2262 d'après les Septante. Le texte samaritain ne donnerait que 1307 ans. Usher en compte 1655, ainsi que les Bénédictins de Saint-Maur (*Art de vérifier les dates*), bien que l'évêque irlandais attribue au monde 4004 ans seulement avant J.-C., tandis que les religieux français lui en donnent 4963. C'est cette dernière chronologie qui est aujourd'hui suivie dans l'enseignement universitaire. Des différences analogues se rencontrent dans toute la chronologie ancienne jusqu'à l'an 776 av. J.-C., première année de la première olympiade.

2. — *Ninus.... regnavit annos* XLII. Dans cette liste chronologique des rois assyriens, Jornandès suit Eusèbe; seulement il altère quelques noms donnés par cet auteur. Ainsi il écrit *Maminthus, Sperus, Mamilus, Ascades, Belebares, Pannias, Sosarnius, Tantanes, Tinneus, Dercilius, Priatides, Acraiapes*, au lieu de *Mamithus, Spherus, Mamitus, Astacadis, Bellepares, Panyas, Sosarmus, Taütanes, Thinæus, Dercilus, Pyriatides, Ocrazapas.*

3. — *Arbaces, Medorum rex, annos* XXVIII. C'est encore Eusèbe que Jornandès suit dans sa table des rois mèdes. Il altère également quelques noms. *Sosarinus*, pour *Sosarmus*; *Madiclus*, pour *Medidus*; *Cardices*, pour *Cardiccas*.

4. — REGNI GRÆCORUM SUCCESSIO. Par une fausse application de la fameuse prophétie de Daniel, Jornandès semble ne compter pour rien l'histoire des peuples qu'il ne peut plier à la succession

des quatre prétendues monarchies universelles; c'est ainsi qu'il dit à peine quelques mots de l'Égypte, et qu'il passe sous silence tout ce qui concerne les républiques grecques avant Alexandre, etc. Il est à remarquer qu'un des vices essentiels du *Discours sur l'histoire universelle* par Bossuet, résulte également de ce désir puéril de soumettre toute l'histoire ancienne à cette prophétie de Daniel, et à cette succession imaginaire de quatre grandes monarchies. Nous nous bornons à indiquer ici cette observation, susceptible de développements curieux que ne comporte point une simple note.

5. — *Ptolemæus, Lagi filius, annos* xi. Si Jornandès présente les Lagides comme successeurs directs de la monarchie d'Alexandre, c'est seulement parce que leur capitale portait le nom de ce prince, ou plutôt parce que leur royaume fut, de tous les États importants formés du démembrement de la domination macédonienne (éphémère du reste), le dernier soumis par les Romains. Ce qu'il y a de plus spécieux dans ce système, c'est la coïncidence de la chute des Ptolémées avec le rétablissement du pouvoir d'un seul à Rome par Octave. Dans la vérité historique, Jornandès eût pu tout aussi bien faire cesser ce qu'il appelle la monarchie des Grecs avec les rois de Macédoine ou de Syrie. Mais que serait alors devenue la succession régulière des quatre monarchies selon Daniel?

6. — *Numerantur anni* ccxliii. La date de la fondation de Rome est contestée; les uns la placent à l'an 751, d'autres à l'an 752 av. J.-C. L'*Art de vérifier les dates* la fixe à l'an 753. Tarquin le Superbe ayant été banni par une loi curiale en 509, la durée de la royauté à Rome aurait été de 244 ans, selon les Bénédictins. Jornandès, ne lui en assignant que 243, admet donc l'an 752 av. J.-C. pour la date de la fondation de Rome.

7. — *Prima juventutis face.* On trouve *facie* dans quelques éditions, et, entre autres, dans celle imprimée à Lyon par Fr. Lepreux, en 1594; mais le texte de Florus (copié ici par notre auteur) donne *face*, qui est la véritable leçon. C'est aussi celle que donne Bon. Wulcanus de Bruges, dans son édition de Jornandès (*Lugd. Batav., ex officina Plantiniana, apud Fr. Raphelengium*, 1597).

8. — *Illi ut et fidem solverent, et ulciscerentur.* Nous disons *pour se venger*, et non, comme quelques traducteurs de Florus, *pour punir sa perfidie.* Tarpéia était assurément une de ces jeunes filles enlevées par les Romains, et les Sabins, en la faisant périr,

croyaient tirer une sorte de vengeance de ce rapt. Tite-Live, il est vrai (liv. 1, ch. 2), interprète la pensée des Sabins dans un sens favorable aux traducteurs que nous avons en vue.

9. — *Quasi mandasset ipse. Spes inde, etc.* Le texte de l'édition imprimée par Fr. Lepreux porte : *quasi mandasset Spes. Inde Rom. metus hostibus incussus.* Ce n'est probablement là qu'une faute d'impression. Si cette leçon pouvait être valable, nous traduirions ainsi : « …. comme si la déesse de l'Espérance le lui avait « ordonné. L'ennemi, devant les Romains, se sentit frappé de terreur. » Ce qui n'aurait pas grand sens; il nous faudrait, dans ce cas, lire *Romanorum*, au lieu de *Romanis*, et détruire l'opposition évidente qui règne dans cette phrase. Nous aimons donc mieux suivre ici, d'une part Florus, et de l'autre Bon. Wulcanus.

10. — *Hæc est prima ætas populi Romani et quasi infantia.* Jornandès indique bien ici, d'après Florus, quel fut le premier âge du peuple romain; mais il ne suit pas plus loin la comparaison que fait cet auteur de la vie de ce peuple avec celle d'un seul homme; il ne dit pas quelles furent son adolescence, sa virilité, sa vieillesse. *Voyez* Florus, *Proœmium.*

11. — *Non Cremeræ fœdior clades.* — *Voyez* la note 37 sur le livre Ier de Florus (dans la *Bibliothèque Latine-Française* de Panckoucke).

12. — *Post Africam jam vinci neminem puduit.* Tous les événements qui suivent sont tellement tronqués et altérés par Jornandès, qu'un volume de notes ne suffirait pas pour le redresser ou le compléter. Nous renvoyons donc à Tite-Live et à Florus, et aux notes sur ces auteurs. (Voyez la 1re Série de la *Bibliothèque Latine-Française.*) Pour l'époque des empereurs, consultez Tacite, les historiens de l'Histoire Auguste, Ammien Marcellin, et les notes sur ces auteurs. Pour ce qui concerne les Goths, voyez les notes sur le *De Rebus Geticis* de Jornandès et sur Ammien. — Les variantes, en très-petit nombre, que nous pourrions signaler, sont dépourvues de tout intérêt, ainsi que les remarques philologiques que l'on pourrait désirer.

DE L'ORIGINE ET DES ACTIONS
DES GOTHS.

JORNANDES CASTALIO

s. D.

Volentem me parvo subvectum navigio, oram tranquilli litoris attingere et minutos de priscorum (ut quidam ait) stagnis pisciculos legere, in altum, frater Castali, laxare vela compellis, relictoque opusculo, quod intra manus habeo, id est de breviatione chronicorum, suades ut nostris verbis duodecim senatoris[1] volumina de origine actuque Getarum, ab olim usque nunc per generationes regesque descendente, in unum et hoc parvo libello coarctem. Dura satis imperia et tanquam ab eo, qui pondus hujus operis scire nolit, imposita. Nec illud aspicis, quod tenuis mihi est spiritus ad implendam ejus tam magnificam dicendi tubam. Superat nos hoc pondus, quod nec facultas eorumdem librorum nobis datur, quatenus ejus sensui inserviamus. Sed ut non mentiar, ad triduanam lectionem dispensatoris ejus beneficio libros ipsos antehac relegi. Quorum quamvis verba non recolo, sensus tamen, et res actas credo me integre tenere. Ad quos nonnulla ex historiis Graecis ac Latinis addidi convenientia, initium finemque, et plura in medio mea dictatione permiscens. Quare sine contumelia quod exe-

JORNANDÈS A CASTALIUS

SALUT.

Porté sur un léger esquif, je ne voulais qu'effleurer le bord d'un rivage tranquille, et recueillir (selon l'expression d'un auteur) quelques faibles poissons dans les viviers des anciens ; mais toi, mon cher frère Castalius, tu m'excites à déployer mes voiles, laissant là l'opuscule que j'ai sur le métier, c'est-à-dire l'abrégé des chroniques, et tu m'engages à résumer dans mon style et dans ce petit livre, les douze volumes du sénateur sur l'origine et les actions des Gètes, depuis les temps les plus reculés jusqu'à nos jours, en suivant la série des générations et des rois. C'est une tâche bien rude, et qui semble imposée par un homme qui ne veut point connaître le poids d'un tel travail. Et tu ne fais pas attention combien mon souffle est trop faible pour emboucher sa trompette aux sons magnifiques. C'est pour nous un fardeau trop lourd, parce que ces livres ne sont pas à notre disposition, de manière que nous en suivions rigoureusement le sens. Mais, pour ne point mentir, j'ai relu naguère ces livres dans l'espace de trois jours, grâce à la faveur de son intendant. Bien que je n'en reproduise pas littéralement les termes, je crois cependant en conserver dans leur intégrité les pensées et les faits. J'y ai joint quelques détails qui s'y rapportent, et que j'ai tirés des histoires grecques et latines, y ajoutant de moi-même le commencement, la fin, et diverses choses dans le corps même de l'ouvrage. Reçois donc sans dédain et avec bienveillance les pages que tu as exigées de moi ; lis-les avec plus de bienveillance en-

gisti, suscipe libens, libentissime lege; et si quid parum dicium est, et tu, ut vicinus genti, commemoras, adde. Ora pro me, frater carissime [2].

core; et si parfois les indications sont trop pauvres, et que toi, plus rapproché de cette nation, tu te rappelles les faits, ajoute-les. Prie pour moi, mon très-cher frère.

BREVIARIUM.

I. Jornandis prolegomena, in quibus mundi descriptionem universam proponit: speciatim vero insularum aliquot, nominatim Britanniæ, et Scanziæ, ex qua Getæ seu Gothi prodierunt, injicit mentionem.

II. Quas nationes Scanzia produxerit. Scythiæ limites et contermini populi, inter quos Gepidæ, Sclavini, Hunni, Avares, Hunugari, Gothi.

III. Gothorum eruditio, religio, soboles, mulieres bellicosissimæ. Amazones. De Caucaso monte. Amazonum facta.

IV. Veterum principum apud Gothos descriptio. Telephi præsertim, et Thamiris a qua Cyrus interfectus. Summi reges amicitiam et fœdus cum Gothis avide exoptant. Cæsar eosdem intactos relinquit. Dicenei regis Gothi auctoritas et doctrina. Ejusdem aliquot successores.

V. Res gestæ Gothorum sub Domitiano, et sequentibus Cæsaribus. De Maximino Gotho, et tandem Cæsare mentio prolixa, Gothicorum regum catalogus admixtus.

VI. Gothorum progressus et prosperi successus. In eos Decii expeditio, et Ostrogothorum auxilium oppositum. Gepidarum origo et bella adversus Gothos victores.

VII. Decius cum filio a Gothis cæsus. Sub Gallo, Volusiano, Æmiliano, et aliis sequentibus Gothorum gesta.

VIII. Hunnorum (qui in Gothos arma induerunt) origo, migrationes, statura, mores, victoriæ. Ad Valentem pro auxilio impetrando Gothi legatos mittunt, et fiunt Ariani. His sedes datæ; sed, præfectorum tyrannide pressi, bello Romanos adoriuntur et profligant, Valente de vita sublato.

IX. Sub Theodosio Gothorum status. Athanaricus Byzantium venit et ibi vitam morte commutat. Alaricus, rex Gothus,

SOMMAIRE.

I. Prolégomènes de Jornandès, où il expose toute la description du monde, et où il fait une mention spéciale de quelques îles, nommément de la Bretagne et de la Scanzie, d'où sont sortis les Gètes ou les Goths.

II. Des nations qu'a produites la Scanzie. Limites de la Scythie, et peuples limitrophes de cette contrée, parmi lesquels les Gépides, les Sclavins, les Huns, les Avares, les Hunugares, les Goths.

III. Connaissances des Goths; leur religion, leurs races; leurs femmes guerrières. Les Amazones. Du mont Caucase. Exploits des Amazones.

IV. Détails sur les rois des Goths, surtout sur Téléphe et sur Thamiris, par laquelle Cyrus fut tué. Les plus grands rois désirent avidement l'amitié et l'alliance des Goths. César les laisse intacts. Autorité et science de Dicenéus, roi des Goths. Quelques-uns de ses successeurs.

V. Gestes des Goths sous Domitien et sous les Césars qui le suivirent. Longue mention de Maximin le Goth, qui finit par être César, à laquelle se trouve mêlé le catalogue des rois goths.

VI. Progrès et succès heureux des Goths. Expédition de Decius contre eux; ils lui opposent le secours des Ostrogoths. Origine des Gépides et leurs guerres contre les Goths vainqueurs.

VII. Decius tué avec son fils par les Goths. Gestes des Goths sous Gallus, Volusien, Émilien et autres empereurs qui vinrent après.

VIII. Origine, migrations, stature, mœurs, victoires des Huns, qui ont pris les armes contre les Goths. Les Goths envoient des ambassadeurs à Valens pour obtenir des secours, et se font Ariens. Des demeures leur sont accordées; mais, accablés par la tyrannie des gouverneurs, ils attaquent et battent les Romains; Valens est tué.

IX. État des Goths sous Théodose. Athanaric vient à Byzance, où il meurt. Alaric, roi des Goths, entre en Italie. Am-

Italiam ingreditur. Ad Honorium Gothica legatio, et Honorii donatio. Stiliconis fraus in ejus caput recidit, et Romam Gothi Italiamque fere totam capiunt ac diripiunt.

X. Alarico Athaulfus succedit. Hujus interitus et successores. Pax cum Gothis. Wandali in Africam a Bonifacio comite accersiti. Horum reges. Gilimer fit captivus.

XI. Walia Gothus Vandalos persequitur, cui Theodericus succedit. Aetii patricii res gestæ. Attilæ Hunnorum regis elogium. Gizericus Wandalus Attilam contra Gothos armat, ad quos Valentinianus legationem mittit. Theoderici responsum.

XII. Contra Hunnos Gothorum et Romanorum expeditio. Alani a Romanis deficiunt. Acies utriusque exercitus. Oratio Attilæ ad suos.

XIII. Hunnorum, Gothorum et Romanorum cruenta pugna. Torrens sanguinis. Mors Theoderici. Attilæ fuga. Thorismundi et Aetii pericula. Extremum Attilæ desperantis consilium. Aetii Thorismundum ab instituto revocantis erratum. Interfectorum numerus.

XIV. Attila contra Romanos pergit et Aquileiam obsidet, Mediolanum et Ticinum evertit. Romam cogitans, avertitur intercedente Leone pontifice. Thorismundus Attilam vincit, et indigno fato tollitur. Huic Theodericus, prudens, modestus, et felix princeps, succedit.

XV. Theoderico mortuo, Euricus regnat. Gizericus Wandalus Romam capit. Gothorum in Galliis grassationes, et victoriæ. Odoacer Rugianus occupat Italiam. Novæ Eurici victoriæ et excessus.

XVI. Alaricus Eurico patri succedit. Ostrogothorum reges. Attilæ mors et epitaphium. Strava in ejus funere celebrata. Occisi qui Attilam sepeliere. Ingens filiorum numerus et dilaceratio regnorum Attilæ, unde bella et mutuæ clades.

XVII. Gepidæ sedes Hunnorum occupant. Gothi Pannoniam sibi permitti petunt. Sarmatæ colunt Illyricum. Alanorum sedes. Jornandis stemma. Vulfila Gothorum episcopus. Filii Attilæ in Gothos bellum instaurant. Walemiris

bassade des Goths à Honorius, et donation de cet empereur. La trahison de Stilicon retombe sur sa tête, et les Goths prennent et pillent Rome et presque toute l'Italie.

X. Athaulfe succède à Alaric. Sa mort et ses successeurs. Paix avec les Goths. Les Wandales appelés en Afrique par le comte Boniface. Leurs rois. Gélimer fait prisonnier.

XI. Walia le Goth poursuit les Vandales et a Théodéric pour successeur. Exploits du patrice Aétius. Éloge d'Attila, roi des Huns. Gizéric le Wandale arme Attila contre les Goths, auxquels Valentinien envoie une ambassade. Réponse de Théodéric.

XII. Expédition des Goths et des Romains contre les Huns. Les Alains se détachent des Romains. Ordre de bataille des deux armées. Discours d'Attila aux siens.

XIII. Bataille sanglante des Huns, des Goths et des Romains. Torrents de sang. Mort de Théodéric. Fuite d'Attila. Dangers de Thorismund et d'Aétius. Dernière résolution d'Attila au désespoir. Faute d'Aétius qui détourne Thorismund de ses projets. Nombre des morts.

XIV. Attila marche contre les Romains et assiège Aquilée : il renverse Milan et Pavie. Méditant la ruine de Rome, il en est détourné par l'intercession du pontife Léon. Thorismund défait Attila, et périt d'une mort indigne. Il a pour successeur Théoderic, prince prudent, modeste et heureux.

XV. Mort de Théodéric et règne d'Euric. Gizéric le Wandale prend Rome. Irruptions et victoires des Goths dans les Gaules. Odoacre le Rugien se rend maître de l'Italie. Nouvelles victoires et mort d'Euric.

XVI. Alaric succède à Euric son père. Rois des Ostrogoths. Mort et funérailles d'Attila. *Strava* célébrée sur son tombeau. Ceux qui ont creusé le tombeau d'Attila sont mis à mort. Nombre considérable des fils d'Attila et démembrement de ses royaumes, d'où des guerres et des désastres réciproques.

XVII. Les Gépides occupent les demeures des Huns. Les Goths demandent qu'on leur laisse la Pannonie. Les Sarmates s'établissent dans l'Illyrie. Demeures des Alains. Généalogie de Jornandès. Vulfila, évêque des Goths. Les fils

Gothi in Theodericum, magnæ spei puellum, conatus. Hunnos Gothi superant.

XVIII. Suevi a Gothis bello fracti. Walemiri mors. Interneccione deleti Sciri. Nova Gothorum de Suevis et aliis victoria. Præclara Theoderici tyrocinia. Gothorum sub Widemiro et Theodemiro variæ expeditiones.

XIX. Patri Theodemiro filius Theodericus eximius princeps succedit; Italiæ fines ingressus, Odoacrum vincit, Ravennam obsidet, cum Francis et aliis affinitatem contrahit, et senex placide moritur. Ejusdem supremum elogium.

XX. Theodati regis ingratitudo, exauctoratio, et interitus. Belisarii felicitas. Witiges Gothorum rex infelix. Roma obsessa. Finis regni Gothici. Justiniani et Belisarii gloria.

d'Attila se préparent à la guerre contre les Goths. Efforts du Goth Walemir contre Théodéric, jeune homme de grande espérance. Les Goths triomphent des Huns.

XVIII. Les Suèves vaincus par les Goths. Mort de Walemir. Les Scires détruits par un massacre. Nouvelle victoire des Goths sur les Suèves et sur d'autres peuples. Brillants débuts de Théodéric. Diverses expéditions des Goths sous Widemir et Théodemir.

XIX. Théodéric, prince illustre, succède à Théodemir son père. Ayant franchi les limites de l'Italie, il triomphe d'Odoacre, assiége Ravenne, fait des alliances avec les Francs et avec d'autres peuples, et meurt paisiblement dans un âge avancé. Son dernier éloge.

XX. Ingratitude, déposition et mort du roi Théodat. Bonheur de Bélisaire. Malheur de Witigès, roi des Goths. Siége de Rome. Fin du royaume des Goths. Gloire de Justinien et de Bélisaire.

JORNANDIS

DE ORIGINE ACTUQUE GETARUM[3]

LIBER.

I. Majores nostri, ut refert Orosius, totius terræ circulum oceani limbo circumseptum triquetrum statuere, ejusque tres partes, Asiam, Europam et Africam vocavere. De quo tripartito orbis terrarum spatio innumerabiles pæne scriptores existunt, qui non solum urbium locorumve positiones explanant, verum etiam, et quod est liquidius, passuum milliariumque dimetiuntur quantitatem. Insulas quoque marinis fluctibus intermixtas, tam majores, quam etiam minores, quas Cycladas vel Sporadas cognominant, in immenso maris magni pelago sitas determinant. Oceani vero intransmeabilis ulteriores fines non solum non describere quis aggressus est, verum etiam nec cuiquam licuit transfretare: quia resistente ulva, et ventorum spiramine quiescente, impermeabiles esse sentiantur, et nulli cogniti, nisi soli ei qui eos constituit. Citerior vero ejus pelagi ripa, quam diximus, totius mundi circulum in modum coronæ ambiens,

JORNANDÈS.

DE L'ORIGINE ET DES ACTIONS
DES GOTHS.

———

1. Nos ancêtres, comme le rapporte Orose, ont divisé en trois parties tout l'orbe de la terre, qu'entourent les bords de l'océan; et ils ont appelé ces trois parties Asie, Europe et Afrique. Des auteurs, en nombre presque incalculable, ont écrit sur tout cet espace de l'orbe terrestre ainsi divisé; non-seulement ils expliquent la position des villes et des localités; mais, ce qui est plus précis, ils déterminent le nombre des pas et des milles. Ils indiquent aussi les îles parsemées sur les flots de la mer, grandes et petites, que l'on appelle Cyclades ou Sporades, et qui sont situées dans les vastes plaines de l'immense océan. Mais pour ce qui est des dernières limites de l'infranchissable océan, non-seulement personne n'a entrepris de les décrire, mais encore il n'a été donné à aucun mortel de les dépasser; car la résistance des plantes marines, et le calme des vents, qui ne soufflent pas dans ces parages, apprennent trop bien aux navigateurs qu'ils ne sauraient aller au delà; et ces limites ne sont connues que de celui même qui les a établies. La rive citérieure de cette mer, dont nous avons parlé, environnant, comme une couronne, la circonférence du monde entier, a laissé connaître ses limites aux hommes curieux et qui ont voulu

fines suos curiosis hominibus, et qui de hac re scribere voluerunt, perquam innotuit, quia et terræ circulus ab incolis possidetur, et nonnullæ insulæ in eodem mari habitabiles sunt, ut in orientali plaga, et Indico oceano. Hippodes, Jamnesia, sole perustæ, quamvis inhabitabiles, tamen omnino sui spatio longo latoque extensæ. Taprobane quoque, in qua exceptis oppidis, vel possessionibus, dicunt munitissimas urbes, decoram Sedaliam, omnino gratissimam Silestantinam, necnon Etheron, licet non ab aliquo scriptore dilucidas, tamen suis possessoribus affatim refertas. Habet in parte occidua idem oceanus aliquantulas insulas, et pæne cunctas ob frequentiam euntium et redeuntium notas. Et sunt juxta fretum Gaditanum haud procul, una Beata, et alia quæ dicitur Fortunata, quamvis nonnulli et illa gemina Galliciæ et Lusitaniæ promontoria in Oceani insulis ponant. In quorum uno templum Herculis, in alio monumentum adhuc conspicitur Scipionis. Tamen quia extremitatem Galliciæ terræ continent, ad terram magnam Europæ potius, quam ad Oceani pertinent insulas. Habet tamen et alias insulas interius in suo æstu, quæ dicuntur Baleares, habet et aliam Mevaniam : necnon et Orcadas numero xxxiv [4], quamvis non omnes excultas. Habet et in ultimo plagæ occidentalis aliam insulam nomine Thyle, de qua Mantuanus :

.... Tibi serviat ultima Thyle [5].

Habet quoque is ipse immensus pelagus in parte arctoa, id est septentrionali, amplam insulam nomine Scanziam [6],

écrire sur ce sujet, parce que la circonférence même de la terre est occupée par des habitants. Et dans la même mer, plusieurs îles sont habitables, comme dans les régions orientales et dans l'océan Indien. Hippodes et Jannesia, brûlées par le soleil, et quoique inhabitables, s'étendent cependant en longueur et en largeur bien déterminées. Là se trouve aussi Taprobane, qui possède, dit-on, outre des châteaux ou des possessions isolées, des villes très-fortifiées, la belle Sedalia, Silestantina, si riche en agréments, Etheron enfin, lesquelles, bien qu'aucun écrivain ne les ait fait complétement connaître, sont remplies et possédées par une nombreuse population. Dans sa partie occidentale, ce même océan compte quelques îles presque toutes connues par le grand nombre des navigateurs qui s'y rendent et qui en reviennent. Non loin du détroit de Gadès, il en est deux, appelées l'une *Beata*, l'autre *Fortunata*. Quelques auteurs aussi placent au nombre des îles de l'Océan les deux fameux promontoires de la Gallicie et de la Lusitanie. Sur l'un d'eux on voit encore le temple d'Hercule; et sur l'autre, le monument de Scipion. Mais comme ils contiennent l'extrémité de la terre de Gallicie, ils appartiennent plutôt au grand continent de l'Europe qu'aux îles de l'Océan. Cette mer, cependant, possède encore, dans ses parages intérieurs, d'autres îles, que l'on appelle Baléares, et une autre nommée Mevania; de plus les Orcades, au nombre de trente-quatre; celles-ci ne sont pas toutes habitées. A l'extrémité de sa région occidentale, est une autre île nommée Thylé. C'est d'elle que le poëte de Mantoue a dit:

Que Thylé, la dernière terre du monde, te soit soumise.

Cette même mer immense entoure, dans sa partie arctique, c'est-à-dire septentrionale, une grande île appelée

unde nobis sermo, si Dominus juverit, est assumendus: quia gens, cujus originem flagitas, ab hujus insulae gremio velut examen apum erumpens, in terram Europae advenit. Quomodo vero, aut qualiter, in subsequentibus (si Dominus donaverit) explanabimus.

Nunc autem de Britannia insula, quae in sinu Oceani inter Hispanias, Gallias, et Germaniam sita est, ut potuero, paucis absolvam. Cujus licet magnitudinem olim nemo (ut refert Livius) circumvectus est, multis tamen data est varia opinio de ea loquendi. Quamdiu siquidem armis inaccessam Romanis, Julius Caesar proeliis, ad gloriam tantum quaesitis, aperuit perviam: deinceps mercimoniis, aliasque ob causas multis patefacta mortalibus, non indiligenti, quae secuta est, aetati, certius sui prodiderat situm, quam, ut a Graecis Latinisque auctoribus accepimus, persequimur. Triquetram eam plures dixere, cono similem, inter septentrionalem occidentalemque plagam projectam; uno, qui magnus est, angulo in Rheni ostia spectantem: dehinc correpta latitudine obliqua retro abstractam in duos exire alios: geminoque latere longiore Galliam praetendit atque Germaniam. In duobus millibus trecentis decem stadiis latitudo ejus ubi patentior: longitudo non ultra septem millia centum triginta duo stadia fertur extendi: modo vero dumosa, modo silvestri jacere planitie, montibus etiam nonnullis increscere: mari tardo circumflua, quod nec remis facile impellentibus cedat, nec ventorum flatibus intumescat[7], quia

Scanzia, par laquelle, si Dieu nous aide, nous devons commencer notre discours : parce que la nation dont tu nous demandes l'origine, s'est élancée, comme un essaim d'abeilles, du sein de cette île pour venir en Europe. Nous expliquerons plus loin, si le Seigneur nous le permet, la manière dont se fit cette émigration, et ses circonstances.

Maintenant je dirai en peu de mots, et selon mon pouvoir, ce que l'on sait de l'île de Bretagne, située dans cette espèce de golfe de l'Océan qui s'étend entre les Espagnes, les Gaules et la Germanie. Quoique jamais personne (ainsi que le rapporte Tite-Live) ne l'ait côtoyée dans toute son étendue, diverses opinions se sont présentées à ceux qui en ont parlé. Longtemps inaccessible aux armes romaines, Jules César la leur ouvrit par des combats engagés pour la gloire seule; puis, ouverte à un grand nombre de mortels, par le commerce et par d'autres causes encore, elle avait révélé, d'une manière plus certaine, sa situation à l'âge curieux et actif qui vint après le conquérant : en voici la description, telle que nous la donnent les auteurs grecs et latins. Plusieurs l'ont représentée comme triangulaire, semblable à un cône, projetée entre la plage septentrionale et la plage occidentale : selon eux, l'un de ses angles, qui est le grand, fait face aux bouches du Rhin; de là, elle resserre sa largeur, se retire en quelque sorte obliquement en arrière, se termine en deux autres angles; ses deux plus longs côtés font face à la Gaule et à la Germanie. Sa plus grande largeur est de deux mille trois cent dix stades; sa longueur ne dépasse point, dit-on, sept mille cent trente-deux stades; on ajoute qu'elle forme des plaines couvertes tantôt de buissons, tantôt de forêts; et que, sur quelques points, le sol s'y élève en montagnes; elle est environnée d'une mer très-lente, qui cède difficilement aux rames qui la poussent, et ne se soulève pas au souffle des vents,

remotæ longius terræ causas motibus negante; quippe illuc latius, quam usquam, æquor extenditur. Refert autem Strabo, Græcorum nobilis scriptor, tantas illam exhalare nebulas, madefactam Oceani crebris excursibus, ut subtectus sol per illam pæne totum fœdiorem, qui serenus est, diem negetur aspectui, noctem quoque clariorem. In extrema ejus parte Memma [8]; quam Cornelius etiam Annalium scriptor narrat, metallis plurimis copiosam, herbis frequentem, et his feraciorem omnibus, quia pecora magis, quam homines alat. Labi vero per eam et multa quam maxima, relabique flumina, gemmas margaritasque volventia; Sylorum colorati vultus, torto plerique crine et nigro nascuntur. Calidoniam vero incolentibus, rutilæ comæ: corpora magna, sed fluida: qui Gallis sive Hispanis a quibusque attenduntur assimiles. Unde conjectavere nonnulli, quod ea ex his accolas continuo vocatos acceperit. Inculti æque omnes populi, regesque populorum: cunctos tamen in Calidoniorum Meatarumque nomina concessisse auctor est Dio, celeberrimus scriptor Annalium [9]. Virgeas habitant casas, communia tecta cum pecore, silvæque illis sæpe sunt domus. Ob decorem nescio, an aliam ob rem, ferro pingunt corpora. Bellum inter se aut imperii cupidine, aut amplificandi, quæ possident, sæpius gerunt; non tantum equitatu vel pedite, verum etiam bigis, curribusque falcatis, quos more vulgari essedas vocant. Hæc pauca de Britanniæ insulæ forma dixisse sufficiat.

parce que l'extrême éloignement des terres lui ôte toute cause d'agitation : dans ces régions, en effet, la mer a une plus grande largeur que partout ailleurs. Strabon, célèbre écrivain grec, rapporte que de cette île, couverte d'eau par les fréquentes irruptions de l'Océan, s'élèvent des brouillards si épais, qu'ils cachent le soleil, et en refusent l'aspect, même pendant presque tout ce jour hideux qui y passe pour serein, comme pendant la nuit la plus claire. A son extrémité est l'île de Memma, qui, selon Tacite, l'auteur des Annales, renferme en abondance plusieurs métaux, et produit de riches pâturages; plus féconde sous ce dernier rapport, parce qu'elle nourrit plus de bestiaux que d'hommes. On ajoute qu'elle est traversée en tout sens par des fleuves nombreux et très-considérables, qui roulent des pierres précieuses et des perles. Les Sylores ont le visage coloré, et naissent presque tous avec des cheveux noirs et crépus. Les habitants de la Calédonie ont les cheveux roux, une haute stature, mais ils sont sans vigueur : quelques auteurs les assimilent aux Gaulois ou aux Espagnols; de là, quelques-uns ont conjecturé que cette île a été, à plusieurs reprises, peuplée par des colons appelés de ces contrées : tous ces peuples, ainsi que leurs rois, sont également étrangers à la civilisation; cependant Dion, auteur très-célèbre qui a écrit des Annales, nous apprend qu'ils se sont accordés tous à prendre le nom de Calédoniens ou de Méates. Ils demeurent dans des cabanes faites de branches d'arbres, vivent sous le même toit avec leur bétail, et souvent les forêts leur servent d'habitation. Par vanité ou pour toute autre cause, ils se tatouent le corps. Ils se font souvent la guerre entre eux, soit par désir de domination, soit pour étendre les possessions qu'ils ont déjà. Et ils ont non-seulement de la cavalerie et de l'infanterie, mais encore des chars à deux chevaux et des chars armés de faux qu'ils appellent *essedæ*. Nous nous

Ad Scanziæ insulæ situm, quam superius reliquimus, redeamus.

De hac enim in secundo sui operis libro Claudius Ptolemæus, orbis terræ descriptor egregius, meminit, dicens: Est in Oceani arctoo salo posita insula magna nomine Scanzia, in modum folii cedri, lateribus pandis post longum ductum concludens se : ejus ripas[10] influit Oceanus. Hæc a fronte posita est Vistulæ fluvii, qui, Sarmaticis montibus ortus, in conspectu Scanziæ septentrionali Oceano trisulcus illabitur, Germaniam Scythiamque disterminans. Hæc ergo habet ab oriente vastissimum lacum, in orbis terræ gremio : unde Vagi fluvius velut quodam ventre generatus, in Oceanum undosus evolvitur. Ab occidente namque immenso pelago circumdatur : a septentrione quoque innavigabili eodem vastissimo concluditur oceano, ex quo quasi quodam brachio exeunte, sinu distento, Germanicum mare efficitur. Hic gentes, quæ carnibus tantum vivunt : ibi etiam parvæ, sed plures perhibentur insulæ esse dispositæ, ad quas si congelato mari ob nimium frigus lupi transierint, luminibus feruntur orbari, ita non solum inhospitalis hominibus, verum etiam belluis terra crudelis est. In Scanzia vero insula, unde nobis sermo est, licet multæ et diversæ maneant nationes, septem tamen earum nomina meminit Ptolemæus. Apum ibi turba mellifica ob nimium frigus nunquam reperitur. In cujus parte arctoa gens Adogit[11] consistit, quæ fertur in æstate media quadraginta diebus

bornerons à ce peu de mots sur la forme de l'île de Bretagne. Revenons à la description de l'île de Scanzia, que nous avons plus haut laissée de côté.

Claudius Ptolémée, qui a décrit la terre avec un rare talent, fait mention de cette île dans le second livre de son ouvrage, et voici ce qu'il en dit : Il y a dans les eaux arctiques de l'Océan une grande île appelée Scanzia; ses côtes ont la forme d'une feuille de cèdre; elles se déploient en longs découpements, et viennent, en se rejoignant, fermer l'île, dont l'Océan bat les rivages. Cette île est située à l'opposite de la Vistule, fleuve qui prend sa source dans les montagnes de la Sarmatie, se jette par trois embouchures dans l'Océan septentrional, en face de Scanzia, et sépare la Germanie de la Scythie. A l'orient de Scanzia se trouve un lac très-vaste, dans le sein de la terre; de là, le fleuve Vagus, sortant comme d'un ventre, va porter dans l'Océan ses ondes abondantes. A l'occident elle est environnée par une mer sans bornes; au nord elle est également fermée par ce vaste océan, où l'on ne peut naviguer, et d'où se détache une sorte de bras qui s'étend ensuite en un golfe immense, et forme la mer de Germanie. Là, sont des nations qui ne vivent que de la chair des animaux : on nous apprend aussi que là sont distribuées des îles petites, mais nombreuses; si, lorsque la mer est gelée, les loups, chassés par un froid excessif, veulent y passer, ils sont, à ce que l'on assure, privés de la vue : tant cette terre est non-seulement inhospitalière pour les hommes, mais cruelle même pour les bêtes féroces! Bien que dans l'île Scanzia, dont nous parlons ici, il y ait des nations en grand nombre et diverses, Ptolémée ne mentionne que les noms de sept d'entre elles. Jamais, à cause des rigueurs du froid, l'on n'y rencontre les essaims d'abeilles fécondes en miel. Dans la partie septentrionale de cette île habite la nation Adogit, qui, dit-on, jouit au milieu de l'été, pendant qua-

et noctibus luces habere continuas : itemque brumali tempore, eodem dierum noctiumque numero lucem claram nescire. Ita alternato mœrore cum gaudio, beneficio aliis damnoque impar est. Et hoc quare? quia prolixioribus diebus solem ad orientem per axis marginem vident redeuntem, brevioribus vero non sic conspicitur apud illos, sed aliter, quia austrina signa percurrit, et qui nobis videtur sol ab imo surgere, illis per terræ marginem dicitur circuire. Aliæ vero ibi gentes tres Crefennæ [12], qui frumentorum non quæritant victum, sed carnibus ferarum atque avium vivunt : ubi tanta paludibus fœtura ponitur, ut et augmentum præstent generi, et satietatem ac copiam genti. Alia vero gens ibi moratur Suethans [13], quæ velut Thuringi equis utuntur eximiis. Hi quoque sunt, qui in usus Romanorum saphirinas [14] pelles commercio interveniente, per alias innumeras gentes transmittunt, famosi pellium decora nigredine. Hi quum inopes vivunt, ditissime vestiuntur. Sequuntur deinde diversarum turba nationum, Theusthes [15], Vagoth, Bergio, Hallin, Liothida, quorum omnium sedes sub humo plana ac fertili, et propterea inibi aliarum gentium incursionibus infestantur. Post hos Athelnil, Finnaithæ, Fervir, Gautigoth, acre hominum genus, et ad bella promptissimum. Dehinc mixti Evageræ Othingis. Hi omnes exesis rupibus, quasi castellis inhabitant, ritu belluino. Sunt ex his exteriores Ostrogothæ, Raumaricæ, Raugnaricii, Finni mitissimi, Scanziæ cultori-

rante jours et quarante nuits sans interruption, de la clarté du soleil, dont, en revanche, elle est complétement privée en hiver, durant un égal nombre de jours et de nuits. La joie alternant ainsi avec la tristesse, cette nation n'est égale aux autres, ni par ce bienfait, ni par cette privation. Et pourquoi cela? parce que, dans les jours les plus longs, ces peuples voient le soleil revenir à l'orient par le bord de son axe; dans les jours les plus courts, ils ne voient pas le soleil de cette manière, mais autrement; parce qu'alors il parcourt les signes antarctiques, et cet astre, qui nous semble s'élever d'en bas, paraît à leurs yeux faire le tour de la lisière de la terre. Trois autres peuples de ces contrées sont les Créfennes, qui, au lieu de demander à la terre des moissons pour se nourrir, vivent de la chair des bêtes fauves et de celle des oiseaux : on attribue aux marais de ces pays une telle fécondité en poissons, qu'ils contribuent à l'accroissement de l'espèce, et que de cette nourriture les habitants n'ont pas seulement en abondance, mais à satiété. Là demeure une autre nation, celle des Suéthans, qui, de même que les Thuringiens, se servent de chevaux excellents. Ce sont eux aussi qui, par l'intermédiaire du commerce, font passer aux Romains, pour l'usage de ceux-ci, à travers des nations sans nombre, les peaux saphirines; ils sont célèbres pour le beau noir de leurs pelleteries. S'ils vivent pauvrement, ils sont très-richement vêtus. Après eux vient la foule de diverses nations, celle des Theusthes, des Vagoths, des Bergios, des Hallins, des Liothidas, qui tous ont établi leurs demeures sous un sol plat et fertile; aussi sont-ils désolés par les incursions d'autres peuples. Puis, on trouve les Athelnil, les Finnaithes, les Fervirs, les Gautigoths, race farouche et très-portée à la guerre. Ensuite, les Évagères mêlés aux Othinges. Toutes ces tribus habitent, à la manière des bêtes fauves, dans le creux des rochers, comme dans

bus omnibus mitiores : necnon et pares eorum Vinoviloth, Suethidi, Cogeni in hac gente reliquis corpore eminentiores, quamvis et Dani ex ipsorum stirpe progressi, Erulos propriis sedibus expulerunt : qui inter omnes Scanziæ nationes nomen sibi ob nimiam proceritatem affectant præcipuum. Sunt quanquam et illorum positura Grannii, Aganziæ, Unixæ, Ethelrugi, Arochiranni, quibus non ante omnes, sed ante multos annos Rodulf rex fuit, qui, contempto proprio regno, ad Theoderici Gothorum regis gremium convolavit, et, ut desiderabat, invenit. Hæ itaque gentes Romanis corpore et animo grandiores, infestæ sævitia pugnæ [16].

II. Ex hac igitur Scanzia insula quasi officina gentium, aut certe velut vagina nationum, cum rege suo nomine Berig, Gothi quondam memorantur egressi : qui ut primum e navibus exeuntes, terras attigere, illico loco nomen dederunt. Nam hodie illic, ut fertur, Gothiscanzia vocatur. Unde mox promoventes ad sedes Ulmerugorum [17], qui tunc Oceani ripas insidebant, castrametati sunt, eosque commisso prœlio, propriis sedibus pepulerunt, eorumque vicinos [18] Wandalos jam tunc subjugantes, suis appellavere victoriis. Ibi vero magna populi numerositate crescente, etiam pæne quinto rege regnante post Berig, Filimer, Filogud, Arigis consilio sedit, ut exinde cum familiis Gothorum promoveret

des châteaux forts. Les plus extérieurs de ces peuples sont les Ostrogoths, les Raumarices, les Raugnariciens, les Finois aux mœurs douces, plus doux que tous les habitants de l'île Scanzia; les Vinoviloths, les Suéthides, les Cogènes, d'une taille plus élevée que les autres peuplades de cette nation, leur ressemblent; les Danois, sortis de leur race, chassèrent les Érules de leurs demeures : ceux-ci s'attribuent, à cause de leur taille singulièrement élevée, le nom le plus illustre parmi toutes les nations de l'île Scanzia. Cependant on trouve dans la même position qu'eux, les Granniens, les Aganzies, les Unixes, les Ethelruges, les Arochirannes, qui, non pas avant les temps connus, mais à une époque reculée, ont eu pour roi Rodulf: celui-ci, méprisant son propre royaume, alla se jeter dans les bras de Théodéric, roi des Goths, et le trouva comme il l'avait désiré. Or, toutes ces nations, plus grandes que les Romains par leur taille et par leur courage, leur furent terribles par la cruauté avec laquelle elles combattaient.

II. C'est de cette île Scanzia, comme d'une fabrique de nations, ou du moins comme d'une matrice de peuples, que sortirent, suivant la tradition, les Goths avec leur roi nommé Bérig; dès que, descendant de leurs navires, ils touchèrent la terre, ils donnèrent aussitôt leur nom aux lieux qu'ils occupèrent. Aujourd'hui, en effet, dit-on, cet endroit s'appelle Gothiscanzia. De là ils s'avancèrent bientôt vers les demeures des Ulméruges, qui habitaient alors les côtes de l'Océan, et ils y établirent leur camp. Leur ayant livré un combat, ils les chassèrent de leurs demeures; dès cette époque, ils subjuguèrent les Wandales, leurs voisins, et les appelèrent à partager leurs victoires. Mais, dans ces contrées, la masse du peuple ayant augmenté dans une proportion énorme, on suivit, dès le règne du cinquième roi après le gouvernement de Bérig, l'avis de Filimer, de Filogud et d'Arigis; et

exercitus, qui aptissimas sedes, locaque dum quæreret congrua, pervenit ad Scythiæ terras quæ lingua eorum Ovim vocabantur : ubi delectato magna ubertate regionum exercitu, et medietate transposita, pons dicitur, unde amnem transjecerat, irreparabiliter corruisse, nec ulterius jam cuiquam licuit ire aut redire. Nam is locus, ut fertur, tremulis paludibus voragine circumjecta concluditur : quem utraque confusione natura reddidit impervium. Veruntamen hodieque illic et voces armentorum audiri, et indicia hominum deprehendi, commeantium attestatione, quamvis a longe audientium credere licet. Hæc igitur pars Gothorum, quæ apud Filimer, dicitur in terras Ovim emenso amne transposita, optatum potita solum. Nec mora, illico ad gentem Spalorum adveniunt, consertoque prœlio, victoriam adipiscuntur : exindeque jam velut victores ad extremam Scythiæ partem, quæ Pontico mari vicina est, properant : quemadmodum et in priscis eorum carminibus pæne historico ritu in commune recolitur : quod et Ablabius descriptor Gothorum gentis egregius verissima adtestatur historia. In quam sententiam et nonnulli consensere majorum. Josephus quoque Annalium relator verissimus, dum ubique veritatis conservat regulam, et origines causarum a principio revolvit, hæc vero, quæ diximus, de gente Gothorum principia cur omiserit, ignoramus. Sed tamen ab hoc loco eorum stirpem commemorans, Scythas et natione et vocabulo asserit appellatos : cujus soli terminos ante-

une armée se mit en route avec les familles des Goths. En cherchant des demeures plus vastes et un pays plus convenable, elle arriva sur les terres de la Scythie, que, dans leur langue, ces hommes appelaient Ovim; la grande fertilité de ces régions séduisit l'armée; on jeta un pont sur un fleuve pour le passer, et déjà la moitié de cette multitude avait été transportée sur l'autre rive, lorsque le pont s'écroula, dit-on, sans ressource, de sorte qu'il ne fut plus possible à personne de se rendre sur l'autre bord ou d'en revenir; car ce territoire, à ce que l'on rapporte, est enfermé entre des marais mouvants qui l'environnent comme d'un gouffre; et, par cette double confusion, la nature l'a rendu inaccessible. Cependant aujourd'hui encore l'on peut croire, sur le témoignage de ceux qui voyagent de ce côté, bien qu'ils entendent le bruit de loin, que l'oreille, dans ces contrées, est frappée du cri des troupeaux, et que l'on y trouve des indices du séjour de l'homme. On assure donc que la partie des Goths conduite par Filimer, et transportée, après le passage du fleuve, sur les terres d'Ovim, prit possession du sol qu'elle avait désiré. Aussitôt elle arrive près de la nation des Spales; et, un combat s'étant engagé, les Goths remportent la victoire. De là, ils s'avancent en vainqueurs vers l'extrémité de la Scythie voisine de la mer Pontique. Ces faits sont célébrés dans leurs anciens chants populaires, qui ont presque le caractère de l'histoire; et Ablabius, qui a écrit avec talent sur la nation des Goths, les atteste dans sa très-véritable Histoire. Parmi les anciens, plusieurs ont appuyé ce sentiment. Josèphe, pourtant, qui a composé des Annales fort exactes, et se montre en toutes choses esclave des règles de la vérité; Josèphe, qui développe, à partir du commencement, les origines et les causes des événements, a passé sous silence ce que nous venons de raconter des premiers temps des Goths : par quel motif?

quam aliud ad medium deducamus, necesse est, uti jaceant, dicere.

Scythia siquidem Germaniæ terræ confinis, eotenus ubi Hister oritur amnis, vel stagnum dilatatur Mysianum, tendens usque ad flumina Tyram, Danastrum, et Vagosolam, magnumque illum Danubium, Taurumque montem, non illum Asiæ, sed proprium, id est Scythicum, per omnem Mæotidis ambitum, ultraque Mæotida per angustias Bospori usque ad Caucasum montem, amnemque Araxem : ac deinde in sinistram partem reflexa, post mare Caspium, quæ in extremis Asiæ finibus ab Oceano Euroboreo in modum fungi primum tenuis, post hæc latissima et rotunda forma exoritur, vergens ad Hunnos, Albanos, et Seres usque digreditur. Hæc, inquam, patria, id est Scythia, longe se tendens, lateque aperiens, habet ab oriente Seres, in ipso sui principio ad litus Caspii maris commanentes; ab occidente Germanos, et flumen Vistulæ; ab Arctoo, id est septentrionali, circumdatur Oceano; a meridie Perside, Albania, Hiberia, Ponto, atque extremo alveo Histri, qui dicitur Danubius ab ostio suo usque ad fontem. In eo vero loci latere, quo Ponticum litus attingit, oppidis haud obscuris involvitur, Boristhenide, Olbia, Callipode, Chersone, Theodosia, Pareone, Mirmycione et Trapezunte, quas indomitæ Scytharum nationes Græcos

nous l'ignorons. Pourtant il fait mention de leur race à partir de ce moment, et affirme qu'on les désigna comme Scythes de nation et de nom. Avant d'aller plus loin, il est nécessaire de parler de la situation et des limites de ce territoire.

La Scythie confine au sol de la Germanie, aux lieux où le fleuve Hister prend sa source, où s'étendent les marais Mysiens; elle se prolonge jusqu'aux fleuves Tyras, Danaster et Vagosola, jusqu'à cet immense Danube, et au mont Taurus, qui appartenait non à l'Asie, mais à la Scythie elle-même; elle comprend tout le tour du Palus-Méotide, et, au delà de celui-ci, elle s'étend, par l'étroit espace du Bosphore, jusqu'au mont Caucase et au fleuve Araxe; puis elle se replie sur la gauche, derrière la mer Caspienne, aux dernières limites de l'Asie, depuis l'océan Euro-Boréen; semblable à un champignon, étroite d'abord, elle s'élargit ensuite en une sorte de disque, et se projette vers le pays des Huns, des Albaniens et des Sères. Cette région, c'est-à-dire la Scythie, se prolongeant au loin, et se développant sur une grande largeur, a pour voisins à l'orient les Sères, qui habitent sur les limites mêmes où elle commence, sur le rivage de la mer Caspienne; à l'occident les Germains et le fleuve de la Vistule; vers l'Ourse, c'est-à-dire au nord, elle est environnée de l'Océan; au midi, elle est bornée par la Perse, l'Albanie, l'Hibérie, le Pont, et par l'extrémité du lit de l'Hister, qui est appelé Danube depuis son embouchure jusqu'à sa source. Du côté où elle touche au rivage du Pont, elle est entourée de villes illustres, telles que Boristhénis, Olbia, Callipos, Cherson, Théodosia, Pareo, Mirmycio et Trapezunte, que les nations indomptées des Scythes ont permis aux Grecs de fonder, parce que ces étrangers devaient donner l'essor à leur commerce. Au milieu de la Scythie est un lieu qui sépare l'une de l'autre l'Asie et l'Europe : ce sont les monts Ri-

permisere condere, sibimet commercia præstaturos. In cujus Scythiæ medio est locus, qui Asiam Europamque ab alterutro dividit, Riphæi scilicet montes, qui Tanain vastissimum fundunt intrantem Mæotida, cujus paludis circuitus passuum millia CXLIV nusquam octo ulnis altius subsidentes. In qua Scythia prima ab occidente gens sedit Gepidarum, quæ magnis opinatisque ambitur fluminibus. Nam Tisianus per Aquilonem ejus Corumque discurrit. Ab Africo vero magnus ipse Danubius, ab Euro fluvius Tausis secat, qui rapidus ac verticosus in Histri fluenta furens devolvitur. Introrsus illi Dacia est, ad coronæ speciem arduis alpibus emunita, juxta quorum sinistrum latus, quod in Aquilonem vergit, et ab ortu Vistulæ fluminis per immensa spatia venit, Winidarum natio populosa consedit. Quorum nomina licet nunc per varias familias et loca mutentur, principaliter tamen Sclavini et Antes nominantur. Sclavini a Civitate nova, et Sclavino Rumunnense, et lacu qui appellatur Musianus, usque ad Danastrum, et in Boream Viscla tenus commorantur. Hi paludes silvasque pro civitatibus habent. Antes vero, qui sunt eorum fortissimi, qui ad Ponticum mare curvantur, a Danastro extenduntur usque ad Danubium, quæ flumina multis mansionibus ab invicem absunt. Ad litus autem Oceani, ubi tribus faucibus fluenta Vistulæ fluminis ebibuntur, Vidioarii resident, ex diversis nationibus aggregati; post quos ripam Oceani Itemesti tenent, pacatum hominum genus om-

phées, qui versent dans la plaine l'immense Tanaïs; ce fleuve va se jeter dans le Palus-Méotide; le circuit de ce marais est de cent quarante-quatre mille pas, et sa profondeur ne dépasse nulle part huit coudées. La première nation qui, à partir de l'occident, habite la Scythie, est celle des Gépides; son territoire est entouré de fleuves vastes et renommés. Le Tisianus le parcourt au nord et au nord-est; au sud-ouest il a pour limite l'immense Danube, et à l'est le fleuve Tausis, dont les eaux rapides et tournoyantes vont se précipiter avec fureur dans celles de l'Hister. Dans ses limites est la Dacie, défendue par des Alpes escarpées, qui l'entourent comme d'une couronne; sur le revers gauche de ces montagnes, qui est tourné vers le nord, et s'étend depuis la source de la Vistule sur un espace immense, s'est établie la nation populeuse des Winides. Bien que maintenant les noms de ces peuples aient subi des changements selon leurs diverses familles et selon leurs demeures, on les appelle principalement Sclavins et Antes. Les terres des Sclavins se déploient depuis la Cité neuve et Sclavinum Rumunnense, et depuis le lac appelé Musianus jusqu'au Danaster, et au nord jusqu'au Viscla. Ces peuples, au lieu de cités, habitent des marais et des forêts. Les Antes sont les plus courageux de cette race; leur territoire se recourbe vers la mer Pontique; il s'étend depuis le Danaster jusqu'au Danube, et ces deux fleuves sont à un grand nombre de journées de chemin de distance. Sur le rivage de l'Océan, où les eaux de la Vistule sont absorbées par trois embouchures, sont établis les Vidioariens, formés de la réunion de diverses nations; après eux, les bords de l'Océan sont occupés par les Itemestes, race d'hommes tout à fait pacifique. Au midi, ils ont pour voisins les Agazzires, nation très-courageuse, ignorant les moissons, et vivant du produit de ses troupeaux et de la chasse. Au delà d'eux, et au-dessus de la mer Pontique, se développent les demeures des

nino. Quibus in austro adsedit gens Agazzirorum fortissima, frugum ignara, quæ pecoribus et venationibus victitat. Ultra quos distenduntur supra mare Ponticum Bulgarorum sedes, quos notissimos peccatorum nostrorum mala fecere. Hinc jam Hunni quasi fortissimarum gentium fœcundissimus cespes, in bifariam populorum rabiem pullularunt. Nam alii Aulziagri, alii Aviri nuncupantur, qui tamen sedes habent diversas. Juxta Chersonem Aulziagri, quo Asiæ bona avidus mercator importat, qui æstate campos pervagantur effusos, sedes habentes prout armentorum invitaverint pabula; hieme supra mare Ponticum se referentes. Hunugari autem hinc sunt noti, quia ab ipsis pellium murinarum venit commercium : quos tantorum virorum formidavit audacia. Quorum mansionem primam esse in Scythiæ solo juxta paludem Mœotidem, secundo in Mœsia, Thraciaque et Dacia, tertio supra mare Ponticum, rursus in Scythia legimus habitasse : nec eorum fabulas alicubi reperimus scriptas, qui eos dicunt in Britannia, vel in una qualibet insularum in servitutem redactos, et unius caballi pretio quondam redemptos. Aut certe si quis eos aliter dixerit in nostro orbe, quam quod nos diximus, fuisse exortos, nobis aliquid obstrepit; nos enim potius lectioni credimus, quam fabulis anilibus consentimus.

III. Ut ergo ad nostrum propositum redeamus, in prima parte Scythiæ, juxta Mæotidem, commanentes præfati, unde loquimur, Filimer regem habuisse no-

Bulgares, devenus célèbres par les désastres que nous ont attirés nos péchés. C'est de là que jadis les Huns, comme une tige féconde de nations redoutables par leur courage, se sont multipliés en un double peuple animé d'une égale fureur. Les uns s'appellent Aulziagres, les autres Aviri; ils occupent des demeures distinctes. Les Aulziagres sont établis près de la Chersonèse, où le marchand avide importe les productions de l'Asie; durant l'été ils errent dans leurs vastes campagnes, s'arrêtant çà et là, selon que les y invitent les pâturages nécessaires à leurs troupeaux; en hiver ils se replient sur les contrées situées au-dessus de la mer Pontique. Les Hunugares sont connus parce que leur pays est le point de départ du commerce de pelleteries; l'audace de grandes nations les a redoutés. Ils ont eu leurs premières demeures sur le territoire de la Scythie, près du Palus-Méotide; l'histoire nous apprend qu'ensuite ils habitèrent dans la Mésie, dans la Thrace et dans la Dacie, puis au-dessus de la mer Pontique, et qu'ils revinrent de nouveau dans la Scythie : nulle part nous ne trouvons leurs traditions écrites; on dit pourtant qu'en Bretagne ou dans l'une des îles ils furent réduits en servitude, et qu'autrefois ils rachetèrent leur liberté au prix d'un seul cheval. Et si quelque auteur leur attribuait dans notre monde une autre origine que celle que nous leur assignons, il n'aurait pas notre assentiment; car nous donnons créance à ce que nous lisons, plutôt que d'adopter des fables de vieilles femmes.

III. Revenons à notre sujet. On sait que le peuple dont nous parlons, habitant dans la première partie de la Scythie, près du Palus-Méotide, eut pour roi Filimer. Dans

scuntur. In secundo, id est Daciæ, Thraciæque et Moesiæ solo Zamolxen, quem miræ philosophicæ eruditionis fuisse testantur plerique scriptores annalium. Nam et Zeutam prius habuerunt eruditum, post etiam Diceneum, tertium Zamolxen, de quo superius diximus. Nec defuerunt, qui eos sapientiam erudirent. Unde et pæne omnibus barbaris Gothi sapientiores semper extiterunt, Græcisque pæne consimiles, ut refert Dio, qui historias eorum annalesque Græco stylo composuit. Qui dixit primum Zarabos Tereos, deinde vocitatos Pileatos hos, qui inter eos generosi extabant : ex quibus eis et reges, et sacerdotes ordinabantur. Adeo ergo fuere laudati Getæ, ut dudum Martem, quem poetarum fallacia deum belli pronunciat, apud eos fuisse dicant exortum. Unde et Virgilius:

Gradivumque patrem Geticis qui præsidet arvis.

Quem Martem Gothi semper asperrima placavere cultura. Nam victimæ ejus mortes fuere captorum, opinantes bellorum præsulem aptius humani sanguinis effusione placandum. Huic prædæ primordia vovebantur, huic truncis suspendebantur exuviæ. Eratque illis religionis præter ceteros insinuatus affectus, quum parenti devotio nominis videretur impendi. Tertia vero sedes supra mare Ponticum. Jam humaniores et, ut superius diximus, prudentiores effecti, divisi per familias populi; Vesegothæ familiæ Balthorum [19], Ostrogothæ præclaris Amalis serviebant. Quorum studium fuit primum, inter

leurs secondes demeures, c'est-à-dire en Dacie, en Thrace en Mésie, il furent gouvernés par Zamolxès, dont plusieurs auteurs d'annales attestent les étonnantes connaissances philosophiques. D'abord ils eurent pour chef le savant Zeutas, puis Dicenéus, et, en troisième lieu, ce Zamolxès dont nous venons de parler. Et ils ne manquèrent point d'hommes qui les instruisirent dans la sagesse. Aussi les Goths furent les plus instruits de presque tous les barbares; ils égalèrent presque les Grecs, comme le rapporte Dion, qui a écrit en grec leur histoire et leurs annales. Il nous apprend que la plus illustre de leurs familles fut appelée d'abord Zarabes Térés, puis Piléates; c'est dans son sein qu'ils choisissaient leurs rois et leurs prêtres. Les Gètes furent si célèbres que Mars, représenté par les fables trompeuses des poëtes comme le dieu de la guerre, naquit, dit-on, parmi eux. Aussi Virgile a-t-il dit:

« Et le dieu Mars, qui préside aux champs des Gètes. »

Les Goths ont toujours apaisé ce dieu Mars par le culte le plus barbare. Pour victimes, ils immolaient sur ses autels des captifs; persuadés que l'effusion du sang humain était le meilleur moyen d'apaiser la divinité qui préside aux combats. C'était à Mars qu'ils consacraient les prémices du butin; c'était en son honneur qu'ils suspendaient à des troncs d'arbres les dépouilles de l'ennemi; et ils étaient pénétrés par-dessus tout du sentiment religieux, parce qu'ils semblaient rendre hommage à l'auteur de leur race en lui consacrant leur nom. En troisième lieu ils demeurèrent au-dessus de la mer Pontique. Déjà plus civilisés, et, comme nous l'avons dit plus haut, devenus plus éclairés, divisés d'ailleurs selon les familles du peuple, les Visigoths obéissaient à la famille des Baltes, et les Ostrogoths aux illustres Amales. Leur

alias gentes vicinas, arcus intendere nervis, Lucano plus historico quam poeta testante:

Armeniosque arcus Geticis intendere nervis.

Ante quos etiam cantu majorum facta modulationibus citharisque canebant, Ethespamaræ, Amalæ, Fridigerni, Widiculæ, et aliorum, quorum in hac gente magna opinio est, quales vix heroas fuisse miranda jactat antiquitas. Tunc ut fertur, Vesosis Scythis lacrymabile sibi potius intulit bellum, eis videlicet, quos Amazonum viros prisca tradit auctoritas. De queis feminas bellatrices et Orosius in primo volumine professa voce testatur. Unde eum Gothis eum dimicasse evidenter probamus, quem cum Amazonum viris absolute pugnasse cognoscimus, qui tunc a Boristhene amne, quem accolæ Danubium vocant, usque ad Tanain fluvium circa sinum paludis Mæotidis considebant. Tanain vero hunc dico, qui ex Riphæis montibus dejectus adeo præceps ruit, ut quum vicina flumina, sive Mæotis, vel Bosporus gelu solidentur, solus amnium confragosis montibus vaporatus, nunquam Scythico durescit algore. Hic inter Asiam Europamque terminus famosus habetur. Nam alter est ille, qui montibus Chrinnorum oriens, in Caspium mare dilabitur. Danubius autem ortus grandi palude, quasi ex mari profunditur. Hic usque ad medium sui dulcis est et potabilis, piscesque nimii saporis gignit, ossibus carentes, cartilaginem tantum habentes in corporis conti-

principal exercice, au milieu des nations voisines, consistait à tendre l'arc en en serrant la corde, comme le témoigne Lucain, historien plutôt que poëte :

« Tendre l'arc arménien en serrant la corde gétique. »

A une époque antérieure aux souverains que nous venons de citer, ces peuples célébraient dans des chants accompagnés de la harpe, les hauts faits de leurs aïeux, d'Ethespamara, d'Amala, de Fridigern, de Widicula, et d'autres encore, dont cette nation avait une si haute idée, qu'à peine la merveilleuse antiquité peut-elle vanter d'aussi grands héros. Alors, dit-on, Vésosis fit une guerre déplorable, pour lui surtout, aux Scythes, à ceux que les anciennes traditions représentent comme les époux des Amazones. Orose aussi, dans son premier livre, dit expressément de celles-ci qu'elles furent des femmes guerrières. D'où nous concluons avec évidence que ce fut contre les Goths qu'eut à combattre ce prince qui, nous apprend-on seulement, fit la guerre aux maris des Amazones. Les Goths alors occupaient le territoire compris entre le Borysthène, que les habitants du pays appellent Danube, et le Tanaïs, autour du Palus-Méotide. Je parle de ce Tanaïs qui, se précipitant du haut des monts Riphées, roule ses eaux avec tant d'impétuosité, qu'à l'époque où les fleuves voisins, où le Palus-Méotide et le Bosphore sont rendus solides par un froid excessif, seul de tous ces fleuves, maintenu à un certain degré de chaleur par les montagnes escarpées qui le bordent, il ne durcit jamais sous les frimas de la Scythie. Ce fleuve fameux est considéré comme la limite entre l'Europe et l'Asie. L'autre Tanaïs est ce fleuve qui, prenant sa source dans les montagnes des Chrinni, va se jeter dans la mer Caspienne. Quant au Danube, il sort d'un vaste marais, d'où il se répand comme d'une mer. Jusqu'au milieu de son cours il est doux et potable, et produit des poissons

nentiam. Sed ubi fit Ponto vicinior, parvum fontem suscipit, cui ex Ampheo cognomen est, adeo amarum, ut cum sit XL dierum itinere navigabilis, hujus aquis exiguis immutetur, infectusque, ac dissimilis sui, inter Græca oppida Callipidas et Hippanis in mare defluat. Ad cujus ostia insula est in fronte, Achillis nomine. Inter hos terra vastissima, silvis consita, paludibus dubia. Hic ergo Gothis morantibus, Vesosis[20] Ægyptiorum rex in bellum irruit: quibus tunc Taunasis rex erat. Quo prœlio ad Phasim fluvium, a quo phasides aves exortæ, in toto mundo epulis potentum exuberant, Taunasis Gothorum rex Vesosi Ægyptiorum occurrit, eumque graviter debellans, in Ægyptum usque persecutus est: et nisi Nili amnis intransmeabilis obstitissent fluenta, vel munitiones, quas dudum sibi ob incursiones Æthiopum Vesosis fieri præcepisset, ibi in ejus eum patria extinxisset. Sed dum eum semper ibi positum non valuisset lædere, revertens pæne omnem Asiam subjugavit, et sibi tunc caro amico Sorno rege Medorum ad persolvendum tributum subditum fecit. Ex cujus exercitu victores tunc nonnulli provincias subditas contuentes, et in omni fertilitate pollentes, deserto suorum agmine sponte in Asiæ partibus resederunt. Ex quorum nomine vel genere Trogus Pompeius Parthorum, dicit exstitisse prosapiam. Unde etiam hodieque lingua scythica fugaces, quod est Parthi, dicuntur: suoque generi respondentes, inter omnes pæne Asiæ nationes soli

d'un goût singulièrement délicat, qui n'ont point d'os, mais seulement un cartilage pour donner de la consistance à leur corps. Mais en se rapprochant du Pont, il reçoit une petite source qui tire son surnom d'Amphée, et tellement amère, que le fleuve, qui offre un cours navigable de quarante jours, est complétement changé et infecté de ses faibles eaux, et ne se ressemble plus à lui-même lorsqu'il se jette dans la mer entre les villes grecques de Callipide et d'Hippanie. En face de ses embouchures est une île appelée Achillis. Entre les deux fleuves dont nous venons de parler est un territoire très-vaste, couvert de forêts, et dont les marais rendent la solidité douteuse. C'est chez les Goths, établis dans ces régions, que Vésosis, roi des Égyptiens, porta la guerre; ils avaient alors Taunasis pour roi. La lutte s'engagea sur les bords du Phase, de ce fleuve d'où viennent les oiseaux appelés faisans, qui font dans tout l'univers les délices de la table des puissants. Taunasis, roi des Goths, se porta à la rencontre de Vésosis, roi des Égyptiens; il lui fit essuyer une grande défaite, et le poursuivit jusqu'en Égypte; et si le cours du Nil, ce fleuve infranchissable, ou les fortifications, que, depuis longtemps, Vésosis avait ordonné de construire contre les incursions des Éthiopiens, ne lui eussent opposé un obstacle invincible, il l'eût anéanti dans sa propre patrie. Mais comme il ne put nuire à ce prince, qui se tenait ferme dans sa position, il retourna dans son pays, subjugua sur son chemin presque toute l'Asie, et se la soumit pour qu'elle lui payât un tribut; Sornus, son ami dévoué, était alors roi des Mèdes. Une partie de son armée victorieuse, séduite par l'aspect des provinces conquises, si riches et si fertiles en productions de toute nature, quitta ses drapeaux, et s'établit de sa propre volonté dans les campagnes de l'Asie. Trogue Pompée dit que c'est du nom ou de la race de ces hommes que sont descendus les Parthes. De là on les appelle au-

sagittarii sunt, et acerrimi bellatores. De nomine vero, quod diximus eos Parthos, id est fugaces, ita aliquanti etymologiam traxerunt, ut dicerentur Parthi, quia suos refugere parentes. Hunc ergo Taunasim regem Gothorum mortuum inter numina sui populi coluerunt.

Post cujus decessum exercitu ejus cum successore ipsius in aliis partibus expeditionem gerente, feminæ Gothorum a quadam vicina gente tentatæ, in prædamque ductæ a viris, fortiter restiterunt, hostesque super se venientes cum magna verecundia abegerunt. Qua parata victoria, fretæque majori audacia, invicem se cohortantes, arma arripiunt, eligentesque duas audaciores Lampeto et Marpesiam principatui subrogarunt. Quæ dum curam gerunt, ut propria defenderent, et aliena vastarent, sortito Lampeto restitit, fines patrios tuendo: Marpesia vero feminarum agmine sumpto, novum genus exercitus duxit in Asiam, diversasque gentes bello superans, alios vero pace concilians, ad Caucasum venit: ibique certum tempus demorans, loco nomen dedit, saxum Marpesiæ. Unde Virgilius:

Ac si dura silex aut stet Marpesia cautes.

In eo loco ubi post hæc Alexander Magnus portas constituens, Pylas Caspias nominavit: quod nunc Lazorum gens custodit pro munitione Romana. Hic ergo certum

jourd'hui encore en langue scythique, *fuyards*, c'est-à-dire Parthes ; ils ne dégénèrent pas de leur origine, et de presque tous les peuples de l'Asie ils sont les seuls archers, et les guerriers les plus impétueux. Quant à leur nom, qui est, ainsi que nous l'avons dit, celui de Parthes (fuyards), voici l'étymologie que quelques auteurs en ont donnée : ils prétendent que ces peuples ont été appelés Parthes, parce qu'ils ont fui leurs parents. Ce Taunasis, roi des Goths, fut, après sa mort, adoré comme l'une des divinités nationales.

Ce prince mort, et tandis que son armée, commandée par son successeur, faisait une expédition en d'autres contrées, les femmes des Goths, attaquées par une nation voisine, et entraînées comme un butin par des hommes, résistèrent vaillamment, et repoussèrent avec une grande honte les ennemis qui se jetaient sur elles. Cette victoire une fois remportée, animées d'une plus grande audace, et s'encourageant entre elles par leurs exhortations, elles prennent les armes, et, par l'élection, élèvent au suprême pouvoir Lampeto et Marpesia. Les deux reines délibérèrent sur les moyens de défendre leur propre territoire et de ravager celui des autres nations ; le sort décida que Lampeto resterait pour défendre les frontières de la patrie ; Marpesia, ayant réuni une bande de femmes, conduisit en Asie cette armée d'une nouvelle espèce, vainquit par le fer diverses nations, s'en concilia d'autres par la paix, et arriva au pied du Caucase : elle y séjourna quelque temps, et donna son nom à cet endroit, appelé depuis le rocher de Marpesia ; ce qui a fait dire à Virgile :

« Tel qu'un dur rocher ou la pierre de Marpesia. »

Alexandre le Grand, qui plus tard établit des portes en ce lieu, le nomma Pylæ Caspiæ ; maintenant il est gardé par la nation des Lazes pour la défense des Romains. Les

temporis Amazones [21] commanentes confortatæ sunt. Unde egressæ, et Halym fluvium, qui juxta Garganum civitatem præterfluit, transeuntes, Armeniam, Syriam, Ciliciamque, Galatiam, Pisidiam omniaque Asiæ oppida, æqua felicitate domuerunt: Ionium Æoliamque conversæ, deditas sibi provincias effecerunt. Ubi diutius dominantes, etiam civitates castraque suo nomini dicaverunt. Ephesi quoque templum Dianæ ob sagittandi venandique studium, quibus se artibus tradidissent, effusis opibus, miræ pulchritudinis condiderunt. Tali ergo Scythiæ gentis feminæ casu Asiæ regno potitæ, per centum pæne annos tenuerunt, et sic demum ad proprias socias in cautes Marpesias, quas superius diximus, repedarunt, in montem scilicet Caucasum.

Cujus montis quia facta iterum mentio est, non ab re arbitror ejus tractum situmque describere, quando maximam partem orbis noscitur circuire jugo continuo. Is namque ab Indico mari surgens, qua meridiem respicit, sole vaporatus ardescit. Qua septentrioni patet, rigentibus ventis est obnoxius et pruinis. Mox in Syriam curvato angulo reflexus, licet amnium plurimos emittat, in Asianam tamen regionem Euphratem Tigrimque navigeros ad opinionem maximam perennium fontium copiosis fundit uberibus. Qui amplexantes terras Assyriorum, Mesopotamiam et appellari faciunt, et videri, in sinum maris Rubri fluenta deponentes. Tunc in Boream revertens, Scythias terras, jugum antefatum magnis flexibus

Amazones, s'arrêtant quelque temps dans ces contrées, y reçurent des renforts. De là, elles traversèrent le fleuve Halys, qui passe près de la ville de Gargane, et domptèrent avec un égal bonheur l'Arménie, la Syrie, la Cilicie, la Galatie, la Pisidie, et toutes les places de l'Asie; puis, se portant sur l'Ionie et sur l'Éolie, elles en firent des provinces soumises à leur pouvoir. Elles y dominèrent longtemps, et dotèrent même de leur nom des villes et des châteaux. Elles fondèrent aussi le temple de Diane à Éphèse, monument d'une merveilleuse beauté, et où elles prodiguèrent les richesses; voulant perpétuer ainsi le souvenir de leur adresse aux exercices de l'arc et de la chasse, auxquels elles se livraient avec passion. Les femmes de la nation des Scythes, devenues de cette manière souveraines de l'Asie, conservèrent cet empire pendant près de cent ans; alors seulement elles retournèrent vers leurs compagnes, dans les rochers de Marpesia, dont nous avons parlé plus haut, c'est-à-dire dans le mont Caucase.

Et puisqu'il est encore une fois question de cette montagne, je pense qu'il ne sera pas hors de propos d'en faire connaître la direction et la situation, puisqu'on sait que sa chaîne, non interrompue, environne la plus grande partie de la terre. Elle s'élève de la mer Indienne, du côté où elle fait face au midi, et là elle est brûlée par le feu du soleil. Du côté où elle s'étend vers le nord, elle est exposée au vent glacial et aux frimas. Bientôt, repliée vers la Syrie en se recourbant en angle, elle donne naissance à plusieurs fleuves; mais surtout, ce qui est la principale gloire de ses sources inépuisables, elle répand de ses flancs féconds, dans les contrées de l'Asie, l'Euphrate et le Tigre, qui portent des navires. Ces fleuves, embrassant le territoire des Assyriens, l'ont fait appeler Mésopotamie, d'après l'aspect que véritablement il présente; ils vont jeter leurs ondes dans la mer Rouge. Puis, revenant vers le nord, la chaîne de montagnes dont nous venons de

pervagatur : atque ibidem opinatissima flumina in Caspium mare profundens, Araxem, Cyssum et Cambysen continuato jugo ad Riphæos usque montes extenditur. Indeque Scythicis gentibus dorso suo terminum præbens, ad Pontum usque descendit : consertisque collibus, Histri quoque fluenta contingit, quo amnis scissus dehiscens, in Scythia quoque Taurus vocatur. Talis ergo tantusque, et pæne omnium montium maximus, excelsas suas erigens summitates naturali constructione præstat gentibus inexpugnanda munimina. Nam locatim recisus, qua disrupto jugo vallis hiatu patescit, nunc Caspias portas, nunc Armenias, nunc Cilicas, vel secundum locum qualis fuerit, facit; vix tamen plaustro meabilis, lateribus in altitudinem utrinque directis, qui pro gentium varietate diverso vocabulo nuncupatur. Hunc enim Jamnium, mox Propanismum Indus appellat. Parthus primum Castra, post Nifacen edicit. Syrus et Armenius Taurum, Scythæ Caucasum ac Riphæum, iterumque in fine Taurum cognominant : aliaque complura gentes huic jugo dedere vocabula. Et quia de ejus continuatione pauca libavimus, ad Amazones, unde divertimus, redeamus.

Quæ veritæ, ne earum proles raresceret, a vicinis gentibus concubitum petierunt. Facta nundina semel in anno, ita ut futuris temporibus eis deinde revertentibus in idipsum, quicquid partus masculini edidisset, patri redderet : quicquid vero feminei sexus nasceretur, mater ad arma bellica erudiret. Sive, ut quibusdam placet,

parler parcourt, en projetant de vastes rameaux, les champs de la Scythie; là, elle verse dans la mer Caspienne des fleuves fameux, l'Araxe, le Cyssus et le Cambyse; puis, continuant ses projections, elle s'étend jusqu'aux monts Riphées. De là, formant par sa crête la limite des nations scythiques, elle descend jusqu'au Pont; et, par une suite de collines, elle touche aussi le cours de l'Hister, à l'endroit où ce fleuve, divisé et se bifurquant, prend aussi en Scythie le nom de Taurus. Telle et si grande, cette montagne, la plus considérable peut-être de toutes, lançant vers les nues ses sommets élevés, forme pour les nations, par sa construction naturelle, des remparts inexpugnables. Car, brisée en quelque sorte de distance en distance, et formant des vallées en certaines gorges, par la rupture de sa chaîne, elle ouvre ici les portes Caspiennes, là les portes d'Arménie, ailleurs celles de Cilicie, et d'autres passages, selon la disposition du sol; cependant les chariots peuvent à peine y passer; des deux côtés s'élèvent à pic les flancs de la montagne, qui porte divers noms selon les diverses nations. L'Indien l'appelle Jamnius, puis Propanismus; le Parthe la nomme d'abord Castra, puis Nifacès; le Syrien et l'Arménien, Taurus; le Scythe, Caucase et Riphée, et, en touchant à sa fin, elle reprend le nom de Taurus. Les nations ont encore donné beaucoup d'autres noms à cette chaîne. Maintenant que nous avons en peu de mots indiqué sa direction, revenons aux Amazones, que nous avons un instant quittées.

Les Amazones, craignant que leur race ne finît par s'éteindre, cherchèrent à s'unir aux hommes des nations voisines. Elles établirent un marché annuel, afin qu'à l'avenir, les hommes y revenant ensuite, chaque mère pût rendre au père les enfants mâles qu'elle mettrait au monde, tandis qu'elle garderait, pour les former à la guerre, les enfants du sexe féminin. Ou bien encore, comme le prétendent quelques auteurs, lorsqu'elles don-

editis maribus, novercali odio infantis miserandi fata rumpebant : ita apud illas detestabile puerperium erat, quod ubique constat esse votivum. Quæ crudelitas illis terrorem magnum cumulabat, opinione vulgata. Nam quæ, rogo, spes esset capto, ubi ignosci vel filio nefas habebatur? Contra has, ut fertur, pugnabat Hercules, et Melanes pæne plus dolo quam virtute subegit. Theseus vero Hippolyten in prædam tulit, de qua genuit et Hippolytum. Hæ quoque Amazones post hæc habuere reginam nomine Penthesileam, cujus Trojano bello extant clarissima documenta. Nam hæ feminæ usque ad Alexandrum Magnum referuntur tenuisse regnum.

IV. Sed ne dicas, de viris Gothorum sermo adsumptus, cur in feminis tamdiu perseveret : audi et virorum insignem et laudabilem fortitudinem. Dio historicus, et antiquitatum diligentissimus inquisitor, [qui] operi suo Getica titulum dedit : quos Getas jam superiori loco Gothos esse probavimus, Orosio Paulo dicente. Hic Dio regem illis post tempora multa commemorat, nomine Telephum. Ne vero quis dicat hoc nomen a lingua Gothica omnino peregrinum esse; nemo quis nesciat animadverti usu pleraque nomina gentes amplecti, ut Romani Macedonum, Græci Romanorum, Sarmatæ Germanorum, Gothi plerumque mutuantur Hunnorum. Is ergo Telephus Herculis filius, natus ex Auge sorore Priami [22], conjugio copulatus, procerus quidem corpore, sed plus vigore terribilis, paternam fortitudinem pro-

naient le jour à un enfant mâle, elles se sentaient animées d'une haine de marâtre, et tranchaient la vie de l'infortuné : ainsi l'enfantement qui partout est le plus vivement désiré, était le plus odieux parmi ces femmes. Cette cruauté, annoncée au loin par la renommée, répandait parmi les peuples la terreur de leur nom. En effet, je le demande, quelle espérance pouvait-il rester au prisonnier de guerre, lorsque c'était un crime d'épargner même un fils? Hercule, dit-on, combattit les Amazones, et ce fut par la ruse plus encore que par le courage qu'il soumit les Mélanes. Thésée emmena captive Hippolyte, dont il eut un fils du même nom. Ensuite les Amazones eurent une reine appelée Penthésilée, sur laquelle il existe de brillants récits du temps de la guerre de Troie. L'histoire nous apprend que ces femmes conservèrent leur royaume jusqu'aux conquêtes d'Alexandre le Grand.

IV. Mais pour que tu ne te plaignes pas de ce qu'ayant pris pour sujet l'histoire des hommes de la nation des Goths, je m'arrête si longtemps sur les actions des femmes, écoute aussi les brillants et glorieux exploits des hommes. Dion l'historien, ce scrupuleux investigateur des antiquités, a donné à son livre le titre de *Gétiques*; et nous avons déjà prouvé plus haut, d'après le témoignage de Paul Orose, que ces Gètes n'étaient autres que les Goths. Après un long laps de temps, Dion mentionne un de leurs rois, nommé Télèphe. Et que l'on ne dise pas que ce nom est tout à fait étranger à la langue des Goths. On a remarqué, en effet (et qui peut l'ignorer?), que les nations s'empruntent mutuellement des noms; les Romains, par exemple, ceux des Macédoniens; les Grecs ceux des Romains; les Sarmates ceux des Germains; et les Goths, fort souvent, ceux des Huns. Or, ce Télèphe, fils d'Hercule, et né d'Augis, sœur de Priam, engagé dans les liens du mariage, haut de taille, mais plus terrible par sa force, égalant, par sa propre valeur, le courage de son père,

priis virtutibus æquans, Herculis genio formæ quoque similitudinem referebat. Hujus itaque regnum Mœsiam appellavere majores. Quæ provincia ab oriente ostia fluminis Danubii, a meridie Macedoniam, ab occasu Histriam, a septentrione Danubium habet. Is ergo antefatus habuit bellum cum Danais, in qua pugna Thersandrum ducem Græciæ interemit: et dum Ajacem infestus invadit, Ulyssemque persequitur, equo cadente, ipse corruit, Achillisque jaculo femore sauciatus, diu mederi nequivit. Græcos tamen quamvis jam saucius, e suis finibus proturbavit. Telepho vero defuncto, Eurypilus filius successit in regno, ex Priami Phrygum regis germana progenitus. Qui ob Cassandræ amorem bello interesse Trojano, ac parentibus, soceroque ferre auxilium cupiens, mox ut venit, extinctus est.

Tunc Cyrus rex Persarum post grande intervallum, et pæne post sexcentorum triginta annorum tempora, Pompeio Trogo testante, Getarum reginæ Thamiri [sibi] exitiale intulit bellum [23]. Qui elatus ex Asiæ victoria, Getas nititur subjugare, in quibus (ut diximus) regnaverat Thamiris. Quæ quum ab Araxe amne Cyri arcere potuisset accessus, transire tamen permisit, eligens armis eum vincere, quam locorum beneficio submovere. Quod et factum est: et veniente Cyro, prima cessit fortuna Parthis tanta, ut et filium Thamiris, et plurimum exercitum trucidarent. Sed iterato Marte, Getæ cum sua regina Parthos devictos superant atque proster-

ressemblait encore à Hercule par les traits du visage. Les anciens ont donné le nom de Mésie au royaume de ce prince. Cette province a pour limites à l'orient les bouches du Danube, au midi la Macédoine, à l'occident l'Histrie, au nord le Danube. Télèphe fit la guerre aux Grecs, et tua dans cette lutte Thersandre, chef de la Grèce; en attaquant avec fureur Ajax, en poursuivant Ulysse, il tomba de son cheval qui s'abattit, et, blessé à la cuisse par le javelot d'Achille, il ne put de longtemps se guérir. Quoique blessé déjà, il repoussa cependant les Grecs de ses frontières. Après la mort de Télèphe, Eurypile, son fils, lui succéda sur le trône; il avait eu pour mère une sœur de Priam, roi des Phrygiens. Enflammé d'amour pour Cassandre, il voulut prendre part à la guerre de Troie, et voler au secours de ses parents et de son beau-père; mais à peine fut-il arrivé, que la mort le frappa.

Ensuite, après un grand laps de temps et un intervalle de presque six cent trente ans, Cyrus, roi des Perses, fit, ainsi que l'atteste Trogue Pompée, à Thamiris, reine des Gètes, une guerre fatale pour lui. Ce prince, enorgueilli par sa victoire sur l'Asie, s'efforça de subjuguer les Gètes, sur lesquels, comme nous l'avons dit, Thamiris régnait alors. Il eût été facile à cette princesse de repousser Cyrus des abords du fleuve Araxe; cependant elle le lui laissa passer, aimant mieux le vaincre par les armes que l'éloigner par l'avantage du terrain. Et ses vœux furent accomplis. A l'arrivée de Cyrus, les premiers succès des Parthes furent tels, qu'ils massacrèrent le fils de Thamiris et une nombreuse armée. Mais dans une seconde bataille, les Gètes, commandés par leur reine, triomphent des Parthes vaincus, les écrasent, et leur enlèvent un

nunt, opimamque prædam de eis auferunt : ibique primum Gothorum gens serica vidit tentoria. Tunc Thamiris regina acta victoria, tantaque præda de inimicis potita, in partem Mœsiæ (quæ nunc ex magna Scythia nomen mutuata, minor Scythia est appellata) transiens, ibi in ponte Mœsiæ colitur, et Thamiris civitatem suo de nomine ædificavit.

Dehinc Darius rex Persarum, Hystaspis filius, Antiregiri regis Gothorum [24] filiam in matrimonium expostulavit, rogans pariter atque deterrens, nisi suam peragerent voluntatem. Cujus affinitatem Gothi spernentes, legationem ejus frustrarunt. Qui repulsus, furore flammatus est, et octoginta millia armatorum contra ipsos produxit exercitum, verecundiam suam malo publico vindicare contendens. Navibusque pæne a Chalcedonia usque ad Byzantium ad instar pontium tabulatis æque consertis, petit Thraciam et Mœsiam. Ponteque rursus in Danubio pari modo constructo, duobus mensibus crebris fatigatus intaphis octo millia perdidit armatorum, timensque ne pons Danubii ab ejus adversariis occuparetur, celeri fuga in Thraciam repedavit : nec Mœsiæ solum credens sibi tutum fore aliquantum remorandi.

Post cujus decessum iterum Xerxes filius ejus, paternas injurias ulcisci se æstimans, cum suis ducentis et auxiliatorum trecentis millibus armatorum, rostratas naves habens mille septingentas, et onerarias tria millia, super Gothos profectus ad bellum : nec tentata re in conflictu

riche butin : c'est alors que, pour la première fois, la nation des Goths vit des tentes de soie. Après cette victoire, la reine Thamiris, maîtresse de riches dépouilles arrachées aux ennemis, passa dans cette partie de la Mésie qui a pris son nom de la grande Scythie, et a été appelée petite Scythie ; là elle est honorée sur le pont de la Mésie ; elle bâtit en cet endroit une ville appelée de son nom Thamiris.

Plus tard Darius, roi des Perses, fils d'Hystaspe, demanda en mariage la fille d'Antrirégire, roi des Goths, recourant à la fois aux prières et aux menaces pour les amener à faire sa volonté. Les Goths, méprisant l'alliance de ce prince, ne tinrent aucun compte de son ambassade. Ainsi repoussé, Darius fut enflammé de colère, et mena contre eux une armée de quatre-vingt mille combattants, cherchant à venger son affront par le malheur des peuples. Il attacha des navires les uns aux autres, et les couvrit de planches pour en faire une sorte de pont, qui s'étendit à peu près de Chalcédoine à Byzance, et de cette manière il envahit la Thrace et la Mésie. Il jeta un pont de la même espèce sur le Danube ; puis, fatigué pendant deux mois par de fréquentes escarmouches, il perdit huit mille hommes, et, craignant que le pont du Danube ne fût occupé par ses adversaires, il précipita sa fuite pour regagner la Thrace, persuadé qu'il serait dangereux pour lui de s'arrêter plus longtemps sur le sol de la Mésie.

Après la mort de ce prince, Xerxès son fils, voulant venger les injures de son père, vint avec deux cent mille soldats levés dans ses États, avec trois cent mille auxiliaires, avec dix-sept cents vaisseaux de guerre et trois mille vaisseaux de transport, faire la guerre aux Goths ; mais dans cette lutte sa tentative fut vaine, et il fut vaincu

prævaluit, animositate constantiæ superatus. Sic namque ut venerat, absque aliquo certamine suo cum rubore recessit.

Philippus quoque, pater Alexandri Magni, cum Gothis amicitias copulans, Medopam Gothilæ filiam regis accepit uxorem, ut, tali affinitate roboratus, Macedonum regna firmaret. Qua tempestate, Dione historico dicente, Philippus, inopiam pecuniæ passus, Udisitanam Mœsiæ civitatem instructis copiis vastare deliberat; quæ tunc propter viciniam Thamiris, Gothis erat subjecta. Unde et sacerdotes Gothorum aliqui, illi qui Pii vocabantur, subito patefactis portis, cum citharis et vestibus candidis obviam sunt egressi paternis diis, ut sibi propitii Macedones repellerent, voce supplici modulantes. Quos Macedones sic fiducialiter sibi occurrere contuentes, stupescunt; et si dici fas est, ab inermibus tenentur armati. Nec mora, acie soluta, quam ad bellum construxerunt, non tantum ab urbis excidio removere; verum etiam et quos foris fuerunt jure belli adepti, reddiderunt, fœdereque inito ad sua reversi sunt. Quem dolum post longum tempus reminiscens egregius Gothorum ductor Sitalcus, CL virorum millibus congregatis, Atheniensibus intulit bellum, adversus Perdiccam Macedoniæ regem, quem Alexander apud Babyloniam ministri insidiis potans interitum, Atheniensium principatui hæreditario jure reliquerat successorem. Magno prœlio cum hoc inito, Gothi superiores inventi sunt: et sic pro injuria, quam

par une courageuse constance, car il se retira honteusement comme il était venu, et sans combat.

Philippe aussi, père d'Alexandre le Grand, s'unissant aux Goths par une alliance, reçut pour femme Medopa, fille du roi Gothila; par cette union il voulait acquérir de nouvelles forces, pour consolider le trône de Macédoine. A cette époque, ainsi que Dion l'historien nous l'apprend, Philippe, se trouvant dans un embarras d'argent, résolut de lever une armée et de dévaster Udisitana, ville de Mésie, qui alors, à cause du voisinage de Thamiris, était soumise aux Goths. Là, quelques prêtres des Goths, de ceux qu'on appelait *les Pieux,* firent tout à coup ouvrir les portes, et, vêtus de leurs robes blanches, portant à la main leurs harpes, ils s'avancèrent au-devant de l'ennemi, chantant d'une voix suppliante des hymnes en l'honneur des dieux nationaux, les conjurant d'être secourables à leur peuple, et de repousser les Macédoniens. Ceux-ci sont frappés de stupeur à la vue de ce cortége qui vient à leur rencontre avec tant de confiance; et, s'il est permis de le dire, armés, ils sont contenus par des hommes sans armes. Aussitôt, rompant l'ordre qu'ils avaient disposé pour le combat, non-seulement ils renoncèrent à ruiner la ville; mais encore ils restituèrent ce qu'au dehors ils s'étaient approprié par le droit de la guerre, firent la paix et retournèrent dans leurs foyers. Longtemps après, un illustre général des Goths, Sitalcus, se rappelant cette trahison, rassembla une armée de cent cinquante mille hommes, et fit la guerre aux Athéniens contre Perdiccas, roi de Macédoine, qu'Alexandre, en mourant à Babylone du poison que lui donna un serviteur perfide, avait laissé pour son successeur, à titre héréditaire, dans le principat des Athéniens. Dans un grand combat livré à ce prince, les Goths eurent le des-

illi in Mœsia dudum fecissent, isti in Græciam discurrentes, cunctam Macedoniam vastavere. Dehinc regnante in Gothis Sitalco, Boroista Diceneus venit in Gothiam, quo tempore Romanorum Sylla potitus est principatu, quem Diceneum suscipiens, Boroistam Sitalcus dedit ei pæne regiam potestatem : cujus consilio Gothi Germanorum terras (quas nunc Franci obtinent) depopulati sunt.

Cæsar vero, qui sibi primus omnium Romanum vindicavit imperium, et pæne omnem mundum suæ ditioni subegit, omniaque regna perdomuit, adeo ut extra nostrum orbem Oceani sinu repositas insulas occuparet, et qui nec nomen Romanorum auditu quidem noverant, eos Romanis tributarios faceret; Gothos tamen crebro tentans, nequivit subigere. Gaius Tiberius jam tertius regnat Romanis, Gothi tamen suo regno incolumes perseverant.

Quibus hoc erat salubre, aut commodum, aut votivum, ut quicquid [dici] Diceneus [25] eorum consiliarius præcepisset, hoc modis omnibus expetendum, hoc utile judicantes, effectui manciparent. Qui cernens eorum animos sibi in omnibus obedire, et naturale eos habere ingenium, omnem pæne philosophiam eos instruxit. Erat enim hujus rei magister. Nam ethicam eos erudivit, ut barbaricos mores ab eis compesceret : physicam tradens, naturaliter propriis legibus vivere fecit, quas usque nunc conscriptas Bellagines [26] nuncupant : logicam instruens, eos rationis supra ceteras gentes fecit expertos : practi-

sus; et ainsi, en retour du mal que jadis les Macédoniens avaient fait en Mésie, les Goths, courant à travers la Grèce, ravagèrent toute la Macédoine. Puis, tandis que Sitalcus régnait sur les Goths, Dicenéüs le Boroïste vint en Gothie, vers le temps où Sylla dominait à Rome. Sitalcus accueillit ce Dicenéüs le Boroïste, et lui donna une autorité presque royale; ce fut par ses conseils que les Goths dévastèrent les terres des Germains, aujourd'hui au pouvoir des Francs.

César, qui le premier s'arrogea l'empire à Rome; César, qui soumit à sa puissance presque tout l'univers; qui dompta tous les royaumes, au point de conquérir les îles reléguées hors de notre monde dans un coin de l'Océan; César, qui rendit tributaires des Romains des peuples auxquels le nom même des Romains était inconnu; César attaqua souvent, il est vrai, les Goths, mais jamais il ne put les soumettre. Déjà Gaïus Tibère est le troisième empereur romain, et sous son règne encore les Goths restent intacts.

Ce qui faisait leur salut, leur bonheur, l'objet de leurs vœux, c'est qu'ils sentaient l'utilité des règlements donnés par Dicenéüs leur conseiller, cherchaient de toute manière à les appliquer, et les mettaient en pratique. Dicenéüs, voyant que les esprits lui obéissaient en toutes choses, et que ce peuple était doué d'une intelligence naturelle, leur enseigna presque toute la philosophie; car il était maître en cette science. Il leur fit connaître la morale, afin d'éloigner d'eux les mœurs barbares; en leur révélant la physique, il leur apprit à vivre conformément à la nature, sous l'empire de leurs lois propres, transmises jusqu'à nous par l'écriture et appelées *Bellagines ;* par les leçons de la logique, il les habitua à se servir du raisonnement mieux que les autres nations : en leur montrant la pratique, il leur per-

cen ostendens, in bonis actibus conversari suasit : theoricen demonstrans, signorum duodecim, et per ea planetarum cursus, omnemque astronomiam contemplari edocuit, et quomodo lunaris orbis augmentum sustinet, aut patitur detrimentum edixit : solisque globus igneus quantum terrenum orbem in mensura excedat, ostendit : aut quibus nominibus, vel quibus signis in cœli polo vergentes, aut revergentes CCCXLIV stellæ ab ortu in occasum præcipites ruant, exposuit. Qualis erat, rogo, voluntas, ut viri fortissimi quando ab armis quatriduum usque vacassent, doctrinis philosophicis imbuebantur? videres unum cœli positionem, alium herbarum frugumque explorare naturas : istum lunæ commoda incommodaque, illum solis laborem attendere, et quomodo rotatu cœli raptus, retro reducit ad partem occiduam, qui ad orientalem plagam ire festinarit; ratione accepta quiescere. Hæc et alia multa Diceneus Gothis sua peritia tradens, mirabilis apud eos invenitur, ut non solum mediocribus, imo et regibus imperaret. Elegit namque ex eis tunc nobilissimos prudentiores viros, quos theologiam instruens, numina quædam et sacella venerari suasit, fecitque sacerdotes, nomen illis Pileatorum contradens, ut reor, quia opertis capitibus tiaris, quos pileos alio nomine nuncupamus, litabant : reliquam vero gentem Capillatos dicere jussit, quod nomen Gothi pro magno suscipientes, adhuc hodie suis cantionibus reminiscuntur.

suada de se livrer à de bonnes actions; en leur démontrant la théorie, il leur apprit à observer les douze signes du zodiaque, le passage des planètes à travers ces signes, et toute l'astronomie; il leur apprit comment le disque de la lune s'accroît ou diminue; il leur montra combien le globe enflammé du soleil surpasse en grandeur l'orbe terrestre; il leur exposa sous quels noms ou sous quels signes les trois cent quarante quatre étoiles se pressant au pôle du ciel ou s'en éloignant, descendent en se précipitant de l'orient à l'occident. Quelle n'était pas, je le demande, sa volonté, pour amener des hommes essentiellement belliqueux, à déposer quelquefois pendant quatre jours leurs armes, pour se pénétrer des enseignements de la philosophie! On voyait l'un étudier la position du ciel, l'autre les propriétés des herbes et des fruits de la terre; celui-ci suivre l'accroissement et le décroissement de la lune; celui-là observer le travail du soleil, et chercher comment, entraîné par la rotation du ciel, cet astre, tout en se hâtant d'atteindre la plage orientale, est ramené en arrière vers la plage occidentale. Puis, après s'être rendu compte de tous ces phénomènes, ils se reposaient. Dicenéus, en enseignant aux Goths, grâce à son savoir, toutes ces choses et beaucoup d'autres encore, leur inspira une grande admiration, au point qu'il commandait non-seulement aux hommes d'un rang modeste, mais aux rois eux-mêmes. En effet, il choisit parmi eux les hommes les plus éminents, les plus distingués par leur sagesse, et, les initiant à la théologie, il leur persuada d'honorer certains dieux et certains sanctuaires, et les fit prêtres; il les appela *Pileati*, parce que, je pense, ils faisaient leurs sacrifices la tête couverte d'une tiare, que, d'un autre nom, nous appelons *pileus*; il voulut que le nom de *Chevelus* fût donné au reste de la nation, et les Goths, attachant à cette dénomination un grand prix, la rappellent encore aujourd'hui dans leurs chants populaires.

Decedente vero Diceneo, pæne pari veneratione habuere Comosicum, quia nec impar erat solertia. Hic etenim et rex illis, et pontifex ob suam peritiam habebatur, et in sua justitia populos judicabat²⁷. Et hoc rebus excedente humanis, Corillus rex Gothorum in regnum conscendit, et per XL annos in Dacia suis gentibus imperavit. Daciam dico antiquam, quam nunc Gepidarum populi possidere noscuntur. Quæ patria in conspectu Mœsiæ trans Danubium corona montium cingitur, duos tantum habens accessus, unum per Bontas, alterum per Tabas. Hanc Gothicam, quam Daciam appellavere majores (quæ nunc, ut diximus, Gepidia dicitur), tunc ab oriente Roxolani, ab occasu Tamazites, a septentrione Sarmatæ et Bastarnæ, a meridie amnis Danubii fluenta terminant. Tamazites a Roxolanis alveo tantum fluvii segregantur.

Sed quia Danubii mentio facta est, non ab re judico pauca de tali amne egregia indicare. Nam hic in Alemanicis arvis exoriens, LX habet a fonte suo flumina usque ad ostia in Pontum vergentia, per mille ducentorum passuum millia hinc inde suscipiens flumina in modum spinæ, quæ costas ut cratem intexunt. Omnino amplissimus est, qui in lingua Bessorum Hister vocatur, ducentis tantum pedibus in altum aquam alveo habet profundam. Hic etenim amnis inter cetera flumina immanis, omnes superat, præter Nilum. Hæc de Danubio dixisse sufficiat.

V. Ad propositum vero, unde nos digressi sumus,

Dicenéus étant mort, les Goths entourèrent d'une vénération presque égale Comosicus, parce qu'il ne lui était pas inférieur en habileté. Ses talents le firent considérer par ces peuples et comme roi et comme pontife, et il les jugeait dans sa justice. Comosicus, ayant aussi quitté la vie, Corillus, roi des Goths, monta sur le trône, et gouverna pendant quarante années sa nation dans la Dacie. Je veux parler de la Dacie ancienne, possédée maintenant, comme on sait, par les tribus des Gépides. Ce pays, situé en face de la Mésie, au delà du Danube, est entouré d'une couronne de montagnes, et ne présente que deux entrées, l'une par Bontæ, l'autre par Tabæ. Cette Gothie, appelée Dacie par les anciens, et aujourd'hui Gépidie, avait alors pour limites à l'orient les Roxolans, à l'occident les Tamazites, au nord les Sarmates et les Bastarnes, au midi le cours du Danube. Les Tamazites ne sont séparés des Roxolans que par le lit du fleuve.

Et puisqu'il a été question du Danube, il ne sera pas, je pense, inutile de dire ce qu'un fleuve si célèbre offre de plus remarquable. Il prend sa source dans les campagnes des Alemans, reçoit soixante fleuves depuis sa naissance jusqu'aux embouchures par lesquelles ses eaux se jettent dans le Pont, dans un cours de douze cent mille pas, recevant des deux côtés des fleuves qui lui donnent l'apparence d'une épine dorsale, dont il est comme la colonne, et dont les fleuves forment les côtes. C'est de tous le plus grand; dans la langue des Besses, il est appelé Hister; et ses eaux, dans la partie la plus profonde de son lit, ne s'élèvent pas à plus de deux cents pieds. Ce fleuve, immense parmi les autres, les surpasse tous, à l'exception du Nil. Nous en avons dit assez sur le Danube.

V. Revenons, avec l'aide du Seigneur, au sujet dont

adjuvante Domino, redeamus. Longum namque post intervallum, Domitiano imperatore regnante, ejus avaritiam metuentes, fœdus, quod dudum cum aliis principibus pepigerant Gothi, solventes, ripam Danubii jam longe possessam ab imperio Romano, dejectis militibus cum eorum ducibus vastaverunt : cui provinciæ tunc post Agrippam Poppæus præerat Sabinus; Gothis autem Dorpaneus principatum agebat, quando bello commisso Gothi Romanis devictis, Poppæi Sabini capite abscisso, multa castella et civitates invadentes de parte imperatoris publice deprædarunt : qua necessitate suorum Domitianus cum omni virtute sua in Illyricum properavit, et totius pæne reipublicæ militibus ductore Fusco prælato cum electissimis viris amnem Danubium consertis navibus ad instar pontis transmeare coegit, super exercitum Dorpanei. Tum Gothi haud segnes reperti, arma capessunt, primoque armati conflictu, mox Romanos devincunt, Fuscoque duce extincto, divitias de castris militum despoliant, magnaque potiti per loca victoria, jam proceres suos quasi qui fortuna vincebant, non puros homines, sed semideos, id est Anses [28] vocavere. Quorum genealogiam ut paucis percurram, ut quo quis parente genitus est, aut unde origo accepta, ubi finem efficit, absque invidia qui legis vera dicentem ausculta. Horum ergo (ut ipsi suis fabulis ferunt) primus fuit Gapt, qui genuit Halmal; Halmal vero genuit Augis; Augis genuit eum, qui dictus est Amala, a quo et

nous nous sommes écartés. Après un long intervalle, et sous le règne de Domitien, les Goths, craignant l'avarice de cet empereur, rompirent l'alliance que jadis ils avaient faite avec d'autres princes; ils dévastèrent la rive du Danube, depuis longtemps possédée par l'empire romain, après en avoir repoussé les soldats et leurs chefs. Alors cette province était gouvernée par Poppéus Sabinus, qui avait succédé à Agrippa : à la tête des Goths était Dorpanéus. La guerre s'engagea donc. Les Goths vainquirent les Romains, tranchèrent la tête à Poppéus Sabinus, forcèrent plusieurs villes et châteaux du côté de l'empereur, et les pillèrent ouvertement. A la nouvelle du malheur qui frappait les siens, Domitien accourut en Illyrie avec toutes ses forces et presque toutes les troupes de la république; il attacha les uns aux autres des navires, de manière à en former une sorte de pont sur le Danube, et ordonna à Fuscus de traverser le fleuve avec un corps d'élite, et de se porter en avant contre l'armée de Dorpanéus. Alors les Goths montrèrent qu'ils n'étaient pas lâches; ils prennent les armes, et, dès la première rencontre, ils battent les Romains, tuent Fuscus, le général ennemi, pillent les richesses de son camp, et, fiers d'une grande victoire remportée en ces lieux, ils ne voient plus de simples mortels dans leurs grands, qui viennent de vaincre comme par une faveur spéciale de la fortune, mais ils les appellent demi-dieux, c'est-à-dire Anses. Je vais parcourir en peu de mots leur généalogie, indiquant de quel père chacun d'eux est né, ou encore d'où chacun a tiré son origine, où il a fini; et vous qui me lisez, écoutez mes paroles sans méfiance, car je dis la vérité. Le premier de ces Anses (comme ils le racontent eux-mêmes dans leurs traditions) fut Gapt, qui engendra Halmal; Halmal engendra Augis; Augis engendra celui qui est appelé Amala, et duquel la race des Amales tire son origine. Amala engendra Isarna; Isarna engendra Os-

origo Amalorum decurrit. Et Amala genuit Isarna; Isarna autem genuit Ostrogotha; Ostrogotha genuit Unilt; Unilt genuit Athal; Athal genuit Achiulf; Achiulf genuit Ansilam et Ediulf, Vuldulf et Hermerich; Vuldulf vero genuit Valeravans; Valcravans autem genuit Winitharium; Winitharius quoque genuit Theodemir et Walemir et Widemir; Theodemir genuit Theodericum; Theodericus genuit Amalasuentam; Amalasuenta genuit Athalaricum et Mathasuentam, de Utherico [29] viro suo, cujus affinitati generis sic ad eam conjunctus est. Nam supradictus Hermericus filius Achiulfi genuit Hunnimundum; Hunnimundus autem genuit Thorismundum; Thorismundus vero genuit Berimund [30]; Berimund genuit Widericum; Widericus genuit Eutharicum qui, conjunctus Amalasuentæ, genuit Athalaricum et Mathasuentam. Mortuoque in puerilibus annis Athalarico, Mathasuentæ Witichis est sociatus, de quo non suscepit liberum, adductisque simul a Belisario in Constantinopolim, et Witichi rebus excedente humanis, Germanus patricius fratruelis domini Justiniani imperatoris eamdem in conjugio sumens, patriciam ordinariam fecit; de qua filium genuit item Germanum nomine. Germano vero defuncto ipsa vidua perseverare disponit. Qualiter autem, aut quomodo Amalorum regnum destructum est, loco suo, si Dominus voluerit, edocebimus.

Nunc autem ad id, unde digressum fecimus, redeamus, doceamusque quando ordo gentis, unde agimus,

trogotha; Ostrogotha engendra Unilt; Unilt engendra Athal; Athal engendra Achiulf; Achiulf engendra Ansila et Ediulf, Vuldulf et Hermérich; Vuldulf engendra Valéravans; Valéravans engendra Winithaire; Winithaire engendra Théodemir, Walemir et Widemir; Théodemir engendra Théodéric; Théodéric engendra Amalasuente; Amalasuente engendra Athalaric et Mathasuente, d'Uthéric, son mari; ce mariage avait réuni deux familles issues du même sang. En effet, Herméric, que nous avons nommé plus haut, fils d'Achiulf, engendra Hunnimund; Hunnimund engendra Thorismund; Thorismund engendra Berimund; Berimund engendra Widéric; Widéric engendra Eutharic, qui, ayant épousé Amalasuente, engendra Athalaric et Mathasuente. Athalaric étant mort encore enfant, Witichis reçut en mariage Mathasuente; celle-ci n'eut pas d'enfants de cette union. Les deux époux ayant été emmenés à Constantinople par Bélisaire, et Witichis étant mort, le patrice Germain, fils du frère de l'empereur Justinien, notre maître, épousa cette princesse et en fit une simple patrice; il en eut un fils appelé comme lui Germain. Après la mort de Germain, Mathasuente résolut de rester veuve. Nous dirons en son lieu, si le Seigneur le permet, comment et en quelles circonstances le royaume des Amales fut détruit.

Mais maintenant revenons au point d'où nous sommes partis, et disons quand le peuple dont nous parlons, a

cursus sui metam expleverit. Ablabius enim historicus refert, quia ibi super limbum Ponti, ubi eos diximus in Scythia commanere, pars eorum, qui orientalem plagam tenebant, eisque praeerat Ostrogotha (incertum utrum ab ipsius nomine, an a loco orientali), dicti sunt Ostrogothae, residui vero Vesegothae in parte occidua. Et quidem jam sicut diximus, eos transito Danubio aliquantum temporis apud Moesiam Thraciamque vixisse. Ex eorum reliquiis fuit et Maximinus imperator, post Alexandrum Mammeam, ut dicit Symmachus in quinto suae historiae libro. Alexandro, inquit, Caesare mortuo, Maximinus ab exercitu factus est imperator ex infimis parentibus in Thracia natus, a patre Gotho nomine Mecca, matre Alana, quae Ababa dicebatur. Is triennium regnans, dum in christianos arma commoveret, imperium simul et vitam amisit. Nam hic Severo imperatore regnante, et natalem filii diem celebrante, post primam aetatem et rusticam vitam de pascuis in militiam venit. Princeps Severus quidem militares dederat ludos. Quod cernens Maximinus, qui erat semibarbarus adolescens, positis praemiis, barbara lingua petit ab imperatore ut sibi luctandi cum militibus licentiam daret. Severus admodum miratus magnitudinem formae (erat enim, ut fertur, statura ejus procera ultra octo pedes), jussit eum cum lixis corporeo nexu contendere, ne quid a rudi homine militaribus viris veniret injuriae. Tunc Maximinus sedecim lixas tanta felicitate prostravit, ut

rempli sa carrière. Ablabius l'historien rapporte que lorsqu'ils habitaient sur les bords du Pont (nous avons dit que là ils demeuraient dans la Scythie), une partie d'entre eux, qui occupait le pays à l'orient, et qui avait Ostrogotha pour roi, fut appelée Ostrogoths, sans que l'on sache si ce nom lui est venu du nom de ce roi, ou de sa position à l'orient; et le reste, qui résidait dans le pays à l'occident, fut appelée Visigoths. Nous avons déjà dit qu'après avoir passé le Danube, ils séjournèrent quelque temps en Mésie et en Thrace. C'est des traînards qu'ils laissèrent dans ce pays que descendit l'empereur Maximin, successeur d'Alexandre Mammée, ainsi que le raconte Symmaque dans le cinquième livre de son histoire. Après la mort d'Alexandre César, dit cet auteur, Maximin fut fait empereur par l'armée; il était né en Thrace de parents de la plus basse condition; son père, qui était Goth, s'appelait Mecca; sa mère, nommée Ababa, était de la nation des Alains. Ce prince, dont le règne dura trois ans, tourna ses armes contre les chrétiens, et perdit tout ensemble l'empire et la vie. Il avait passé ses premières années dans la vie rustique, et ce fut sous le règne de Sévère, au moment où cet empereur célébrait la naissance de son fils, qu'il quitta les pâturages pour venir se placer sous les drapeaux. L'empereur Sévère avait donné des jeux militaires. A cette vue, et à l'aspect des prix offerts aux vainqueurs, Maximin, qui était un jeune homme à demi barbare, demanda à l'empereur, en langue barbare, la permission de lutter avec les soldats. Sévère, que sa haute taille frappa d'étonnement (car elle dépassait, dit-on, huit pieds), voulut qu'il luttât à force de bras avec les valets des soldats, afin que sa brutalité ne causât pas de mal aux hommes de guerre. Alors Maximin renversa seize de ces valets avec tant de bonheur, qu'il les vainquit l'un après l'autre, sans prendre même, dans l'intervalle, un instant de repos. Il remporta

vincendo singulos, nullam sibi requiem intercapedine temporum daret. Hic captis præmiis, jussus est in militiam mitti, primaque ei stipendia equestria fuere. Tertiam post diem, quum imperator prodiret in campum, vidit eum exsultantem more barbarico, jussitque tribuno, ut eum coercitum ad Romanam imbueret disciplinam. Illi vero ubi de se intellexit principem loqui, accessit ad eum, equitantemque præire pedibus cœpit. Tum imperator equo adacto in cursum calcaribus incitatum, multos orbes huc atque illuc usque ad suam fatigationem variis inflexibus interpedavit, ac deinde ait illi : « Numquid vis post cursum Thracisce luctari? » respondit : « Quantum libet, imperator. » Ita Severus ex equo desiliens, recentissimos militum cum eodem certare jussit. At ille septem valentissimos milites ad terram elisit, ita ut antea nihil per intervalla respiraret. Solus a Cæsare et argenteis præmiis, et aureo torque donatus est, jussus deinde inter stipatores degere corporis principalis. Post hæc sub Antonino Caracalla ordines duxit, ac sæpe famam factis extendens, inter plures militiæ gradus, centuriasque strenuitatis suæ pretium tulit. Macrino tamen postea in regnum ingresso, recusavit militiam pæne triennium, tribunatusque habens honorem, nunquam se oculis obtulit Macrini, indignum ducens ejus imperium, quod perpetratum facinus erat quæsitum ab Heliogabalo. Dehinc quasi ad Antonini filium revertens, tribunatum suum adiit, et post hunc sub Alexandro Mammea contra Parthos mirabiliter dimicavit. Eoque Mogontiaco militari

donc le prix, et, par ordre de l'empereur, il fut admis dans l'armée, et servit d'abord dans la cavalerie. Trois jours après, l'empereur, en se promenant dans le champ de manœuvre, le vit sauter à la manière des barbares, et ordonna au tribun de le former par la contrainte à la discipline romaine. Dès que Maximin s'aperçut que le prince parlait de lui, il s'approcha de Sévère, qui était à cheval, et se mit à marcher à pied devant lui. Alors l'empereur, piquant son cheval de l'éperon, l'excita à la course, lui fit faire plusieurs tours à droite et à gauche, et caracoler en mille sens divers jusqu'à se fatiguer; puis il dit à Maximin : « Veux-tu, après avoir si bien couru, lutter à la manière des Thraces ? — Tant que vous voudrez, empereur, » répliqua le jeune homme. Sévère descendit de cheval, et ordonna aux plus nouveaux soldats de lutter avec Maximin. Celui-ci terrassa sept des plus vigoureux soldats, sans avoir pris auparavant un instant pour respirer. Seul il reçut du César une récompense en argent et un collier d'or, et par l'ordre du prince il fut placé dans ses gardes du corps. Puis, sous Antoninus Caracalla, il commanda un certain nombre d'hommes, et, étendant de plus en plus sa réputation par ses exploits, il passa par plusieurs grades, et obtint, pour prix de sa valeur, le rang de centurion. Cependant, Macrin étant ensuite arrivé au trône, il refusa le service pendant près de trois ans; il avait alors les honneurs du tribunat, et ne se présenta jamais aux yeux de Macrin, qu'il jugeait indigne de l'empire, parce qu'il l'avait acquis par un crime aux dépens d'Héliogabale. Puis, comme s'il revenait au fils d'Antonin, il reprit sa charge de tribun, et, après la mort de ce prince, il combattit avec une admirable valeur contre les Parthes sous Alexandre Mammée. Celui-ci ayant été tué à Mayence dans une révolte de soldats, Maximin fut fait empereur par le choix de l'armée sans que le sénat eût été consulté. Un vœu coupable

tumultu occiso, ipse exercitus electione absque senatus consultu effectus est imperator, qui cuncta bona sua in christianorum persecutione malo voto fœdavit, occisusque Aquileiæ a Pupione, regnum reliquit Philippo. Quod nos idcirco huic opusculo de Symmachi historia mutuavimus, quatenus gentem, unde agimus, ad regni Romani fastigium usque venisse doceamus.

VI. Ceterum causa exigit, ut ad id, unde digressi sumus, redeamus. Nam gens ista mirum in modum in ea parte, qua versabatur, id est Ponti, in litore Scythiæ soli innotuit, sine dubio tanta spatia tenens terrarum, tot sinus maris, tot fluminum cursus, sub cujus sæpe dextra Wandalus jacuit, stetit sub pretio Marcomannus, Quadorum principes in servitutem redacti sunt. Philippo namque antedicto regnante Romanis, qui solus ante Constantinum christianus cum Philippo, id est filio, fuit, cujus et secundo anno regni Roma millesimum annum explevit, Gothi, ut assolet, distracta sibi stipendia sua ferentes ægre, de amicis facti sunt inimici. Nam remoti sub regibus viverent suis, reipublicæ tamen Romanæ fœderati erant, et annua munera percipiebant. Quid multa? Transiens tunc Ostrogotha cum suis Danubium, Mœsiam Thraciamque vastavit. Ad quem repellendum Decius senator a Philippo dirigitur, qui veniens dum genti nihil prævalet, milites proprios exemptos a militia fecit vita privata degere, quasi eorum neglectu Gothi Danubium transissent, factaque utputa in suis

lui fit souiller toutes ses bonnes qualités par la persécution qu'il dirigea contre les chrétiens. Assassiné à Aquilée par Pupion, il laissa le trône à Philippe. Après avoir emprunté ces indications pour notre opuscule à l'histoire de Symmaque, nous allons dire comment la nation dont nous nous occupons est arrivée jusqu'au faîte de l'empire romain.

VI. Du reste, le sujet exige que nous revenions au point d'où nous sommes partis. Cette nation s'illustra d'une manière merveilleuse dans les régions qu'elle habitait, c'est-à-dire sur le Pont et sur le rivage du territoire scythique; elle occupait un si grand espace, tant de golfes, le cours de tant de fleuves! Souvent le Wandale fut terrassé par son bras; le Marcoman fut son tributaire; les princes des Quades furent réduits à la servir. Sous le règne de Philippe, dont nous avons parlé, et qui seul, parmi les empereurs romains, avant Constantin, fut chrétien avec Philippe, c'est-à-dire avec son fils, et dans la seconde année duquel Rome célébra le millième anniversaire de sa fondation, les Goths, suivant leur coutume, se virent avec colère privés de leurs subsides. D'amis qu'ils étaient, ils devinrent ennemis. Car, bien qu'ils vécussent à l'écart sous leurs rois, ils étaient cependant alliés de la république romaine, et recevaient des dons annuels. En un mot, Ostrogotha traversa le Danube avec les siens, et dévasta la Mésie et la Thrace. Le sénateur Decius fut envoyé par Philippe pour le repousser : arrivé, ce général ne put rien contre cette nation; il libéra donc du service ses propres soldats, et les fit rentrer dans la vie privée, sous prétexte que les Goths n'avaient passé le Danube que par la négligence des Romains, et, après avoir cru s'être vengé des siens, il retourna vers Philippe. Mais les soldats, se voyant après tant de travaux expulsés de l'ar-

vindicta, ad Philippum revertitur. Mlites vero videntes se esse post hos labores militia pulsos, indignati ad Ostrogothæ regis Gothorum auxilium confugerunt. Qui excipiens eos, eorumque verbis accensus, mox triginta millia virorum armata produxit ad pœlium, adhibitis sibi Thaiphalis et Asdingis nonnullis. Sed et Carporum tria millia, genus hominum ad bella nimis expeditum, qui sæpe Romanis infesti sunt; quos tamen post hæc imperante Diocletiano, Galerius Maximinus Cæsar de civitate reipublicæ Romanæ subjecit. Is ergo habens Gothos et Peucenos, ab insula Peuce, quæ ostio Danubii Ponto mergenti adjacet, Argaitum et Gunthericum nobilissimos suæ gentis præfecit ductores. Qui mox Danubium vadati, et secundo Mœsiam populati: Marcianopolim ejusdem patriæ urbem famosam metropoli aggrediuntur, diuque obsessam, accepta pecunia ab his, qui inerant, reliquere [31]. Et quia Marcianopolim nominavimus, libet aliqua de ejus situ breviter intimare.

Nam hanc urbem Trajanus imperator hac re ædificavit, ut fertur, eo quod Marciæ sororis suæ puella, dum lavat in flumine illo, quod nimiæ limpiditatis saporisque in media urbe oritur, Potami [32] cognomento, exindeque vellet aquam haurire, casu vas aureum, quod ferebatur, in profundum cecidit, metalli pondere gravatum, et longe post emersit; quod certe non erat usitatum, ac vacuum sorberi, ac certe semel voratum undis respuentibus renatare. His Trajanus sub admiratione compertis,

mée, eurent recours, dans leur indignation, à l'appui d'Ostrogotha, roi des Goths. Ce prince les accueillit, et, enflammé par leurs paroles, il s'avança bientôt au combat avec une armée de trente mille hommes ; il avait réuni à ses bandes un certain nombre de Thaïphales et d'Asdinges. Avec lui vinrent aussi trois mille combattants de la nation des Carpes, race singulièrement propre à la guerre, et qui s'est rendue souvent terrible aux Romains. Plus tard cependant, sous l'empire de Dioclétien, le César Galerius Maximinus les soumit à la république romaine. Ostrogotha, qui avait des Goths et des Peucènes, venus de l'île de Peucé, voisine de l'embouchure par laquelle le Danube se jette dans le Pont, leur donna pour chefs Argaït et Gunthéric, hommes très-éminents dans leur nation. Bientôt ceux-ci franchirent le Danube ; puis ils ravagèrent une seconde fois la Mésie ; ils attaquèrent Marcianopolis, ville fameuse de ces contrées, et, après un long siége, ils l'abandonnèrent au prix d'une somme d'argent que leur donnèrent ceux qui étaient renfermés dans ses murs. Et puisque nous avons nommé Marcianopolis, il convient de faire connaître en peu de mots sa position.

Cette ville fut fondée par l'empereur Trajan, et voici le motif que l'on en donne : une jeune fille de sa sœur Marcia, se baignant dans le fleuve nommé Potamus, dont la source, d'une limpidité et d'une douceur singulières, se trouve au sein même de la ville, voulut y puiser de l'eau. Par hasard un vase d'or, qu'on lui apportait, tomba au fond de la rivière, entraîné par le poids du métal, et longtemps après il revint à la surface ; certes il n'était pas naturel qu'il fût englouti vide, ni qu'une fois englouti il fût rejeté par les ondes et revînt surnager. Ce fait, raconté à Trajan, le frappa d'étonnement ; persuadé qu'il

fontique numinis quiddam inesse credens, conditam civitatem germanæ suæ in nomine Marianopolim nominavit. Ab hinc ergo, ut dicebamus, post longam obsidionem accepto præmio ditatus Geta, recessit ad patriam: quem Gepidarum cernens populus subito ubique vincentem, prædisque ditatum, invidia ducius, arma in parentes movit. Quomodo vero Getæ Gepidæque sint parentes si quæris, paucis absolvam.

Meminisse debes, me initio de Scanziæ insulæ gremio Gothos dixisse egressos cum Berich suo rege, tribus tantum navibus vectos ad citerioris Oceani ripam, quarum trium una navis, ut assolet, tardius vecta, nomen genti fertur dedisse. Nam lingua eorum pigra Gepanta dicitur. Hinc factum est, ut paulatim et corrupte nomen eis ex convicio nasceretur. Gepidæ namque sine dubio ex Gothorum prosapia ducunt originem: sed quia, ut dixi, Gepanta pigrum aliquid tardumque signat, pro gratuito convicio Gepidarum nomen exortum est, quod nec ipsum credo falsissimum. Sunt enim tardioris ingenii, graviores corporum velocitate. Hi ergo Gepidæ tacti invidia, dudum spreta provincia, commanebant in insula Visclæ amnis vadis circumacta, quam pro patrio sermone dicebant Gepidos. Nunc eam, ut fertur, insulam gens Vividaria incolit, ipsis ad meliores terras meantibus. Qui Vividarii ex diversis nationibus ac si in unum asylum collecti sunt, et gentem fecisse noscuntur. Ergo (ut dicebamus) Gepidarum rex Fastida, qui etiam gentem excitans, patrios fines per arma dilatavit, Burgundiones

y avait quelque chose de divin dans cette source, il construisit tout autour une ville que, du nom de sa sœur, il appela Marcianopolis. C'est de cette ville que, comme nous l'avons dit, le Gète, enrichi par l'argent qu'on lui donna, se retira après un long siége, pour retourner dans sa patrie : la nation des Gépides, le voyant partout vainqueur et maître d'un riche butin, se laissa entraîner par l'envie, et tourna ses armes contre ses compatriotes. Si tu veux savoir comment les Gètes et les Gépides sont issus du même sang, je vais te le dire en peu de mots.

Tu dois te rappeler qu'au commencement de ce livre j'ai dit que les Goths sortirent, avec leur roi Bérich, du sein de l'île de Scanzie. Ils furent portés sur trois navires seulement vers le rivage de l'Océan citérieur; l'un de ces trois navires, plus lent dans sa marche, comme cela arrive d'ordinaire, fit donner, dit-on, à ce peuple, le nom qui le distingue; car dans leur langue, *paresseux* est rendu par *gepanta*. Il arriva de là que, peu à peu et par une certaine altération, ce qui n'était qu'un sobriquet devint leur nom. Il est hors de doute en effet que les Gépides tirent leur origine de la race des Goths; mais comme, ainsi que je l'ai dit, le mot *gepanta* désigne quelque chose de paresseux et de lent, le nom de Gépides s'est formé de ce simple sobriquet; et je crois que ce nom lui-même n'est pas très-faux. Car ces peuples sont plus lents d'esprit, plus lourds et moins alertes de corps. Ces Gépides, dévorés d'envie, et qui avaient longtemps méprisé la province, demeuraient dans une île entourée des eaux du fleuve Viscla, que de leur nom national ils appelaient *Gepidos*. Maintenant, dit-on, cette île est habitée par le peuple des Vividariens, depuis que les Gépides sont allés chercher des terres meilleures. On sait que ces Vividariens sont un ramas d'hommes de diverses nations, venus comme dans un même asile, et qu'ils ont de cette manière formé un peuple. Ainsi donc, comme nous le disions, Fastida, roi des Gépides, qui, enflam-

pæne usque ad internecionem delevit, aliasque nonnullas gentes perdomuit. Gothos quoque male provocans, consanguinitatis fœdus prius importuna concertatione violavit : superbaque admodum elatione jactatus, crescenti populo dum terras cœpit addere, incolas patrios reddidit rariores. Is ergo misit legatos ad Ostrogotham, cujus adhuc imperio tam Ostrogothæ, quam Vesegothæ, id est ejusdem gentis populi, subjacebant, inclusum se montium quéritans asperitate, silvarumque densitate constrictum, unum poscens e duobus, ut aut bellum sibi, aut locorum suorum spatia præpararet. Tunc Ostrogotha rex Gothorum (ut erat solidi animi) respondit legatis, bellum se quidem tale horrere, durumque fore, et omnino scelestum, armis confligere cum propinquis; loca vero non cedere. Quid multa? Gepidæ in bella irruunt; contra quos ne nimii judicarentur, movit et Ostrogotha procinctum, conveniuntque ad oppidum Galtis, juxta quod currit fluvius Aucha, ibique magna partium virtute certatum est : quippe quos in se et armorum et pugnæ similitudo commoverat. Sed causa melior, vivaxque ingenium juvat Gothos. Inclinata denique parte Gepidarum, prœlium mox diremit. Tunc relicta suorum strage, Fastida rex Gepidarum properavit ad patriam, tam pudendis opprobriis humiliatus, quam fuerat elatione erectus. Redeunt victores Gothi; Gepidarum discessione contenti, suaque in patria nostri in pace versantur, usque dum eorum præ vius existeret Ostrogotha.

mant encore ses sujets, étendit par les armes les frontières de sa patrie, extermina presque sans réserve les Bourguignons, et dompta plusieurs autres peuples. Provoquant à tort les Goths, il viola d'abord par une contestation déplacée les liens d'une origine commune; et, emporté par une orgueilleuse vanité, tout en acquérant des terres nouvelles pour son peuple qui croissait en nombre, il rendit plus rares les habitants de la patrie. Fastida envoya des ambassadeurs à Ostrogotha, au pouvoir duquel étaient encore soumis et les Ostrogoths et les Visigoths, c'est-à-dire les tribus de la même race. Il se plaignait d'être enfermé entre de sauvages montagnes, et resserré entre d'épaisses forêts, et demanda de deux choses l'une, ou la guerre, ou l'abandon d'un certain espace de terrain. Ostrogotha, roi des Goths (il avait une grande fermeté de caractère), répondit aux ambassadeurs qu'assurément il avait horreur d'une telle guerre; qu'il serait douloureux et criminel de tourner les armes contre des proches; mais qu'il ne céderait pas de terres. En un mot, les Gépides se précipitent à la guerre : pour ne pas faire croire à leur supériorité, Ostrogotha marcha contre eux avec une armée; on en vint aux mains près de la ville de Galtis; sous les murs de laquelle coule le fleuve Aucha; là, les deux partis combattirent avec un grand courage; en effet l'usage des mêmes armes et la même manière de combattre les excitaient l'un contre l'autre; mais la bonté de leur cause et leur vivacité naturelle furent en aide aux Goths. Enfin, les Gépides plièrent, et la lutte fut bientôt décidée. Alors, fuyant le champ de carnage où les siens avaient été massacrés, Fastida, roi des Gépides, retourna en toute hâte dans sa patrie, aussi humilié de ses honteux désastres que naguère il s'était montré fier de ses succès. Les Goths revinrent vainqueurs, satisfaits de la retraite des Gépides, et ils restèrent en paix dans leur patrie tant qu'ils eurent Ostrogotha pour souverain.

Post cujus decessum Cniva exercitum dividens in duas partes, nonnullos ad vastandum Moesiam dirigit, sciens eam negligentibus principibus defensoribus destitutam. Ipse vero cum septuaginta millibus ad Eustesium, id est Novas, conscendit : unde a Gallo duce remotus, Nicopolim accedit, quæ juxta Iatrum fluvium est constituta notissima; quoniam devictis Sarmatis, Trajanus eam fabricavit, et appellavit victoriæ civitatem : ubi Decio superveniente imperatore, tandem Cniva in Hæmoniæ partes, quæ non longe aberant, recessit : inde apparatu disposito, Philippopolim ire festinans.

VII. Cujus secessum Decius imperator cognoscens, et ipsius urbi ferre subsidium gestiens, jugo montis transacto, ad Berræam venit. Ibique dum equos exercitumque lassum refoveret, illico Cniva cum Gothis in modum fulminis ruit, vastatoque Romano exercitu, imperatorem cum paucis, qui fugere quiverant ad Thusciam, rursus trans Alpes in Moesiam proturbavit, ubi tunc Gallus dux limitis cum plurima manu bellantium morabatur. Collectoque tam exinde, quam de hoste exercitu, futuri belli reparat aciem. Cniva vero diu obsessam invadit Philippopolim, prædaque potitus, Priscum ducem, qui inerat, sibi fœderavit, quasi cum Decio pugnaturum [33]. Venientesque ad conflictum, illico Decii filium sagitta saucium, crudeli vulnere confodiunt. Quod pater animadvertens, licet ad confortandos animos militum dixisse fertur : « Nemo tristetur, perditio unius militis non est

Après la mort de ce prince, Cniva, divisant son armée en deux corps, envoya des troupes ravager la Mésie, sachant que, par la négligence des princes, elle était privée de défenseurs. Lui-même, avec soixante-dix mille hommes, il remonta jusqu'à Eustesium, c'est-à-dire jusqu'à Novæ; repoussé de là par Gallus, il s'approcha de Nicopolis, ville très-connue, située près du fleuve Iatrus; jadis, après une victoire sur les Sarmates, Trajan l'avait construite et appelée ville de la victoire. A l'arrivée de l'empereur Decius, Cniva se retira enfin sur les terres de l'Hémonie, qui n'étaient pas éloignées. De là, il fit ses préparatifs, et se dirigea en toute hâte sur Philippopolis.

VII. A la nouvelle de la retraite de ce roi, l'empereur Decius, brûlant de secourir la ville, traversa la chaîne de ces monts, et vint à Berræa. Tandis qu'il y laisse quelque repos à ses chevaux et à son armée fatiguée, Cniva, comme la foudre, se précipite sur lui avec ses Goths, porte le ravage dans l'armée romaine, chasse devant lui au delà des Alpes, dans la Mésie, l'empereur avec le petit nombre d'hommes qui a pu se sauver vers la Thuscie; mais là Gallus, commandant de la frontière, se tenait avec une troupe nombreuse de combattants. Ayant réuni une nouvelle armée, tant avec ses ressources qu'aux dépens de l'ennemi, il se met en mesure de recommencer la guerre. Mais Cniva prend Philippopolis après un long siége, et, maître de cette proie, il fait entrer dans son alliance, pour combattre Decius, Priscus, qui commandait dans la place. L'action est engagée; une flèche va frapper le fils de Decius, qui succombe à cette cruelle blessure. A cette vue, le malheureux père, pour soutenir le courage des soldats, s'écria, dit-on: « Que personne ne s'attriste; la perte d'un seul soldat n'est pas un dom-

reipublicæ diminutio : » tamen, paternum affectum non ferens, hostes invadit, aut mortem, aut ultionem filii exposcens, veniensque abrupto Mœsiæ civitatem, circumseptus a Gothis et ipse extinguitur, imperii finem, vitæque terminum faciens. Qui locus hodieque Decii ara dicitur, eo quod ibi ante pugnam miserabiliter idolis immolaret.

Defuncto tunc Decio, Gallus et Volusianus regno potiti sunt Romanorum, quando et pestilens morbus pæne istius necessitatis consimilis, ut nos ante hos novem annos experti sumus, faciem totius orbis fœdavit, supra modum quoque Alexandriam totiusque Ægypti loca devastans, Dionysio historico super hanc cladem lacrymabiliter exponente, quam et noster conscripsit venerabilis martyr Christi episcopus Cyprianus in libro cujus titulus est de Mortalitate. Tunc et Æmilianus quidam, Gothis sæpe ob principum negligentiam Mœsiam devastantibus, ut vidit licere, nec a quoquam sine magno reipublicæ dispendio removeri, similiter suæ fortunæ arbitratus posse evenire, tyrannidem in Mœsiam arripuit, omnique manu militari ascita, cœpit urbes et populos devastare. Contra quem intra paucos menses multitudo apparatus accrescens, non minimum incommodum reipublicæ parturivit; qui tamen in ipso pæne nefario conatus sui initio extinctus, et vitam et imperium, quod invadebat, amisit. Supradicti vero Gallus et Volusianus imperatores, quamvis vix biennio in imperio perseverantes, ab hac luce migrarint, tamen ipso

mage pour la république. » Pourtant son cœur paternel ne put contenir sa douleur; il se précipita sur l'ennemi, demandant à mourir ou à venger son fils, et, venant brusquement près d'une ville de Mésie, il y fut cerné par les Goths, et tué, perdant ainsi le trône et la vie. Cet endroit est appelé encore aujourd'hui autel de Decius, parce qu'avant le combat il y avait misérablement offert un sacrifice aux idoles.

Decius étant mort ainsi, Gallus et Volusien prirent possession de l'empire romain. A cette époque, une maladie pestilentielle, presque aussi terrible que la contagion qui nous a décimés il y a neuf ans environ, désola toute la surface de la terre, et exerça d'inexprimables ravages dans Alexandrie et dans toutes les parties de l'Égypte. Denys l'historien a fait un lamentable récit de ce désastre, dont notre vénérable martyr du Christ, l'évêque Cyprien, a également fait le tableau dans son livre intitulé *de la Mortalité.* Alors, comme, par suite de la négligence des princes, les Goths dévastaient souvent la Mésie, un certain Émilien, voyant que tout était permis et que personne ne tentait de les repousser sans que la république en souffrît un grand dommage, croyant d'ailleurs arriver à faire fortune, usurpa en Mésie le souverain pouvoir, et, appelant autour de lui tout ce qu'il put trouver de soldats, se mit à désoler les villes et les peuples. La multitude en se réunissant accrut en peu de mois les forces déployées contre lui, ce qui causa encore des pertes notables à la république; cependant il mourut dès le début même de sa criminelle entreprise, et perdit avec la vie l'empire qu'il avait usurpé. Les empereurs Gallus et Volusien, dont nous avons parlé, ne se maintinrent, il est vrai, que deux ans sur le trône, et quittèrent de bonne heure ce monde; durant ces deux années pourtant, qu'ils eurent

biennio, quo affuere, ubique pacati, ubique regnavere gratiosi, præterquam quod unum eorum fortunæ reputatum est, id est generalis morbus: sed hoc ab imperitis et calumniatoribus, qui vitam solent aliorum dente maledico lacerare. Hi ergo mox, ut imperium adepti sunt, fœdus cum gente Gothorum pepigere, et nec longo intervallo utrisque regibus occumbentibus, Gallienus arripuit principatum.

Quo in omni lascivia resoluto, Respa et Veduco, Thuro Varoque duces Gothorum sumptis navibus Asiam transiere, fretum Hellesponticum transvecti, ubi multis ejus provinciæ civitatibus populatis opinatissimum illud Ephesi Dianæ templum, quod dudum dixeramus Amazonas condidisse, igne succendunt [34]: partibus Bithyniæ delati, Chalcedoniam subvertere, quam post Cornelius Avitus aliqua parte reparavit. Quæ hodieque quamvis regiæ urbis civitate congaudeat, signa tamen suarum ruinarum aliquanta ad indicia retinet posteritatis. Hac ergo felicitate Gothi, qua intravere partibus Asiæ præda spolioque potiti, Hellesponticum fretum retransmeant, vastantes in itinere suo Trojam Iliumque, quæ vix a bello illo Agamemnoniaco aliquantulum respirantes, rursus hostili mucrone deletæ sunt. Post Asiæ ergo tale excidium, Thracia eorum experta est feritatem. Nam ibi ad radices Hæmi montis mari vicinam Anchialos civitatem aggressi mox adeunt, urbem quam dudum Sardanapalus rex Parthorum inter limbum maris et Hæmi radices locasset. Ibi enim multis feruntur mansisse diebus, cali-

le pouvoir, ils régnèrent en paix partout et furent aimés; seulement on a attribué ce bonheur à leur fortune; c'est là une maladie générale et le fait des ignorants et des envieux, dont la médisance est habituée à déchirer, d'une dent envenimée, la vie d'autrui. A peine eurent-ils pris possession de l'empire, qu'ils signèrent un traité avec les Goths; mais, ces deux princes ayant succombé peu de temps après, Gallien s'empara de la suprême puissance.

Gallien s'abandonnant à tous les vices, Respa et Veduco, Thuro et Varo, chefs des Goths, saisirent des vaisseaux, passèrent l'Hellespont, dévastèrent un grand nombre de cités dans cette province, et livrèrent aux flammes ce fameux temple de Diane d'Éphèse fondé jadis par les Amazones, ainsi que nous l'avons raconté. De là, ils passèrent en Bithynie, renversèrent Chalcédoine, qu'ensuite Cornelius Avitus releva en partie. Bien qu'aujourd'hui cette ville soit fière de partager les droits de la cité royale, elle conserve toujours quelques traces de ses désastres, pour les faire connaître à la postérité. Les Goths, avec le même bonheur qui les avait soutenus à leur entrée en Asie et leur avait livré tant de butin et de dépouilles, repassèrent le détroit de l'Hellespont, après avoir ravagé sur leur passage Troie et Ilion, qui, respirant à peine depuis la fameuse guerre d'Agamemnon, furent encore une fois détruites par le glaive ennemi. Après tant de calamités infligées à l'Asie, la Thrace éprouva leur fureur. Dans cette contrée, ils attaquent bientôt la ville d'Anchialos, bâtie au pied du mont Hémus et voisine de la mer, et fondée jadis entre le bord de la mer et le pied de l'Hémus par Sardanapale, roi des Parthes. On dit qu'ils y séjournèrent longtemps, arrêtés par les délices des bains d'eaux chaudes. Celles-ci se trouvent à quinze milles de la ville d'Anchialos; elles s'élancent

darum aquarum delectati lavacris, quæ a quintodecimo milliario Anchialitanæ civitatis sunt sitæ, ab imo sui fontis igni scaturientes, et inter reliqua totius mundi thermarum innumerabilium loca omnino præcipue ad sanitatem infirmorum efficacissimæ. Exinde ergo ad proprias sedes regressi; post hæc a Maximiano imperatore ducuntur in auxilia Romanorum contra Parthos rogati, ubi datis auxiliariis, fideliter decertati sunt. Sed postquam Cæsar Maximianus pæne cum eorum solatio Narsem, regem Persarum, Saporis Magni nepotem, fugasset, ejusque omnes opes, simulque uxores et filios deprædasset, Achillemque in Alexandria cum Diocletiano superasset, et Maximianus Herculius in Africa Quinquagentianos adtrivisset, pacem reipublicæ nacti, cœpere quasi Gothos negligere. Nam sine ipsis dudum contra quasvis gentes Romanus exercitus difficile decertatus est. Apparet namque frequenter quomodo invitabantur, sicut et sub Constantino rogati sunt, et contra cognatum ejus Licinium arma tulere, eumque devictum et in Thessalonica clausum, privatum imperio, Constantini victoris gladio trucidarunt. Nam et dum famosissimam et Romæ æmulam in suo nomine conderet civitatem, Gothorum interfuit operatio, qui fœdere inito cum imperatore, quadraginta suorum millia illi in solatia contra gentes varias obtulere. Quorum et numerus, et millia usque ad præsens in republica nominantur, id est fœderati.

Tunc etenim sub Ararici et Aorici regum suorum flo-

brûlantes du fond de leur source, et parmi toutes les eaux thermales qui se rencontrent en mille lieux du monde, elles sont les plus efficaces pour la guérison des malades. De là, ils retournèrent dans leurs demeures; puis, sous l'empereur Maximien, à la demande duquel ils accédèrent, ils furent conduits au secours des Romains contre les Parthes; ils fournirent des auxiliaires et combattirent fidèlement. Mais lorsque Maximien César, grâce à leur appui, eut mis en fuite Narsès, roi des Perses, petit-fils du grand Sapor, et enlevé tous les trésors de ce prince, avec ses femmes et ses fils; lorsque dans Alexandrie il eut triomphé d'Achille avec Dioclétien; lorsqu'enfin, en Afrique, Maximien Hercule eut écrasé les Quinquagentiens, ces deux souverains, voyant la paix rétablie dans la république, semblèrent négliger les Goths. Depuis longtemps l'armée romaine pouvait lutter à peine contre les autres nations. On les voit fréquemment, en effet, appelés en aide à l'empire; c'est ainsi que Constantin eut recours à eux; ils portèrent les armes contre Licinius, son parent, le battirent, l'enfermèrent dans Thessalonique, et le firent tomber, privé du trône, sous le glaive de Constantin vainqueur. De plus, lorsque celui-ci fonda cette ville fameuse, l'émule de Rome, et à laquelle il donna son nom, il fut aidé par les Goths; ils firent alliance avec l'empereur, et lui offrirent quarante mille de leurs soldats pour l'assister contre diverses nations. Aujourd'hui encore la troupe des Goths au service de la république, est appelée les mille, c'est-à-dire *fédérés*.

A cette époque, ils florissaient sous le gouvernement

rebant imperio. Post quorum decessum successor regni extitit Geberich, virtutis et nobilitatis eximiæ. Nam is Helderich patre natus, avo Ovida, proavo Cnivida, gloriam generis sui factis illustribus exæquavit, primitias regni sui mox in Wandalica gente extendere cupiens contra Visumar eorum regem [qui] Astingorum e stirpe, quæ inter eos eminet, genusque indicat bellicosissimum, Deuxippo historico referente, qui eos ab Oceano ad nostrum limitem vix in anni spatio pervenisse testatur præ nimia terrarum immensitate. Quo tempore erant in eo loco manentes, ubi Gepidæ sedent, juxta flumina Marisia, Miliare, et Gilfil, et Grissia, qui amnes supradictos excedit. Erant namque illis tunc ab oriente Gothi, ab occidente Marcomanni, a septentrione Hermunduri, a meridie Hister, qui et Danubius dicitur. Hic ergo Wandalis commorantibus, bellum indictum est a Geberich rege Gothorum, ad litus prædicti amnis Marisiæ, ubi tunc diu certatum est ex æquali. Sed mox ipse rex Wandalorum Wisimar magna cum parte gentis suæ prosternitur. Geberich vero ductor Gothorum eximius superatis deprædatisque Wandalis ad propria loca, unde exierat, remeavit. Tunc perpauci Wandali, qui evasissent, collecta imbellium suorum manu, infortunatam patriam relinquentes, Pannoniam sibi a Constantino principe petiere, ibique per quadraginta annos plus minus sedibus locatis, imperatorum decretis ut incolæ famularunt. Unde etiam post longum ab Stilicone magistro mi-

d'Araric et d'Aoric, leurs rois. Ceux-ci étant morts, Gébérich, homme d'une rare valeur et d'une grande illustration, succéda au trône. Il était fils de Heldérich, petit-fils d'Ovida, arrière-petit-fils de Cnivida; il égala par ses exploits la gloire de sa naissance. Bientôt il résolut de signaler le début de son règne aux dépens de la nation des Wandales, contre leur roi Visumar, de la race des Astinges, qui est au premier rang parmi eux et forme une famille très-belliqueuse, au témoignage de l'historien Deuxippe. Cet auteur affirme qu'en moins d'une année, et malgré l'immensité des terres qu'il fallut traverser, ils arrivèrent des bords de l'Océan sur nos frontières. A cette époque, ils demeuraient dans les lieux où les Gépides sont établis, entre les fleuves Marisia, Miliare, Gilfil et Grissia; celui-ci est plus grand que les autres. Ils avaient à l'orient les Goths, à l'occident les Marcomans, au nord les Hermundures, au midi l'Hister, nommé aussi Danube. Gébérich, roi des Goths, déclara donc la guerre aux Wandales établis dans ces contrées, et les bords du fleuve Marisia, que nous venons de nommer, furent le théâtre des hostilités; on y combattit longtemps à forces égales. Mais bientôt le roi des Wandales, Wisimar, succomba lui-même avec une grande partie de sa nation. Gébérich, l'illustre chef des Goths, après avoir vaincu et dépouillé les Wandales, retourna dans son pays, aux lieux d'où il était venu. Alors le petit nombre de Wandales qui avaient pu s'échapper, rassemblant la foule de ceux d'entre eux qui n'étaient point propres à la guerre, quittèrent leur malheureuse patrie; ils demandèrent à l'empereur Constantin des établissements en Pannonie, et, s'y étant fixés durant quarante années environ, ils obéirent, comme habitants, aux décrets des empereurs. C'est de là que longtemps après ils furent appelés par Stilicon, maître de la milice, ancien consul et patrice; c'est alors qu'ils occupèrent les Gaules; là, exer-

litum, et exconsule ac patricio invitati, Gallias occupavere, ubi finitimos deprædantes non adeo fixas sedes habuere.

Nam Gothorum rege Geberich rebus excedente humanis, post temporis aliquod Ermanaricus nobilissimus Amalorum in regno successit, qui multas et bellicosissimas arctoas gentes perdomuit, suisque parere legibus fecit. Quem merito nonnulli Alexandro Magno comparavere majores. Habebat siquidem quos domuerat, Gothos, Scythas, Thuidos in Aunxis, Vasinabroncas, Merens, Mordensimnis, Caris, Rocas, Tadzans, Athual, Navego, Bubegentas, Coldas; et quum tantorum servitio carus haberetur, non passus est, nisi et gentem Erulorum, quibus præerat Alaricus, magna ex parte trucidatam, reliquam suæ subigeret ditioni. Nam prædicta gens (Ablavio historico referente) juxta Mæotidas paludes habitans in locis stagnantibus, quas Græci Ele vocant, Eruli nominati sunt omnes quanto velox, eo amplius superbissima. Nulla siquidem erat tunc gens, quæ non levem armaturam in acie sua ex ipsis elegerint. Sed quamvis velocitas eorum ab aliis sæpe bellantibus non evacuaretur, Gothorum tamen stabilitati subjacuit et tarditati, fecitque causa fortunæ, ut et ipsi inter reliquas gentes Getarum regi Ermanarico serviverint. Post Erulorum cædem idem Ermanaricus in Venetos arma commovit, qui quamvis armis disperiti, sed numerositate pollentes, primo resistere conabantur. Sed nihil valet

çant leurs brigandages contre leurs voisins, ils n'eurent pas de demeures fixes.

Gébérich, roi des Goths, étant sorti de ce monde, Ermanaric, le plus célèbre des Amales, monta, au bout de quelque temps, sur le trône; il dompta beaucoup de nations très-belliqueuses du septentrion, et les força d'obéir à ses lois. C'est avec raison que quelques auteurs l'ont comparé à Alexandre le Grand. Il comptait parmi les peuples domptés par lui les Goths, les Scythes, les Thuides dans les Aunxes, les Vasinabronces, les Merens, les Mordensimnes, les Cares, les Roces, les Tadzans, les Athual, les Navego, les Bubegentes, les Coldes; et comme l'obéissance de si grands peuples le rendait redoutable, il n'eut point de repos qu'il n'eût massacré aussi une grande partie des Érules, commandés par Alaric, et soumis le reste à son pouvoir. Au témoignage de l'historien Ablavius, la nation dont nous venons de parler habitait les terres marécageuses qui touchent au Palus-Méotide, que les Grecs appellent *Élé*, et c'est de là qu'elle a reçu en masse le nom d'Érules. Prompte et rapide à la course, ce genre de mérite lui inspirait un orgueil démesuré. En effet, il n'y avait point alors de nation qui, pour ses armées, ne choisît parmi les Érules ses troupes légères. Mais bien que rarement d'autres guerriers eussent déjoué leur rapidité à la course, celle-ci succomba à la pesanteur et à la fermeté des Goths, et la fortune voulut qu'avec les autres nations, les Érules devinssent sujets d'Ermanaric, roi des Gètes. Après le massacre des Érules, le même Ermanaric tourna ses armes contre les Vénètes. Inhabiles à se servir des armes, mais forts de leur population nombreuse, ces peuples s'efforcèrent d'abord de résister. Mais la multitude ne vaut rien dans les combats, surtout lorsqu'arrive aussi une multitude armée. Ces

multitudo in bello, præsertim ubi et multitudo armata advenerit; nam hi, ut initio expositionis, vel catalogo gentis, dicere cœpimus, ab una stirpe exorti, tria nunc nomina reddidere, id est Veneti, Antes, Sclavi : qui quamvis nunc ita facientibus peccatis nostris ubique desæviunt, tamen tunc omnes Ermanarici imperiis serviere. Æstiorum quoque similiter nationem, qui longissima ripa oceani Germanici insident, idem ipse prudentiæ virtute subegit, omnibusque Scythiæ et Germaniæ nationibus ac si propriis laboribus imperavit [35].

VIII. Post autem non longi temporis intervallum, ut refert Orosius, Hunnorum gens omni ferocitate atrocior exarsit in Gothos. Nam hos, ut refert antiquitas, ita extitisse comperimus. Filimer rex Gothorum, et Gandarici magni filius, qui post egressum Scanziæ insulæ jam quinto loco tenens principatum Getarum, qui et terras Scythicas cum sua gente introisset, sicut a nobis dictum est, repperit in populo suo quasdam magas mulieres, quas patrio sermone Aliorumnas [36] is ipse cognominat, easque habens suspectas, de medio sui proturbat, longeque ab exercitu suo fugatas, in solitudinem coegit terræ. Quas spiritus immundi per eremum vagantes dum vidissent, et earum se complexibus in coitu miscuissent, genus hoc ferocissimum edidere; quod fuit primum inter paludes minutum, tetrum atque exile, quasi hominum genus, nec alia voce notum, nisi quæ humani sermonis imaginem assignabat.

Tali ergo Hunni stirpe creati, Gothorum finibus adve-

peuples, comme nous avons commencé à le dire dans les premières lignes de notre récit ou dans le catalogue de la race des Goths, étaient sortis d'une seule souche; maintenant ils se divisent sous trois noms; à savoir : les Vénètes, les Slaves, les Antes. Aujourd'hui, pour le châtiment de nos péchés, ils déploient partout leurs fureurs; mais alors ils se soumirent tous aux volontés d'Ermanaric. Ce même prince, grâce à sa sagesse, soumit aussi la nation des Æstiens, qui habitent les rivages les plus éloignés de l'océan Germanique, et commanda à toutes les nations de la Scythie et de la Germanie, quoique ce fût pour ses propres entreprises.

VIII. Après un espace de temps peu considérable, la nation des Huns, au rapport d'Orose, la plus atroce par sa férocité, se déchaîna contre les Goths. Voici, selon le témoignage de l'antiquité, quelle fut l'origine de ces barbares. Filimer, roi des Goths, et fils de Gandaric le Grand, qui, depuis la sortie de l'île de Scanzie, était déjà le cinquième prince placé à la tête des Goths, entra, comme nous l'avons dit, sur les terres de Scythie avec ses sujets; il trouva parmi son peuple certaines magiciennes que lui-même, dans son langage national, il appelle Aliorumnes, et, les regardant comme suspectes, il les chassa d'auprès de lui, et, les ayant repoussées loin de l'armée, il les força de se retirer dans un désert. Les esprits immondes les ayant vues errer dans la solitude, se mêlèrent à elles par leurs embrassements, et donnèrent ainsi naissance à cette race féroce, qui fut d'abord une espèce d'hommes faible, horrible et grêle, que ne désignait aucun autre nom que celui qui lui assignait l'image du langage humain.

Telle fut l'origine des Huns; ils arrivèrent sur les fron-

nere. Quorum natio sæva, ut Priscus historicus refert, in Mæotide palude ulteriorem ripam insedit, venatione tantum, nec alio labore experta, nisi quod postquam crevisset in populos, fraudibus et rapinis vicinam gentem conturbavit. Hujus ergo (ut assolent) venatores, dum in ulteriori Mæotidis ripa venationes inquirunt, animadvertunt quomodo ex improviso cerva se illis obtulit, ingressaque palude nunc progrediens, nunc subsistens, indicem se viæ tribuit. Quam secuti venatores, paludem Mæotidem, quam imperviam ut pelagus existimabant, pedibus transiere. Mox quoque ut Scythica terra ignotis apparuit, cerva disparuit. Quod credo spiritus illi, unde progeniem trahunt, ad Scytharum invidiam [id] egere. Illi vero, qui præter Mæotidem paludem alium mundum esse penitus ignorabant, admiratione inducti terræ Scythiæ, et ut sunt solertes, iter illud nulli ante hanc ætatem notissimum, divinitus sibi ostensum rati; ad suos redeunt, rei gestum edicunt, Scythiam laudant, persuasaque gente sua, via quam cerva indice didicere ad Scythiam properant, et quantoscumque prius in ingressu Scytharum habuere, litavere Victoriæ, reliquos perdomitos subegere. Nam mox ingentem illam paludem transiere illico Alipzuros, Alcidzuros, Itamaros, Tuncassos et Boiscos [37], qui ripæ istius Scythiæ insidebant, quasi quidam turbo gentium rapuere. Alanos quoque pugna sibi pares, sed humanitatis victu formaque dissimiles, frequenti certamine fatigantes subjugavere. Nam

tières des Goths. Cette race cruelle, ainsi que le rapporte Priscus l'historien, s'établit sur le rivage ultérieur du Palus-Méotide, occupée uniquement de la chasse, et ne s'exerçant à aucun autre travail, si ce n'est que, lorsqu'elle se fut accrue au point de former un peuple, elle désola les nations voisines par ses vols et ses brigandages. Des chasseurs de ce peuple cherchant, selon leur coutume, du gibier, sur la rive ultérieure du Palus-Méotide, virent se présenter à eux à l'improviste une biche qui entra dans le marais, s'avançant et s'arrêtant tour à tour, et leur servit ainsi de guide. Les chasseurs la suivirent, et traversèrent à pied le Palus-Méotide, qu'ils croyaient infranchissable comme la mer. Dès que la terre de Scythie se fut offerte aux regards de ces inconnus, la biche disparut. Je crois que les esprits dont ils tirent leur origine les poussèrent dans cette voie par haine contre les Scythes. Les Huns, qui ignoraient complétement qu'il y eût un autre monde au delà du Palus-Méotide, furent frappés d'admiration à la vue de la terre de Scythie, et, comme ils sont adroits, ils crurent qu'une révélation divine leur avait fait connaître ce passage ignoré de tous jusqu'à cette époque; ils reviennent près des leurs, racontent ce qu'ils ont fait, vantent la Scythie, persuadent leur nation, puis retournent vers la Scythie; ils immolèrent à la Victoire les premiers Scythes qu'ils rencontrèrent à leur entrée, domptèrent et subjuguèrent les autres. Car dès qu'ils eurent franchi cet immense marécage, ils enlevèrent, comme un tourbillon de nations, les Alipzures, les Alcidzures, les Itamares, les Tuncasses et les Boïsques, qui habitaient les rivages de cette Scythie. Les Alains, égaux à ces sauvages sur le champ de bataille, mais bien différents d'eux pour les caractères physiques et pour la douceur des mœurs, furent par eux fatigués en de fréquents combats, et enfin subjugués. Car les peuples dont les Huns ne triomphaient peut-être point par les armes, ils

et quos bello forsitan minime superabant, vultus sui terrore nimium pavorem ingerentes terribilitate fugabant, eo quod erat eis species pavenda nigredine, sed velut quaedam (si dici fas est) deformis offa, non facies, habensque magis puncta quam lumina. Quorum animi fiduciam torvus prodit aspectus, qui etiam in pignora sua primo die nata desaeviunt. Nam maribus ferro genas secant, ut antequam lactis nutrimenta percipiant, vulneris cogantur subire tolerantiam. Hinc imberbes senescunt, et sine venustate ephebi sunt; quia facies ferro sulcata, tempestivam pilorum gratiam per cicatrices absumit. Exigui quidem forma, sed arguti, motibus expediti, et ad equitandum promptissimi: scapulis latis, et ad arcus sagittasque parati: firmis cervicibus, et in superbia semper erecti. Hi vero sub hominum figura vivunt belluina saevitia.

Quod genus expeditissimum, multarumque nationum grassatorem Getae ut viderunt, expavescunt: suoque cum rege deliberant qualiter se a tali hoste subducant. Nam Ermanaricus, rex Gothorum, licet (ut superius retulimus) multarum gentium extiterit triumphator, de Hunnorum tamen adventu dum cogitat, Roxolanorum gens infida, quae tunc inter alias illi famulatum exhibebat, tali eum nanciscitur occasione decipere. Dum enim quamdam mulierem Sanielh nomine ex gente memorata, pro mariti fraudulento discessu, rex furore commotus, equis ferocibus illigatam, incitatisque cursibus, per di-

les mettaient en fuite par l'extrême terreur qu'inspirait l'horrible difformité de leurs traits et leur expression effroyable. En effet, leur face était horriblement noire; ce n'était pas une figure humaine, mais, s'il est permis de le dire, une masse informe, offrant des points lumineux plutôt que des yeux. Leur air farouche trahit leur confiance en leur courage; ils se montrent cruels même envers leurs enfants dès le moment de leur naissance; car ils tailladent avec le fer la face de leurs enfants mâles, afin qu'avant de goûter le lait qui doit les nourrir, ils soient forcés de soutenir la douleur des blessures. Aussi vieillissent-ils sans jamais avoir de barbe, et ils traversent la jeunesse sans avoir rien de gracieux dans les traits; en effet, leur visage sillonné par le fer n'offre que des cicatrices qui les privent du charme de la barbe au temps où elle doit venir. Ils sont petits de taille, mais adroits, lestes dans leurs mouvements, et très-habiles cavaliers; larges des épaules, très-propres à manier l'arc et la flèche; leur tête est fortement assise, et ils la portent toujours droite, avec l'expression de l'orgueil. Sous la figure humaine, ils ont toute la cruauté des bêtes féroces.

Dès que les Gètes virent cette race si active et qui avait envahi tant de nations, ils furent frappés de terreur, et délibérèrent avec leur roi Ermanaric sur les moyens de se soustraire à un tel ennemi. Ermanaric, roi des Goths, quoiqu'il eût triomphé de plusieurs nations, méditait sur l'arrivée des Huns, lorsque les Roxolans, nation perfide qui alors, avec beaucoup d'autres, servait sous ses drapeaux, profita de cette occasion pour le trahir. Le mari d'une femme nommée Sanielh, et qui appartenait à ce peuple, s'étant frauduleusement éloigné, le roi, transporté de fureur, la fit attacher à deux chevaux indomptés, que l'on excita à la course, et l'infortunée fut déchirée en morceaux. Ses frères, Sarus et Ammius, pour venger la mort de leur sœur, frappèrent Ermanaric de leurs

versa divelli præcepisset : fratres ejus Sarus et Ammius germanæ obitum vindicantes, Ermanarici latus ferro petierunt : quo vulnere saucius, ægram vitam corporis imbecillitate contraxit. Quam adversam ejus valetudinem captans Balamir, rex Hunnorum, in Ostrogothas movit procinctum : a quorum societate jam Vesegothæ discessere, quam dudum inter se juncti habebant. Inter hæc Ermanaricus tam vulneris dolorem, quam etiam incursiones Hunnorum non ferens, grandævus et plenus dierum centesimodecimo anno vitæ suæ defunctus est [38]. Cujus mortis occasio dedit Hunnis prævalere in Gothis illis, quos dixeramus orientali plaga sedere, et Ostrogothas nuncupari.

Vesegothæ, id est alii eorum socii [39], et occidui soli cultores, metu parentum exterriti, quidnam de se propter gentem Hunnorum deliberarent, ambigebant, diuque cogitantes, tandem communi placito legatos ad Romaniam direxere, ad Valentem imperatorem fratrem Valentiniani imperatoris senioris, ut partem Thraciæ sive Mœsiæ si illis traderet ad colendum ejus legibus viverent, ejusque imperiis subderentur. Et ut fides uberior illis haberetur, promittunt se, si doctores linguæ suæ donaverit, fieri christianos. Quo Valens comperto, mox gratulabundus annuit, quod ultro petere voluisset; susceptosque in Mœsiæ partibus Getas quasi murum regni sui contra ceteras gentes statuit. Et quia tunc Valens imperator, arianorum perfidia saucius, nostrarum par-

poignards; ainsi blessé, il traîna désormais sa vie dans les souffrances et se sentit pour toujours affaibli. A la nouvelle de sa maladie, Balamir, roi des Huns, s'avança avec une armée contre les Ostrogoths. Les Visigoths, qui depuis si longtemps étaient unis à eux, se retirèrent de leur alliance. Sur ces entrefaites, Ermanaric, qui ne pouvait supporter ni sa blessure, ni les incursions des Huns, mourut plein de jours et dans une grande vieillesse, car il était âgé de cent dix ans. Les Huns profitèrent de sa mort pour dompter ces Goths qui habitaient, comme nous l'avons dit, sur la plage orientale, et qu'on appelle Ostrogoths.

Les Visigoths, c'est-à-dire l'autre partie de cette nation, qui cultivait le sol occidental, effrayés de la terreur de leurs compatriotes, délibéraient sur ce qu'ils feraient en présence de la nation des Huns; ils étaient dans le doute, et, après de longues réflexions, ils envoyèrent, d'une résolution commune, des ambassadeurs en Romanie, vers l'empereur Valens, frère de l'empereur Valentinien l'Ancien, le priant de leur céder, pour la cultiver, une partie de la Thrace et de la Mésie, promettant, à cette condition, de se soumettre à ses lois; et, pour lui inspirer plus de confiance, ils s'engagèrent à se faire chrétiens, s'il voulait leur donner des missionnaires qui parlassent leur langue. A cette nouvelle, Valens accorda avec des félicitations ce qu'il eût demandé lui-même; il reçut les Gètes dans les campagnes de la Mésie, et les y établit comme un rempart de son empire contre les autres nations. Alors Valens, gangrené par l'hérésie des ariens, avait fermé toutes les églises

tium omnes ecclesias obturasset, suæ partis fautores ad illos dirigit prædicatores, qui venientibus rudibus et ignaris, illico perfidiæ suæ virus defundunt. Sic quoque Vesegothæ a Valente imperatore ariani potius, quam christiani effecti. De cetero tam Ostrogothis, quam Gepidis parentibus suis per affectionis gratiam evangelizantes, hujus perfidiæ culturam edocentes, omnem ubique linguæ hujus nationem ad culturam hujus sectæ invitavere.

Ipsi quoque (ut dictum est) Danubium transmeantes, Daciam ripensem, Mœsiam, Thraciasque permissu principis insedere: quibus evenit (ut adsolet gentibus necdum bene loco fundatis) penuria famis. Cœpere autem primates eorum et duces, qui regum vice illis præerant, id est Fridigernus, Alatheus, et Safrach, exercitus inopiam condolere, negotiationemque a Lupicino Maximoque Romanorum ducibus expetere. Verum quid non auri sacra fames compellit adquiescere? Cœperunt duces (avaritia compellente) non solum ovium boumque carnes, verum etiam canum, et immundorum animalium morticina eis pro magno contradere: adeo, ut quodlibet mancipium in unum panem aut decem libras in unam carnem mercarentur. Sed jam mancipiis et supellectili deficientibus, filios eorum avarus mercator victus necessitate exposcit. Haud enim secus parentes faciunt, salutem suorum pignorum providentes, satius deliberant ingenuitatem perire, quam vitam; dum misericorditer alendus quis venditur, quam moriturus servatur.

de notre parti ; il envoya donc à ces peuples des prédicateurs de sa faction, qui, à ces hommes grossiers et ignorants nouvellement arrivés, communiquent aussitôt le venin de leur perfidie. C'est ainsi que, par l'empereur Valens, les Visigoths furent faits ariens plutôt que chrétiens. Du reste, ils annoncèrent par affection l'Évangile tant aux Ostrogoths qu'aux Gépides, leurs alliés par le sang, et, les formant à l'observance de cette hérésie, ils invitèrent toutes les nations de leur langue à embrasser cette secte.

Comme nous l'avons dit, ils traversèrent le Danube, et, avec la permission de l'empereur, ils s'établirent dans la Dacie riveraine, dans la Mésie et dans les Thraces ; et, ce qui arrive d'ordinaire aux nations qui ne sont pas encore solidement fixées sur un territoire, il leur survint une famine. Les premiers d'entre eux et les chefs qui leur tenaient lieu de rois, à savoir : Fridigern, Alathée et Safrach, gémirent de la disette qui désolait l'armée, et demandèrent aux chefs des Romains, Lupicin et Maxime, de leur acheter des vivres. Mais à quelles concessions l'exécrable faim de l'or ne pousse-t-elle les hommes ? Les généraux, poussés par l'avarice, leur livrèrent à grand prix, non-seulement des viandes de mouton et de bœuf, mais encore des chiens et des animaux immondes morts de maladie : les choses en vinrent au point que ces malheureux durent donner un esclave par pain ou par dix livres de viande. Mais lorsqu'ils n'eurent plus ni esclaves ni ustensiles, l'avide marchand, abusant de la faim qui les tourmentait, exigea qu'ils lui livrassent leurs fils. Les parents agissent tous de même ; veillant au salut de leurs enfants, ils aiment mieux leur voir perdre la liberté que la vie ; car celui qui est vendu pour être nourri rencontre plus de pitié que celui qui est réservé à la mort.

Contigit enim illo sub tempore ærumnoso Lupicino et ductori Romanorum, ut Fridigernum Gothorum regulum ad convivium invitaret, dolumque ei, ut post exitus docuit, moliretur. Sed Fridigernus doli nescius, cum paucorum comitatu ad convivium veniens, dum intus in prætorio epulatus est, clamorem miserorum morientium audiret, jamque alia in parte socios ejus reclusos, dum milites ducis sui jussu trucidare conarentur, et vox morientium duriter emissa, jam suspectis auribus intonaret; illico apertos ipsos dolos cognoscens Fridigernus, evaginato gladio in convivio non sine magna temeritate velocitateque egreditur, suosque socios ab imminenti morte ereptos ad necem Romanorum instigat. Qui nacta occasione votiva elegerunt viri fortissimi in bello magis, quam in fame deficere, et illico in ducum Lupicini et Maximi armantur occisionem. Illa namque dies Gothorum famem, Romanorumque securitatem ademit: cœperuntque Gothi jam non ut advenæ et peregrini, sed ut cives et domini possessoribus imperare, totasque partes septentrionales usque ad Danubium suo jure tenere. Quod comperiens in Antiochia Valens imperator, mox armato exercitu, in Thraciarum partes digreditur; ubi lacrymabili bello commisso, vincentibus Gothis, in quodam prædio juxta Hadrianopolim saucius ipse refugiens, ignorantibus quoque quod imperator in tam vili casula delitesceret Gothis, igneque (ut assolet) sæviente ab inimico supposito, cum regali pompa crematus est

Il arriva en ce temps de misères que Lupicin, chef des Romains, invita à un repas Fridigern, roi des Goths; il lui tendait un piége, comme l'issue le fit voir. Fridigern, ignorant sa trahison, vint au repas avec un cortége peu nombreux. Tandis qu'il était à table dans l'intérieur du prétoire, il entendit les cris de malheureux mourants; les soldats, par l'ordre de leur chef, s'efforçaient de massacrer ses compagnons renfermés dans un autre endroit, et déjà la voix des mourants, qui éclatait avec force, retentissait à ses oreilles soupçonneuses; aussitôt, Fridigern, reconnaissant une trahison si manifeste, tira son épée dans la salle même du banquet, sortit avec une grande témérité et une grande promptitude, arracha ses compagnons à une mort imminente, et les excita à massacrer les Romains. Ces hommes intrépides, ayant trouvé l'occasion qu'ils désiraient, aimèrent mieux périr par le combat que par la faim, et se jetèrent aussitôt sur leurs armes pour tuer les généraux Lupicin et Maxime. Cette journée mit un terme à la famine des Goths et à la sécurité des Romains; dès lors, les Goths dictèrent leurs lois aux possesseurs en maîtres et en citoyens, et non plus en étrangers et en aventuriers, et dominèrent sur toutes les contrées septentrionales jusqu'au Danube. A cette nouvelle, l'empereur Valens, qui se trouvait à Antioche, se hâta de se diriger sur les Thraces à la tête d'une armée; une guerre déplorable s'engagea; les Goths furent vainqueurs; Valens lui-même se réfugia blessé dans une métairie près d'Adrianople; les Goths ignoraient que l'empereur était caché dans une si misérable chaumière; l'ennemi furieux incendia la métairie, comme cela se fait dans ces circonstances, et Valens fut brûlé avec ses ornements royaux, comme par un jugement de Dieu; il devait être livré aux flammes par ceux-là mêmes qui lui avaient demandé la vraie foi, mais qu'il avait entraînés

haud secus, quàm Dei prorsus judicio, ut ab ipsis igne combureretur, quos ipse veram fidem petentes in perfidiam declinasset, et ignem caritatis ad gehennæ ignem detorsisset[4 c].

IX. Quo tempore Vesegothæ Thracias Daciamque ripensem post tanti gloriam trophæi, tanquam solo genitali potiti, cœperunt incolere. Sed Theodosium ab Hispania Gratianus imperator electum in orientali principatu loco Valentis patrui subrogat, militarique disciplina mox in meliori statu reposita, ignaviam priorum principum et desidiam exclusam Gothus ut sensit, pertimuit. Nam imperator, acri omnino ingenio, virtuteque et consilio clarus, quum præceptorum severitate, et liberalitate, blanditieque sua remissum exercitum ad fortia provocaret. At vero ubi milites principe meliore mutato fiduciam acceperunt, Gothos impetere tentant, eosque Thraciæ finibus pellunt: sed Theodosio principe pæne tunc usque ad desperationem ægrotante, datur iterum Gothis audacia, divisoque exercitu, Fridigernus ad Thessaliam prædandam, Epiros et Achaiam digressus est: Alatheus vero et Safrach cum residuis copiis Pannoniam petierunt. Quod quum Gratianus imperator, qui tunc Roma in Gallias ob incursionem Wandalorum recesserat, comperisset; quia Theodosio fatali desperatione succumbenti, Gothi magis sævirent, mox ad eos collecto venit exercitu, nec tamen fretus in armis, sed gratia eos muneribusque victurus, pacem-

à l'hérésie, en les écartant du feu de la charité pour les pousser dans celui de la géhenne.

IX. Dès lors, après une victoire si grande et si glorieuse, les Visigoths se mirent à cultiver les Thraces et la Dacie riveraine, comme s'ils avaient pris possession de leur sol natal. Mais l'empereur Gratien, ayant élevé au trône l'Espagnol Théodose, le mit à la tête de l'empire d'Orient à la place de son oncle Valens. Bientôt la discipline militaire fut ramenée à un meilleur état, et, dès que le Goth sentit que c'en était fait de la lâcheté et de l'indolence des princes qui avaient régné jusqu'alors, il fut saisi de crainte. En effet, le nouvel empereur, doué d'un esprit singulièrement vif, et distingué à la fois par son courage et par sa prudence, ranima, par la sévérité de ses prescriptions, par sa libéralité, par ses caresses, l'énergie d'une armée trop relâchée. Dès que les soldats, soumis à un meilleur prince, eurent repris confiance, ils voulurent attaquer les Goths et les chassèrent des frontières de la Thrace; mais l'empereur Théodose tomba si grièvement malade, que l'on désespéra presque de ses jours, et les Goths sentirent renaître leur audace; ils divisèrent leur armée. Fridigern se mit en marche pour piller la Thessalie, l'Épire et l'Achaïe; Alathée et Safrach se dirigèrent sur la Pannonie avec le reste des troupes. Au moment où l'empereur Gratien avait reçu cette nouvelle, il avait quitté Rome pour aller dans les Gaules réprimer une incursion des Wandales; et, comme, tandis que Théodose semblait près de succomber à un mal qui ne laissait pas d'espoir, les Goths se livraient avec plus de fureur à leurs ravages, le jeune prince rassembla une armée et marcha contre eux; pourtant il ne comptait pas sur les armes; mais il voulut les vaincre par des faveurs

que et victualia illis concedens, cum ipsis inita fœdera fecit.

Ubi vero post hæc Theodosius convaluit imperator, reperitque Gratianum cum Gothis et Romanis pepigisse fœdus, quod ipse optaverat, admodum grato animo ferens, et ipse in hac pace consistit. Athanaricum quoque regem, qui tunc Fridigerno successerat, datis sibi muneribus, sociavit moribus suis benignissimis, et ad se eum in Constantinopolim accedere invitavit. Qui omnino libenter acquiescens, regiam urbem ingressus est, miransque, « En, inquit, cerno quod sæpe incredulus audiebam, famam videlicet tantæ urbis : » et huc illuc oculos volvens, nunc situm urbis, commeatumque navium, nunc mœnia clara prospectans miratur. Populosque diversarum gentium quasi fonte in uno, e diversis partibus scaturiente unda, sic quoque militem ordinatum aspiciens, « Deus, inquit, sine dubio terrenus est imperator, et quisquis adversus eum manum moverit, ipse sui sanguinis reus existit. » In tali ergo admiratione, majoreque a principe honore suffultus, paucis mensibus interjectis ab hac luce migravit. Quem princeps affectionis gratia pæne plus mortuum, quam vivum honorans, dignæ tradidit sepulturæ; ipse quoque in exequiis feretro ejus præiens. Defuncto ergo Athanarico, cunctus exercitus in servitio Theodosii imperatoris perdurans, Romano se imperio subdens, cum milite velut unum corpus efficit, milliaque illa dudum sub Constantino principe fœderato-

et par des présents. Il leur accorda la paix et des vivres, et conclut avec eux un traité.

Dès qu'ensuite l'empereur Théodose eut recouvré la santé, et su que Gratien avait contracté entre les Romains et les Goths une alliance que lui-même avait désirée, il en éprouva une véritable satisfaction, et accéda lui-même à cette paix. De plus, il gagna complétement par la douceur de ses procédés et par les présents qu'il lui fit, le roi Athanaric, qui venait de succéder à Fridigern, et il l'invita à venir auprès de lui à Constantinople. Ce prince se rendit avec plaisir à ses vœux, et, à son entrée dans la ville royale, il s'écria, frappé d'admiration : « Je vois enfin ce que j'avais si souvent entendu dire sans vouloir le croire, la gloire d'une si grande ville; » et, tournant de tous côtés ses regards, il considérait en les admirant, tantôt la position de la ville, tantôt l'affluence des vaisseaux, tantôt les magnifiques remparts. A la vue de tant de peuples de races diverses, semblables à des flots sortis de mille sources différentes, et venant se réunir dans un même bassin, à la vue de l'ordre merveilleux observé par les soldats, il dit : « Oui, l'empereur est un dieu sur la terre, et quiconque lève la main contre lui mérite de payer ce crime de tout son sang. » Ce fut au milieu de cette admiration, et comblé par l'empereur des plus grands honneurs, qu'au bout de quelques mois il sortit de ce monde. L'empereur, en faveur de son affection, l'honora presque plus après sa mort que pendant sa vie, et lui donna une sépulture digne de son rang; dans ses obsèques, il marcha lui-même devant son cercueil. Après la mort d'Athanaric, toute son armée resta au service de l'empereur Théodose, se soumettant à l'empire romain, ne formant pour ainsi dire qu'un seul corps avec les soldats, et, renouvelant ces milliers de fédérés que jadis avait eus Constantin, les Visigoths furent aussi appelés

rum renovata, et ipsi dicti sunt Fœderati [41]. E quibus imperator contra Eugenium tyrannum, qui occiso Gratiano Gallias occupasset, plus quam viginti millia armatorum fideles sibi et amicos intelligens secum duxit, victoriaque de prædicto tyranno potitus, ultionem exegit.

Postquam vero Theodosius, amator pacis generisque Gothorum, rebus excessit humanis; cœperunt ejus filii utramque rempublicam luxuriose viventes adnihilare, auxiliariisque suis, id est Gothis, consueta dona subtrahere. Mox Gothis fastidium eorum increvit, verentesque ne longa pace eorum resolveretur fortitudo, ordinant super se regem Alaricum, cui erat post Amalos secunda nobilitas, Baltharumque ex genere origo mirifica, qui dudum ob audaciam virtutis Baltha, id est audax, nomen inter suos acceperat [42]. Mox ut ergo antefatus Alaricus creatus est rex, cum suis deliberans suasit suo labore quærere regna, quam alienis per otium subjacere : et sumpto exercitu, per Pannonias, Stilicone et Aureliano consulibus, et per Sirmium dextro latere quasi viris vacuam intravit Italiam. Nullo penitus obsistente ad pontem applicuit Condiniani, qui tertio milliario ab urbe erat regia Ravennate.

Quæ urbs inter paludes et pelagus, interque Padi fluenta uni tantum patet accessui, cujus dudum (ut tradunt majores) possessores Eneti [43], id est laudabiles dicebantur. Hæc in sinu regni Romani super mare Ionium constituta, in modum influentium aquarum redundatione

Fœderati. L'empereur, convaincu de leur affection et de leur fidélité envers lui, en emmena plus de vingt mille contre le tyran Eugène, qui, après le meurtre de Gratien, s'était emparé de la Gaule; vainqueur de cet usurpateur, il en tira vengeance.

Après que Théodose, ami de la paix et de la nation des Goths, eut quitté la vie, ses fils, vivant dans la mollesse, commencèrent à annihiler l'un et l'autre empire, et à refuser aux Goths, leurs auxiliaires, les dons accoutumés. Bientôt le dégoût des Goths pour ces princes fut à son comble; et craignant qu'une longue paix n'affaiblît leur courage, ils se donnèrent pour roi Alaric, qui, après les Amales, tenait le second rang pour l'illustration de la naissance : il tirait sa merveilleuse origine de la race des Balthes, qui jadis avait, à cause de son audace, reçu parmi les siens le nom de Balthe, c'est-à-dire d'audacieuse. Dès que cet Alaric, que nous venons de nommer, eut été créé roi, il délibéra avec les siens, et leur persuada de gagner par leur valeur un royaume, plutôt que de rester au sein de l'oisiveté soumis à des étrangers : ayant formé une armée, il traversa les Pannonies sous le consulat de Stilicon et d'Aurelianus, et vint par Sirmium entrer, par son flanc droit, dans l'Italie, comme si cette terre était vide d'hommes de cœur. Il arriva presque sans résistance jusqu'au pont Condinien, situé à trois milles de la ville royale de Ravenne.

Cette ville, située entre des marais, la mer et le cours du Pô, n'est accessible que d'un seul côté; jadis ses habitants (comme nous l'apprennent les anciens) étaient appelés *Eneti*, c'est-à-dire louables. Placée dans un golfe de l'empire romain, sur la mer d'Ionie, elle est enfermée par une surabondance des eaux qui semblent l'envahir. A l'orient, elle a la mer; si l'on y navigue par la droite

concluditur. Habet ab oriente mare, ad quod qui recto cursu de Corcyra atque Elladis partibus navigat dextrum latus; primum Epirum, dein Dalmatiam, Liburniam Histriamque, et sic Venetias radens palmula navigat. Ab occidente vero habet paludes, per quas uno angustissimo introitu ut porta relicta est. A septentrionali quoque plaga ramus illi ex Pado est, qui Fossa vocatur Asconis. A meridie idem ipse Padus, quem solum fluviorum regem dicunt, cognomento Eridanus, ab Augusto imperatore altissima fossa demissus, qui septima sui alvei parte mediam influit civitatem. Ad ostia sua amoenissimum portum præbens, classem CCL navium, Dione referente, tutissima dudum credebatur recipere statione. Qui nunc, ut Fabius ait, quod aliquando portus fuerat, spatiosissimos hortos ostendit, arboribus plenos: verum de quibus non pendeant vela, sed poma. Trino siquidem urbs ipsa vocabulo gloriatur, trigeminaque positione exsultat, id est, prima Ravenna, ultima Classis, media Cæsarea, inter urbem et mare, plena mollitie, arenaque munita, vectationibus apta.

Verum enimvero quum in ea civitate Vesegotharum applicuisset exercitus, et ad Honorium imperatorem (qui intus residebat) legationem misisset, quatenus si permitteret ut Gothi pacati in Italia residerent, sic eos cum Romanorum populo vivere, ut una gens utraque credi possit: sin autem aliter, bellando quis, quem valeret, expelleret; etiam securus qui victor existeret, im-

et en ligne directe en partant de Corcyre et des régions de l'Hellade, les rames rasent en quelque sorte d'abord l'Épire, puis la Dalmatie, la Liburnie, l'Histrie, et ensuite les Vénéties. A l'occident elle a des marais, qui ne laissent à la ville qu'une entrée fort étroite, comme une sorte de porte. Au nord coule un bras du Pô appelé fosse d'Ascon; au midi passe également le Pô, que l'on appelle seul le roi des fleuves; il est surnommé Éridan. L'empereur Auguste a fait creuser son lit à une grande profondeur, et ses eaux traversent la ville par son centre et à la septième partie de leur cours. A son embouchure il offre un port très-agréable, qui, au témoignage de Dion, présentait, selon l'opinion commune, une retraite très-sûre à une flotte de deux cent cinquante navires. L'espace qui jadis était un port, ainsi que le dit Fabius, est aujourd'hui couvert de jardins très-spacieux, remplis d'arbres ; à ces arbres sont suspendus non des voiles, mais des fruits. La ville elle-même est fière d'un triple nom, et se glorifie d'une triple position. La première partie se nomme Ravenne, la troisième la Flotte (*Classis*), celle du milieu Césarée; située entre la ville et la mer, elle est pleine de délices, défendue par les sables, favorable aux convois.

L'armée des Visigoths, étant arrivée sous les murs de cette cité, envoya vers l'empereur Honorius, qui y résidait, une ambassade chargée de demander pour les Goths l'autorisation de s'établir paisiblement en Italie, et de vivre avec le peuple romain de telle sorte qu'on pût les regarder comme formant avec lui une seule et même nation, déclarant que, dans le cas contraire, le plus fort chasserait le plus faible les armes à la main; et que celui qui serait vainqueur commanderait en toute

peraret. Honorius imperator utramque pollicitationem formidans, suoque cum senatu inito consilio, quomodo eos extra fines Italos expelleret, deliberabat. Cui ad postremum sententia sedit, quatenus provincias longe positas, id est Gallias Hispaniasque, quas jam pæne perdidisset; et Gizerichi eas Wandalorum regis vastaret irruptio; si valeret Alaricus, sua cum gente sibi tanquam lares proprios vindicaret, donatione sacro oraculo confirmata. Consentiunt Gothi hac ordinatione, et ad traditam sibi patriam proficiscuntur. Post quorum discessum nec quicquam mali in Italia perpetratum, Stilico patricius et socer Honorii imperatoris (nam utramque ejus filiam, id est Mariam et Thermantiam quas sibi princeps unam post unam sociavit, utramque virginem et intactam Deus ab hac luce migrare præcepit), hic ergo Stilico ad Polentiam civitatem in Alpibus Cottiis locatam dolose accedens, nihilque mali suspicantibus Gothis, ad necem totius Italiæ, suamque deformitatem ruit in bellum. Quem ex improviso Gothi cernentes, primo perterriti sunt; sed mox recollectis animis, et (ut solebant) hortatibus excitati, omnem pæne exercitum Stiliconis in fugam conversum, usque ad internecionem dejiciunt, furibundoque animo arreptum iter deserunt, et in Liguriam post se, unde jam transierant, revertuntur; ejusque prædis spoliisque potiti, Æmiliam pari tenore devastant, Flaminiæque aggerem inter Picenum et Thusciam, usque ad urbem Romam discurrentes,

sûreté. L'empereur Honorius, effrayé et de cette demande et de cette menace, délibéra avec son conseil, recherchant les moyens de les repousser au delà des limites de l'Italie. Voici à quelle résolution il finit par s'arrêter. Il offrit aux Goths des provinces éloignées, à savoir : les Gaules et les Espagnes, qui du reste étaient déjà presque perdues pour lui, et que dévastaient les irruptions de Gizérich, roi des Wandales; il les abandonna à Alaric, dans le cas où ce prince pourrait, avec sa nation, se les assurer comme ses propres foyers, et il confirma cette donation par l'engagement le plus solennel. Les Goths consentent à cet arrangement, et se mettent en marche vers les contrées qu'on leur livrait. Après qu'ils furent partis sans avoir fait de mal en Italie, le patrice Stilicon, beau-père de l'empereur Honorius (car ce prince épousa successivement ses deux filles, Marie et Thermantia, que Dieu fit sortir de ce monde vierges toutes deux et intactes), Stilicon, disons-nous, approchant avec perfidie de la ville de Polentia, située dans les Alpes Cottiennes, au moment où les Goths ne soupçonnaient aucun mal, se précipita au combat pour la perte de toute l'Italie et pour sa propre honte. Les Goths, le voyant arriver à l'improviste, furent d'abord effrayés; mais bientôt ils reprirent courage, et animés, selon leur coutume, par les exhortations, ils mettent en fuite l'armée de Stilicon, l'exterminent presque tout entière, et, entraînés par leur fureur, ils quittent le chemin qu'ils avaient pris, et reviennent sur leurs pas dans la Ligurie, qu'ils avaient déjà traversée; après l'avoir livrée au pillage et dépouillée de ses richesses, ils ravagent de la même manière l'Émilie, et, courant à travers la Flaminie entre le Picenum et la Toscane jusqu'aux portes de Rome, ils dévastent tout ce qui se trouve entre les deux côtés; puis, entrant enfin dans Rome, ils se contentent de la piller par l'ordre d'Alaric; mais ils ne la livrèrent pas aux flammes, comme le font les nations

quicquid inter utrumque latus fuit, in prædam diripiunt; ad postremum Romam ingressi, Alarico jubente, spoliant tantum : non autem, ut solent gentes, ignem supponunt, nec locis sanctorum in aliquo penitus injuriam irrogare patiuntur. Exindeque egressi, per Campaniam et Lucaniam simili clade peracta, Brutios accesserunt : ubi diu residentes, ad Siciliam, exinde ad Africam transire deliberant. Brutiorum siquidem regio in extremis Italiæ finibus interjacens, parte angulorum ejus Apennini montis initium fecit. Adriæque pelagus ut lingua porrecta a Tyrrheno æstu sejungens, nomen quondam a Brutia sortitur regina.

X. Ibi ergo veniens Alaricus, rex Vesegothorum, cum opibus totius Italiæ, quas in præda diripuerat, exinde (ut dictum est) per Siciliam in Africam quietam patriam transire disponit. Cujus, quia non est liberum quodcumque homo sine nutu Dei disposuerit, fretum illud horribile aliquantas naves submersit; plurimas conturbavit. Qua adversitate repulsus Alaricus, dum secum quid ageret deliberaret, subito immatura morte præventus, rebus excessit humanis. Quem nimia dilectione lugentes, Barentinum amnem juxta Consentinam civitatem de alveo suo derivant. Nam hic fluvius a pede montis juxta urbem dilapsus, fluit unda salutifera. Hujus ergo in medio alveo collecto captivorum agmine sepulturæ locum effodiunt, in cujus foveæ gremio Alaricum cum multis opibus obruunt, rursusque aquas in suum alveum

barbares, et ils ne souffrirent pas que les lieux saints reçussent le moindre outrage. Sortis de la ville, ils exercèrent les mêmes ravages dans la Campanie et dans la Lucanie, et s'avancèrent vers le Brutium; après y avoir longtemps séjourné, ils se préparèrent à passer en Sicile et de là en Afrique. Le pays des Brutiens, situé sur les dernières limites de l'Italie, donne naissance dans ses angles au mont Apennin. Séparant comme par une langue de terre la mer Adriatique de la mer Tyrrhénienne, il a pris son nom de Brutia, une de ses anciennes reines.

X. Arrivé dans cette contrée, avec les trésors de toute l'Italie dont il avait fait sa proie, Alaric, roi des Visigoths, se disposa à passer, comme nous l'avons dit, par la Sicile en Afrique, où il voulait chercher une patrie tranquille. Comme les desseins formés par l'homme sans l'assentiment de Dieu ne sont pas libres, ce détroit terrible engloutit quelques vaisseaux de ce prince et en brisa un grand nombre. Alaric, découragé par ce désastre, délibérait en lui-même sur ce qu'il devait faire, lorsque, frappé subitement d'une mort prématurée, il sortit de ce monde. Les Goths, qui l'aimaient singulièrement, le pleurèrent, et détournèrent de son cours la rivière de Barentinum, près de la ville de Cosenza. Cette rivière, prenant sa source au pied d'une montagne, non loin de la ville, roule des eaux salutaires. Les Goths réunirent au milieu de son lit une troupe de captifs, auxquels ils firent creuser la place où ils voulaient ensevelir leur roi; puis ils enterrèrent dans cette fosse Alaric avec de grandes richesses, et, après avoir rendu les eaux à leur cours na-

reducentes, ne a quoquam quandoque locus cognosceretur, fossores omnes interemerunt, regnumque Vesegothorum Athaulfo ejus consanguineo, et forma et mente conspicuo tradunt. Nam erat quamvis non adeo proceritate staturæ formatus, quantum pulchritudine corporis, vultuque decorus. Qui suscepto regno revertens item ad Romam, si quid primum remanserat, more locustarum erasit : nec tantum privatis divitiis Italiam spoliavit, imo et publicis, imperatore Honorio nihil resistere prævalente, cujus et germanam Placidiam Theodosii imperatoris ex altera uxore filiam urbe captivam abduxit. Quam tamen ob generis nobilitatem, formæque pulchritudinem, et integritatem castitatis attendens, in Foro Livii, Æmiliæ civitate, suo matrimonio copulavit [44], ut gentes hac societate comperta, quasi adunata Gothis republica efficacius terrerentur, Honoriumque Augustum quamvis opibus exhaustum, tamen quasi cognatum grato animo derelinquens, Gallias tendit : ubi quum advenisset, vicinæ gentes perterritæ, in suis se finibus cœperunt continere, quæ dudum crudeliter Gallias infestassent, tam Franci, quam Burgundiones. Nam Wandali et Alani, quas supra diximus, permissu principum Romanorum utraque Pannonia resedere, nec ibi sibi ob metum Gothorum arbitrantes tutum fore, si reverterentur, ad Gallias transiere. Sed mox a Galliis, quas ante non multum tempus occupassent, fugientes, Hispania se recluserc, adhuc memores ex relatione majorum suorum, quid dudum

turel, ils tuèrent tous ceux qui avaient servi de fossoyeurs, afin que jamais personne ne pût connaître l'endroit où ils avaient déposé les restes de leur chef. Ils donnèrent le sceptre des Visigoths à un parent de ce prince, à Athaulf, non moins distingué par ses avantages physiques que par les qualités de son esprit. Bien que sa taille ne fût pas très-élevée, il était remarquable par les belles proportions de son corps et par la beauté de sa figure. Investi du pouvoir suprême, Athaulf revint sur Rome, rasant à la manière des animaux nuisibles tout ce qui était resté debout; il dépouilla l'Italie non-seulement de ses richesses privées, mais encore de ses richesses publiques, l'empereur Honorius étant dans l'impuissance de lui résister. Il emmena captive de Rome Placidie, la sœur de ce prince et la fille que l'empereur Théodose avait eue d'un autre mariage. Toutefois, lui témoignant du respect à cause de la noblesse de sa naissance, de sa beauté, et de sa chasteté intacte, il se l'attacha par les liens du mariage à Forum Livii, ville de l'Émilie, afin qu'à la nouvelle de cette alliance les nations étrangères fussent plus aisément frappées de terreur, comme si les Goths et la république s'étaient réunis en un seul corps; puis, renonçant avec bienveillance à toute attaque contre Honorius, qu'il considérait comme un parent, et quoiqu'il l'eût épuisé de richesses, il se dirigea vers la Gaule. A son arrivée dans ce pays, les nations voisines effrayées se renfermèrent dans leurs limites; tant les Francs que les Bourguignons qui depuis longtemps infestaient cruellement les Gaules; car les Wandales et les Alains, auxquels les princes romains avaient permis de s'établir dans les deux Pannonies, dont nous avons parlé plus haut, ne s'y crurent pas en sûreté, parce qu'ils craignaient que les Goths n'y revinssent; ils passèrent donc dans les Gaules. Mais bientôt, fuyant des Gaules, qu'ils n'avaient occupées que depuis peu de temps, ils s'enfermèrent dans l'Espagne, se rappelant encore, par

Geberich, rex Gothorum, genti suæ præstitisset incommodi, vel quomodo eos virtute sua patrio solo expulisset. Tali ergo casu Galliæ Athaulfo patuere venienti. Confirmato ergo Gothis regno in Galliis, Hispanorum casu cœpit dolere, eosque deliberans a Wandalorum incursibus eripere, per suas opes Barcilonam cum certis fidelibus delectis, plebeque imbelli interiores Hispanias introivit, ubi sæpe cum Wandalis decertans, tertio anno postquam Gallias Hispaniasque domuisset, occubuit; gladio ilio perforato Vernulfi, de cujus solitus erat ridere statura.

Post cujus mortem Regericus rex constituitur; sed et ipse suorum fraude peremptus, ocius vitam cum regno reliquit. Dehinc jam quartus ab Alarico rex constituitur Valia, nimis destrictus et prudens : contra quem Honorius imperator Constantium virum industria militari pollentem, multisque prœliis gloriosum cum exercitu dirigit, veritus ne fœdus dudum cum Athaulfo initum ipse turbaret, et aliquas rursus in republica insidias moliretur, vicinis sibi gentibus repulsis; simulque desiderans germanam suam Placidiam subjectionis opprobrio liberare, paciscens cum Constantio, ut aut bello, aut pace vel quoquo modo si eam potuisset, ad suum regnum revocaret, eique eam in matrimonium sociaret. Quo placito Constantius ovans cum copia armatorum, et pæne jam regio apparatu Hispanias petit. Cui Valia, rex Gothorum, non minori procinctu ad claustra Pyrenæi occur-

le récit de leurs anciens, combien Gébérich, roi des Goths, avait fait autrefois de mal à leur nation, et comment, par sa valeur, il les avait chassés de leur patrie. Voilà par quelles circonstances les Gaules furent ouvertes à Athaulf lorsqu'il s'y présenta. La domination des Goths étant consolidée dans les Gaules : il vit avec douleur la malheureuse position des Espagnols, il résolut de les délivrer des incursions des Wandales, se rendit maître de Barcelone par ses troupes, et entra dans l'intérieur des Espagnes avec un certain nombre de ses fidèles les plus choisis, et avec une multitude impropre à la guerre ; là, il eut souvent à combattre les Wandales, et mourut trois ans après avoir dompté les Gaules et les Espagnes, percé au flanc d'un coup d'épée par Vernulfe, qu'il avait l'habitude de tourner en ridicule à cause de sa petite taille.

Après la mort d'Athaulf, Régéric fut établi roi ; mais celui-ci à son tour périt par la trahison des siens, et perdit bientôt la vie avec le trône. Ensuite on éleva au souverain pouvoir le quatrième roi depuis Aláric, Valia, prince extrêmement actif et prudent. L'empereur Honorius envoya contre lui avec une armée Constance, homme distingué par ses talents militaires, et illustré par de nombreux combats ; car il craignait que le nouveau roi des Goths ne violât lui-même le traité conclu jadis avec Athaulf, et ne tendît de nouveau quelque piége à la république, après avoir repoussé les nations placées dans son voisinage. Comme il désirait en même temps soustraire sa sœur Placidie à la honte de la position de sujette, il avait promis à Constance de la lui donner en mariage, s'il parvenait à la ramener dans ses États par la guerre, par la paix ou par tout autre moyen. Fier de cet engagement, Constance se dirigea sur les Espagnes avec une armée et avec un appareil déjà presque royal. Valia, roi des Goths, vint à sa rencontre dans les gorges des Pyrénées avec des forces non moins imposantes ; des ambassades

rit : ubi ab utraque parte legatione directa, ita convenit pacisci, ut Placidiam sororem principis redderet, suaque solatia Romanæ reipublicæ, ubi usus exigeret, non denegaret.

Eo namque tempore Constantinus quidam apud Gallias invadens imperium, filium suum Constantem ex monacho fecerat Cæsarem, sed non diu tenens regnum præsumptum, mox fœderatis Gothis Romanisque, ipse occiditur Arelati, filius vero ejus Viennæ. Post quos item Jovinus ac Sebastianus, pari temeritate rempublicam occupandam existimantes, pari exitio periere. Nam duodecimo anno regni Valiæ, quando et Hunni post pæne quinquaginta annos invasa Pannonia a Romanis et Gothis expulsi sunt, videns Valia Wandalos in suis finibus, id est Hispaniæ solo, audaci temeritate ab interioribus partibus Galliæ (ubi eos fugaverat dudum Athaulfus) egressos, cuncta in prædis vastare, eo [vero] tempore, quo Hierius et Ardaburius consules extitissent; nec mora, mox contra eos movit exercitum. Sed Gizerichus, rex Wandalorum, jam a Bonifacio in Africam invitatur, qui Valentiniano principi veniens in offensam, non aliter quam se malo reipublicæ potuit vindicare. Is ergo suis precibus eos invitans, per tractum angustum, quod dicitur fretum Gaditanum, et vix septem millibus Africam ab Hispaniis dividit, ostiaque maris Tyrrheni Oceani æstum egerit, transposuit. Erat namque Gizerichus jam Romanorum clade in urbe notissimus, statura mediocris,

furent envoyées de part et d'autre, et il fut convenu que Valia rendrait Placidie, sœur de l'empereur, et qu'il ne refuserait pas ses secours à la république romaine, lorsque les circonstances l'exigeraient.

En ce temps, un certain Constantin, usurpant l'empire dans les Gaules, avait tiré d'un monastère son fils Constant pour en faire un César; mais il ne garda pas longtemps le suprême pouvoir qu'il s'était arrogé, et les Goths et les Romains s'étant ligués contre lui, il fut tué à Arles et son fils à Vienne. Après eux, Jovinus et Sébastien, croyant pouvoir avec la même témérité s'emparer de la direction de la république, périrent de la même mort. Dans la douzième année du règne de Valia, lorsque les Huns furent chassés par les Romains et par les Goths de la Pannonie qu'ils avaient envahie depuis cinquante ans environ, Valia, voyant les Wandales, sortis des pays intérieurs de la Gaule (où jadis Athaulf les avait forcés de fuir), ravager et piller tout avec une audacieuse témérité sur ses frontières, c'est-à-dire sur le territoire de l'Espagne, au temps où Hierius et Ardaburius étaient consuls, ne perdit pas de temps pour mettre bientôt une armée en campagne contre eux. Mais Gizérich, roi des Wandales, fut invité à passer en Afrique par Boniface, qui, tombé dans la disgrâce de l'empereur Valentinien, ne put se venger qu'aux dépens de la république. Boniface, invitant donc les Wandales par ses prières, leur fit traverser le pas étroit que l'on appelle détroit de Gadès, qui sépare l'Afrique des Espagnes par un espace de sept milles à peine, et unit l'entrée de la mer Tyrrhénienne aux flots de l'Océan. Gizérich était déjà très-connu à Rome par le désastre des Romains; c'était un homme d'une taille peu élevée, rendu boiteux par une chute de cheval, d'un esprit profond, sobre de paroles, méprisant toute mollesse, impétueux dans sa colère, avide de posséder, très-

et equi casu claudicans, animo profundus, sermone rarus, luxuriæ contemptor, ira turbidus, habendi cupidus, ad sollicitandas gentes providentissimus, semina contentionum jacere, odia miscere paratus. Talis Africæ rempublicam precibus Bonifacii, ut diximus, invitatus intravit, ubi ad divinitatem (ut fertur) accepta auctoritate diu regnans, ante obitum suum filiorum agmen accitum ordinavit, ne inter ipsos de regni ambitione esset dissensio, sed ordine quisque, et gradu suo, qui aliis superviveret, id est seniori suo fieret sequens successor, et rursus ei posterior ejus. Quod observantes per annorum multorum spatia regnum feliciter possedere, nec, quod in reliquis gentibus adsolet, intestino bello fœdati sunt, suoque ordine unus post unum suscipiens regnum, in pace populi imperarunt. Quorum ordo iste ac successio fuit.

Primum Gizerichus, qui pater et dominus, sequens Hunnericus, tertius Gundamundus, quartus Transamundus, quintus Hilderich. Quo, malo gentis suæ, Gelimer immemor atavi præceptorum, de regno ejecto et interempto, tyrannidem præsumpsit; sed non ei cessit impune quod fecerat. Nam Justiniani imperatoris ultio in eo apparuit, et cum omni genere suo, opibusque, quibus more prædonis incubabat, Constantinopolim delatus per virum gloriosissimum Belisarium, magistrum militum orientalem, et consulem ordinarium atque patricium, magnum in Circo populo spectaculum

prévoyant pour provoquer les nations, toujours prêt à répandre des germes de discordes et à enflammer les haines. Tel était le prince qui, invité par les prières de Boniface, comme nous l'avons dit, entra sur le territoire de l'Afrique; là, ayant reçu une autorité presque égale à celle de la divinité, il régna longtemps, et, avant sa mort, il appela autour de lui la troupe de ses fils, et, pour empêcher que l'ambition d'arriver au trône n'excitât des discordes entre eux, il ordonna que chacun d'eux succéderait au pouvoir à son tour, selon qu'il survivrait à l'autre, c'est-à-dire le second à l'aîné, et le troisième au second. Observant cet ordre, ils possédèrent heureusement le trône pendant de longues années; on ne les vit pas, comme cela arrive d'ordinaire chez les autres nations, se souiller de guerres intestines; mais, prenant l'un après l'autre, selon leur ordre de naissance, les rênes de l'État, ils régnèrent au milieu de la paix de leur peuple. Voici quelles furent leur suite et leur succession.

D'abord Gizérich, père et maître de cette race; puis Hunnéric; en troisième lieu Gundamund; Transamund fut le quatrième, et Hildérich le cinquième. Gelimer, oubliant les ordres de leur aïeul commun, renversa Hildérich du trône, le fit périr, et s'empara lui-même du souverain pouvoir. Mais cet attentat ne resta pas impuni; car la vengeance de l'empereur Justinien se déploya contre lui, et, avec toute sa famille, avec toutes ses richesses qu'il couvait à la manière d'un brigand, il fut transporté à Constantinople par Bélisaire, glorieux héros, maître de la milice d'Orient, consul ordinaire et patrice; il donna dans le Cirque un imposant spectacle au peuple; et, portant dans son cœur un tardif repentir de ce qu'il avait fait, lorsqu'il se vit précipité du faîte de la royauté et

fuit, seramque sui pœnitudinem gerens, quum se videret de fastigio regali dejectum, privatæ vitæ, cui noluit famulari, redactus occubuit. Sic Africa, quæ in divisione orbis terrarum tertia pars mundi describitur, centesimo fere anno Wandalico jugo erepta in libertatem revocata est regni Romani : et quam dudum ignavis dominis, ducibus infidelibus, a reipublicæ Romanæ corpore gentilis manus abstulerat, solerti domino et fideli ductore tunc revocata, hodieque congaudet. Quamvis et post hæc aliquantum intestino prœlio, Maurorumque infidelitate adtritam se lamentaverit ; tamen triumphus Justiniani imperatoris a Deo sibi donatus, quod inchoaverat, ad finem usque perduxit. Sed nobis quid opus est, unde res non exigit, dicere ? Ad propositum redeamus.

XI. Valia siquidem, rex Gothorum, adeo cum suis in Wandalos sæviebat, ut voluisset eos etiam in Africa persequi, nisi eum casus, qui dudum Alarico ad Africam tendenti contigerat, revocasset. Nobilitatus namque intra Hispanias, incruentaque victoria potitus, Tolosam revertitur ; Romano imperio, fugatis hostibus, aliquantas provincias (quod promiserat) derelinquens, sibique adversa post longum valetudine superveniente, rebus humanis excessit, eo videlicet tempore, quo Beremuth Torismundo patre genitus, de quo in catalogo Amalorum familiæ superius diximus, cum filio Witiricho ab Ostrogothis, qui adhuc in Scythiæ terra Hunnorum oppressionibus subjacebant, ad Vesegotharum regnum mi-

rejeté dans la vie privée, à laquelle il ne put s'accommoder, il mourut. Ce fut ainsi que l'Afrique, qui, dans la division de la terre, est décrite comme la troisième partie du monde, fut arrachée au joug des Wandales, cent ans environ après l'établissement de leur domination, et rappelée à la liberté de l'empire romain; et cette contrée, jadis détachée du corps de la république romaine par des mains barbares, sous des maîtres lâches et des généraux infidèles, fut alors ramenée par un maître habile et un général fidèle, et elle se félicite aujourd'hui de ce retour. Quoique après ces événements elle gémît quelque temps de se voir foulée par des luttes intestines et par la perfidie des Maures; cependant le triomphe de l'empereur Justinien, donné par Dieu à ce prince, mena jusqu'à la fin l'œuvre commencée. Mais qu'avons-nous besoin de parler de choses étrangères à notre sujet? Revenons à celui-ci.

XI. Valia, roi des Goths, se déchaînait avec les siens contre les Wandales, au point qu'il eût voulu les poursuivre même en Afrique, s'il n'en avait été empêché par la même fortune qui jadis avait arrêté Alaric au moment de passer dans cette contrée. Après s'être illustré dans l'intérieur des Espagnes, et avoir remporté une victoire non sanglante, il revint à Toulouse; laissant à l'empire romain, après avoir chassé les ennemis, quelques provinces, comme il l'avait promis, et au bout d'un long temps surpris par une maladie dangereuse, il sortit de ce monde, à l'époque où Beremuth, fils de Torismund, dont nous avons parlé plus haut dans le catalogue de la famille des Amales, quitta, avec son fils Witérich, les Ostrogoths, qui, sur la terre de Scythie, étaient encore soumis aux oppressions des Huns, et vint dans le royaume des Visigoths; car il avait la conscience de sa valeur et de l'illustration de sa race, croyant que ses pa-

gravit. Conscius enim erat virtutis et generis nobilitatis, facilius sibi credens principatum a parentibus deferri, quem hæredem regum constabat esse multorum. Quis namque de Amalo dubitaret, si vacasset eligere? sed nec ipse adeo voluit, quis esset, ostendere. Et illi jam post mortem Valiæ Theodericum ei dedere successorem, ad quem veniens Beremund animi pondere, quod valebat, eximiam generis sui amplitudinem commoda taciturnitate suppressit, sciens regnantibus semper de regali stirpe genitos esse suspectos. Passus est ergo ignorari, ne faceret ordinanda confundi. Susceptusque est cum filio suo a rege Theoderico honorifice nimis, adeo ut nec consilio suo expertem, nec convivio faceret alienum; non tantum pro generis nobilitate, quam ignorabat, sed pro animi fortitudine et robore gentis, quam non poterat occultare.

Quid plurimum? defuncto Valia, ut superius quod diximus repetamus, qui parum fuerat felix Gallis, prosperrimus feliciorque Theodericus successit in regno, homo summa moderatione compositus animi corporisque, ut illa ætate, habendus. Contra quem Theodosio et Festo consulibus pace rupta Romani Hunnis auxiliaribus secum junctis, in Gallias arma moverunt. Turbaverat namque eos Gothorum fœderatorum manus, quæ cum Gaina comite Constantinopoli se fœderasset. Aetius ergo patricius tunc præerat militibus, fortissimorum Mœsiorum stirpe progenitus, in Dorostena civitate, a patre Gaudentio, labores bellicos tolerans, reipublicæ Romanæ

rents lui donneraient sans peine la suprême autorité, puisqu'il était, ainsi que tous le savaient, l'héritier de tant de rois. Qui, en effet, hésiterait à choisir un Amale, s'il s'agissait d'une élection? Mais ce prince ne voulut pas même faire connaître qui il était. Les Goths, aussitôt après la mort de Valia, lui donnèrent pour successeur Théodéric. Beremund, en venant auprès de ce prince avec toute la force d'âme qui le distinguait, cacha, dans un silence utile, l'éclat infini de sa naissance; il savait bien que tout homme issu de race royale est toujours suspect à ceux qui règnent. Il souffrit donc qu'on l'ignorât, pour ne pas jeter la confusion dans les affaires qu'il fallait régler. Il reçut, avec son fils, du roi Théodéric, l'accueil le plus honorable; au point que ce prince l'appelait à tous ses conseils, et le faisait asseoir à sa table; moins pour l'illustration de sa naissance, qui lui était inconnue, que pour l'intrépide force d'âme et l'énergie naturelle à sa race, qu'il ne pouvait pas cacher.

En un mot, et pour répéter ce que nous avons dit plus haut, après la mort de Valia, dont le règne n'avait pas été très-heureux pour les Gaulois, Théodéric, plus heureux, monta sur le trône. On doit le considérer comme un homme d'une extrême modération physique et morale pour ce siècle. Sous le consulat de Théodose et de Festus, les Romains, qui avaient réuni des Huns auxiliaires à leurs troupes, rompirent la paix, et vinrent en armes dans les Gaules contre le nouveau roi. Ils avaient été troublés par une troupe de Goths fédérés, qui s'était fédérée à Constantinople avec le comte Gaïnas. L'armée avait alors pour chef le patrice Aétius, issu de la race des plus intrépides Mésiens, dans la ville de Dorostène, d'un père nommé Gaudentius; il était habitué à supporter les fatigues de la guerre, et semblait né tout à fait à propos

singulariter natus, qui superbiam Suevorum Francorumque barbariem immensis caedibus servire Romano imperio coegisset. Hunnis quoque auxiliariis Litorio ductante, contra Gothos Romanus exercitus motus procinctum, diuque ex utraque parte acie ordinata, quum utrique fortes, et neuter firmior esset, datis dextris, in pristinam concordiam redierunt, foedereque firmato, ab alterutro fida pace peracta, recessit uterque.

Qua pacatur Attila, Hunnorum omnium dominus, et paene totius Scythiae gentium solus in mundo regnator, qui erat famosa inter omnes gentes claritate mirabilis. Ad quem in legationem remissus a Theodosio juniore Priscus, tali voce inter alia refert. Ingentia siquidem flumina, id est Tysiam, Tibisiamque, et Driccam transeuntes, venimus in locum illum, ubi dudum Vidicula Gothorum fortissimus Sarmatum dolo occubuit. Indeque non longe ad vicum[45], in quo rex Attila morabatur, accessimus: vicum inquam, ad instar civitatis amplissimae, in quo lignea moenia ex tabulis nitentibus fabricata reperimus, quarum compago ita solidum mentiebatur, ut vix ab intento posset junctura tabularum comprehendi. Videres triclinia ambitu prolixiore distenta, porticusque in omni decore dispositas. Area vero curtis ingenti ambitu cingebatur, ut amplitudo ipsa regiam aulam ostenderet. Hae sedes erant Attilae regis barbariam totam tenentis: haec captis civitatibus habitacula praeponebat.

Is namque Attila[46] patre genitus Mundzucco[47], cujus

pour la république romaine. Il avait dompté par d'immenses désastres l'orgueil des Suèves et la barbarie des Francs, et les avait forcés à servir l'empire romain. Les Huns auxiliaires étaient commandés par Litorius. L'armée romaine se mit donc en marche contre les Goths; longtemps des deux côtés, les troupes se tinrent rangées en bataille; mais les forces étant égales de part et d'autre, et aucune des deux armées n'étant plus rassurée que l'autre, on se donna la main, on rétablit l'ancienne concorde, et le traité ayant été confirmé, une paix sincère établie de part et d'autre, les deux armées se retirèrent.

Cette circonstance pacifia Attila, maître de tous les Huns, et seul souverain au monde des peuples de presque toute la Scythie. Il était remarquable par son illustration fameuse parmi toutes les nations. Voici ce qu'entre autres choses, Priscus, envoyé vers lui en ambassade par Théodose le Jeune, dit de ce prince. Après avoir franchi des fleuves immenses, à savoir le Tysias, le Tibisias, et le Dricca, nous arrivâmes à l'endroit où jadis Vidicula, le plus vaillant des Goths, succomba par la trahison des Sarmates; et de là, à une petite distance, nous approchâmes du bourg où résidait le roi Attila, bourg semblable à une vaste cité, où nous trouvâmes des murailles de bois faites de planches polies, dont les jointures imitaient si bien le solide, qu'on pouvait à peine saisir, avec la plus grande attention, l'endroit où ces planches s'emboîtaient. On y voyait des salles à manger qui se développaient sur une vaste surface, et des portiques disposés avec un grand luxe. L'aire de la cour était entourée d'une vaste enceinte, afin que son étendue même montrât que c'était là la résidence royale. Telle était la demeure du roi Attila, qui tenait sous son pouvoir toutes les nations barbares; telle était l'habitation qu'il préférait aux villes conquises.

Or, cet Attila eut pour père Mundzuc, dont les deux

fuere germani Octar et Roas, qui ante Attilam regnum Hunnorum tenuisse narrantur, quamvis non omnino cunctorum. Eorum ipse post obitum, cum Bleta germano Hunnorum successit in regnum, et ut ante expeditioni, quam parabat, par foret, augmentum virium parricidio quærit, tendens ad discrimen omnium nece suorum. Sed librante justitia detestabili remedio crescens, deformes exitus suæ crudelitatis invenit. Bleta enim fratre fraudibus perempto, qui magnæ parti regnabat Hunnorum, universum sibi populum subjugavit, aliarumque gentium, quas tunc in ditione tenebat, numerositate collecta, primas mundi gentes, Romanos Vesegothasque, subdere peroptabat. Cujus exercitus quingentorum millium esse numerus ferebatur. Vir in concussionem gentis natus in mundo, terrarum omnium metus : qui nescio qua sorte terrebat cuncta, formidabili de se opinione vulgata. Erat namque superbus incessu, huc atque illuc circumferens oculos, ut elati potentia ipso quoque motu corporis appareret. Bellorum quidem amator, sed ipse manu temperans, consilio validissimus, supplicantibus exorabilis, propitius in fide semel receptis. Forma brevis, lato pectore, capite grandiori, minutis oculis, rarus barba, canis aspersus, simo naso, teter colore, originis suæ signa restituens. Qui quamvis hujus esset naturæ, ut semper magna confideret, addebat ei tamen confidentiam gladius Martis inventus, apud Scytharum reges semper habitus. Quem Priscus historicus tali refert oc-

frères, Octar et Roas, occupèrent, dit-on, avant Attila, le trône des Huns, sans régner pourtant sur la nation tout entière. Après leur mort, Attila leur succéda sur le trône des Huns avec son frère Bleta, et, afin d'être à la hauteur de l'expédition qu'il méditait, il chercha par un parricide à augmenter ses forces, marchant à la ruine de tous par la mort des siens. Mais les détestables moyens qu'il employa pour s'agrandir, furent pesés dans la balance de la justice, et il trouva de hideuses issues à sa cruauté. Après avoir fait traîtreusement périr son frère Bleta, qui régnait sur une grande partie des Huns, il se soumit le peuple tout entier, et, ayant réuni un grand nombre d'autres nations qu'il tenait alors sous sa puissance, il désirait ardemment subjuguer les premières nations du monde, les Romains et les Visigoths. On portait à cinq cent mille le nombre des combattants. Homme né et mis sur la terre pour ébranler l'espèce humaine, et la terreur du monde entier! Je ne sais par quel destin il jetait partout l'épouvante, et l'on se faisait au loin de lui une idée formidable. Fier dans sa démarche, portant ses regards tout autour de lui, afin que la puissance de cet orgueilleux se révélât même dans les mouvements de son corps. Ami de la guerre, il est vrai, mais payant rarement de sa personne, très-fort dans les conseils, facile à toucher par les supplications, bienveillant pour ceux qu'il avait une fois reçus dans sa foi. Sa taille était petite, sa poitrine large, sa tête trop grosse, ses yeux petits, sa barbe rare, ses cheveux déjà blancs, son nez épaté, son teint sombre, signes évidents de son origine. Quoique son caractère le portât naturellement à sentir toujours en lui une grande confiance, celle-ci fut redoublée encore par la découverte de l'épée de Mars, que les rois des Scythes conservaient toujours. Voici quelle fut, selon l'historien Priscus, l'occasion de cette découverte. Un berger raconta que voyant boiter

casione detectum. Quum pastor inquiens, quidam gregis unam buculam conspiceret claudicantem, nec causam tanti vulneris inveniret, sollicitus vestigia cruoris insequitur : tandemque venit ad gladium, quem depascens herbas bucula incaute calcaverat, effossumque protinus ad Attilam defert. Quo ille munere gratulatus, ut erat magnanimus, arbitratur se totius mundi principem constitutum, et per Martis gladium potestatem sibi concessam esse bellorum.

Hujus ergo mentem ad vastationem orbis paratam comperiens Gizerichus, rex Wandalorum, quem paulo ante memoravimus, multis muneribus ad Vesegotharum bella præcipitat, metuens ne Theodericus, Vesegotharum rex, filiæ ulcisceretur injuriam, quæ Huncricho Gizerichi filio juncta, prius quidem tanto conjugio lætaretur : sed postea, ut erat ille et in sua pignora truculentus, ob suspicionem tantummodo veneni ab ea parati, eam putatis naribus spolians decore naturali patri suo ad Gallias remiserat, ut turpe funus miseranda semper offerret, et crudelitas, qua etiam moverentur externi, vindictam patris efficacius impetraret. Attila igitur dudum bella concepta Gizerichi redemptione parturiens, legatos in Italiam ad Valentinianum principem misit, serens Gothorum Romanorumque discordiam, ut quos prœlio non poterat concutere, odiis internis elideret, adserens se reipublicæ ejus amicitias in nullo violare, sed contra Theodericum Vesegotharum regem sibi esse

une génisse de son troupeau, et ne trouvant pas la cause d'une si grande blessure, il avait suivi avec inquiétude les traces laissées par le sang ; qu'enfin il arriva à l'épée, que la génisse en paissant avait imprudemment foulée du pied ; il la tira aussitôt de terre et la porta à Attila. Celui-ci reçut avec plaisir ce présent ; comme il était magnanime, il se crut établi souverain du monde entier, et s'imagina qu'avec l'épée de Mars il était investi de la toute-puissance des combats.

Sachant que l'âme de ce prince était disposée à la dévastation du monde, Gizérich, roi des Wandales, dont nous avons parlé un peu plus haut, lui envoya de riches présents et le précipita dans une guerre contre les Visigoths. Il craignait que Théodéric, roi des Visigoths, ne vengeât l'outrage fait à sa fille ; celle-ci, mariée à Hunérich, fils de Gizérich, se réjouit d'abord d'une si brillante alliance ; mais ensuite, comme ce prince était cruel même envers ceux qui le touchaient de plus près, il avait ordonné sur le simple soupçon qu'elle avait médité de l'empoisonner, qu'on lui coupât le nez, et, après l'avoir ainsi dépouillée de sa beauté naturelle, il l'avait renvoyée auprès de son père dans les Gaules, afin que cette infortunée présentât sans cesse l'affreux spectacle de cette mutilation, et que cette cruauté, faite pour émouvoir même les étrangers, sollicitât plus efficacement la vengeance d'un père. En conséquence Attila, enfantant, sur les instances de Gizérich, les guerres qu'il avait depuis longtemps conçues, envoya des ambassadeurs en Italie vers l'empereur Valentinien, semant la discorde entre les Goths et les Romains, afin d'user par des haines intestines ceux qu'il ne pouvait ébranler par les combats, assurant qu'il ne violait en rien les traités conclus avec la république,

certamen, unde eum excipi libenter optaret. Cetera epistolæ usitatis salutationum blandimentis oppleverat, studens fidem adhibere mendacio. Pari etiam modo ad regem Vesegotharum Theodericum erigit scriptum, hortans ut a Romanorum societate discederet, recoleretque prœlia, quæ paulo ante contra eum fuerant concitata sub nimia feritate. Homo subtilis antequam bella gereret, arte pugnabat. Tunc Valentinianus imperator ad Vesegothas eorumque regem Theodericum in his verbis legationem direxit. « Prudentiæ vestræ est, fortissime gentium, adversus orbis conspirare tyrannum, qui optat mundi generale habere servitium, qui causas prœlii non requirit, sedquidquid commiserit, hoc putat esse legitimum. Ambitum suum brachio metitur, superbiam licentia satiat. Qui jus fasque contemnens, hostem se exhibet naturæ cunctorum. Etenim meretur hic odium, qui in commune omnium se approbat inimicum. Recordamini quæso, quod certe non potest oblivisci. Ab Hunnis casus est fusus, sed quod graviter agit, insidiis agit appetitum. Unde ut de nobis taceamus, potestis hanc inulti ferre superbiam? Armorum potentes, favete propriis doloribus et communes jungite manus. Auxiliamini etiam reipublicæ cujus membrum tenetis. Quam sit autem nobis expetenda vel amplexanda societas, hostis interrogate consilia. » His et similibus legati Valentiniani regem permovere Theodericum. Quibus ille respondit, « Habetis, inquit, Romani, desiderium vestrum, fecistis Attilam

mais qu'il voulait engager contre Théodéric, roi des Visigoths, une lutte où il désirait vivement que l'empereur ne fût pas mêlé. Il avait rempli le reste de sa lettre des compliments et des flatteries d'usage, s'efforçant de faire croire à son mensonge. Il adressa une lettre analogue à Théodéric, roi des Visigoths, l'exhortant à rompre son alliance avec les Romains, et à se rappeler les combats qui naguère avaient été soulevés contre lui avec une excessive barbarie. Cet homme subtil combattait par l'artifice avant de recourir aux armes. Alors l'empereur Valentinien envoya vers les Visigoths et vers leur roi Théodéric une ambassade chargée du message suivant : « Il est digne de votre prudence, ô le plus courageux des nations, de conspirer contre le tyran de l'univers, qui veut forcer le monde entier à le servir, qui ne s'inquiète pas des motifs d'une guerre, mais regarde comme légitime tout ce qu'il lui a plu de faire. C'est avec son bras qu'il mesure son cercle d'action ; c'est par la licence qu'il assouvit son orgueil. Méprisant le droit et l'équité, il se montre l'ennemi de tout ce qui existe. Celui-là mérite la haine, qui se pose comme l'ennemi des intérêts communs de tous. Réfléchissez à ceci, et certainement vous ne pouvez l'oublier : c'est des Huns qu'est venu le malheur. Mais où il agit sérieusement, il pousse ses prétentions par la ruse. Pour ne point parler de nous, comment pouvez-vous supporter sans vengeance tant d'orgueil ? Forts par les armes, écoutez vos propres ressentiments, et unissons en commun nos mains. Venez au secours de la république, dont vous possédez un membre. Si vous voulez savoir combien notre alliance est désirable et nécessaire, interrogez les projets de l'ennemi. » Par ces discours et d'autres semblables, les envoyés de Valentinien émurent le roi Théodéric. Il leur répondit : « Romains, dit-il, vos vœux sont accomplis ; vous avez fait pour nous aussi un ennemi d'Attila. Nous le suivrons partout où il nous ap-

et nobis hostem. Sequimur illum quocumque vocaverit, et quamvis infletur de diversis superbarum gentium victoriis, norunt tamen Gothi confligere cum superbis. Nullum bellum dixerim grave, nisi quod causa debilitat, quando nil triste pavet, cui majestas arriserit. »

XII. Acclamant responso comites ducis, lætum sequitur vulgus. Fit omnibus ambitus pugnæ, hostes jam Hunni desiderantur. Producitur itaque a rege Theoderico Vesegotharum innumerabilis multitudo : qui quatuor filiis domi dimissis, id est Friderico et Turico, Rotemero et Himmerit, secum tantum Thorismund et Theodericum majores natu participes laboris assumit. Felix procinctus, auxiliantium suave collegium habere, et solatia illorum, quibus delectat ipsa etiam simul subire discrimina. A parte vero Romanorum tanta patricii Aetii providentia fuit, cui tunc innitebatur respublica Hesperiæ plagæ, ut undique bellatoribus congregatis, adversus ferocem et infinitam multitudinem non impar occurreret. His enim adfuere auxiliares Franci, Sarmatæ, Armoritiani, Litiani, Burgundiones, Saxones, Riparioli, Ibriones, quondam milites Romani, tunc vero jam in numero auxiliariorum exquisiti, aliæque nonnullæ Celticæ vel Germanicæ nationes. Convenitur itaque in campos Catalaunicos, qui et Mauricii nominantur, centum leugas, ut Galli vocant, in longum tenentes, et septuaginta in latum. Leuga autem Gallica mille et quingentorum passuum quantitate metitur. Fit ergo area innumerabilium popu-

pellera, et bien qu'il soit enflé de ses diverses victoires sur des peuples fiers, les Goths savent aussi combattre contre les fiers. Il n'est, selon moi, de guerre difficile, que celle où l'on est affaibli par la cause même que l'on soutient; tandis qu'il ne redoute rien de triste, celui auquel la majesté a souri. »

XII. Les compagnons du chef couvrent cette réponse de leurs acclamations; la masse les suit avec joie. Tous brûlent d'en venir aux mains; tous voudraient être déjà en face des Huns ennemis. Le roi Théodéric entre donc en campagne avec une innombrable multitude de Visigoths; laissant dans ses États quatre de ses fils, à savoir: Fridéric et Turic, Rotemer et Himmerit, il ne prit pour compagnons de son entreprise que les deux aînés, Thorismund et Théodéric. La marche fut heureuse; il fut doux à ce prince d'avoir une réunion nombreuse d'auxiliaires et l'assistance de ceux qui vinrent avec joie partager avec lui les mêmes dangers. Du côté des Romains, telle fut la prévoyance du patrice Aétius, alors le plus solide appui de la république occidentale, qu'il rassembla de toutes parts des guerriers, et ne vint point avec des forces inférieures au-devant d'une multitude farouche et infinie. On vit accourir comme auxiliaires les Francs, les Sarmates, les Armoricains, les Litiens, les Burgundions, les Saxons, les Ripariols, les Ibrions, jadis soldats romains, mais alors déjà rangés au nombre des auxiliaires, et quelques autres nations celtiques ou germaniques. On se rencontra dans les champs Catalauniques, appelés aussi Mauriciens, qui s'étendent sur cent lieues (comme les Gaulois appellent cette mesure) en longueur, et sur soixante-dix en largeur. La lieue gauloise se mesure par mille cinq cents pas. Cette partie de la terre devient donc une arène de peuples innombrables. Les deux armées également courageuses sont en présence; il ne s'agit pas ici de moyens clandestins; c'est à la force ouverte

lorum pars illa terrarum. Conferuntur acies utræque fortissimæ, nihil subreptionibus agitur, sed apertum Martem testantur. Quæ potest digna causa tantorum motibus inveniri? Aut quod odium in se cunctos animavit armari? Probatum est, humanum genus regibus vivere, quando unius mentis insano impetu strages sit facta populorum, et arbitrio superbi regis momento dejicitur, quod tot sæculis natura progenuit.

Sed antequam pugnæ ipsius ordinem referamus, necessarium videretur edicere, quæ in ipsis bellorum motibus accidere, quia sicut famosum prœlium, ita multiplex atque perplexum. Sangibanus namque, rex Alanorum, metu futurorum perterritus, Attilæ [ei] se tradere pollicetur, et Aurelianam civitatem Galliæ, ubi tunc consistebat, in ejus jura transducere. Quod ubi Theodericus et Aetius agnovere, magnis aggeribus eamdem urbem ante adventum Attilæ destruunt, suspectumque custodiunt Sangibanum, et inter suos auxiliares medium statuunt cum propria gente. Igitur Attila, rex Hunnorum, tali perculsus eventu, diffidens suis copiis, metuens inire conflictum, intusque fugam revolvens ipso funere tristiorem, statuit per haruspices futura inquirere. Qui more solito nunc pecorum fibras, nunc quasdam venas in abrasis ossibus intuentes, Hunnis infausta denuntiant. Hoc tamen quantulum prædixere solatii, quod summus hostium ductor de parte adversa occumberet, relictaque victoria, sua morte triumphum

qu'on en appelle. Quelle cause digne de si grands mouvements peut-on trouver? Ou bien quelle haine excita toutes ces masses à s'armer les unes contre les autres? Il est constant que le genre humain vit pour des rois, quand le fol emportement d'un seul cause le massacre des peuples, et que le caprice d'un roi orgueilleux renverse en un moment ce que la nature a mis tant de siècles à produire.

Mais avant de faire connaître l'ordre même de la bataille, il nous semble nécessaire de dire les faits qui signalèrent les mouvements mêmes de ces guerres, parce que si cette journée fut fameuse, elle fut aussi multiple et compliquée. Sangiban, roi des Alains, épouvanté par la crainte de l'avenir, promet à Attila de se livrer à lui, et de faire passer sous sa puissance Orléans, ville de la Gaule, où il se tenait alors. Dès que Théodéric et Aétius apprennent cette trahison, ils entourent cette même ville de grands remparts avant l'arrivée d'Attila, gardent à vue Sangiban devenu suspect, et le placent avec sa nation au milieu de leurs auxiliaires. En conséquence Attila, roi des Huns, ébranlé par cet événement, se méfiant de ses troupes, craignant d'engager une action, et songeant en lui-même à une fuite plus triste que la mort elle-même, résolut de demander l'avenir aux aruspices. Ceux-ci, selon leurs pratiques habituelles, examinèrent tantôt les fibres de certains animaux, tantôt certaines veines sur les os dépouillés des chairs, et annoncèrent aux Huns des destins contraires. La seule et faible consolation qu'ils purent prédire, c'est que du côté ennemi, le plus élevé des chefs succomberait, et qu'abandonnant la victoire, il attristerait par sa mort le triomphe des siens. Attila désirait vivement la mort d'Aétius, même au risque de se perdre

fœdaret. Quumque Attila necem Aetii, quod ejus motibus obviabat, vel cum sua perditione duceret expetendam, tali præsagio sollicitus, ut erat consiliorum in rebus bellicis exquisitor, circa nonam diei horam prœlium sub trepidatione committit, ut si non secus cederet, nox imminens subveniret, converteret partes, ut diximus, in campos Catalaunicos.

Erat autem positio loci declivi tumore, in modum collis excrescens. Quem uterque cupiens exercitus obtinere, quia loci opportunitas non parvum beneficium conferret, dextram partem Hunni cum suis, sinistram Romani et Vesegothæ cum auxiliariis occuparunt. Relictoque de cacuminis ejus jugo certamine, dextrum [itaque] cornu cum Vesegothis Theodericus tenebat, sinistrum Aetius cum Romanis, collocantes in medio Sangibanum, quem superius retulimus præfuisse Alanis, providentes cautione militari, ut eum, de cujus animo minus præsumebant, fidelium cum turba concluderent. Facile namque adsumit pugnandi necessitatem, cui fugiendi imponitur difficultas. E diverso vero fuit Hunnorum acies ordinata, ut in medio Attila cum suis fortissimis locaretur, sibi potius rex hac ordinatione prospiciens, quatenus inter gentis suæ robur positus, ab imminenti periculo redderetur exceptus. Cornua vero ejus multiplices populi, et diversæ nationes, quas ditioni suæ subdiderat, ambiebant. Inter quos Ostrogotharum præeminebat exercitus, Walamire et Theodemire et Widemire germanis ductantibus,

lui-même, parce qu'il contrarierait ses mouvements : inquiet d'un tel présage, parce que dans les choses de la guerre il recherchait volontiers les conseils, il engagea le combat vers la neuvième heure du jour, dans les champs Catalauniques, comme nous l'avons dit, et avec une certaine crainte, de manière à ne point paraître céder, à laisser à la nuit qui s'approchait le temps d'arriver, et de changer les rôles.

Il y avait une position présentant la pente d'une éminence, et s'élevant à la manière d'une colline. L'une et l'autre armée désirait s'en emparer, parce que ses avantages devaient assurer une grande supériorité. Les Huns, avec leurs alliés, occupèrent le côté droit; les Romains et les Visigoths, avec leurs auxiliaires, le côté gauche. Renonçant à disputer le sommet de cette éminence, Théodéric se plaça à l'aile droite avec les Visigoths, Aétius à l'aile gauche avec les Romains, assignant le centre à Sangiban, qui commandait les Alains, comme nous l'avons dit plus haut; ils voulaient, par une précaution toute militaire, enfermer au milieu de la troupe des fidèles ce prince, sur le dévouement duquel ils comptaient peu. En effet, l'homme à qui l'on ôte la facilité de fuir accepte aisément la nécessité de combattre. L'ordre de bataille des Huns fut différent : Attila se mit au centre avec ses plus vaillants guerriers; par cette disposition, le roi avait surtout en vue sa propre sûreté; il voulait, en se plaçant au milieu des forces de sa nation, se soustraire à un péril menaçant. Ses ailes étaient formées par une foule de peuples et par diverses nations qu'il avait soumises à son pouvoir. Dans cette multitude, brillait surtout l'armée des Ostrogoths, conduite par trois frères, Walamir, Théodemir et Widemir, plus nobles que le roi même sous les ordres duquel ils servaient alors; en effet, la puissance de la race des Amales les illustrait. Là se trouvait aussi,

ipso etiam rege, cui tunc serviebant, nobilioribus; quia Amalorum generis eos potentia illustrabat. Eratque et Gepidarum agmine innumerabili rex ille famosissimus Ardaricus, qui ob nimiam suam fidelitatem erga Attilam, ejus consiliis intererat. Nam perpendens Attila sagacitatem suam, eum et Walamirem Ostrogotharum regem super ceteros regulos diligebat. Erat namque Walamir secreti tenax, blandus alloquio, doli ignarus. Ardarich fide et consilio, ut diximus, clarus. Quibus non immerito contra parentes Vesegothas debuit credere pugnatoribus. Reliqua autem, si dici fas est, turba regum, diversarumque nationum ductores, ac si satellites, nutibus Attilæ attendebant, et ubi oculo annuisset, absque aliqua murmuratione cum timore et tremore unusquisque adstabat, aut certe quod jussus fuerat, exsequebatur. Sed solus Attila, rex omnium regum, super omnes et pro omnibus sollicitus erat. Fit ergo de loci, quem diximus, opportunitate certamen. Attila suos dirigit, qui cacumen montis invaderent, sed a Thorismundo et Aetio præventus est. Qui eluctati collis excelsa ut conscenderent, superiores effecti sunt, venientesque Hunnos montis beneficio facile turbavere. Tunc Attila, quum videret exercitum causa præcedente turbatum, eum tali ex tempore credit alloquio confirmandum :

« Post victorias tantarum gentium, post orbem sic constitutis edomitum, ineptum judicaverim; tanquam ignaros rei verbis acuere. Quærat hoc aut novus ductor,

avec des bandes innombrables, le fameux roi Ardaric, qui, à cause de son extrême fidélité envers Attila, assistait à ses conseils. Attila, qui avait remarqué sa sagacité, faisait de lui et de Walamir, roi des Ostrogoths, plus de cas que de tous les autres petits rois. Walamir, en effet, gardait inviolablement un secret; son langage était flatteur; il ignorait tout détour. Le roi des Huns devait avec raison compter sur ces guerriers contre les Visigoths, avec lesquels ils avaient une origine commune. Le reste de cette tourbe de rois, si l'on peut s'exprimer ainsi, et les chefs des diverses nations observaient le moindre geste d'Attila, comme s'ils eussent été ses satellites, et, à son moindre coup d'œil, chacun se tenait debout, frappé de crainte et tremblant, sans oser murmurer, ou du moins chacun exécutait les ordres qu'il avait reçus. Mais Attila seul, roi de tous les rois, dominait sur tous, et se montrait attentif pour tous. Le combat s'engage donc pour la position dont nous avons parlé. Attila conduit les siens qui devaient s'emparer du sommet de l'éminence; mais il est prévenu par Thorismund et Aétius. Ceux-ci, en arrivant au faîte de la colline disputée, s'assurèrent le dessus, et, grâce à l'avantage de cette position, ils culbutèrent facilement les Huns qui s'avançaient. Lorsqu'Attila vit son armée troublée par cet échec, il crut nécessaire, dans un tel moment, de relever les courages par le discours suivant :

« Après tant de victoires sur tant de nations, après la soumission de l'univers au point où nous sommes, je crois inutile d'exciter vos courages par des paroles, comme si

aut inexpertus exercitus. Nec mihi fas est aliquid vulgare dicere, nec vobis oportet audire. Quid autem aliud vos quam bellare consueti? Aut quid forti suavius, quam vindictam manu quærere? Magnum munus a natura, animum ultione satiare. Aggrediamur ergo hostem alacres; audaciores sunt semper, qui inferunt bellum. Adunatas despicite dissonas gentes. Indicium pavoris est, societate defendi. En ante impetum terroribus jam feruntur, excelsa quærunt, tumulos capiunt, et sera pœnitudine in campis munitiones efflagitant. Nota nobis sunt, quam sint levia Romanorum arma; primo etiam non dico vulnere, sed ipso pulvere gravantur. Dum inordinate coeunt, et acies testudinemque connectunt, vos confligite præstantibus animis, ut soletis, despicientesque eorum acies, Alanos invadite, in Vesegothas incumbite. Inde nobis est citam victoriam quærere, unde se continet bellum. Abscisa autem nervis mox membra relabuntur, nec potest stare corpus, cui ossa subtraxeris. Consurgant animi, furor solitus intumescat. Nunc consilia Hunni, nunc arma depromite, aut vulneratus quis adversarii mortem deposcat, aut illæsus hostium clade satietur. Victuros nulla tela conveniunt, morituros et in otio fata præcipitant. Postremo cur fortuna Hunnos tot gentium victores adsereret, nisi ad certaminis hujus gaudia præparasset? Quis denique Mæotidarum iter aperiret majoribus nostris tot sæculis clausum ac secretum? Quis adhuc inermibus condere faciet armatos? Faciem

vous n'aviez pas d'expérience. Laissons ce moyen à de jeunes généraux ou à des armées non exercées. Il ne me sied pas de vous tenir un langage vulgaire; il ne vous sied pas de l'entendre. Quelles sont, en effet, vos habitudes, sinon celles de la guerre? Ou quoi de plus doux pour les braves que de chercher la vengeance les armes à la main? C'est un grand bienfait de la nature que de rassasier le cœur de vengeance. Attaquons donc vivement l'ennemi; l'assaillant est toujours le plus audacieux. Méprisez cette masse formée de nations antipathiques entre elles. Celui-là trahit sa terreur, qui compte pour sa défense sur un secours étranger. Voyez, même avant l'attaque, ils sont entraînés par leurs frayeurs, ils veulent gagner les hauteurs; il leur faut des éminences; ils s'en repentent déjà, mais trop tard, et demandent en vain leur sûreté à la plaine. Nous savons combien sont légères les armes des Romains; je ne dis pas même la première blessure, mais la poussière seule suffit pour les fatiguer. Tandis qu'ils s'avancent sans ordre, et forment leurs toits de boucliers, engagez l'action avec courage et vivacité, selon votre coutume; méprisez leurs lignes de bataille, attaquez les Alains, jetez-vous de tout votre poids sur les Visigoths. C'est sur le point où se concentrent les forces du combat que nous devons chercher une prompte victoire. Si les nerfs sont coupés, les membres tombent, et un corps ne peut se soutenir auquel les os sont enlevés. Élevez donc vos courages et déployez votre fureur habituelle. Comme Huns, prouvez votre résolution; comme Huns, prouvez la force de vos armes. Que le blessé veuille la mort de son adversaire; que l'homme sain se rassasie du carnage de l'ennemi. Celui qui est destiné à vivre n'est atteint par aucun trait, celui qui doit mourir rencontre son destin même dans le repos. Enfin, pourquoi la fortune aurait-elle rendu les Huns vainqueurs de tant de nations, sinon pour les préparer aux joies de cette

Hunnorum non poterit ferre adunata collectio. Non fallor eventu, hic campus est, quem nobis tot prospera promiserant. Primus in hostes tela conjiciam. Si quis potuerit Attila pugnante otium ferre, sepultus est. »

XIII. His verbis accensi, in pugnam cuncti præcipitantur. Et quamvis haberent res ipsæ formidinem, præsentia tamen regis cunctationem hærentibus auferebat. Manus manibus congrediuntur; bellum atrox, multiplex, immane, pertinax, cui simile nulla usquam narrat antiquitas, ubi talia gesta referuntur, ut nihil esset, quod in vita sua conspicere potuisset egregius, qui hujus miraculi privaretur aspectu. Nam si senioribus credere fas est, rivulus memorati campi humili ripa prolabens, peremptorum vulneribus sanguine multo provectus, non auctus imbribus, ut solebat, sed liquore concitatus insolito, torrens factus est cruoris augmento. Et quos illic coegit in aridam sitim vulnus inflictum, fluenta mixta clade traxerunt : ita constricti sorte miserabili sordebant, potantes sanguinem, quem fudere sauciati. Hic Theodericus rex dum adhortans discurreret exercitum, equo depulsus, pedibusque suorum conculcatus, vitam matura senectute conclusit. Alii vero dicunt eum interfectum telo Andagis de parte Ostrogotharum, qui tunc Attilanum sequebantur regimen. Hoc fuit, quod

bataille? Qui, enfin, rouvrirait le chemin des Méotides, fermé et inconnu durant tant de siècles à nos aïeux? Qui fera encore que des hommes armés se cachent devant des hommes sans armes? Cette multitude rassemblée ne pourra soutenir l'aspect des Huns. L'événement ne me trompe pas : c'est ici le champ que nous avaient promis tant de prospérités. Moi-même, le premier, je lancerai le javelot contre l'ennemi. Celui-là est échu à la mort, qui peut rester tranquille où combat Attila! »

XIII. Enflammés par ces paroles, tous se précipitent au combat. Et bien que les circonstances en elles-mêmes fussent effrayantes, la présence du roi ôtait toute hésitation à ces hommes acharnés. La mêlée s'engage; bataille affreuse, multiple, épouvantable, opiniâtre, telle que l'antiquité n'en raconte pas de semblable; on rapporte qu'il s'y fit des prodiges de valeur, au point que l'homme privé de ce merveilleux spectacle n'a pu dans sa vie rien voir de plus beau. Car, si l'on peut ajouter foi à nos pères, un ruisseau qui, dans les plaines dont nous avons parlé, roule de faibles ondes, gonflé par le sang qui s'échappait des blessures des morts, et grossi non par les pluies, comme à son ordinaire, mais par un liquide inaccoutumé, fut changé en torrent par les flots de sang mêlés à ses eaux. Ceux qui, percés de blessures, furent poussés vers ce ruisseau par une soif brûlante, se virent réduits à boire de cet horrible mélange; ainsi, forcés par un sort misérable à une affreuse boisson, ils avalèrent le sang qui avait coulé de leurs plaies. Là le roi Théodéric, en parcourant les rangs de son armée, qu'il excitait par des exhortations, tomba de son cheval, fut foulé aux pieds par les siens, et termina sa carrière dans un âge avancé. D'autres assurent qu'il fut tué d'un coup de javelot par Andagis, de la nation des Ostrogoths, qui suivaient alors les drapeaux d'Attila. Ainsi s'accomplit la prédiction faite par les aruspices à Attila, et que celui-

Attilae praesagio haruspices prius dixerant, quamquam ille de Aetio suspicaretur. Tunc Vesegothae dividentes se ab Alanis invadunt Hunnorum catervas, et paene Attilam trucidassent, nisi prius providus fugisset, et se suosque illico intra septa castrorum, quae plaustris vallata habebat, reclusisset. Quamvis fragile munimentum, tamen quaesierunt subsidium vitae, quibus paulo ante nullus poterat naturalis agger obsistere.

Thorismund autem, regis Theoderici filius, qui cum Aetio collem anticipans, hostes de superiori loco proturbaverat, credens se ad agmina propria pervenire, nocte caeca ad hostium carpenta ignarus incurrit. Quem fortiter dimicantem quidam capite vulnerato equo dejecit, suorumque providentia liberatus, a proeliandi intentione desiit. Aetius vero similiter noctis confusione divisus, quum inter hostes medios vagaretur, trepidus ne quid incidisset adversi Gothis, inquirens, tandemque ad socia castra perveniens, reliquum noctis scutorum defensione transegit. Postera die luce orta, quum cadaveribus plenos campos aspicerent, nec audere Hunnos erumpere; suam arbitrantur esse victoriam, scientesque Attilam non nisi magna clade confusum bello confugisse: quum tamen nil ageret vel prostratus abjectum, sed strepens armis tubis canebat, incussionemque minabatur: velut leo venabulis pressus, speluncae aditus obambulans, nec audet insurgere, nec desinit fremitibus vicina terrere; sic bellicosissimus rex victores suos tur-

ci avait appliquée à Aétius. Alors les Visigoths, se séparant des Alains, se précipitèrent avec fureur sur les bandes des Huns, et ils eussent exterminé Attila, si ce prince n'eût eu la prudence de s'enfuir, et de s'enfermer aussitôt avec les siens dans l'enceinte de son camp, qu'il avait entouré d'un retranchement de chariots. Quelque faible que fût cet abri, des guerriers auxquels un instant auparavant nul rempart naturel ne pouvait résister, y cherchèrent une retraite pour sauver leur vie.

Thorismund, fils de Théodéric, qui avait avec Aétius occupé la colline et repoussé les ennemis de son sommet, croyant rejoindre ses propres troupes, entra, sans le savoir, et trompé par l'obscurité de la nuit, dans l'enceinte de chariots des Huns. Il combattit vaillamment, mais un soldat ennemi le blessa à la tête et le jeta à bas de cheval; il fut, il est vrai, sauvé par les siens, mais il dut renoncer à pousser plus loin le combat. Aétius aussi, par suite du désordre de la nuit, fut séparé des siens et erra au milieu des ennemis; il cherchait les Goths, tremblant qu'il ne leur fût arrivé malheur; lorsqu'enfin il eut atteint le camp de ses alliés, il passa le reste de la nuit à se défendre derrière les boucliers. Au point du jour, l'aurore montra les campagnes couvertes de cadavres; les confédérés, voyant que les Huns n'osaient point sortir de leurs retranchements, jugèrent que la victoire leur était acquise; ils savaient du reste qu'Attila n'avait fui du champ de bataille que parce qu'il avait essuyé un grand désastre. Malgré sa défaite, il ne faisait rien qui fût indigne de son courage; mais du milieu de son camp retentissaient le bruit des armes et le son des trompettes, et il menaçait de porter un grand coup : tel un lion pressé par les chasseurs s'agite à l'entrée de sa caverne sans oser s'en élancer, mais aussi sans cesser d'épouvanter de ses rugissements

babat inclusus. Conveniunt itaque Gothi Romanique, et quid agerent de superato Attila deliberant. Placet eum obsidione fatigari, qui annonæ copiam non habebat, quando ab ipsius sagittariis intra septa castrorum locatis, crebris ictibus arceretur accessus. Fertur autem desperatis in rebus prædictum regem adhuc et in supremo magnanimem, equinis sellis construxisse piram, seseque, si adversarii irrumperent, flammis injicere voluisse; ne aut aliquis ejus vulnere lætaretur, aut in potestatem tantorum hostium gentium dominus perveniret.

Verum inter has obsidionum moras Vesegothæ regem filii patrem requirunt, admirantes ejus absentiam, dum felicitas fuerit subsecuta. Quumque diutius exploratum, ut viris fortibus mos est, inter densissima cadavera reperissent, cantibus honoratum, inimicis spectantibus abstulerunt. Videres Gothorum globos dissonis vocibus confragosos, adhuc inter bella furentia funeri reddidisse culturam. Fundebantur lacrymæ, sed quæ viris fortibus impendi solent; nostra mors erat, sed Hunno teste gloriosa, unde hostium putaretur inclinata fore superbia, quando regis efferre cadaver cum suis insignibus inspiciebant. At Gothi Theoderico adhuc justa solventes, armis insonantibus regiam deferunt majestatem, fortissimusque Thorismund bene gloriosus, ad manes carissimi patris, ut decebat filium, exsequias est prosecutus.

les campagnes voisines ; tel ce roi belliqueux, enfermé dans ses barricades, frappait d'effroi ses vainqueurs. Les Goths et les Romains s'assemblent et délibèrent sur ce qu'ils feront d'Attila vaincu. Ils résolurent de fatiguer par un siége ce prince qui manquait de vivres ; mais ses archers, disséminés le long de son enceinte, en défendaient l'accès en lançant une grêle de traits. On rapporte que dans cette position désespérée, ce roi, magnanime même dans la dernière extrémité, forma un bûcher avec les selles de ses chevaux, et résolut de se précipiter dans les flammes si l'ennemi forçait son camp, afin que nul homme ne pût se vanter de l'avoir frappé, et pour que le maître des nations ne tombât point au pouvoir d'ennemis si puissants.

Durant les loisirs du siége, les Visigoths cherchent leur roi, le père de Thorismund, s'étonnant de son absence, tandis que le succès avait couronné leurs armes. Après de longues recherches, comme cela est ordinaire aux hommes braves, ils le trouvèrent sous un monceau de cadavres, chantèrent en son honneur des hymnes funèbres, et l'enlevèrent sous les yeux de l'ennemi. On vit la multitude des Goths, faisant retentir l'air de cris discordants, rendre, au milieu même des fureurs de la guerre, les derniers devoirs à leur roi mort. Ils versaient des larmes, mais telles qu'il convient à des hommes vaillants d'en répandre. C'était nous que frappait cette mort, glorieuse du reste, au témoignage même des Huns. Aussi ces derniers crurent-ils que l'orgueil de leurs ennemis serait abattu, lorsqu'ils les virent emporter avec ses insignes le cadavre de leur roi. Mais les Goths, au moment même où ils célébraient les funérailles de Théodéric, déférèrent à son fils, en faisant retentir leurs armes, la dignité royale, et le vaillant et glorieux Thorismund rendit, comme il convient à un fils, les derniers honneurs aux mânes de son père chéri.

Quod postquam peractum est, orbitatis dolore commotus, et virtutis impetu, qua valebat, dum inter reliquias Hunnorum mortem patris vindicare contendit; Aetium patricium, ac si seniorem, prudentiaque maturum, de hac parte consuluit, quid sibi esset in tempore faciendum. Ille vero metuens, ne, Hunnis funditus interemptis, a Gothis Romanorum premeretur imperium, præbet hac suasione consilium, ut ad sedes proprias remearet, regnumque quod pater reliquerat arriperet; ne germani ejus, opibus sumptis paternis, Vesegotharum regnum pervaderent, graviterque dehinc cum suis, et quod pejus est, miserabiliter pugnaret. Quo responso non ambigue, ut datum est, sed pro sua potius utilitate suscepto, relictis Hunnis, redit ad Gallias. Sic humana fragilitas dum suspicionibus occurrit, magna plerumque agendo, occasionem rerum intercipit. In hoc enim famosissimo et fortissimarum gentium bello ab utriusque partibus CLXII millia cæsa referuntur, exceptis XC millibus Gepidarum et Francorum, qui ante congressionem publicam noctu sibi occurrentes, mutuis concidere vulneribus, Francis pro Romanorum, Gepidis pro Hunnorum parte pugnantibus. Attila igitur discessione cognita Gothorum, quod de inordinatis colligi solet, et inimicorum magis æstimans dolum, diutius se intra castra continuit. Sed ubi hostium absentia sunt longa silentia consecuta, erigitur mens ad victoriam, gaudia præsumuntur, atque potentis regis animus in antiqua fata

Après avoir accompli cette triste cérémonie, et entraîné par la douleur que lui causait une telle perte, et par son impétueux courage, il voulut venger sur les restes des Huns la mort de son père. Il consulta sur ce qu'il avait à faire dans cette circonstance le patrice Aétius, plus âgé que lui et d'une mûre prudence. Mais Aétius, craignant que, les Huns une fois complétement détruits, les Goths ne pressassent l'empire romain, lui persuada par ses conseils de retourner dans ses États et de s'assurer le trône que son père avait laissé; de peur que ses frères, s'emparant des trésors de son père, n'usurpassent le pouvoir royal chez les Visigoths, et qu'ensuite il ne fût réduit à faire la guerre aux siens, et, ce qui était pire encore, qu'il ne la fît malheureusement. Thorismund prit cette réponse non dans le sens équivoque où elle était donnée, mais dans son propre intérêt; laissant donc là les Huns, il revint vers les Gaules. Ainsi la fragilité humaine, en donnant carrière aux soupçons, détruit souvent, dans les grandes circonstances, l'occasion favorable qui se présente. Dans cette bataille si fameuse et engagée entre des nations si vaillantes, on estime la perte des deux côtés à cent soixante-deux mille morts, outre quatre-vingt-dix mille Gépides et Francs qui, dans une rencontre nocturne, avant l'action générale, tombèrent sous leurs coups mutuels. Les Francs combattaient pour les Romains et les Gépides pour les Huns. A la nouvelle de la retraite des Goths, Attila fit ce que l'on fait d'ordinaire dans les moments de désordre, et, craignant quelque ruse de la part de l'ennemi, il se tint longtemps renfermé dans son camp. Mais, dès qu'un long silence eut suivi l'absence de l'ennemi, son âme se ranima à la victoire; il se livra à la joie, et le génie de ce roi puissant revint à ses premiers destins. Thorismund, élevé à la majesté royale aussitôt après la mort de son père, dans les plaines catalauniques même, où il avait combattu, fit

revertitur. Thorismund ergo patre mortuo, in campis statim Catalaunicis, ubi et pugnaverat, regia majestate subvectus, Tolosam ingreditur. Hic licet fratrum et fortium turba gauderet, ipse tamen sic sua initia moderatus est, ut nullius reperiret de regni successione certamen.

XIV. Attila vero nacta occasione de recessu Vesegotharum[48], et, quod sæpe optaverat, cernens hostium solutionem per partes, mox jam securus ad oppressionem Romanorum movit procinctum, primaque aggressione Aquileiensem obsedit civitatem, quæ est metropolis Venetiarum, in mucrone vel lingua Adriatici posita sinus. Cujus ab oriente muros Natissa amnis fluens, a monte Picis elambit; ibique quum diu multoque tempore obsidens nihil penitus prævaleret, fortissimis intrinsecus Romanorum militibus resistentibus; exercitu jam murmurante et discedere cupiente, Attila deambulans circa muros, dum utrum solveret castra, an adhuc moraretur deliberat, animadvertit candidas aves, id est ciconias, quæ in fastigio domorum nidificant, de civitate fœtus suos trahere, atque contra morem per rura forinsecus comportare. Et ut hoc, sicut erat sagacissimus inquisitor, persensit, ad suos inquit : « Respicite aves futurarum rerum providas perituram relinquere civitatem, casurasque arces periculo imminente deserere. Non hoc vacuum, non hoc credatur incertum; rebus præsciis consuetudinem mutat ventura formido. » Quid plus? Animus suo-

son entrée dans Toulouse. Bien qu'il eût un grand nombre de frères, et de frères courageux, il se conduisit avec tant de modération dans les commencements de son règne, qu'il ne trouva personne parmi eux qui lui disputât le trône.

XIV. Attila, ayant trouvé une occasion favorable par la retraite des Visigoths, et voyant, ce qu'il avait souvent désiré, ses ennemis se séparer, se mit aussitôt et avec une entière sécurité, en marche pour écraser les Romains : il commença son attaque par le siége de la ville d'Aquilée, qui est la métropole des Vénéties, et se trouve située dans la garde ou comme sur la langue du golfe Adriatique. Le fleuve Natissa, arrosant ses murs à l'orient, descend du mont Picis. Attila, arrêté longtemps par ce siége, vit tous ses efforts sans résultat, grâce à la résistance des plus vaillants soldats romains enfermés dans la place; déjà son armée murmurait et demandait que l'on battît en retraite. Le roi des Huns, se promenant autour des murs, et délibérant s'il lèverait son camp ou s'il persévèrerait dans l'attaque, remarqua que des oiseaux blancs, c'est-à-dire des cigognes, qui font leurs nids sur le faîte des maisons, enlevaient leurs petits de la ville, et les portaient, contre leur habitude, au dehors dans la campagne. A cette vue, comme il était observateur très-subtil, il dit aux siens : « Voyez ces oiseaux, qui pressentent ce qui doit arriver, quitter la ville, abandonner, dans ce péril imminent, ces murs destinés à tomber. Et ne croyez pas que ce présage soit vain ou incertain : la terreur de ce qui va arriver change les habitudes des êtres qui pressentent l'avenir. » Que dire de plus ? Le courage des siens s'enflamme de nouveau pour la ruine d'Aquilée. Ils construisent des machines, emploient toute espèce de

rum rursus ad oppugnandum Aquileiam inflammatur. Qui, machinis constructis, omnibusque tormentorum generibus adhibitis, nec mora, invadunt civitatem, spoliant, dividunt, vastantque crudeliter, ita ut vix ejus vestigia, ut appareant, reliquerint.

Exhinc jam audaciores, et necdum Romanorum sanguine satiati, per reliquas Venetum civitates Hunni bacchabantur. Mediolanum quoque Liguriæ metropolim, et quondam regiam urbem, pari tenore devastant, nec non et Ticinum æquali sorte dejiciunt, vicinaque loca sævientes allidunt, demoliunturque pæne totam Italiam. Quumque ad Romam animus fuisset ejus attentus accedere, sui eum (ut Priscus refert historicus) removere, non urbi, cui inimici erant, consulentes; sed Alarici quondam Vesegotharum regis objicientes exemplum, veriti regis sui fortunam, quia ille post fractam Romam diu non supervixerat, sed protinus rebus excessit humanis. Igitur dum ejus animus ancipiti negotio inter ire et non ire fluctuaret, secumque deliberans tardaret, placita ei legatio a Roma advenit. Nam Leo papa per se ad eum accedit in Acroventu Mamboleio, ubi Mincius amnis commeantium frequentatione transitur. Qui mox deposuit excitatum furorem, et rediens qua venerat, id est ultra Danubium, promissa pace discessit; illud præ omnibus denuncians, atque interminando discernens, graviora se in Italiam illaturum, nisi ad se Honoriam Valentiniani principis germanam, filiam Placidiæ Au-

moyens, emportent la ville, la pillent, s'en partagent les dépouilles, y exercent de cruels ravages, au point d'en laisser à peine quelques vestiges pour en marquer la place.

De là, devenus plus audacieux, et non rassasiés encore de sang romain, les Huns déchaînent leur fureur contre les autres villes des Vénètes. Ils dévastent de la même manière Milan, métropole de la Ligurie, et jadis ville royale; ils renversent avec une égale cruauté Ticinum; ils commettent d'affreux ravages dans les lieux voisins, et désolent presque toute l'Italie. Et comme les pensées d'Attila le poussaient à s'approcher de Rome, les siens (comme le rapporte l'historien Priscus) l'en détournèrent; ce ne fut point par intérêt pour la ville dont ils étaient ennemis; mais ils lui opposèrent l'exemple d'Alaric, jadis roi des Visigoths, craignant pour leur roi le sort de ce prince, qui, après la prise de Rome, n'avait pas survécu longtemps à son triomphe, mais avait aussitôt quitté ce monde. Pendant donc que l'esprit d'Attila flottait incertain entre les deux partis, entre aller et ne pas aller, une ambassade flatteuse pour lui arriva de Rome. En effet, le pape Léon vint en personne le trouver à Acroventus Mamboléius, à l'endroit où le fleuve Mincius est passé par de nombreux voyageurs. Aussitôt Attila sentit se calmer la fureur excitée en lui, et, retournant d'où il venait, c'est-à-dire au delà du Danube, il se retira après avoir promis la paix; déclarant avant tout et annonçant avec menaces qu'il ferait peser sur l'Italie des calamités bien plus terribles, si on ne lui envoyait pas Honoria, sœur de l'empereur Valentinien, et fille de Placidie Augusta, avec la part des richesses royales qui lui était due. On rapporte, en effet, que cette Honoria, tenue enfermée par l'ordre de son frère, pour l'honneur et la décence de la cour,

gustæ, cum portione sibi regalium opum debita mitteret. Ferebatur enim quia hæc Honoria, dum propter aulæ decus ac castitatem teneretur nutu fratris inclusa, clandestino eunucho misso, Attilam invitasset, ut contra fratris potentiam ejus patrociniis uteretur; prorsus indignum facinus, ut licentiam libidinis malo publico compararet.

Reversus itaque Attila in sedes suas, et quasi otii pœnitens, graviterque ferens a bello cessare, ad Orientis principem Marcianum legatos dirigit, provinciarum testans vastationem, quod sibi promissa a Theodosio quondam imperatore minime persolveret, et inhumanior solito suis hostibus appareret. Hæc tamen agens, ut erat versutus et callidus, alibi minatus, alibi arma sua commovit, et quod restabat indignationi, faciem in Vesegothas retorsit. Sed non eum, quem de Romanis, reportavit eventum. Nam per dissimiles anterioribus vias recurrens, Alanorum partem trans flumen Ligeris considentem statuit suæ redigere ditioni, quatenus mutata per ipsos belli facie, terribilior emineret. Igitur ab Dacia et Pannonia provinciis, in quibus tunc Hunni cum diversis subditis nationibus insidebant, egrediens Attila, in Alanos movit procinctum. Sed Thorismund, rex Vesegotharum, fraudem Attilæ non impari subtilitate persentiens, ad Alanos tota subtilitate prius advenit, ibique supervenientis jam Attilæ motibus præparatus occurrit, consertoque prœlio, pæne simili eum tenore,

avait secrètement envoyé un eunuque vers Attila, pour l'inviter à lui donner son appui contre la puissance de son frère ; crime odieux, car c'était au prix du malheur public qu'elle voulait assurer une libre carrière à ses passions.

Attila donc, de retour dans sa résidence, semblait se repentir de son oisiveté, et se voyait avec peine éloigné de toute guerre. Il envoya donc des ambassadeurs à Marcien, empereur d'Orient, assurant qu'il ravagerait ses provinces, parce qu'il ne lui payait pas le tribut que lui avait promis Théodose, le dernier empereur, et se montrait plus intraitable que d'habitude envers ses ennemis. Tout en agissant ainsi, comme il était fin et rusé, il menaça d'un côté, dirigea ses armes d'un autre, et, pour donner cours à son indignation, il tourna sa face contre les Visigoths. Mais il n'obtint pas sur eux le même succès que contre les Romains ; car, prenant une route différente de celle qu'il avait précédemment suivie, il résolut de soumettre à sa domination une partie des Alains établis au delà de la Loire, afin que, la face de la guerre étant changée par leur moyen, il se montrât plus terrible. En conséquence, Attila partit des provinces de Dacie et de Pannonie, où les Huns demeuraient alors avec diverses nations soumises à leurs lois, et se mit en marche contre les Alains. Mais Thorismund, roi des Visigoths, pressentant avec une égale finesse les ruses d'Attila, arriva avant lui, avec toute la rapidité dont il était capable, auprès des Alains, et lorsqu'Attila se présenta, il se trouvait tout prêt à résister à ses mouvements. Un combat s'engagea, et le roi des Goths enleva l'espérance de la victoire à son ennemi, de la même manière à peu près qu'il l'en avait

ut prius in campis Catalaunicis, a spe removit victoriæ, fugatumque a partibus suis sine triumpho remittens in sedes proprias fugere compulit. Sic Attila famosus, et multarum victoriarum dominus, dum quærit famam perditoris abjicere, et quod prius a Vesegothis pertulerat, abolere, geminatam sustinuit, ingloriusque recessit. Thorismund vero repulsis ab Alanis - Hunnorum catervis, sine aliqua suorum læsione Tolosam migravit, suorumque quieta pace composita, tertio anno regni sui ægrotans, dum sanguinem tollit de vena, ab Ascalcruo cliente inimicos nuntiante, armis subtractis, peremptus est. Una tamen manu, quam liberam habebat, scabellum tenens, sanguinis sui existit ultor, aliquantos insidiantes sibi extinguens.

Post cujus decessum, Theodericus germanus ejus Vesegotharum in regno succedens, mox Riciarium, Suevorum regem, cognatum suum, repperit inimicum. Hic item Riciarius affinitatem Theoderici præsumens, universam pæne Hispaniam sibi credidit occupandam, judicans opportunum tempus subreptionis incomposita initia tentare regnantis. Quibus ante Gallicia et Lusitania sedes fuere, quæ in dextro latere Hispaniæ per ripam Oceani porriguntur, habentes ab oriente Austrogoniam, ab occidente in promontorio sacrum Scipionis Romani ducis monumentum, a septentrione Oceanum, a meridie Lusitaniam, et fluvium Tagum, qui arenis suis permiscens auri metalla, trahit cum limi vilitate divitias. Exinde ergo

frustré dans les champs Catalauniques; il le chassa de ses frontières, et le força de fuir sans triomphe dans ses propres demeures. C'est ainsi que le fameux Attila, dont la domination s'était fondée sur de nombreuses victoires, chercha vainement à ternir la gloire de celui qui avait causé sa perte, et à effacer l'outrage que les Visigoths lui avaient fait subir: il essuya une seconde défaite, et se retira honteusement. Quant à Thorismund, après avoir repoussé des Alains les hordes des Huns, il revint à Toulouse sans que les siens eussent éprouvé le moindre dommage, et fit jouir ses peuples d'une paix complète. Étant tombé malade dans la troisième année de son règne, il se faisait saigner, lorsqu'Ascalcruus, son serviteur, lui annonça ses ennemis; on lui avait enlevé ses armes, et il fut tué. Cependant, tenant un tabouret de la main qui lui restait libre, il vengea son sang, en assommant quelques-uns de ses meurtriers.

Après sa mort, son frère Théodéric lui succéda sur le trône des Visigoths; ce prince trouva bientôt un ennemi dans Riciarius, roi des Suèves, son parent. Ce Riciarius, comptant sur les liens qui l'unissaient à Théodéric, crut pouvoir s'emparer de l'Espagne presque tout entière, jugeant que le moment était favorable à son usurpation, et qu'il fallait inquiéter le nouveau roi dans les commencements agités de son règne. Auparavant, les Suèves avaient leurs demeures dans la Galice et dans la Lusitanie, qui s'étendent sur la droite de l'Espagne, le long des côtes de l'Océan, ayant à l'orient l'Austrogonie, à l'occident, sur le promontoire, le monument sacré de Scipion, général romain; au nord l'Océan, au midi la Lusitanie et le fleuve du Tage, qui, mêlant à ses sables des parcelles d'or, roule des trésors en même temps qu'un vil limon. Ce fut de ces contrées que sortit Riciarius, roi des Suèves, avec le projet de s'emparer de toute

exiens Riciarius, rex Suevorum, nititur totam Hispaniam occupare. Cui Theodericus cognatus suus, ut erat moderatus, legatos mittens, pacifice dixit, ut non solum recederet a finibus alienis; verum etiam nec tentare præsumeret, odium sibi tali ambitione acquirens. Ille vero animo prætumido ait : « Si hic murmuras, et me venire causaris, Tolosam, ubi tu sedes, veniam; ibi si vales, resiste. » His auditis, ægre tulit Theodericus, compacatusque cum ceteris gentibus, arma movit in Suevos, Burgundionum quoque Gundiacum et Hilpericum reges auxiliares habens, sibique devotos. Ventum est ad certamen juxta flumen Urbium, quod inter Asturicam Hiberiamque prætermeat. Consertoque prœlio, Theodericus cum Vesegothis, qui ex justa parte pugnabat, victor efficitur, Suevorum gentes pæne cunctas usque ad internecionem prosternens. Quorum rex Riciarius relicta infecta victoria, hostem fugiens, in navim conscendit, adversaque procella Tyrrheni ostii repercussus, Vesegotharum est manibus redditus, miserabilem non differens mortem, quum elementa mutaverit. Theodericus vero victor existens, subactis pepercit, nec ultra certamen sævire permisit, præponens Suevis, quos subjecerat, clientem Acliulfum. Qui in brevi animum ad prævaricationem ex Suevorum suasionibus commutans, neglexit imperata complere, potius tyrannica elatione superbiens, credensque se ea virtute provinciam obtinere, qua dudum cum domino suo eam subjecisset. Is

l'Espagne. Théodéric, son parent, qui avait une grande modération, lui envoya des ambassadeurs, et l'engagea paisiblement, non-seulement à se retirer d'un territoire qui ne lui appartenait pas, mais encore à renoncer à toute tentative, parce qu'une telle ambition soulèverait des haines contre lui. Riciarius, gonflé par l'orgueil, lui répondit : « Si tu murmures ici, et si tu te plains de mon arrivée, j'irai à Toulouse, où tu résides ; là, résiste, si tu le peux. » A cette nouvelle, Théodéric fut saisi d'indignation ; il fit la paix avec les autres nations, et tourna ses armes contre les Suèves. Il avait pour auxiliaires Gundiac et Hilpéric, rois des Burgundions, qui lui étaient dévoués. On en vint à une bataille près du fleuve Urbius, qui coule entre l'Asturique et l'Hibérie. L'action engagée, Théodéric fut vainqueur avec les Visigoths, qui combattaient pour leur bon droit, et extermina presque entièrement les tribus des Suèves. Leur roi Riciarius, renonçant à une victoire qu'il ne pouvait remporter, et fuyant devant l'ennemi, s'embarqua sur un vaisseau, et fut jeté par la tempête dans un port de Toscane : il fut livré aux mains des Visigoths, et ne retarda pas une mort misérable, quoiqu'il eût changé d'élément. Théodéric, vainqueur, pardonna aux ennemis subjugués, ne permit point que ses troupes se livrassent à leur fureur le combat une fois terminé, et donna pour chef aux Suèves qu'il avait soumis Acliulf, un de ses serviteurs. Celui-ci, cédant aux insinuations des Suèves, fut bientôt entraîné à des prévarications, négligea d'exécuter les ordres qu'il avait reçus, se laissant aller plutôt à l'insolence d'un tyran, et croyant qu'il avait gagné cette province par la valeur avec laquelle il avait naguère aidé son maître à la subjuguer. Cet homme était issu de la race des Warnes, et sous le rapport de l'illustration du sang il était bien au-dessous des Goths : aussi n'avait-il pas en vue la liberté, et ne gardait-il pas sa foi à son

siquidem erat Warnorum stirpe genitus, longe a Gothici sanguinis nobilitate sejunctus; idcirco nec libertati studens, nec patrono fidem servans. Quo comperto, Theodericus mox contra eum, qui eum de regno pervaso dejicerent, destinavit. Qui venientes, sine mora in primo eum certamine superantes, congruam factorum ejus ab eo exegerunt ultionem. Captus namque, et suorum solatio destitutus, capite plectitur; sensitque tandem iratum, qui propitium dominum crediderat contemnendum. Tunc Suevi, rectoris sui interitum contuentes, locorum sacerdotes ad Theodericum supplices direxerunt. Quos ille pontificali reverentia suscipiens, non solum impunitatem Suevorum indulsit; sed et ut sibi de suo genere principem constituerent, flexus pietate concessit. Quod et factum est, et Remismundum sibi Suevi regulum ordinaverunt.

XV. His peractis, paceque cunctis munitis, tertiodecimo regni sui anno Theodericus occubuit. Cui frater Euricus percupida festinatione succedens, sæva suspicione pulsatus est. Nam dum hæc circa Vesegotharum gentem et alia nonnulla geruntur, Valentinianus imperator dolo Maximi occisus est, et ipse Maximus tyrannico more regnum invasit. Quod audiens Gizerichus, rex Wandalorum, ab Africa armata classe in Italiam venit, Romamque ingressus, cuncta devastat. Maximus vero fugiens a quodam Urso milite Romano interemptus est. Post quem, jussu Marciani imperatoris orientalis, Majorianus

protecteur. A cette nouvelle, Théodéric envoya contre lui des troupes pour le renverser du trône qu'il avait usurpé. A leur arrivée, ces troupes le battirent dès la première rencontre, et tirèrent de lui une vengeance digne de ses crimes. Fait prisonnier, et privé du secours des siens, il fut puni de mort, éprouvant enfin la colère du maître dont il avait cru pouvoir mépriser la bienveillance. Alors les Suèves, voyant la mort de leur chef, envoyèrent en suppliants vers Théodéric les prêtres de leurs cantons. Ce prince les reçut avec le respect dû à leur saint caractère; et non-seulement il accorda l'impunité aux Suèves, mais encore, ému de pitié, il leur permit de se donner un roi de la nation. Cela fut fait, et les Suèves se donnèrent Remismund pour souverain.

XV. Ces choses terminées, et la paix assurée partout, Théodéric mourut dans la treizième année de son règne. Euric, son frère, que sa cupidité excita à se hâter, lui succéda, et fut poussé par de cruels soupçons. Pendant que ces choses et d'autres encore s'accomplissaient parmi la nation des Visigoths, l'empereur Valentinien fut assassiné par la trahison de Maxime, et Maxime lui-même s'empara du souverain pouvoir à la manière des tyrans. A cette nouvelle, Gizérich, roi des Wandales, arma une flotte, vint d'Afrique en Italie, entra dans Rome, et ravagea tout. Maxime fut tué dans sa fuite par un soldat romain nommé Ursus. Après lui, et par l'ordre de Marcien, empereur d'Orient, Majorien prit le gouvernement de l'empire d'Occident. Mais lui-même ne régna

occidentale suscepit imperium gubernandum. Sed et ipse non diu regnans, dum contra Alanos, qui Gallias infestabant, movisset procinctum, Dertonæ juxta fluvium Ira cognomento occiditur. Cujus locum Severus invasit, qui tertio anno imperii sui Romæ obiit. Quod cernens Leo imperator, qui in orientali regno Marciano successerat, Anthemium patricium suum ordinans, Romæ principem ordinavit. Qui veniens illico Ricimerem generum suum contra Alanos direxit, virum egregium, et pæne tunc in Italia ad exercitum singularem. Qui multitudinem Alanorum, et regem eorum Beurgum in primo statim certamine superatos, internecioni prostravit. Euricus ergo, Vesegotharum rex, crebram mutationem Romanorum principum cernens, Gallias suo jure nisus est occupare. Quod comperiens Anthemius imperator, protinus solatia Britonum postulavit. Quorum rex Riothimus cum XII millibus veniens, in Biturigas civitatem Oceano e navibus egressus, susceptus est. Ad quos rex Vesegotharum Euricus innumerum ductans exercitum advenit, diuque pugnans, Riothimum, Britonum regem, antequam Romani in ejus societate conjungerentur, superavit. Qui ampla parte exercitus amissa, cum quibus potuit fugiens, ad Burgundionum gentem vicinam, Romanis in eo tempore fœderatam, advenit: Euricus vero, rex Vesegotharum, Arvernam Galliæ civitatem occupavit, Anthemio principe jam defuncto, qui cum Ricimere genero suo intestino bello sæviens, Romaniam trivisset,

pas longtemps. Il préparait une expédition contre les Alains qui infestaient les Gaules, lorsqu'il fut égorgé à Dertona, près d'une rivière appelée Ira. Sévère s'empara de sa place, et mourut à Rome dans la troisième année de son règne. A la vue de ces événements, l'empereur Léon, qui avait succédé à Marcien sur le trône d'Orient, créant Anthemius son patrice, le donna pour souverain à Rome. Ce prince, dès son arrivée, envoya contre les Alains Ricimer son gendre, homme distingué, et presque le seul alors en Italie qui sût commander une armée. Celui-ci battit dès la première rencontre et extermina une multitude d'Alains avec leur roi Béurgus. Euric, roi des Visigoths, voyant les Romains changer si souvent d'empereur, s'efforça de soumettre les Gaules à sa domination. A cette nouvelle, l'empereur Anthemius demanda aussitôt le secours des Bretons. Riothime, roi de ce peuple, vint sur des vaisseaux par l'Océan avec douze mille hommes, débarqua, et fut reçu dans la cité de Bourges. Euric, roi des Visigoths, s'avança contre ces ennemis avec une armée innombrable, et, après une longue lutte, il vainquit Riothime, roi des Bretons, avant que les Romains eussent pu opérer leur jonction avec lui. Riothime perdit une grande partie de son armée; il prit la fuite avec ceux qui purent le suivre, et arriva chez la nation des Burgundions, voisine de ces contrées, et alors alliée des Romains; mais Euric, roi des Visigoths, s'empara du pays des Arvernes, cité de la Gaule : l'empereur Anthemius était déjà mort; engagé dans une cruelle guerre intestine avec Ricimer son gendre, il avait foulé le pays romain : il fut égorgé par son gendre et laissa le trône à Olybrius. A cette époque, et à Constantinople, Aspar, le premier des patrices, et issu d'une famille illustre parmi les Goths, périt dans le palais sous le glaive des eunuques avec ses fils Ardabure et Patriciolus, le premier ancien patrice, et le second César et appelé gendre de l'empe-

ipseque a genero peremptus, regnum reliquit Olybrio. Quo tempore in Constantinopoli, Aspar, primus patriciorum, et Gothorum genere clarus, cum Ardabure et Patriciolo filiis, illo quidem olim patricio, hoc autem Caesare, generoque Leonis principis appellato, spadonum ensibus in palatio vulneratus interiit. Et nec dum Olybrio VIII mense in regnum ingresso obeunte, Glycerius apud Ravennam plus praesumptione quam electione Caesar effectus est. Quem anno vix expleto, Nepos Marcellini quondam patricii sororis filius, a regno dejiciens, in portu Romano episcopum ordinavit. Tantas varietates mutationesque Euricus cernens, ut diximus superius, Arvernam occupat civitatem, ubi tunc Romanorum dux praeerat Decius nobilissimus senator, et dudum Aviti imperatoris, qui ad paucos dies regnum invaserat, filius. Nam hic ante Olybrium paucos dies tenens imperium, ultro recessit Placentiam, ibique episcopus est ordinatus. Hujus ergo filius Decius diu certans cum Vesegothis, nec valens antestare, relicta patria, maximeque urbe Arvernate hosti, ad tutiora se loca collegit. Quod audiens Nepos imperator, praecepit Decio relictis Galliis ad se venire, in locum ejus Oreste magistro militum ordinato.

Qui Orestes suscepto exercitu, et contra hostes egrediens, a Roma Ravennam pervenit, ibique remoratus, Augustulum filium suum imperatorem efficit. Quo comperto, Nepos fugit in Dalmatias, ibique defecit privatus regno, ubi jam Glycerius dudum imperator episcopatum

reur Léon. D'un autre côté, Olybrius, à peine entré dans le huitième mois de son règne, mourut, et Glycerius devint César, à Ravenne, plus par usurpation que par élection. Une année s'était à peine écoulée, que Nepos, fils d'une sœur de Marcellin, ancien patrice, le renversa du trône, et le fit évêque dans le port de Rome. A la vue de tant de vicissitudes et de changements, Euric, comme nous l'avons dit plus haut, s'empara de la cité des Arvernes, où commandait alors aux Romains Decius, sénateur très-illustre, et fils de l'empereur Avitus, qui ne s'était que pour quelques jours emparé du diadème. Avitus, en effet, occupa le trône durant quelques jours avant Olybrius; mais il se retira de sa propre volonté à Plaisance, et y fut fait évêque. Son fils Decius lutta longtemps contre les Visigoths; mais, ne pouvant les arrêter, il abandonna à l'ennemi sa patrie et surtout la ville des Arvernes, pour se retirer dans une position plus sûre. A cette nouvelle, l'empereur Nepos ordonna à Decius de quitter les Gaules et de venir auprès de lui, en le remplaçant par Oreste, maître de la milice.

Cet Oreste ayant pris le commandement de l'armée, et s'étant mis en marche contre l'ennemi, arriva de Rome à Ravenne, où il s'arrêta et créa empereur son fils Augustule. Nepos, au bruit de cette révolution, s'enfuit dans les Dalmaties, où il renonça au trône pour rentrer dans la vie privée, et où depuis longtemps l'empereur Glyce-

Salonitanum habebat. Augustulo vero a patre Oreste in Ravenna imperatore ordinato, non multum post Odovacer, Turcilingorum rex [49], habens secum Scyros, Herulos, diversarumque gentium auxiliarios, Italiam occupavit, et Oreste interfecto, Augustulum filium ejus de regno pulsum, in Lucullano Campaniæ castello exilii pœna damnavit. Sic quoque Hesperium Romanæ gentis imperium, quod septingentesimo nono urbis conditæ anno primus Augustorum Octavianus Augustus tenere cœpit, cum hoc Augustulo periit, anno decessorum prædecessorumque regni quingentesimo vigesimo secundo, Gothorum dehinc regibus Romam Italiamque tenentibus. Interea Odovacer rex gentium omni Italia subjugata, ut terrorem suum Romanis indicaret, mox initio regni sui Brachilam comitem apud Ravennam occidit, regnoque suo confortato, pæne per quatuordecim annos usque ad Theoderici præsentiam, de quo in subsequentibus dicturi sumus, obtinuit.

Interim tamen ad eum ordinem, unde digressi sumus, redeamus, et quomodo Euricus, rex Vesegotharum, Romani regni vacillationem cernens, Arelatum et Massiliam propriæ subdidit ditioni. Gizerichus etenim, Wandalorum rex, suis eum muneribus ad ista committenda illexit, quatenus ipse Leonis vel Zenonis insidias, quas contra eum direxerant, præcaveret. Egitque ut orientale imperium Ostrogothæ, Hesperium Vesegothæque vastarent, ut in utraque republica hostibus decernen-

rius occupait le siége épiscopal de Salone. Augustule venait d'être fait empereur à Ravenne par Oreste son père, lorsque, peu de temps après, Odovacre, roi des Turcilinges, ayant avec lui des Scyres, des Hérules et des auxiliaires de diverses nations, s'empara de l'Italie, et, après avoir fait périr Oreste, et renversé du trône Augustule son fils, il condamna celui-ci à l'exil dans le château de Lucullus en Campanie. C'est ainsi que l'empire romain d'Occident, établi sept cent neuf ans après la fondation de Rome par Octavien Auguste, le premier des Augustes, périt avec cet Augustule, après avoir été occupé par ses devanciers et ses prédécesseurs l'espace de cinq cent vingt-deux ans; ensuite les rois des Goths possédèrent Rome et l'Italie. Cependant Odovacre, roi des nations, ayant subjugué l'Italie et voulant inspirer la terreur de son nom aux Romains, tua, dès le commencement de son règne à Ravenne, le comte Brachila; et, après avoir affermi sa domination, il la conserva quatorze ans, jusqu'à l'arrivée de Théodéric, dont nous parlerons dans les chapitres suivants.

Mais revenons à l'ordre de faits que nous avons un instant quitté, et disons comment Euric, roi des Visigoths, voyant chanceler l'empire romain, soumit à son propre pouvoir Arles et Marseille. Ce fut Gizérich, roi des Wandales, qui, par ses présents, l'excita à faire cette conquête, tandis que lui-même cherchait à déjouer les menées dirigées contre lui par Léon ou Zénon. Il fit si bien, que les Ostrogoths dévastèrent l'empire d'Orient, et les Visigoths l'empire d'Occident; de sorte que, tandis que les ennemis combattaient dans l'une et l'autre république, il régnait lui-même tranquillement en Afrique. Euric,

tibus, ipse in Africa quietus regnaret. Quod Euricus grato suscipiens animo, totas Hispanias Galliasque sibi jam jure proprio tenens, simul quoque et Burgundiones subegit, Arelatoque degens, decimonono anno regni sui vita privatus est.

XVI. Huic successit proprius filius Alaricus, qui nonus in numero ab illo Alarico magno regnum adeptus est Vesegotharum. Nam pari tenore, ut de Augustulo superius diximus, et in Alaricis provenisse cognoscitur, et in eis sæpe regna deficiunt, a quorum nominibus inchoant [50]. Quo interim nos prætermisso, sicut promisimus, omnem Gothorum texamus originem. Et quia dum utræque gentes tam Ostrogothæ, quam etiam Vesegothæ in uno essent, ut valui, majorum sequens dicta revolvi, divisosque Vesegothas ab Ostrogothis ad liquidum sum prosequutus: necesse nobis est, iterum ad antiquas eorum Scythicas sedes redire, et Ostrogotharum genealogiam, actusque pari tenore exponere.

Quos constat [morte] Ermanarici regis sui decessione a Vesegothis divisos, Hunnorum subditos ditioni in eadem patria remorasse, Winithario tamen Amalo principatus sui insignia retinente. Qui avi Ataulfi virtutem imitatus, quamvis Ermanarici felicitate inferior, tamen [hæc] moleste ferens Hunnorum imperio subjacere, paululum se subtrahebat ab illis, suamque dum nititur ostentare virtutem, in Antarum fines movit procinctum, eosque dum aggreditur, prima congressione superatur: deinde for-

entrant avec joie dans ses vues, et tenant déjà sous ses lois les Espagnes tout entières et les Gaules, soumit aussi les Burgundions, fixa sa résidence à Arles, et fut privé de la vie dans la dix-neuvième année de son règne.

XVI. Il eut pour successeur son propre fils Alaric, le neuvième prince qui, depuis le grand Alaric, monta sur le trône des Visigoths. On sait que les faits que nous avons signalés à propos d'Augustule, se présentèrent de la même manière pour les Alaric, et souvent les empires s'éteignent sous des princes qui portent le même nom que ceux qui les ont fondés. Nous laisserons pour un instant de côté cette partie de notre histoire, et nous déduirons, comme nous l'avons promis, toute l'origine des Goths. Et comme pour tout le temps où les deux nations, à savoir, les Ostrogoths et les Visigoths, formaient un seul tout, j'ai résumé, en les suivant, les écrits des anciens; comme aussi j'ai parlé à fond des Visigoths séparés des Ostrogoths, il nous faut revenir à leurs anciennes demeures en Scythie, et exposer de la même manière la généalogie et les actes des Ostrogoths.

Il est constant que ce peuple, séparé des Visigoths après la mort de son roi Ermanaric, resta dans ces mêmes contrées sous la domination des Huns; Winithaire l'Amale conserva pourtant les insignes de sa royauté. Ce prince imita la valeur d'Ataulf son aïeul; bien qu'il fût moins heureux qu'Ermanaric, il se vit avec peine soumis à l'empire des Huns; il s'en détachait graduellement; et, voulant déployer son courage, il arma une expédition contre les Antes; il les attaqua, mais fut battu dès la première rencontre : ensuite il agit vaillamment, attacha à des croix, pour inspirer de la terreur par cet exemple, leur roi, nommé Box, avec ses fils et soixante-dix personnages du

liter egit, regemque eorum Box nomine cum filiis suis et septuaginta primatibus in exemplo terroris cruci adfixit, ut dedititiis metum cadavera pendentium geminarent. Sed quum tali libertate vix anni spatio imperasset, non est passus Balamir, rex Hunnorum, sed ascito ad se Sigismundo Hunimundi magni filio, qui juramenti sui et fidei memor cum ampla parte Gothorum Hunnorum imperio subjacebat, renovatoque cum eo foedere, super Winitharium duxit exercitum. Diuque certantibus, primo et secundo certamine Winitharius vincit. Nec valet aliquis commemorare, quantam stragem de Hunnorum Winitharius fecit exercitu. Tertio vero proelio subreptionis auxilio ad fluvium nomine Erac, dum uterque ad se venissent, Balamir sagitta missa, caput Winitharii saucians, interemit; neptemque ejus Waladamarcam sibi in conjugio copulans, jam omnem in pace Gothorum populum subactum possedit: ita tamen, ut genti Gothorum semper unus proprius regulus (quamvis Hunnorum consilio) imperaret.

Et mox defuncto Winithario, rexit eos Hunimundus filius quondam regis potentissimi Ermanarici, acer in bello, totiusque corporis pulchritudine pollens: qui post hæc contra Suevorum gentem feliciter dimicavit. Eoque defuncto, successit Thorismund filius ejus flore juventutis ornatus, qui secundo principatus sui anno contra Gepidas movit exercitum. Magnaque de illis potitus victoria, casu equi dicitur interemptus. Quo defuncto, sic eum

rang le plus élevé, afin que tant de cadavres ainsi pendus redoublassent l'effroi des peuples sujets. Mais il avait à peine régné l'espace d'un an dans cette liberté, lorsque Balamir, roi des Huns, vint l'y troubler. Ce prince ayant appelé auprès de lui Sigismund, fils du grand Hunimund, qui, fidèle à son serment et à sa foi, était soumis à l'empire des Huns avec une partie considérable des Goths, renouvela l'alliance avec lui; puis il conduisit une armée contre Winithaire. La lutte fut longue, et Winithaire sortit vainqueur des deux premières batailles. Il est impossible de dire quel massacre Winithaire fit de l'armée des Huns. Mais, dans la troisième affaire, ils se rencontrèrent par suite d'une surprise près d'un fleuve nommé Erac; Balamir, ayant lancé une flèche, blessa Winithaire à la tête et le tua; puis, il épousa Waladamarca, nièce de ce prince, et domina en paix sur tout le peuple des Goths soumis à ses lois; de telle sorte pourtant que la nation des Goths fût toujours commandée par son propre roi, quoiqu'elle dût prendre l'agrément des Huns.

Après la mort de Winithaire, les Goths furent gouvernés par Hunimund, fils du puissant roi Ermanaric; actif à la guerre, et remarquable par la beauté de tout son corps, ce prince fit ensuite avec succès la guerre aux Suèves. Lorsqu'il mourut, il fut remplacé par Thorismund, son fils, orné de tous les agréments de la jeunesse, et qui, dans la seconde année de son règne, conduisit une armée contre les Gépides; il remporta sur eux une grande victoire, et périt, dit-on, d'une chute de cheval. Sa mort fut pleurée des Ostrogoths, au point que durant quarante

luxere Ostrogothæ, ut quadraginta per annos in ejus loco rex alius non succederet, quatenus et illius memoriam semper haberent in ore, et tempus accederet, quo Walamir ambitum repararet virilem, qui erat ex consobrino ejus genitus Wandalario, quia filius ejus, ut superius diximus, Berismund, jam contempta Ostrogotharum gente propter Hunnorum dominium, ad partes Hesperias Vesegotharum fuisset gentem secutus, de quo et ortus est Vedericus. Vederico quoque filius natus est Eutharicus, qui junctus Amalesuentæ filiæ Theoderici, item Amalorum stirpem jam divisam conjunxit, et genuit Athalaricum et Mathesuentam. Sed quia Athalaricus in annis puerilibus defunctus est, Mathesuenta Constantinopolim inlata, de secundo viro, id est Germano fratruele Justiniani imperatoris, genuit posthumum filium, quem nominavit Germanum.

Sed nobis, ut ordo, quem cupimus, decurrat, ad Wandalarii sobolem, quæ trino flore pullulabat, redeundum est. Hic etenim Wandalarius fratruelis Ermanarici et suprascripti Thorismundi consobrinus, tribus editis liberis, in gente Amala gloriatus est, id est Walamir, Theodemir, Widemir. Ex quibus per successionem parentum Walamir in regnum conscendit, adhuc Hunnis eos inter alias gentes generaliter obtinentibus. Eratque tunc in tribus his germanis contemplatio grata, quando mirabilis Theodemir pro fratris Walamir militabat imperio. Walamir vero pro altero jubet ornando, Widemir servire

années aucun roi ne s'assit à sa place sur le trône; ses louanges étaient toujours dans toutes les bouches; mais le temps vint où Walamir renoua cette succession de héros. Il était né de Wandalarius, cousin du dernier roi; car le fils de Thorismund, Berismund, méprisant, comme nous l'avons dit, la nation des Ostrogoths parce qu'elle subissait la domination des Huns, s'était retiré dans les régions occidentales auprès des Visigoths, et donna le jour à Védéric. Védéric à son tour eut pour fils Eutharic, qui fut uni en mariage à Amalesuente, fille de Théodéric, réunit ainsi de nouveau la race des Amales divisée en deux branches, et fut père d'Athalaric et de Mathesuente. Mais Athalaric mourut dans les années de son enfance; et Mathesuente, emmenée à Constantinople, eut de son second mari, à savoir de Germain, fils du frère de l'empereur Justinien, un fils posthume, auquel elle donna le nom de Germain.

Pour suivre l'ordre que nous avons en vue, il nous faut revenir à la race de Wandalarius, qui se multipliait par une triple tige. Ce Wandalarius, fils du frère d'Ermanaric, et cousin de Thorismund, dont nous avons parlé plus haut, donna le jour à trois fils, qui firent sa gloire dans la famille des Amales : ce furent Walamir, Théodemir, Widemir. L'un d'eux, Walamir, succédant aux auteurs de ses jours, monta sur le trône : les Huns dominaient encore en général sur les Ostrogoths, comme sur d'autres nations. Alors ces trois frères donnaient un beau spectacle; Théodemir combattit avec un dévouement admirable pour l'empire de son frère Walamir. Celui-ci, de son côté, ne négligea rien pour honorer l'autre; Widemir croyait digne de lui de servir ses frères. Ils se protégeaient

pro fratribus æstimabat. Sic eis mutua affectione se tuentibus, nulli penitus deerat regnum, quod utrique in sua pace tenebant. Ita tamen, ut sæpe dictum est, imperabant, ut ipsi Attilæ Hunnorum regis imperio deservirent. Quibus nec contra parentes Vesegothas licuisset recusare certamen, sed necessitas domini, etiam si parricidium jubet, implendum est. Nec aliter ab Hunnorum dominio divelli potuit gens aliqua Scythica, nisi optata cunctis nationibus in commune, et Romanis, mors Attilæ provenerit, quæ tam utilis fuit, ut vita mirabilis.

Qui, ut Priscus historicus refert, extinctionis suæ tempore puellam Ildico nomine decoram valde, sibi in matrimonium post innumerabiles uxores, ut mos erat gentis illius, socians, ejusque in nuptiis magna hilaritate resolutus, vino somnoque gravatus, resupinus jacebat, redundansque sanguis, qui ei solite de naribus effluebat, dum consuetis meatibus impeditur, itinere ferali faucibus illapsus eum extinxit. Ita glorioso per bella regi temulentia pudendum exitum dedit. Sequenti vero luce, quum magna pars diei fuisset exempta, ministri regii triste aliquid suspicantes, post clamores maximos fores effringunt, inveniuntque Attilæ sine vulnere necem sanguinis effusione peractam, puellamque demisso vultu sub velamine lacrymantem. Tunc, ut illius gentis mos est, crinium parte truncata, informes facies cavis turpavere vulneribus, ut prœliator eximius non fœmineis lamentationibus et lacrymis, sed sanguine lugeretur vi-

ainsi par leur affection mutuelle, et aucun d'eux n'était absolument privé du pouvoir royal, que chacun de son côté exerçait sans trouble. Cependant, ainsi que nous l'avons dit souvent, leur autorité était réglée de telle sorte, qu'ils étaient soumis à l'empire d'Attila, roi des Huns. Il ne leur eût pas été permis de refuser le combat même contre les Visigoths, issus du même sang qu'eux; mais il leur fallait exécuter les volontés de leur dominateur, leur commandât-il un parricide. Et il ne fut possible à aucune nation scythique de briser le joug des Huns, que s'il se présentait un événement désiré de tous les peuples également et des Romains, à savoir, la mort d'Attila; elle fut aussi avantageuse que sa vie avait été extraordinaire.

Ce prince, au rapport de Priscus l'historien, après avoir déjà, selon la coutume de sa nation, épousé une multitude de femmes, s'unit par le mariage, au temps où il mourut, à une jeune fille nommée Ildico, et douée d'une rare beauté : dans les fêtes de cette union, il se livra à une grande joie, et, appesanti par le vin et par le sommeil, il se coucha sur le dos; le sang, qui d'ordinaire s'échappait de ses narines, ne pouvant, dans ses bouillonnements, trouver son passage habituel, prit un cours funeste, et l'étouffa en s'amassant dans sa gorge. Ainsi l'ivresse enleva par une mort honteuse ce roi si glorieux dans les combats. Le lendemain, une grande partie du jour s'était déjà écoulée, lorsque les officiers du roi, soupçonnant quelque chose de fatal, brisèrent les portes après avoir poussé de grands cris, et trouvèrent Attila mort sans blessure, par suite d'une hémorragie; la jeune épouse, la tête baissée, le visage voilé, versait des larmes. Alors, selon la coutume de cette nation, ils se coupèrent une partie de leur chevelure, et sillonnèrent de profondes blessures leurs visages hideux, afin que cet illustre guerrier reçût, en témoignage des regrets qu'il laissait, non pas les lamentations et les larmes des

rili. De quo id accessit mirabile, ut Marciano principi Orientis de tam feroci hoste sollicito in somnis divinitas adsistens, arcum Attilæ in eadem nocte fractum ostenderet, quasi quod gens ipsa eo telo multa præsumat. Hoc Priscus historicus vera se dicit adtestatione probare. Nam in tantum magnis imperiis Attila terribilis habitus est, ut ejus mortem in locum muneris superna regnantibus indicarent. Cujus manes quibus modis a sua gente honorati sunt, pauca de multis dicere non omittamus.

In mediis siquidem campis, et intra tentoria serica cadavere collocato, spectaculum admirandum, et solemniter exhibetur. Nam de tota gente Hunnorum electissimi equites in eo loco, quo erat positus, in modum Circensium cursibus ambientes, facta ejus cantu funereo tali ordine referebant : « Præcipuus Hunnorum rex Attila, patre genitus Mundzucco, fortissimarum gentium dominus, qui inaudita ante se potentia solus Scythica et Germanica regna possedit, necnon utraque Romanæ urbis imperia captis civitatibus terruit, et ne præda reliqua subderent, placatus precibus, annuum vectigal accepit. Quumque hæc omnia proventu felicitatis egerit, non vulnere hostium, non fraude suorum, sed gente incolumi inter gaudia lætus, sine sensu doloris occubuit. Quis ergo hunc dicat exitum, quem nullus æstimat vindicandum ? » Postquam talibus lamentis est defletus, stravam super tumulum ejus, quam appellant ipsi, ingenti

femmes, mais le sang des hommes de cœur. Avec cet événement coïncida un fait merveilleux. La divinité se manifesta durant le sommeil à Marcien, empereur d'Orient, auquel un si farouche ennemi inspirait de sérieuses inquiétudes, et lui montra l'arc d'Attila brisé dans la même nuit, comme si la nation elle-même devait beaucoup souffrir de ce coup. Priscus l'historien affirme qu'il rapporte ce fait d'après des témoignages incontestables. Car Attila avait inspiré une telle terreur à de grands empires, que la Providence d'en haut montra aux souverains sa mort comme un bienfait. N'oublions pas de dire en peu de mots, bien que les détails soient nombreux, comment ses mânes furent honorés par sa nation.

Son cadavre ayant été placé au milieu de la plaine, et sous une tente de soie, on vit se déployer un spectacle merveilleux et solennel. Des cavaliers choisis avec soin dans toute la nation des Huns, vinrent former des courses, à la manière de celles du Cirque, dans l'endroit où il était déposé, et célébrèrent ses exploits dans un chant funèbre dont voici la substance : « Le plus grand roi des Huns fut Attila, fils de Mundzuc, souverain des plus vaillantes nations, qui, par une puissance inouïe avant lui, posséda seul les royaumes de la Scythie et de la Germanie, épouvanta par la prise de nombreuses cités l'un et l'autre empire de la ville de Rome : comme on redoutait qu'il n'ajoutât le reste à sa proie, il se laissa apaiser par les prières, et reçut un tribut annuel. Et après avoir fait toutes ces choses par une singulière faveur de la fortune, il mourut, non sous les coups de l'ennemi, ni par la trahison des siens, mais dans la joie des fêtes, au sein de sa nation intacte, sans éprouver la moindre douleur. Qui donc racontera cette mort, pour laquelle personne ne trouve de vengeance? » Après qu'il eut été pleuré par de telles lamentations, ils célébrèrent sur son tombeau une *strava*, comme ils disent eux-mêmes, avec

commessatione concelebrant, et contraria invicem sibi copulantes, luctum funereum mixto gaudio explicabant, noctuque secreto cadaver est terra reconditum. Cujus fercula primum auro, secundo argento, tertio ferri rigore communiunt, significantes tali argumento potentissimo regi omnia convenisse : ferrum quo gentes edomuit; aurum et argentum, quod ornatum reipublicæ utriusque acceperit. Addunt arma hostium cædibus acquisita, phaleras vario gemmarum fulgore pretiosas, et diversi generis insignia, quibus colitur aulicum decus. Et ut tot et tantis divitiis humana curiositas arceretur, operi deputatos detestabili mercede trucidarunt, emersitque momentanea mors sepelientibus cum sepulto.

Talibus peractis, ut solent animi juvenum ambitu potentiæ concitari, inter successores Attilæ de regno orta contentio est, et dum inconsulti imperare cupiunt cuncti, omnes simul imperium perdidere. Sic frequenter regna gravat plus copia, quam inopia successorum. Nam filii Attilæ, quorum per licentiam libidinis pæne populus fuit, gentes sibi dividi æqua sorte poscebant, ut ad instar familiæ bellicosi reges cum populis mitterentur in sortem. Quod dum Gepidarum rex comperit Ardaricus, de tot gentibus indignatus, velut vilissimorum mancipiorum conditione tractari, contra filios Attilæ primus insurgit, illatumque serviendi pudorem secuta felicitate detersit : nec solum suam gentem, sed et ceteras, quæ pariter premebantur, sua discessione absolvit : quia fa-

un grand festin, et, manifestant tour à tour les sentiments les plus contraires, ils déployèrent leur deuil funèbre en y mêlant la joie; et, pendant la nuit, le cadavre fut secrètement confié à la terre. Ils garnirent son cercueil en premier lieu d'or, puis d'argent, enfin de fer, indiquant par là que tout appartenait à ce roi puissant : le fer, par lequel il dompta les nations; l'or et l'argent, parce qu'il reçut les richesses de l'une et l'autre république. Ils y ajoutèrent les armes prises sur l'ennemi tué, des carquois richement garnis de pierres précieuses, brillantes et variées, et ces insignes de toute espèce qui relèvent l'éclat d'une cour. Et pour rendre tant et de si grands trésors inaccessibles à la curiosité humaine, ils payèrent d'une manière odieuse, en les égorgeant, ceux qu'ils avaient chargés de ces travaux, et la mort instantanée qui avait frappé le héros enseveli, frappa ceux qui lui donnèrent la sépulture.

Ces choses accomplies, comme d'habitude le cœur des jeunes gens est aiguillonné par le désir de la puissance, des discussions s'élevèrent relativement à la royauté entre les successeurs d'Attila; et en voulant imprudemment régner tous, ils perdirent tous en même temps l'empire. C'est ainsi que souvent un grand nombre de successeurs est plus pernicieux aux monarchies que le manque d'héritiers. Les fils d'Attila, qui, par suite de la licence avec laquelle ce prince se livrait à ses passions, formaient presque un peuple, demandaient que les nations qui lui avaient été soumises fussent réparties entre eux à parts égales, de telle sorte que des rois belliqueux fussent, avec leurs sujets, tirés au sort comme les lots d'un patrimoine. A cette nouvelle, Ardaric, roi des Gépides, indigné de voir traiter tant de nations comme les plus vils esclaves, se souleva le premier contre les fils d'Attila, et il effaça heureusement la honte de la servitude qui lui avait été imposée : par sa défection, il ne délivra pas

cile omnes appetunt, quæ pro cunctorum utilitate tentantur.

In mutuum igitur armantur exitium, bellumque committitur in Pannonia, juxta flumen cui nomen est Netad[51]. Illic concursus factus est gentium variarum, quas Attila in sua tenuerat ditione. Dividuntur regna cum populis, fiuntque ex uno corpore membra diversa, nec quæ unius passioni compaterentur, sed quæ exciso capite invicem insanirent. Quæ nunquam contra se pares invenerant nisi ipsi mutuis se vulneribus sauciantes, seipsas discerperent fortissimæ nationes. Nam ibi admirandum reor fuisse spectaculum, ubi cernere erat cunctis, pugnantem Gothum ense furentem, Gepidam in vulnere suorum cuncta tela frangentem, Suevum pede, Hunnum sagitta præsumere, Alanum gravi, Herulum levi armatura aciem instruere. Post multos ergo gravesque conflictus favit Gepidis inopinata victoria. Nam triginta fere millia tam Hunnorum quam aliarum gentium quæ Hunnis ferebant auxilium, Ardarici gladius conspiratorumque peremit. In quo prœlio filius Attilæ major natu, nomine Ellac, occiditur: quem tantum pater super ceteros amasse perhibebatur, ut eum cunctis diversisque filiis suis in regno præferret: sed non fuit voto patris fortuna consentiens. Nam post multas hostium cædes sic viriliter eum constat peremptum, ut tam gloriosum superstes pater optasset interitum. Reliqui vero germani ejus eo occiso fugantur juxta litus Pontici maris, ubi

seulement sa propre nation, mais encore toutes les autres qui étaient également opprimées ; parce que tous aspirent aisément à ce qui est tenté dans l'intérêt de tous.

Ils s'arment donc pour leur perte mutuelle, et une bataille est livrée en Pannonie, près d'un fleuve appelé Nétad. Là se fit un grand concours des diverses nations qu'Attila avait tenues soumises à son pouvoir. Les royaumes furent partagés avec les peuples ; de ce qui avait formé un seul corps, on fit des membres qui ne furent plus animés par les sentiments d'un seul homme, mais qui, la tête une fois coupée, se livrèrent les uns contre les autres à une folle fureur. Ces nations si vaillantes, qui n'avaient jamais trouvé d'ennemis égaux à elles que lorsqu'elles s'étaient mutuellement frappées en tournant leurs armes les unes contre les autres, se déchirèrent elles-mêmes. Et certes, un merveilleux spectacle se déroula dans ces lieux où tous purent voir le Goth furieux combattre l'épée à la main, le Gépide briser tous les traits qui venaient blesser les siens, le Suève lutter à pied, le Hun lancer ses flèches, l'Alain ranger en bataille ses masses pesamment armées, le Hérule disposer ses troupes légères. Après des combats nombreux et acharnés, la victoire se déclara inopinément pour les Gépides ; car l'épée d'Ardaric et de ceux qui avaient conspiré avec lui extermina environ trente mille hommes, tant des Huns que des autres nations qui donnaient leur secours aux Huns. Dans cette bataille périt l'aîné des fils d'Attila, nommé Ellac : son père, disait-on, lui témoignait une affection bien plus vive qu'à ses autres enfants, au point qu'il voulait, de préférence à tous, lui assurer le trône ; mais la fortune ne seconda pas les vœux paternels de ce prince ; car, après avoir fait tomber sous ses coups un grand nombre d'ennemis, Ellac mourut en combattant si vaillamment, qu'Attila, s'il avait encore vécu, eût envié une fin si glorieuse. Après qu'il fut tombé, ses frères, mis en fuite, se retirèrent vers le rivage de la mer

prius Gothos sedisse descripsimus. Cessere itaque Hunni, quibus cedere putabatur universitas. Adeo dissidium perniciosa res est, ut divisi corruerint, qui adunati ceteros omnes viribus territabant.

XVII. Haec causa Ardarici, regis Gepidarum, felix adfuit diversis nationibus, qui Hunnorum regimini inviti famulabantur, eorumque diu moestissimos animos ad hilaritatem libertatis votivam erexit. Venientesque multi per legatos suos ad solum Romanorum, et a principe tunc Marciano gratissime suscepti, distributas sedes, quas incolerent, accepere. Nam Gepidae Hunnorum sibi sedes viribus vindicantes, totius Daciae fines velut victores potiti, nihil aliud a Romano imperio, nisi pacem et annua solemnia, ut strenui viri, amica pactione postulavere. Quod et libens tunc annuit imperator, et usque nunc consuetum donum est. Nam gens ipsa a Romano suscipit principem. Gothi vero cernentes Gepidas Hunnorum sedes sibi defendere, Hunnorumque populum suas antiquas sedes occupare; maluerunt a Romano regno terras petere, quam cum discrimine suo invadere alienas, accipientes Pannoniam, quae in longa porrecta planitie habet ab oriente Moesiam superiorem, a meridie Dalmatiam, ab occasu Noricum, a septentrione Danubium. Ornata patria civitatibus plurimis, quarum prima Sirmis, extrema Vindomina. Sauromatae vero, quos Sarmatas diximus, et Cemandri, et quidam ex Hunnis in parte Illyrici ad castrum Martenam sedes sibi datas coluere.

Pontique, où nous avons dit que les Goths avaient autrefois demeuré. Les Huns, auxquels on croyait que l'univers devait céder, cédèrent donc eux-mêmes. Tant la discorde est une chose pernicieuse! Ils tombèrent divisés, ceux qui, unis, jetaient par leurs forces l'effroi dans tous les cœurs.

XVII. Ce succès d'Ardaric, roi des Gépides, fut un bonheur pour les diverses nations qui restaient malgré elles soumises à la domination des Huns, et il ramena dans leurs cœurs longtemps attristés la joie que donne une liberté désirée. Beaucoup de ces peuples envoyèrent des ambassadeurs sur le territoire des Romains; Marcien, alors empereur, les accueillit avec une extrême bienveillance, et ils reçurent, pour les habiter, des terres qu'il leur distribua. Les Gépides, s'emparant par la force des demeures des Huns, prirent en vainqueurs possession des limites de la Dacie, et, en hommes de cœur, ils ne demandèrent à l'empire romain, par une convention amicale, que la paix et les présents annuels d'usage. L'empereur alors leur accorda volontiers leur demande, et de nos jours ce don est habituel. Car la nation elle-même reçoit son chef du Romain. Quant aux Goths, lorsqu'ils virent les Gépides s'assurer à eux-mêmes les demeures des Huns, et le peuple des Huns rentrer dans les pays qu'il avait jadis occupés, ils aimèrent mieux demander des terres à l'empire romain que d'envahir à leurs risques et périls les terres d'autrui : on leur assigna la Pannonie, contrée qui s'étend en une longue plaine, et se trouve bornée à l'orient par la Mésie supérieure, au midi par la Dalmatie, au couchant par le Noricum, au nord par le Danube. Des villes nombreuses l'embellissent ; Sirmis en est la première, Vindomina la dernière. Les Sauromates, appelés aussi Sarmates, comme nous l'avons dit, et les Cémandres, ainsi qu'une partie des Huns, cultivèrent les champs qu'on leur céda près de Castrum Martena. De cette race sont issus Blivilas, duc de la Penta-

Ex quo genere fuit Blivilas, dux Pentapolitanus, ejusque germanus Froilas, et nostri temporis Bessa patricius. Sciri vero, et Satagarii, et ceteri Alanorum cum duce suo nomine Candax, Scythiam minorem inferioremque Mœsiam accepere. Cujus Candacis Alanowamuthis patris mei genitor Peria, id est meus avus, notarius quousque Candax ipse viveret, fuit; ejusque germanæ filius Gunthigis; qui et Baza dicebatur, magister militum, filius Andagis, filii Andalæ, de prosapia Amalorum descendens. Ego item (quamvis agrammatus) Jornandes, ante conversionem meam notarius fui. Rugi vero, aliæque nationes nonnullæ Biozimetas, Scandiopolim, ut incolerent, petivere. Hernac quoque junior Attilæ filius cum suis in extremo minoris Scythiæ sedes delegit; Emnedzar et Uzindur consanguinei ejus in Dacia Ripensi. Uto et Iscalmus, qui ea potiti sunt, multique Hunnorum passim proruentes tunc se in Romaniam dederunt. E quibus nunc usque Sacromontisii et Fosatisii dicuntur. Erant siquidem et alii Gothi, qui dicuntur Minores, populus immensus, cum suo pontifice, ipsoque primate Vulfila, qui eos dicitur et litteris instituisse, hodieque sunt in Mœsia regione incolentes Nicopolitanam. Ad pedes enim montis gens multa sedit pauper et imbellis, nihil abundans, nisi armenta diversi generis pecorum, et pascua, silvaque lignorum, parum habens tritici; ceterarum specierum est terra fecunda. Vineas vero nec si sunt alibi, certi eorum cognoscent, ex vicinis locis sibi vinum negociantes; nam lacte aluntur.

pole, Froilas, son frère, et notre contemporain le patrice Bessa. Les Scires, les Satagariens, et le reste des Alains avec leur chef nommé Candax, reçurent la petite Scythie et la Mésie inférieure. Peria, père de mon père Alanowamuthis, c'est-à-dire mon aïeul, fut notaire de ce Candax, tout le temps que Candax vécut ; sa sœur donna le jour à Gunthigis, appelé aussi Baza, maître de la milice, fils d'Andagis, fils d'Andala, descendant de la race des Amales. Moi-même, Jornandès, malgré mon peu d'instruction, j'ai été notaire avant ma conversion. Les Rugiens et quelques autres nations se dirigèrent sur Biozimètes, vers Scandiopolis, pour y habiter. Hernac, le plus jeune des fils d'Attila, établit avec les siens sa demeure à l'extrémité de la petite Scythie. Emnedzar et Uzindur, ses frères, se fixèrent dans la Dacie riveraine. Uto et Iscalmus, qui s'en rendirent maîtres, et un grand nombre de Huns, s'élançant de divers points, se rendirent alors dans la Romanie. C'est d'eux que sont venus ceux que l'on appelle aujourd'hui encore Sacromontisiens et Fosatisiens. Il y avait aussi d'autres Goths, désignés sous la dénomination de Petits, peuple immense, avec leur pontife et leur primat Vulfila, qui leur enseigna, dit-on, les lettres ; et aujourd'hui ils se trouvent dans les champs de la Mésie, où ils habitent la Nicopolitane. Cette nation nombreuse, mais pauvre et peu belliqueuse, se fixa au pied des montagnes ; elle n'a rien en abondance, si ce n'est des troupeaux de diverses espèces de bétail, des pâturages, et des forêts qui donnent du bois ; cette terre fournit peu de blé, mais elle est féconde en autres productions. Bien qu'ils n'aient de vignes dans aucun de leurs cantons, quelques-uns d'entre eux les connaissent et se procurent par le commerce du vin des pays voisins : ils se nourrissent de lait.

Plerique ergo, ut ad gentem unde agitur revertamur, id est Ostrogotharum, qui in Pannonia sub rege Walemir ejusque germanis Theodemir et Widemir morabantur, quamvis divisa loca, consilia tamen habuere unita. Nam Walemir inter Scarniungam et Aquam nigram fluvios, Theodemir juxta lacum Pelsodis, Widemir inter utrosque manebat. Contigit ergo, ut Attilae filii contra Gothos, quasi desertores dominationis suae, velut fugacia mancipia requirentes, venirent; ignarisque aliis fratribus, super Walemir solum irruerent. Quos tamen ille, quamvis cum paucis, excepit; diuque fatigatos ita prostravit, ut vix pars aliqua hostium remaneret, quae, in fugam versa, eas partes Scythiae peteret, quas Danubii amnis fluenta praetermeant, quae lingua sua Hunnivar appellant. Eoque tempore quum ad fratrem Theodemirem gaudii nuncium direxisset, eo mox die nuncius veniens felicius in domo Theodemiris repperit gaudium. Ipso siquidem die Theodericus ejus filius quamvis de Erelieva concubina, bonae tamen spei puerulus natus erat. Post tempus ergo non multum rex Walemir, ejusque germani Theodemir et Widemir, consueta dum traderent dona a principe Marciano, quae ad instar strenuae gentis acceperunt, ut pacis foedera custodirent, missa legatione ad imperatorem, vident Theodericum Triarii filium, et hunc genere Gothico, alia tamen stirpe non Amala procreatum, omnino florentem cum suis, Romanorumque amicitiis junctum, et annua solemnia

Mais le plus grand nombre, pour revenir à la nation dont nous nous occupons, à savoir celle des Ostrogoths, qui, sous leur roi Walemir et ses frères Théodemir et Widemir, demeuraient dans la Pannonie, bien qu'ils fussent séparés par leur distribution territoriale, étaient cependant unis sous le rapport politique. Walemir s'était fixé entre les fleuves Scarniunga et Aqua Nigra, Théodemir près du lac Pelsodis, Widemir entre ces deux princes. Il arriva que les fils d'Attila marchèrent contre les Goths, qu'ils considéraient comme déserteurs de leur domination, et qu'ils réclamaient comme des esclaves fugitifs, et, sans que ses frères en fussent informés, ils se jetèrent sur le seul Walemir. Celui-ci soutint le choc, quoiqu'il eût peu de troupes; et, après les avoir longtemps fatigués, il leur fit essuyer une telle défaite, qu'il resta à peine quelques faibles débris de ces ennemis; ils prirent la fuite et se dirigèrent vers ces contrées de la Scythie que traverse le cours du Danube, que dans leur langue ils appellent Hunnivar. Walemir envoya vers Théodemir un messager pour lui annoncer cette joyeuse nouvelle; le messager, le jour où il arriva, trouva une joie plus vive encore dans la maison de Théodemir; car ce jour même était né à ce prince Théodéric, fils, il est vrai, d'Erelieva, une concubine, mais enfant de bonne espérance. Peu de temps après, le roi Walemir et ses frères Théodemir et Widemir, voulant obtenir les dons accoutumés de l'empereur Marcien, qu'ils avaient reçus autrefois à titre de nation vaillante, afin d'observer les traités qui garantissaient la paix, envoyèrent une ambassade à l'empereur. Ils virent Théodéric, fils de Triarius, qui était Goth de nation, mais issu d'une race autre que celle des Amales, florissant avec les siens, uni par l'amitié aux Romains, et recevant les dons annuels accoutumés, tandis qu'eux seuls étaient méprisés. Aussitôt, enflammés de fureur, ils prirent les armes, et, étendant leurs courses dans l'Illyrie presque tout entière,

consequentem, et se tantum despici. Illico furore commoti arma arripiunt, et Illyricum pæne totum discurrentes, in prædam devastant. Sed statim imperator, animo mutato, ad pristinam recurrit amicitiam, missaque legatione, tam præterita cum instantibus munera tribuit, quam etiam de futuro sine aliqua controversia tribuere compromittit, pacisque obsidem ab eis, quem supra retulimus, Theodericum infantulum Theodemiris accepit. Qui jam annorum septem incrementa conscendens, octavum intraverat annum. Quem dum pater cunctatus daret, patruus Walemir extitit supplicator, tantum ut pax firma inter Romanos Gothosque maneret. Datus igitur Theodericus obses a Gothis, ducitur ad urbem Constantinopolitanam Leoni principi; et quia puerulus elegans erat, meruit gratiam imperialem habere.

Postquam ergo firma pax Gothorum cum Romanis effecta est, videntes Gothi non sibi sufficere ea, quæ ab imperatore acciperent solatia, simulque cupientes ostentare virtutem, cœperunt vicinas gentes circumcirca prædari, primo contra Satagas, qui interiorem Pannoniam possidebant, arma moventes. Quod ubi rex Hunnorum Dinzio, filius Attilæ, cognovisset, collectis secum, qui adhuc videbantur, quamvis pauci, ejus tamen sub imperio remansisse, Ulzingures, Angisciros, Bittugores, Bardores, veniens ad Bassianam Pannoniæ civitatem, eamque circumvallans, fines ejus cœpit prædari. Quo comperto Gothi, ubi erant, expeditionemque solventes

ils la dévastèrent par leurs pillages. Mais aussitôt l'empereur, changeant de dispositions à leur égard, revint à l'ancienne amitié : il leur envoya une ambassade, et leur accorda les présents actuellement dus avec les arrérages, promettant de les leur donner à l'avenir sans discussion; il reçut d'eux, comme ôtage de la paix, ce Théodéric, dont nous avons parlé, enfant de Théodémir. Il avait atteint déjà le terme de sa septième année et entrait dans la huitième. Comme son père hésitait à le donner, Walemir, son oncle, supplia ce prince de se décider à ce sacrifice, afin qu'une paix solide subsistât entre les Romains et les Goths. En conséquence Théodéric, donné par les Goths en ôtage, fut conduit dans la ville de Constantinople et remis à l'empereur Léon; et, comme cet enfant était aimable, il mérita d'obtenir la faveur impériale.

Une paix solide ayant donc été établie entre les Goths et les Romains, les Goths, voyant que les subsides qu'ils recevaient de l'empereur ne leur suffisaient pas, et désirant en même temps montrer leur courage, se livrèrent autour d'eux à des actes de pillage contre les nations voisines; et d'abord ils tournèrent leurs armes contre les Satages, qui possédaient la Pannonie inférieure. Dès que le roi des Huns, Dinzio, fils d'Attila, en fut informé, il rassembla ceux en petit nombre qui semblaient encore rester soumis à son pouvoir, les Ulzingures, les Angiscires, les Bittugores, les Bardores, et vint devant Bassia, ville de Pannonie, l'assiégea, et se mit à en ravager les environs. A cette nouvelle, les Goths, sur le point où ils se trouvaient, renoncèrent à l'expédition pour laquelle ils avaient rassemblé des troupes contre les Satages, se tournèrent contre les Huns, et les chassèrent si honteu-

quam contra Satagas collegerant, in Hunnos convertunt, et sic eos suis a finibus inglorios pepulerunt, ut jam ex illo tempore, qui remanserant Hunni, et usque hactenus, Gothorum arma formident.

XVIII. Quiescente vero tandem Hunnorum gente a Gothis, Hunimundus, Suevorum dux, dum ad prædandas Dalmatias transit, armenta Gothorum in campis errantia deprædavit, quia Dalmatiis Suevia vicina erat, nec a Pannoniis multum distabat, præsertim ubi tunc Gothi residebant. Quid plurimum? Hunimundo cum Suevis vastatis Dalmatiis ad sua revertente, Theodemir germanus Walemiris, regis Gothorum, non tantum jacturam armentorum dolens, quantum metuens, ne Suevi, si impune hoc lucrarentur, ad majorem licentiam prosilirent, sic vigilavit in eorum transitu, ut intempesta nocte dormientes invaderet ad lacum Pelsodis, consertoque inopinato prœlio, ita eos oppressit, ut etiam ipso rege Hunimundo capto, omnem exercitum ejus, qui gladium evasissent, Gothorum subderet servituti. Et dum multum esset amator misericordiæ, facta ultione, veniam condonavit, reconciliatusque cum Suevis, eumdem, quem cœperat, adoptans sibi filium, remisit cum suis in Sueviam. Sed ille immemor paternæ gratiæ, post aliquod tempus conceptum dolum parturiens, Scirorum gentem incitavit, qui tunc supra Danubium considebant, et cum Gothis pacifice morabantur, quatenus scissi ab eorum fœdere, secumque juncti, in arma prosilirent, gen-

sement de leurs frontières, que, depuis cette époque et aujourd'hui encore, les Huns qui ont pu rester redoutent les armes des Goths.

XVIII. Les Huns laissèrent donc le repos aux Goths : mais Hunimund, chef des Suèves, passa dans les Dalmaties pour les piller, et enleva les troupeaux des Goths errants dans les campagnes : en effet, la Suévie était voisine des Dalmaties, et ne se trouvait pas à une grande distance des Pannonies, surtout de la contrée où les Goths étaient alors établis. Que dire de plus? Hunimund, après avoir ravagé les Dalmaties, revenait avec ses Suèves sur son territoire, lorsque Théodemir, frère de Walemir, roi des Goths, moins affecté de la perte des troupeaux que de la crainte de voir les Suèves se livrer à une plus grande licence si on laissait ce pillage impuni, les surveilla si bien dans leur passage, que par une nuit orageuse, il les surprit durant leur sommeil près du lac Pelsodis; il engagea le combat à l'improviste, et leur fit essuyer une défaite si considérable, que le roi Hunimund en personne fût fait prisonnier, et que toute son armée, tout ce qui du moins avait échappé au glaive, se soumit à servir les Goths. Et comme Théodemir avait un grand penchant à la pitié, il pardonna, une fois vengé, à ce peuple, et, se réconciliant avec les Suèves, il adopta comme fils leur chef qu'il avait pris, et le renvoya avec les siens en Suévie. Mais Hunimund, oubliant les bienfaits paternels, accomplit au bout de quelque temps la trahison qu'il avait méditée, et excita le peuple des Suèves qui demeurait alors au-dessus du Danube, et vivait en paix avec les Goths, à rompre son alliance avec ceux-ci, à prendre les armes de concert avec lui, et à attaquer la nation des Goths. Alors les Goths, qui ne s'attendaient à aucun mal, et pleins de confiance surtout dans l'amitié

temque Gothorum invaderent. Tunc Gothis nihil mali sperantibus, praesertim de utrisque amicis vicinis confisis, bellum insurgit ex improviso, coactique necessitate ad arma confugiunt, solitoque certamine arrepto, se suamque injuriam ulciscuntur. In eo siquidem proelio rex eorum Walemir dum equo insidens ad cohortandos suos ante aciem curreret, proturbatus equus corruit, sessoremque suum dejecit; qui mox inimicorum lanceis confossus, interemptus est. Gothi vero tam regis sui mortem, quam suam injuriam a rebellionibus exigentes, ita sunt proeliati, ut paene de gente Scirorum, nisi qui nomen ipsum ferrent, et hic cum dedecore non remansissent, sic omnes extinxerunt.

Quorum exitium Suevorum reges Hunimundus et Alaricus veriti, in Gothos arma moverunt, freti auxilio Sarmatarum, qui cum Beuga et Babai regibus suis auxiliariis eorum devenissent, ipsasque Scirorum reliquias quasi ad ultionem suam acrius pugnaturas accersentes cum Edica et Vulfo eorum primatibus, habuerunt simul secum tam Gepidas, quam ex gente Rugorum non parva solatia. Ceterisque hincinde collectis, ingentem multitudinem aggregantes, ad amnem Bolliam in Pannoniis castrametati sunt. Gothi tunc Walemire defuncto, ad fratrem ejus Theodemir confugerunt. Qui quamvis dudum cum fratribus regnans, tamen auctioris potestatis insignia sumens, Widemire fratre juniore accito, et cum ipso curas belli partitus, coactus ad arma prosilivit. Consertoque proelio, supe-

de ces deux peuples voisins, virent la guerre s'élever à l'improviste contre eux; et la nécessité les força à recourir aux armes, et, s'élançant au combat selon leur coutume, ils se vengèrent, eux et leur injure. Dans cette bataille, leur roi Walemir, assis sur son cheval, courait sur le front de son armée pour enflammer les courages; le cheval, effrayé, tomba et renversa son cavalier : celui-ci mourut bientôt transpercé par les lances ennemies. Les Goths, qui avaient à venger sur les rebelles et la mort de leur roi et leur injure, combattirent avec tant d'acharnement, qu'ils exterminèrent les Scires; il ne resta de cette nation que de faibles débris qui en conservèrent le nom et ne s'arrêtèrent pas honteusement en ces lieux.

Hunimund et Alaric, roi des Suèves, redoutant une ruine semblable, tournèrent leurs armes contre les Goths, s'appuyant sur le secours des Sarmates qui étaient arrivés avec leurs rois auxiliaires Beuga et Babaï; ils appelèrent aussi, avec leurs chefs Edica et Vulfo, les restes des Scires, qui semblaient devoir combattre avec plus d'ardeur, puisqu'il s'agissait de leur vengeance; et ils virent sous leurs drapeaux les Gépides, ainsi que des corps assez considérables de Rugiens. Ayant encore réuni de côté et d'autre divers autres alliés, et rassemblé une immense multitude, ils vinrent camper près du fleuve Bollia, dans les Pannonies. Les Goths, Walemir étant mort, eurent recours à son frère Théodemir. Quoique ce prince régnât depuis longtemps en commun avec ses frères, il prit cependant les insignes d'une dignité plus élevée; puis, appelant à lui Widemir, son plus jeune frère, et partageant avec lui les soins de la guerre, il prit les armes puisqu'il s'y voyait contraint. L'action

rior pars invenitur Gothorum, adeo ut campus inimicorum corruentium cruore madefactus, ut rubrum pelagus appareret. Armaque et cadavera in modum collium cumulata, campum plus quam decem millibus oppleverunt. Quod Gothi cernentes, ineffabili exultatione lætantur, eo quod regis sui Walemiris sanguinem et suam injuriam cum maxima inimicorum strage ulciscerentur. De innumeranda vero variaque multitudine hostium qui valuerunt evadere, effugati vix ad sua inglorii pervenerunt.

Post certum vero tempus instanti hiemali frigore, amneque Danubii solite congelato (nam istiusmodi fluvius ita rigescit, ut in silicis modum vehat exercitum pedestrem, plaustraque et triaculas, vel quidquid vehiculi fuerit, nec cymbarum indigeat lintre), sic ergo eum gelatum Theodemir, Gothorum rex, cernens, pedestrem ducit exercitum, cmensoque Danubio, Suevis improvisus a tergo apparuit. Nam regio illa Suevorum ab oriente Baiobaros habet, ab occidente Francos, a meridie Burgundiones, a septentrione Thuringos. Quibus Suevis tunc juncti Alemanni etiam aderant, ipsique Alpes erectas omnino regentes: unde nonnulla fluenta Danubio influunt, nimio cum sono vergentia. Hic ergo taliter munito loco, Theodemir rex hiemis tempore Gothorum ductavit exercitum, et tam Suevorum gentem, quam etiam Alemannorum utrasque ad invicem fœderatas devicit, vastavit, et pæne subegit. Inde quoque victor ad proprias sedes, id est Pannonias, revertens,

engagée, les Goths se trouvèrent les plus forts, au point que la plaine, inondée du sang des ennemis qui tombaient en foule, présenta toute l'apparence d'une mer rouge. Les armes et les cadavres, amoncelés en forme de collines, couvrirent la campagne au nombre de plus de dix mille. A cette vue, les Goths se livrèrent à une joie inexprimable, fiers d'avoir vengé par cet immense massacre des ennemis le sang de leur roi Walemir et leur injure. De cette multitude immense et variée d'ennemis, ceux qui purent s'échapper par la fuite arrivèrent avec peine et sans gloire dans leur pays.

Au bout d'un certain temps, les froids de l'hiver se firent sentir, et le Danube gela comme d'habitude; car ce fleuve gèle si complétement, que sa surface, dure comme la pierre, porte l'infanterie, les chariots, les voitures à trois chevaux et les convois de toute espèce, sans qu'il soit besoin de bateaux ni de barques. Théodemir, roi des Goths, le voyant donc ainsi gelé, rassembla un corps d'infanterie, passa le Danube, et se montra à l'improviste sur les derrières des Suèves. Ce pays des Suèves est borné à l'orient par les Baiobares, à l'occident par les Francs, au midi par les Burgundions, au nord par les Thuringiens. A ces Suèves étaient alors unis les Alemans, qui dominaient sur les sommets les plus élevés des Alpes, d'où s'échappent plusieurs fleuves qui, roulant avec un immense fracas, vont jeter leurs eaux dans le Danube. Ce fut dans ces lieux si bien fortifiés qu'en plein hiver le roi Théodemir conduisit une armée de Goths; il vainquit, dévasta et subjugua presque entièrement et la nation des Suèves et celle des Alemans, toutes deux liguées entre elles. De là, il revint victorieux dans son propre pays, c'est-à-dire dans les Pannonies, où il reçut avec reconnaissance son fils Théodéric, donné par lui en ôtage à Constanti-

Theodericum filium suum, quem Constantinopoli obsidem dederat, a Leone imperatore remissum cum magnis muneribus gratanter excepit [52].

Qui Theodericus jam adolescentiæ annos contingens, expleta pueritia, octavum decimum peragens annum, adscitis satellitibus patris, ex populo amatores sibi clientesque consociavit, pæne sex millia viros; cum quibus inscio patre, emenso Danubio, super Babai, Sarmatarum regem, discurrit, qui tunc de Camundo, duce Romanorum, victoria potitus, superbiæ tumore regnabat, eumque superveniens Theodericus interemit, familiamque et censum deprædans, ad genitorem suum cum victoria repedavit. Singidonum dehinc civitatem, quam ipsi Sarmatæ occupassent, invadens, non Romanis reddidit, sed suæ subdidit ditioni. Minuentibus deinde hincinde vicinarum gentium spoliis, cœpit et Gothis victus vestitusque deesse: et hominibus, quibus dudum bella alimoniam præstitissent, pax cœpit esse contraria. Omnesque cum clamore magno ad regem Theodemir accedentes Gothi orant, quacumque parte vellet ductaret exercitum. Qui accito germano, missaque sorte, hortatus est, ut ille in partem Italiæ, ubi tunc Glycerius regnabat imperator, ipse vero ceu fortiter ad fortius regnum accederet orientale quidem. Quod et factum est. Et mox Widemir Italiæ terras intravit, et extremum fati munus reddens, excessit rebus humanis, successorem relinquens regni Widemir filium suum.

Quem Glycerius imperator muneribus datis, de Italia

nople, et renvoyé avec de grands présents par l'empereur Léon.

Ce Théodéric touchait déjà aux années de l'adolescence après être sorti de l'enfance; et, dans sa dix-huitième année, il appela autour de lui les satellites de son père, associa à ses projets ceux dont il s'était concilié l'affection parmi le peuple et ses clients, au nombre de près de six mille hommes; avec cette bande et à l'insu de son père, il passa le Danube, se jeta sur Babaï, roi des Sarmates, qui, récemment vainqueur de Camundus, général romain, régnait gonflé d'orgueil; Théodéric le surprit et le tua, lui enleva sa famille et ses trésors, puis revint victorieux vers son père. Ensuite il attaqua la ville de Singidonum, occupée aussi par les Sarmates, et, au lieu de la rendre aux Romains, il la soumit à sa propre domination. Et comme ensuite les dépouilles enlevées de côté et d'autre aux nations voisines devenaient moins considérables, les Goths eux-mêmes commencèrent à manquer de vivres et de vêtements; et la paix fût à charge à des hommes auxquels depuis longtemps la guerre fournissait leur subsistance. Tous les Goths, venant trouver avec de grands cris le roi Théodemir, le supplièrent de conduire l'armée dans telle direction qu'il voudrait. Ce prince appela près de lui son frère; et, après avoir consulté le sort, il l'engagea à se jeter sur l'Italie où régnait alors l'empereur Glycerius, tandis que lui-même attaquerait énergiquement l'empire d'Orient, beaucoup plus fort. Et cela fut fait. Bientôt Widemir entra sur les terres d'Italie, et, payant sa dernière dette au destin, il sortit de ce monde, laissant pour successeur à son trône son fils Widemir.

L'empereur Glycerius décida par ses présents le nou-

ad Gallias transtulit, quæ a diversis circumcirca gentibus premebantur, adserens vicinos sibi Vesegothas eorum parentes regnare. Quid multa? Widemir acceptis muneribus, simulque mandatis a Glycerio imperatore, Gallias tendit, seseque cum parentibus jungens Vesegothis, unum corpus efficitur, et sic Gallias, Hispaniasque tenentes, suo jure defendunt, ut nullus sibi alius prævaleret. Theodemir autem frater senior cum suis transit Saum amnem, Sarmatis militibusque interminans bellum, si aliquis obstaret ei. Quod illi verentes, quiescunt, imo nec prævalent ad tantam multitudinem. Videns Theodemir undique sibi prospera provenire, Naissum primam urbem invadit Illyrici; filioque suo Theoderico consociatus adstat, et in villam comites per castrum Herculis transmittit Ulpianam. Qui venientes, tam eam, quam et opes mox in deditionem accipiunt, nonnullaque loca Illyrici inaccessibilia sibi tunc primum pervia faciunt. Nam Heracliam et Larissam civitates Thessaliæ, primum præda capta, jure bellico potiuntur. Theodemir vero rex animadvertens tam felicitatem suam, quam etiam filii; nec hac tamen contentus, egrediens Naisitanam urbem, paucis ad custodiam derelictis, ipse Thessalonicam petiit, in qua Clarianus patricius a principe directus, cum exercitu morabatur. Qui dum videret vallo muniri Thessalonicam, nec se eorum conatibus posse resistere, missa legatione ad Theodemir regem, muneribusque oblatis ab obsidione eum urbis retorquet.

veau roi à passer d'Italie dans les Gaules, qui étaient, sur tous les points pressées par diverses nations, lui assurant qu'il règnerait sur les terres voisines des Visigoths, issus du même sang que son peuple. Que dire de plus? Widemir reçut les présents et en même temps les instructions de Glycerius, se dirigea vers les Gaules, et, opérant sa jonction avec les Visigoths, ses compatriotes, il forma avec eux un seul corps : ces peuples occupèrent ainsi les Gaules et les Espagnes, qu'ils défendirent de telle sorte qu'aucun ne fut plus fort que l'autre. Quant à Théodemir, l'aîné des frères, il traversa avec les siens le fleuve Saüs, et menaça de la guerre les Sarmates et les soldats, s'il rencontrait quelque obstacle. Ceux-ci, effrayés, restèrent tranquilles; ils ne pouvaient rien en effet contre une multitude si considérable. Théodemir, voyant que partout la fortune le secondait, prit Naïsse, la première ville de l'Illyrie; il se présenta uni à son fils Théodéric, et fit passer ses compagnons par le camp d'Hercule dans la villa Ulpiana. A leur arrivée, ils la reçurent bientôt en leur pouvoir avec les richesses qu'elle renfermait, et s'ouvrirent, pour la première fois, les abords de plusieurs lieux d'Illyrie jusqu'alors inaccessibles pour eux; car ils s'emparèrent, après avoir fait un riche butin, d'Héraclée et de Larisse, villes de Thessalie. Le roi Théodemir, voyant tant son propre bonheur que celui de son fils, ne se contenta pas de ces premiers succès; mais, sortant de la ville de Naïsse, où il laissa une faible garnison, il se dirigea en personne sur Thessalonique, où résidait, avec une armée, le patrice Clarianus, envoyé dans ce pays par l'empereur. Clarianus, voyant que Thessalonique était entourée d'un retranchement, et qu'il ne pourrait résister aux efforts des Ostrogoths, envoya des ambassadeurs au roi Théodemir, et le fit renoncer, au moyen de riches présents, au siége de la ville. Un traité fut conclu; et le général romain céda sans peine aux

Initoque fœdere, Romanus ductor cum Gothis loca eis jam sponte, quæ incolerent, tradidit, id est Ceropellas, Europam, Medianam, Petinam, Bereum, et alia quæ Sium vocantur[53]. Ubi Gothi cum rege suo armis depositis, composita pace quiescunt.

XIX. Nec diu post hæc et rex Theodemir in civitate Cerras fatali ægritudine occupatus, vocatis Gothis, Theodericum filium regni sui designat hæredem, et ipse mox rebus humanis excessit. Theodericum vero genti suæ regem audiens ordinatum imperator Zeno, gratum suscepit, eique evocatoria destinata, ad se in urbem venire præcepit, dignoque suscipiens honore, inter proceres sui palatii collocavit. Et post aliquod tempus ad ampliandum honorem ejus in arma sibi eum filium adoptavit, de suisque stipendiis triumphum in urbe donavit. Factusque est consul ordinarius, quod summum bonum, primumque in mundo decus edicitur; nec tantum hoc, sed etiam equestrem statuam ad famam tanti viri ante regiam palatii collocavit.

Inter hæc ergo Theodericus Zenonis imperio fœdere sociatus, dum ipse in urbe bonis omnibus frueretur, gentemque suam in Illyrico, ut diximus, residentem, non omnino idoneam aut refertam audiret, elegit potius solito more gentis suæ labore quærere victum, quam ipse otiose frui regni Romani bona et gentem suam mediocriter victitare, secumque deliberans, ad principem ait: « Quamvis nihil deest nobis, imperio vestro famulantibus, tamen si di-

Goths des terres qu'ils devaient habiter, à savoir : les Céropelles, l'Europe, la Médiane, la Pétine, Bereum, et d'autres qui sont appelées Sium. Là, les Goths, déposant les armes, vécurent en paix avec leur roi.

XIX. Peu de temps après, le roi Théodemir tomba dangereusement malade dans la ville de Cerræ; il appela près de lui les Goths, désigna pour son successeur au trône son fils Théodéric, et sortit bientôt de ce monde. L'empereur Zénon, ayant appris que Théodéric avait été établi roi de sa nation, en fut très-satisfait, et, lui envoyant une invitation, il lui ordonna de venir près de lui à Constantinople; il l'y reçut avec les honneurs convenables, et le plaça parmi les grands de son palais. Et, au bout de quelque temps, pour l'élever à un plus grand honneur, il l'adopta pour fils par les armes, et lui accorda à ses frais le triomphe dans sa capitale. Théodéric fut créé consul ordinaire, ce qui est considéré comme le bien suprême et comme le premier honneur du monde. Zénon ne s'en tint pas là; il fit encore élever en face du palais impérial une statue équestre à la gloire d'un si grand homme.

Sur ces entrefaites, Théodéric, associé par un traité à l'empire de Zénon, apprit que tandis qu'il jouissait à Constantinople de tous les biens de la fortune, sa nation, établie, comme nous l'avons dit, dans l'Illyrie, était loin de s'y trouver à son aise ou dans l'abondance : il aima mieux, selon l'usage de son peuple, chercher des moyens d'existence par ses travaux, que jouir au sein de l'oisiveté des biens de l'empire romain, et laisser sa nation vivre dans la pauvreté : après y avoir mûrement réfléchi, il dit à l'empereur : « Bien qu'il ne nous manque

gnum ducit pietas vestra, desiderium mei cordis libenter exaudiat. » Quumque ei, ut solebat, familiariter facultas fuisset loquendi concessa : « Hesperia (inquit) plaga, quæ dudum decessorum prædecessorumve vestrorum regimine gubernata est, et urbs illa caput orbis et domina, quare nunc sub regis Turcilingorum et Rugorum tyrannide fluctuat ? Dirige cum gente mea, si præcipis, ut hic expensarum pondere careas, et ibi, si adjutus a domino vicero, fama vestræ pietatis irradiet. Expedit namque, ut ego, qui sum servus vester et filius, si vicero, vobis donantibus, regnum illud possideam, haud ille, quem non nostis, tyranni jugo senatum vestrum partemque reipublicæ captivitatis servitio premat. Ego enim si vicero, vestro dono vestroque munere possidebo ; si victus fuero, vestra pietas nihil amittit, imo, ut diximus, lucratur expensas. » Quo audito, quamvis ægre ferret imperator discessum ejus, nolens tamen eum contristare [54], annuit quæ poscebat, magnisque ditatum muneribus, dimisit a se, senatum populumque ei commendans Romanum.

Igitur egressus urbe regia Theodericus, et ad suos revertens, omnem gentem Gothorum, quæ tamen ei præbuerat consensum, assumens, Hesperiam tendit, rectoque itinere per Sirmas ascendit, vicinas Pannoniæ. Indeque Venetiarum fines ingressus, ad pontem Sontium nuncupatum [55] castrametatus est. Quumque ibi ad reficienda

rien, à nous qui servons votre empire, cependant, si votre miséricorde le juge convenable, je vous prie d'exaucer avec bienveillance le vœu de mon cœur. » Et, la permission de parler familièrement lui ayant été accordée comme d'habitude, il dit : « Les contrées de l'Occident, qui ont été longtemps gouvernées sous le sceptre de vos devanciers et de vos prédécesseurs, et cette ville, la tête et la souveraine du monde, pourquoi sont-elles maintenant flottantes sous la tyrannie d'un roi des Turcilinges et des Rugiens? Envoie-moi avec ma nation, si tu veux bien l'ordonner, afin qu'ici le fardeau de tes dépenses soit moins lourd, et que là, si avec l'aide du Seigneur je remporte la victoire, la gloire de votre piété fasse briller ses rayons. Il convient en effet que moi, qui suis votre serviteur et votre fils, je possède, grâce à votre don, ce royaume, si je suis vainqueur, plutôt que de voir cet homme, que vous ne connaissez pas, écraser votre sénat sous le joug de l'usurpation, et une partie de la république sous la servitude de la captivité. Car si je suis vainqueur, je possèderai ces terres par votre don et par votre générosité; si je suis vaincu, votre piété ne perdra rien : bien plus, comme nous l'avons dit, elle gagnera les dépenses que nous lui causons. » A ce discours, l'empereur, bien qu'il se vît avec peine séparé de Théodéric, ne voulut cependant pas l'affliger; il lui accorda sa demande, et, après l'avoir comblé de riches présents, il le congédia en lui recommandant le sénat et le peuple romain.

Théodéric quitta donc la ville royale, retourna vers les siens, emmena avec lui toute la nation des Goths, qui toutefois lui avait au préalable donné son consentement, et se dirigea vers l'occident, en droite ligne par le pays de Sirmès, voisin de la Pannonie. De là il entra sur les frontières des Vénéties, et plaça son camp près d'un pont nommé Sontius. Il s'y arrêta quelque temps

corpora hominum jumentorumque, aliquanto tempore resedisset, Odovacer armatum contra eum direxit exercitum. Quem ille ad campos Veronenses occurrens, magna strage delevit, castrisque solutis, finibus Italiæ cum potiore audacia intrat; transactoque Pado amne ad Ravennam regiam urbem castra componit, tertio fere milliario ab urbe, loco qui appellatur Pineta. Quod cernens Odovacer, intus se in urbe communivit. Indeque subreptive noctu frequenter cum suis egrediens, Gothorum exercitum inquietat. Et hoc non semel, nec iterum; sed frequenter, et pæne molitur toto triennio. Sed frustra laborat, quia cuncta Italia dominum jam dicebat Theodericum, et illius ad votum res illa publica obsecundabat. Tantum ille solus cum paucis satellitibus, et Romanis, qui aderant [56], et fame et bello quotidie intra Ravennam laborabat. Quod dum nihil proficeret, missa legatione, veniam supplicat. Cui et primum concedens Theodericus, postmodum hac luce privavit [57].

Tertioque, ut diximus, anno ingressus in Italiam, Zenonisque imperatoris consulto privatim habito, suæque gentis vestitum reponens, insigne regii amictus, quasi jam Gothorum Romanorumque regnator, adsumit. Missaque legatione ad Lodoin, Francorum regem, filiam ejus Audefledam sibi in matrimonio petit [58]. Quam ille grate libenterque concessit, suos filios Ildebertum et Cheldepertum, et Thuidepertum credens hac societate cum gente Gothorum, inito fœdere, sociari. Sed non adeo pacis ad concordiam profuit ista conjunctio, quia sæpenumero propter

pour donner du repos aux hommes et aux chevaux, tandis qu'Odovacre s'avançait contre lui avec une armée. Théodéric rencontra son rival dans les champs de Vérone, et lui fit essuyer une grande défaite; puis il leva son camp, et entra sur les frontières de l'Italie avec un redoublement d'audace. Après avoir passé le Pô, il vint camper devant Ravenne, la ville royale, à trois milles environ des murs, dans un lieu appelé Pineta. A cette vue, Odovacre se fortifia dans l'intérieur de la ville. De là il fit à l'improviste de fréquentes sorties avec les siens, et inquiéta l'armée des Goths; et cela ni une fois ni deux, mais souvent, faisant ainsi traîner les choses pendant près de trois ans. Mais ses efforts furent vains; parce que déjà toute l'Italie proclamait Théodéric son souverain, et que cette république secondait ce prince conformément à ses vœux. Voilà combien Odovacre, seul avec le petit nombre de satellites et de Romains qui se trouvaient autour de lui, eut à souffrir chaque jour dans les murs de Ravenne, par la faim et par les armes. Voyant que rien ne lui servait, il envoya une ambassade chargée de demander grâce pour lui : Théodéric lui accorda d'abord sa demande, mais ensuite il le priva de la lumière du jour.

Enfin la troisième année, comme nous l'avons dit, de son entrée en Italie, Théodéric, après avoir consulté en particulier l'empereur Zénon, déposa le costume de sa nation, et prit le manteau, insigne de la royauté, comme roi désormais des Goths et des Romains. Ayant envoyé une ambassade à Lodoïs, roi des Francs, il demanda en mariage Audeflède, fille de ce prince. Celui-ci la lui donna avec plaisir, croyant, par cette alliance, unir étroitement ses fils Ildebert, Cheldepert et Thuidepert à la race des Goths; mais cette union ne servit pas autant qu'on l'avait cru à consolider la paix, parce que souvent les deux peuples eurent de graves différends au sujet des terres des Gaulois, et parce que jamais le Goth ne céda aux Francs, tant que

Gallorum terras graviter inter se decertati sunt, et nunquam Gothus Francis cessit, dum viveret Theodericus. Antequam ergo de Audefleda sobolem haberet, naturales ex concubina, quas genuisset adhuc in Mœsia, filias habuit, unam nomine Theudicodo et aliam Ostrogotho. Quas mox ut in Italiam venit, regibus vicinis in conjugio copulavit, id est unam Alarico Vesegotharum, et aliam Sigismundo Burgundionum. De Alarico ergo natus est Amalaricus. Quem avus Theodericus in annis puerilibus utroque parente orbatum dum fovet atque tuetur, comperit Eutharicum Witerichi filium, Beremundi et Thoresmundi nepotem, Amalorum de stirpe descendentem, in Hispania degere, juvenili ætate, prudentia et virtute, corporisque integritate pollentem. Ad se eum facit venire, eique Amalasuentham filiam suam in matrimonio jungit. Et ut ad plenum progeniem suam dilataret, Amalafredam germanam suam, matrem Theodati, qui postea rex fuit, Africæ regi Wandalorumque conjugem dirigit Trasemundo; filiamque ejus, neptem suam Amalabergam Thuringorum regi consociat Hermenfredo.

Petzam quoque suum comitem inter primos electum ad obtinendam Sirmiensem dirigit civitatem. Quam ille expulso rege ejus Transarico, filio Trafstile, retenta ejus matre obtinuit. Indeque contra Sabinianum Illyricum magistrum militiæ, qui tunc cum Mundone paraverat conflictum, ad civitatem cognomine Margoplano [59], quæ inter Danubium Martianumque flumina adjacebat, cum duo-

Théodéric vécut. Avant que ce prince eût des enfants d'Audeflède, il avait eu d'une concubine deux filles naturelles, nées lorsqu'il séjournait encore en Mésie, et appelées l'une Theudicodo et l'autre Ostrogotho. Dès qu'il fut arrivé en Italie, il les unit par le mariage aux rois voisins, l'une à Alaric, roi des Visigoths, l'autre à Sigismund, roi des Burgundions. Alaric donna le jour à Amalaric. Celui-ci, ayant perdu, encore enfant, son père et sa mère, trouva en Théodéric, son aïeul, un tuteur et un soutien. Théodéric apprit alors qu'Eutharic, fils de Witérich, petit-fils de Beremund et de Thoresmund, et issu de la race des Amales, vivait en Espagne, jeune encore, et distingué autant par sa sagesse et sa bravoure que par ses qualités physiques. Il le fit venir auprès de lui et lui donna en mariage sa fille Amalasuenthe. Et pour étendre complétement sa race, il envoya pour épouse à Trasémund, roi des Wandales d'Afrique, sa sœur Amalafrède, mère de Théodat, qui fut roi dans la suite; de plus, il unit à Hermenfred, roi des Thuringiens, la fille de cette princesse, sa nièce Amalaberge.

D'autre part, il envoya Petza, l'un de ses comtes, choisi parmi les plus éminents, faire la conquête de Sirmium. Ce général s'en empara après l'expulsion du roi de cette ville, Transaric, fils de Trafstile, dont il retint la mère captive. Puis, comme Sabinien, maître de la milice, se préparait à un combat avec Mundo, Petza, arrivant au secours de ce dernier avec deux mille fantassins et cinq cents chevaux, détruisit l'armée d'Illyrie près d'une ville nommée Margumplanum; qui est située entre le Danube et le fleuve

bus millibus peditum, equitibus quingentis, in Mundonis solatia veniens, Illyricianum exercitum demolivit. Nam hic Mundo Attilanis quondam origine descendens, Gepidarum gentem fugiens, ultra Danubium in incultis locis, sine ullis terræ cultoribus debacchatur. Et plerisque abactoribus, Scamarisque et latronibus undecumque collectis, turrim quæ Herta dicitur, supra Danubii ripam positam occupans, ibique agresti ritu prædans vicinos, regem se suis grassatoribus nuncupat. Hunc ergo pæne desperatum, etiam de traditione sua deliberantem, Petza subveniens e manibus Sabiniani eripuit, suoque regi Theoderico cum gratiarum actione fecit subjectum.

Non minus trophæum de Francis per Hibbam suum comitem in Galliis acquisivit, plus xxx millibus Francorum in prœlio cæsis. Nam et Thiodem suum armigerum, post mortem Alarici generi[60], tutorem in Hispaniæ regno Amalarici nepotis constituit. Qui Amalaricus in ipsa adolescentia Francorum fraudibus irretitus, regnum cum vita amisit. Post quem Thiodis tutor ejusdem regnum ipsum invadens, Francorum insidiosam calumniam de Hispaniis pepulit, et usque dum viveret, Vesegothas continuit. Post quem Thiodigisglossa regnum adeptus, non regnans defecit, occisus a suis. Cui succedens Hactenusagil, continuat regnum. Contra quem Athanagildus insurgens Romani regni concitat vires. Ubi et Liberius patricius cum exercitu destinatur.

Nec fuit in parte occidua gens, quæ Theoderico, dum

Martien. Ce Mundo, descendant de la race d'Attila et
fuyant la nation des Gépides, faisait des courses au delà
du Danube, dans des lieux incultes, où la terre n'était
exploitée par aucun laboureur. Ayant rassemblé des voleurs de bétail, des Scamares et des brigands venus de
tout pays, il occupa une tour appelée Herta, et située
au-dessus de la rive du Danube; et là, pillant ses voisins
à la façon des voleurs de campagne, il se proclama roi
des malfaiteurs qui lui obéissaient. Il désespérait presque
de lui-même, et déjà il songeait à se rendre, lorsque Petza,
venant à son secours, l'arracha des mains de Sabinien,
et en fit un sujet de son roi Théodéric, en recevant les
témoignages de sa reconnaissance.

Le roi des Goths ne remporta pas un moindre trophée
sur les Francs par Hibbas, l'un de ses comtes, dans les
Gaules : les Francs laissèrent plus de trente mille des leurs
sur le champ de bataille. Après la mort d'Alaric, son
gendre, il institua tuteur de son fils Amalaric, dans le
royaume d'Espagne, Thiodis, l'un de ses écuyers. Cet
Amalaric tomba, dès son adolescence, dans les piéges des
Francs, et perdit le trône avec la vie. Après lui, Thiodis,
son tuteur, s'emparant de sa couronne, repoussa des Espagnes les prétentions perfides des Francs, et, tant qu'il
vécut, il contint les Visigoths. Thiodis mort, Thiodigisglossa parvint au suprême pouvoir; mais il périt sans
avoir véritablement régné, et tomba sous les coups des
siens. Son successeur Hacténusagil continua la suite de
ces rois. Athanagilde, par sa révolte, souleva contre lui
les forces de l'empire romain. Le patrice Liberius fut
envoyé dans ces contrées avec une armée.

Durant toute la vie de Théodéric, il n'y eut pas,

viveret, aut amicitia, aut subjectione non deserviret. Sed postquam ad senium pervenisset, et se in brevi ab hac luce egressurum cognosceret, convocans Gothos comites gentisque suæ primates, Athalaricum infantulum adhuc vix decennem filium filiæ suæ Amalasuenthæ, qui Eutharico patre orbatus erat, regem constituit, eisque in mandatis dedit, ac si testamentali voce denuntians, ut regem colerent, senatum populumque Romanum amarent, principemque orientalem placatum semper propitiumque haberent[61]. Quod præceptum quamdiu Athalaricus rex ejusque mater viverent, in omnibus custodientes, pæne per octo annos in pace regnarunt; quamvis Francis de regno puerili desperantibus, imo in contemptu habentibus, bellaque parare molientibus, quod pater et avus per Gallias occupasset, eis concessit. Cetera in pacis tranquillitate possessa. Dum ergo ad spem juventutis Athalaricus accederet, tam suam adolescentiam, quam matris viduitatem Orientis principi commendavit: sed in brevi infelicissimus immatura morte præventus, rebus humanis excessit.

XX. Tum mater, ne pro sexus sui fragilitate a Gothis sperneretur, secum deliberans, Theodatum consobrinum suum germanitatis gratia accersitum a Thuscia, ubi privata vita degens, in laboribus propriis erat, in regnum collocavit. Qui immemor consanguinitatis, post aliquantum tempus a palatio Ravennate abstractam, in insulam laci Bulsinensis eam exilio relegavit. Ubi paucissimos dies in tristitia degens, ab ejus satellitibus in balneo est stran-

dans l'Occident, une seule nation qui ne servît ce prince, ou par son amitié ou par sa soumission. Mais une fois qu'il fut arrivé à la vieillesse, et qu'il se sentit près de quitter ce monde, il convoqua les comtes goths et les principaux de sa nation, et établit roi Athalaric, enfant de dix ans à peine, fils de sa fille Amalasuenthe, et qui avait déjà perdu Eutharic son père; et par ses dernières volontés, comme s'il leur notifiait son testament, il voulut qu'ils honorassent leur roi, qu'ils aimassent le sénat et le peuple romain, et vécussent toujours sous la protection et la bienveillance de l'empereur d'Orient. Tant que vécurent le roi Athalaric et sa mère, ils restèrent en toutes choses fidèles à ses injonctions; ils régnèrent en paix durant huit années environ. Néanmoins, comme les Francs, comptant sur le règne d'un enfant, et le méprisant même, se préparaient à lui faire la guerre, il leur abandonna ce que son père et son aïeul avaient occupé dans les Gaules. Le reste de ses États fut possédé par lui au sein d'une paix tranquille. Athalaric, en approchant des espérances de la jeunesse, recommanda à l'empereur d'Orient et son adolescence et la viduité de sa mère; mais bientôt ce malheureux prince sortit des choses humaines, surpris par une mort prématurée.

XX. Alors sa mère, pour ne pas s'exposer aux mépris des Goths à cause de la faiblesse de son sexe, réfléchit à sa position, et appelant, à cause de sa proche parenté, son cousin Théodat de la Toscane, où, retiré dans la vie privée, il s'occupait de ses intérêts personnels, elle le plaça sur le trône. Théodat, oubliant les liens du sang, arracha bientôt Amalasuenthe du palais de Ravenne, et la relégua en exil dans une île du lac de Bolsena. Elle n'y vécut que fort peu de temps dans une profonde tristesse; son mari la fit étrangler dans un bain par ses satellites.

gulata. Quod dum Justinianus imperator orientalis audisset, quasi susceptorum suorum mors ad suam injuriam redundaret, sic est commotus. Eodem namque tempore de Africa et Wandalis quum per fidelissimum suum Belisarium patricium reportaret triumphum, nec mora, in ipso tempore madentibus adhuc armis cruore Wandalico, contra Gothos per eumdem ducem movit procinctum. Qui dux prudentissimus haud secus arbitratur Gothorum subigere populum, si prius nutricem eorum occupasset Siciliam. Quod et factum est. Trinacriamque ingresso, mox Gothi, qui Syracusanum oppidum insidebant, videntes se nihil praevalere, cum suo duce Sinderich ultro se Belisario dediderunt. Quumque ergo Romanus ductor Siciliam pervasisset, Theodatus comperiens, Evermor generum suum cum exercitu ad fretum, quod inter Campaniam Siciliamque interjacet, et de Tyrrheni maris sinu vastissimus Hadriaticus aestus evolvitur, custodiendum dirigit. Ubi quum Evermor accessisset, ad Rhegium oppidum castra composuit. Nec mora, deterioratam causam cernens suorum, ad partes victoris cum paucis et fidelissimis famulis consciis movit, ultroque se Belisarii pedibus advolvens, Romani regni optat servire principibus.

Quod Gothorum exercitus sentiens, suspectum Theodatum clamitat regno pellendum, et sibi ductorem suum Witigim, qui armiger ejus fuerat, in regem levandum. Quod et factum est. Et mox in campis barbaricis Witigis

A cette nouvelle, Justinien, empereur d'Orient, fut ému de cet infâme attentat, comme si l'odieux de la mort de ses protégés retombait sur lui-même. Or, à cette même époque, il venait de triompher de l'Afrique et des Wandales par Bélisaire, son fidèle patrice; sans perdre de temps, et tandis que ses armes étaient encore mouillées du sang des Wandales, il ordonna à ce général de diriger une expédition contre les Goths. Ce capitaine expérimenté crut ne pouvoir subjuguer le peuple des Goths, que si d'abord il s'emparait de la Sicile, d'où ils tiraient leur subsistance. Et cette résolution, il l'exécuta. Il entra dans la Trinacrie, et bientôt les Goths, qui occupaient la citadelle de Syracuse, voyant qu'ils ne pouvaient lui résister, se rendirent d'eux-mêmes à Bélisaire avec Sindérich leur chef. A la nouvelle de la conquête de la Sicile par le général romain, Théodat envoya son gendre Evermor défendre avec une armée le détroit qui sépare la Campanie de la Sicile, et par lequel se développent, en sortant des replis de la mer Tyrrhénienne, les plus vastes plages de la mer Adriatique. A son arrivée dans ces contrées, Evermor établit son camp près de la ville de Rhégium. Bientôt, voyant la cause des siens presque perdue, il passa avec un petit nombre d'hommes et avec ses plus fidèles et plus intimes partisans, du côté des vainqueurs, et, venant de sa propre volonté se jeter aux pieds de Bélisaire, il témoigna le désir de servir les souverains de l'empire romain.

L'armée des Goths, instruite de cette désertion, s'écria qu'il fallait chasser du trône Théodat, qui lui était suspect, et élever à l'autorité suprême Witigès, qui avait été écuyer de ce prince. Et c'est ce que l'on fit. Et bientôt, dans les champs barbares, Witigès fut élevé sur le trône; il entra

in regnum levatus, Romam ingreditur, præmissisque Ravennam fidelissimis sibi viris, Theodati necem demandat. Qui venientes, imperata sibi perficiunt, et occiso Theodato rege, qui a rege missus adveniebat, ut adhuc in campis barbaricis erat, Witigim populis nuntiat. Inter hæc Romanus exercitus emenso freto, Campaniam accedens, subversaque Neapoli, Romam ingreditur. Unde ante paucos dies rex Witigis egressus, Ravennam profectus, Mathasuentham filiam Amalasuenthæ, Theoderici quondam regis neptem, sibi in matrimonium sociarat. Quumque, his novis nuptiis delectatus, aulam regiam fovet Ravennæ, Romæ egressus imperialis exercitus, munita utriusque Thusciæ loca invadit. Quod cernens per nuntios Witigis, Cumunilam ducem Gothorum manu armis conferta mittit Perusiam. Ubi dum magnum comitem cum parvo exercitu residentem, obsessione longa evellere cupiunt; superveniente Romano exercitu, ipsi evulsi, et omnino extincti sunt. Quod audiens Witigis, ut leo furibundus, omnem Gothorum exercitum congregat, Ravennamque egressus, Romanas arces obsidione longa fatigat. Sed frustrata ejus audacia, post quatuordecim menses ab obsidione Romanæ urbis aufugit, et se ad Ariminensem oppressionem præparat. Unde pari tenore frustratus, fugatusque Ravennam se recepit. Et obsessus, nec mora, ultro se ad partes dedit victoris, cum Mathasuentha jugali, regiisque opibus. Et sic famosum regnum, fortissimamque gentem, diuque regnantem,

dans Rome, et envoyant en avant à Ravenne des hommes qui lui étaient entièrement dévoués, il leur ordonna d'égorger Théodat. Ces affidés, à leur arrivée, exécutèrent les ordres qu'ils avaient reçus, et, après le meurtre de Théodat, un messager, envoyé par le nouveau roi (car il était encore dans les champs barbares), annonça aux peuples l'élection de Witigès. Sur ces entrefaites, l'armée romaine, après avoir passé le détroit, s'approcha de la Campanie, renversa Naples et entra dans Rome. Peu de jours auparavant le roi Witigès était sorti de cette ville pour se rendre à Ravenne ; là, il s'était uni en mariage à Mathasuenthe, fille d'Amalasuenthe, et petite-fille du feu roi Théodéric. Tandis qu'il se livrait dans le royal palais de Ravenne aux fêtes de ce nouveau mariage, l'armée romaine sortit de Rome et s'empara de toutes les places fortes de la Toscane. Witigès, instruit des événements par des messagers, envoya à Pérouse, les armes à la main, Cumunila, l'un des chefs des Goths ; là, tandis que par un long siége ils cherchaient à chasser un grand comte qui s'y tenait avec une petite armée, les troupes romaines arrivèrent ; les Goths furent chassés eux-mêmes et complétement exterminés. A cette nouvelle, Witigès, semblable à un lion furieux, rassembla toute l'armée des Goths, sortit de Ravenne, et fatigua par un long siége les murailles de Rome. Mais son audace fut trompée ; au bout de quatorze mois il abandonna, en fuyant, le siége de Rome, et se prépara à écraser Ariminum. Il y échoua de même, fut mis en fuite, et se retira à Ravenne. Assiégé aussitôt dans cette ville, il se remit volontairement entre les mains du vainqueur, avec Mathasuenthe, son épouse, et les trésors royaux. Ce fut ainsi que l'an 1300 de la fondation de Rome l'empereur Justinien vainquit par son fidèle consul Bélisaire un royaume fameux et une nation belliqueuse, qui régnait depuis longtemps. Ce prince honora du titre de patrice Witigès amené à Constantinople. Ce

tandem deinde millesimo et trecentesimo anno victor gentium diversarum Justinianus imperator per fidelissimum consulem vicit Belisarium, et perductum Witigim Constantinopolim patricii honore donavit. Ubi plus biennio demoratus, imperatorisque in affectu convictus, rebus excessit humanis. Mathasuentham vero jugalem ejus fratri suo Germano patricio conjunxit imperator. De quibus posthumus patris Germani natus est filius, item Germanus. In quo conjuncta Anitiorum gens cum Amala stirpe, spem adhuc utriusque generis Domino præstante promittit. Huc usque Getarum origo, ac Amalorum nobilitas, et virorum fortium facta, ac laudanda progenies laudabiliori principi cessit, et fortiori duci manus dedit : cujus fama nullis sæculis, nullis silebitur ætatibus. Sic victor ac triumphator Justinianus imperator, et consul Belisarius, Wandalici, Africani, Geticique dicuntur.

Hæc qui legis, scito me veterum secutum scripta, ex eorum spatiosis pratis paucos flores collegisse, unde inquirenti pro captu ingenii mei coronam contexerem. Nec me quis in favorem gentis prædictæ, quasi ex ipsa trahentem originem, aliqua addidisse credat, quam quæ legi, aut comperi. Nec sic tamen cuncta, quæ de ipsis scribuntur aut referuntur, complexus sum : nec tantum ad eorum laudem, quantum ejus laudem, qui vicit, exponens.

fut là que Witigès mourut après un séjour de deux ans, durant lequel il vécut dans les bonnes grâces de l'empereur. Justinien fit épouser Mathasuenthe, veuve du roi des Goths, à son frère Germain le patrice. De ce mariage naquit, après la mort de Germain, un fils posthume également nommé Germain. En sa personne, le sang des Anitiens, uni à celui des Amales, nous donne, par la grâce de Dieu, l'espoir de voir se conserver les vertus de l'une et l'autre race. Voilà comment l'origine des Gètes, et l'illustration des Amales, et les exploits de vaillants hommes, et une race glorieuse, ont cédé à un prince plus glorieux encore, et sont tombés aux mains d'un général plus vaillant, dont la renommée ne se taira dans aucun siècle, dans aucune génération. C'est ainsi que l'empereur Justinien, victorieux et triomphateur, et le consul Bélisaire, sont surnommés Wandaliques, Africains, et Gétiques.

Toi qui lis ces feuilles, sache que, suivant les écrits des anciens, j'ai cueilli dans leurs vastes prairies un petit nombre de fleurs afin d'en tresser une couronne, selon la portée de mon talent, à celui qui veut s'instruire. Et que l'on ne croie pas qu'en faveur de la nation dont nous avons parlé, et comme tirant d'elle mon origine, j'aie ajouté autre chose que ce que j'ai appris ou lu. Et, cependant, je n'ai pas embrassé tout ce que l'on a écrit ou raconté sur les Goths, et j'ai exposé les faits moins à leur gloire qu'à la gloire de celui qui les a vaincus.

NOTES

SUR LE LIVRE

DE L'ORIGINE ET DES ACTIONS DES GOTHS.

—◦•◦—

1. — *Duodecim senatoris volumina.* Ce sénateur est Cassiodore, qui avait effectivement écrit sur l'histoire des Goths un livre aujourd'hui perdu.

2. — *Ora pro me, frater carissime.* Le manuscrit de la bibliothèque Ambrosienne, si souvent cité dans l'excellente édition que Muratori a donnée de notre auteur (*Scriptt. rerum Ital.*, t. 1, p. 1), ajoute ici : *Dominus tecum.*

3. — DE ORIGINE ACTUQUE GETARUM. Longtemps avant le siècle de Tacite, la Scandinavie était-elle habitée par les Goths, quoique les Romains ne les connussent pas encore sous ce nom ? C'est une question fort obscure et qui a été débattue savamment par de graves auteurs, sans qu'il ait été possible d'arriver à une solution. Le savant Grotius, et après lui Sheringham et la plupart des auteurs septentrionaux, soutiennent par des arguments contestés souvent, mais très-imparfaitement réfutés jusqu'aujourd'hui, que les *Cimbres*, les *Gètes* et les *Goths* étaient un seul et même peuple ; que la Scandinavie a été premièrement peuplée par eux, et que delà leurs émigrations se sont étendues en divers sens. Nous renvoyons, pour les discussions qui concernent l'identité des Gètes et des Goths à Grotius (*Præfat. ad Scriptt. Goth.*), Sheringham (*de Angl. gent. orig.*), Cluvier (*Germania antiqua*), du Buat (*Hist. anc. des peuples de l'Europe*), etc. Les auteurs plus modernes ont soutenu le pour et le contre ; mais ils n'ont guère fait autre chose que reproduire, sous une autre forme, les raisonnements de leurs devanciers.

4. — *Habet et aliam Mevaniam; nec non et Orcadas numero* XXXIV. Le manuscrit de la bibliothèque Ambrosienne porte : *Habetque aliam Evaniam, necnon Orcades numero* XXXIII.

5. — *Tibi serviat ultima Thyle.* VIRG., *Géorg.*, liv. 1, v. 30.

L'édition d'Augsbourg (1515) porte : *Italia, tibi serviat ultima Thyle.*

6. — *Insulam nomine Scanziam.* Le même manuscrit porte toujours *Scandia.* Quant à ce nom même, on en a donné de singulières étymologies à une époque où l'on ne regardait aucune étymologie comme impossible à trouver. Nous n'en citerons que deux ; elles donneront une idée des autres. Quelques auteurs dérivent ce nom du mot *Scanzen*, signifiant des châteaux ; car les premiers habitants de ces contrées, disent-ils, bâtissaient des châteaux sur tous les lieux élevés et escarpés dont le pays était comme hérissé : d'où il résulterait que *Scandinavie* signifie proprement une contrée remplie de châteaux (*Voyez* GROTIUS ; *in Præfat. ad Script. Goth.*, p. 13 et sqq.). D'autres prétendent que les noms de Scandinavie, de Scanzia, etc., sont dérivés du mot *Seekanten*, qui signifie côte maritime (*Voyez* SHERINGHAM, *de Angl. Gent. Orig.*, c. VII, p. 143).

7. — *Nec ventorum flatibus intumescat, quia*, etc. L'édition d'Augsbourg, déjà citée, dit : *Credo quia.*

8. — *Memma.* D. Garet a lu dans d'autres textes : *Miniaque.*

9. — *Cunctos tamen in Calidoniorum Meatarumque nomina concessisse auctor est Dio.* Nous suivons ici le manuscrit de la Bibliothèque Ambrosienne ; les imprimés portent : *Cunctis tamen in Calidoniorum metallum concessisse nominandi auctor est Dio.* Cette leçon ne présentant pas de sens, nous l'avons rejetée de notre texte, bien que, donnée par l'édition de 1515, elle ait été conservée par Muratori.

10. — *Est in Oceani arctoo salo posita insula magna nomine Scanzia*, etc. On lit dans le manuscrit de la bibliothèque Ambrosienne : *In Oceani salo posita insula magna Scandza nomine, in modum folii cedri lateribus pandis per longum ducta concludens se æquam, et Pomponius Mela in maris sinu Codano positam refert, cujus ripas,* etc.

11. — *Arctoa gens Adogit.* Cette nation Adogit n'est pas connue. Il en est de même de plusieurs autres dont Jornandès donne les noms, et qui ont inutilement exercé la sagacité des savants.

12. — *Crefennæ.* Des manuscrits et des imprimés portent *Scretofennæ.* Cluvier (*Germ. ant.*, p. 668) adopte cette leçon, et croit retrouver ce peuple dans celui que l'on appelle *the Skrikfinner*, et qui est situé à l'occident de la Laponie. Il se fonde sur ces mots d'Adam de Brême : *In confinio Sueonum, vel Nordmannorum,*

contra Boream habitant Scritefinni; et sur Saxo Grammaticus, qui, dans sa préface, les place dans la même contrée.

13. — *Gens.... Suethans.* Plus loin, Jornandès écrit *Suethidi.* Selon la remarque de Cluvier (*loco cit.*, p. 67), c'est à tort qu'il fait deux peuples distincts des *Suethans* et des *Suethidi* (les Suédois actuels?).

14. — *Saphirinas*, « couleur de saphir. » La martre zibeline (Ducange, *Gloss. med. et inf. latinit.*, sub hoc v°). Peut-être trouvait-on alors dans la Scandinavie les animaux sauvages qui ne se trouvent qu'en Sibérie, comme jadis on voyait des ures et des rennes au pied des Alpes (Jean de Muller, *Hist. univ.*, liv. VIII, ch. 9).

15. — *Theusthes.* Cluvier voit dans ce mot le même que *Theuthes*, *Theuthen*, *Teuton.* Il prétend que Jornandès fait à tort deux peuples distincts des *Theusthes* et des *Dani* (les Danois actuels). Nous ne savons rien des *Vagoths*, des *Bergios*, des *Hallins*, des *Liothidas*, pas plus que des *Athelnil*, des *Finnaithes*, des *Fervirs*, des *Gautigoths*, etc. A quoi servirait d'entasser ici des conjectures qui ne reposent sur aucune base solide, mais seulement sur des étymologies forcées?

16. — *Hæ itaque gentes Romanis corpore et animo grandiores, infestæ sævitia pugnæ.* Le manuscrit de la bibliothèque Ambrosienne présente ici cette variante fort remarquable : *Germanis et corpore et animo grandiores pugnabant belluina sævitia.* Dom Garet a trouvé la même leçon ailleurs.

17. — *Sedes Ulmerugorum.* La Poméranie et le Mecklenbourg.

18. — *Eorumque vicinos Wandalos jam tunc subjugantes, suis appellavere victoriis.* D'autres lisent *applicuere.* Paul, fils de Warnefrid, rapporte une tradition semblable dans son Histoire des Lombards. Suivant lui, les Goths sortirent de leur patrie sous la conduite de deux chefs nommés Ibor (Igor) et Asio ; ils s'arrêtèrent d'abord dans le pays de Skoningen (partie de la Poméranie et de la Prusse), gouverné par les princes wandales Ambri et Assi, qui exigèrent des nouveaux venus un tribut annuel. Bientôt la famine les força de quitter ce séjour ; ils arrivèrent sur le territoire d'une nation puissante qui leur refusa le passage. Afin d'éviter une lutte funeste aux deux peuples, ils convinrent de faire dépendre la décision de leur querelle d'un combat singulier. Les Goths choisirent pour champion un de leurs serfs, qui fut victorieux ; en reconnaissance de ce service, ils donnèrent la liberté à tous leurs serfs, et continuèrent leur marche. Paul Warnefrid les suit dans leurs courses jusque sur les frontières de la Pologne et de la Hongrie actuelles, où se fixèrent les Lombards, l'une des principales tribus des Goths. Les traditions nationales, conservées parmi les habitants des cantons suisses de Schwytz, d'Underwalden, du pays de Hasli et des montagnes voisines, s'accordent sur tous ces objets avec les traditions du Nord; elles se complètent réciproquement, et leur base est la même (Jean de Muller, *Hist. univ.*, liv. vii, ch. 9).

19. — *Familiæ Balthorum.* Ce nom signifiait *illustres, hardis.* Quant à celui d'*Amala*, il aurait appartenu à l'un des anciens rois de ce peuple. Où ne vont pas s'égarer les étymologistes? Ils ont voulu faire venir ce titre d'*Amales* du sanscrit *amala*, qui signifie *sans souillure, sans tache* (Schlegel, *Bibliothèque indienne*, t. i, p. 2).

20. — *Vesosis.* Selon quelques auteurs, ce Vésosis ne serait autre que Sésostris. Cette prétendue guerre des Goths contre l'Égypte rappelle du reste les fameuses et fréquentes invasions des Cimmériens et des Scythes en Asie, aux viiie et viie siècles avant J.-C. On sait combien les faiseurs de sytèmes historiques ont abusé (et Dieu sait combien ils en abuseront encore!) des données incomplètes que les anciens nous ont transmises sur ces grands mouvements. L'étymologie que Jornandès donne plus bas du nom de Parthes n'a rien de sérieux : quant à l'origine de ce peuple, il paraît démontrer qu'il était de race scythique.

21. — *Hic certum temporis Amazones.* Nous n'avons pas voulu nous engager dans un commentaire sans fin et sans utilité sur la suite des plus anciens rois goths, telle que la donne Jornandès; et nous avons peine à donner à cette liste quelque valeur historique. — Pour ce qui est des Amazones, comparez à Jornandès Hérodote, liv. iv, ch. 110; Pline, liv. vi, ch. 5; liv. xiv, ch. 8, etc.; Quinte Curce, liv. vi, ch. 5; Justin, liv. ii, ch. 4; Hygin, fab. xiv et lxiii.

22. — *Telephus Herculis filius, natus ex Auge sorore Priami.* Il est impossible de reconnaître ce qu'il peut y avoir d'historique dans la succession de ces anciens rois et dans le récit de ces vieilles guerres. Remarquons ici déjà la complaisance avec laquelle les peuples barbares qui s'établirent sur les ruines de l'empire romain, répétaient les fables qui les faisaient descendre de quelque héros de la mythologie grecque, mais surtout de cette race troyenne si vaillante à la fois et si malheureuse. Le vieux Priam n'est-il

pas aussi regardé, par beaucoup de nos chroniqueurs-romanciers, comme la souche des Francs? La critique a fait depuis longtemps bonne justice de ces ridicules assertions : croirait-on pourtant qu'aujourd'hui des érudits d'une certaine espèce et des écrivains qui visent à l'originalité, osent les reproduire sérieusement?

23. — *Cyrus..... Thamiri sibi exitiale intulit bellum.* Selon les auteurs anciens, Thamyris était reine des Massagètes.

24. — *Darius.....Antriregiri regis Gothorum filiam in matrimonium expostulavit.* Fidèle à son système, qui serait d'identifier les Goths avec les Gètes et les Scythes, Jornandès attribue aux premiers ce que les historiens grecs attribuent aux derniers.

25. — *Diceneus.* Quel était ce Dicenéus? a-t-il véritablement existé? Premières questions insolubles. Nous avons peine à croire que toute la nation des Goths ait été convertie subitement en une immense école, où tous, sans exception, renonçaient à toute autre occupation pour s'occuper de recherches scientifiques. Exemple unique au monde d'une telle ardeur, et d'une ardeur si universelle pour le noble savoir! En tout cela, si les connaissances données par Dicenéus aux Goths se bornaient aux généralités inexactes signalées par Jornandès, elles n'étaient certainement pas à la hauteur de celles qui étaient répandues en Grèce à la même époque, c'est-à-dire au temps de Sylla. Puis il faut remarquer que notre auteur attribue à ce Dicenéus une division des sciences qui appartient non au siècle où ce prétendu sage est supposé vivre, mais à celui-là précisément où Jornandès écrivait ses abrégés. Sous le rapport des institutions religieuses, quels sont les changements qui furent au fond introduits par Dicenéus? Se borna-t-il à l'institution de prêtres nouveaux, de quelques sanctuaires nouveaux? ou bien modifia-t-il les dogmes adoptés jusqu'alors par la nation? Un si profond philosophe, un homme d'un savoir si universel, ne devait certainement pas s'arrêter à la forme. Nous recommandons Dicenéus, et Comosicus son successeur, à nos faiseurs d'utopies. On pourrait assurément en faire le pendant du législateur de Salente.

26. — *Bellagines.* Peut-être mieux *Belagines.* On en a fait, contre toutes les règles de la langue gothique, *Wohlbehagen,* c'est-à-dire « bien-être. » Jean de Müller (*Hist. univ.*, liv. VIII, ch. 9) admet cette altération.

27. — *Sua justitia populos judicabat.* De ce passage, qui évidemment s'applique au seul Comosicus, Jean de Müller (*Op. et loco cit.*) a tiré une induction générale. Il affirme en conséquence,

en s'appuyant précisément sur ce texte de Jornandès, qu'aux dignités de chef militaire et de prêtre, le roi des Goths joignait encore celle de juge suprême. Quelques observations sont ici nécessaires : 1°. La citation de Jean de Müller (et il en fait peu dans l'ouvrage dont il est ici question) est altérée, et suppose au texte de Jornandès un sens absolument général qu'il n'a pas. Jornandès, en effet, dit expressément de Comosicus seul : *Hic etenim et rex illis, et pontifex ob suam peritiam habebatur, et in sua justitia populos judicabat.* Jean de Müller, de toute cette phrase, ne conserve que ce qu'il en faut pour appuyer son assertion générale : il fait dire à notre auteur : *et rex et pontifex et in sua justitia populos judicabat.* Cette méthode, assurément fort commode, est fréquemment employée de nos jours par les hommes qui veulent faire à peu de frais du neuf en histoire. 2° Rien, dans les faits historiques, ne prouve que chez les Goths le roi ait été revêtu en même temps de la dignité de souverain pontife, ni même que chez ce peuple il y ait eu un grand prêtre. Si l'on doit décidément regarder, comme tout y autorise, les Goths comme une nation germanique, il faut bien, à défaut de documents spéciaux, leur attribuer les mœurs générales de cette race ; et les Germains n'avaient pas de grand prêtre. Chaque canton, chaque district, avait son prêtre particulier, et rien ne prouve chez eux l'existence d'un collége sacerdotal ou d'une tradition dogmatique régulière. 3° Que chez les Goths le roi ait été en même temps juge suprême, cela est possible, et Jornandès, en effet, donne souvent aux souverains le nom de *judex;* mais probablement ce n'est que par imitation du langage biblique, et non pour exprimer les véritables fonctions de juge suprême.

28. — *Proceres.... semideos, id est Anses, vocavere.* Jornandès dit que les Goths voyaient dans leurs chefs, non de simples mortels, mais des demi-dieux, c'est-à-dire des *Anses.* Quelques auteurs prétendent que *As*, dans l'ancienne langue du Nord, signifie *dieu, héros*, ou homme doué de qualités divines, et de plus *poutre, statue, pilier.* Ils ajoutent que le terme gothique *Anses*, auquel Jornandès donne le sens de demi-dieux, a pour nominatif singulier *Ans*, qui se transforme en *a's*, comme *gans* en *ga's*, *anst* en *a'st*, etc. (*Voyez* Geyer, *Hist. de Suède*, ch. 1). Mais le mot *Ans*, employé par Jornandès, ne serait-il pas tout simplement l'ancien tudesque *Hanse*, qui signifie *grands hommes, hommes puissants ?*

29. — *Uthericus.* C'est le même personnage qui est connu dans l'histoire sous le nom d'Eutharic.

30. — *Berimund.* Plus bas, Jornandès écrit : *Beremuth.*

31. — *Marcianopolim.... diu.... obsessam.... reliquere.* Il est difficile d'établir un ordre véritable dans le récit de ces mouvements. Parmi les peuples qui suivirent Ostrogotha, Zozime (liv 1, ch. 21) ne nomme que les Carpes : selon Jornandès, ce prince avait avec lui trois mille Carpes, avec des Thaïfales, des Asdinges (d'autres écrivent Astringes) et des Peucènes. Decius revint sur ses pas sans qu'on puisse dire pourquoi; mais il n'alla qu'une seule fois dans ces contrées, lorsqu'il fut fait empereur. Ostrogotha mène ses trente mille hommes au combat, mais il n'est pas question de bataille, et Decius était déjà parti. Puis Ostrogotha établit chefs de leur nation les deux personnages nommés dans le texte (Mascou pense avec raison qu'Argaït est le roi Argunthis, nommé précédemment); lui-même a disparu et les deux chefs attaquent Marcianopolis. Si l'on compare les différentes données que nous fournissent les monuments, voici, ce semble, le résultat auquel on arrive. Decius fut envoyé par Philippe vers les légions de Mésie; celles-ci le proclamèrent empereur, et ce changement dans sa position lui fit désirer la paix avec les Goths. Ostrogotha, de son côté, souhaitait également la paix, parce que les Gépides lui cherchaient querelle. On n'en vint donc pas à une lutte; Decius se dirigea vers l'Italie avec la plus grande partie de son armée. Les deux généraux goths profitèrent de cette circonstance, et passèrent une seconde fois le Danube : *secundo Mœsiam populati.* — Gibbon (*History of the decline and fall,* I, ch. 10, n. 29) change ici *secundo* en *secundam;* puis il ajoute : *It is surprising how this palpable error of the scribe could escape the judicious correction of Grotius.* Eh non! il n'y a pas ici d'erreur, et Grotius n'avait rien à corriger. Gibbon, au contraire, a oublié que Jornandès distingue deux passages du Danube : 1° Transiens tunc *Ostrogotha cum suis Danubium, Mœsiam.... vastavit;* 2° Qui (Argaitus et Gunthericus) mox *Danubium* vadati, *secundo Mœsiam populati,* etc.

32. — *Potami cognomento.* C'est le Panysus. D'autres ont sans raison attribué la fondation de Marcianopolis à Marc-Aurèle.

33. — *Cniva.... Priscum.... sibi fœderavit, quasi cum Decio pugnaturum.* Sext. Aurelius Victor (ch. xxix) raconte les choses autrement.

34. — *Dianæ templum.... igne succendunt.* Il paraît pourtant, d'après le récit d'autres auteurs, que l'incendie du temple d'Éphèse

eut lieu plus tard. Jornandès, du reste, passe très-légèrement sur ces courses des Goths.

35. — *Propriis laboribus imperavit.* Jornandès est le seul auteur qui parle aussi explicitement de la vaste domination d'Ermanarich. Il se contredit lui-même, et il est évident qu'il parle sans connaissance des pays et des peuples. Le roi Ermanarich, sans doute, n'est pas inconnu non plus à l'historien Ammien. Celui-ci l'appelle Ermenrich; mais il le qualifie seulement en termes vagues de roi très-belliqueux, qui régnait sur des cantons riches et étendus au loin, et qui s'était rendu redoutable aux nations voisines par ses exploits. Ammien ne cite le nom d'aucun des peuples soumis à ce prince, et ne signale pas les limites de son empire. Les contradictions de Jornandès s'expliquent si, en ayant sous les yeux le texte d'Ammien, l'on compare entre elles ses diverses assertions. Dans un des chapitres précédents, Jornandès donne un *catalogue des Amales,* comme il s'exprime lui-même. D'après ce catalogue, *Hermenrich* (sans aucun doute Ermanarich) est fils d'Achiulf et le plus jeune de quatre frères. Ses successeurs sont, de fils en fils, Hunnimund, Thorismund, Berismund, Widérich, Eutharic. Le frère aîné d'Ermanarich, troisième fils d'Achiulf, Vulduff, eut un fils, Valeravans; celui-ci un fils, Winithar; celui-ci trois fils, Théodemir, Walamir et Widemir (qui se déclarèrent pour Attila), et dont le premier, Théodemir, est le père de Théodoric le Grand. Mais ailleurs il est dit qu'après la mort d'Ermanarich, les Ostrogoths se soumirent aux Huns, *Winithario tamen* (qui, suivant cette liste, était petit-neveu d'Ermanarich), *Amalorum principatus sui insignia retinente.* Il semble donc qu'Ermanarich, le dominateur de la Scythie et de la Germanie, avait d'autres princes pour collègues. — Walamir, Théodemir et Widemir sont ici les enfants (*liberi*) de Waladar, *fratruelis Ermanarici et suprascripti Thorismundi consobrini.*

36. — *Aliorumnas.* D'autres écrivent *Alyrumnas.* On a rendu ce mot par *Alrune* (dans Tacite *Aurinia*). Il vient probablement, dit Sprengel, de *runa* qui, dans Ulfilas, veut dire *secret,* et qui a un rapport évident avec le suédois *rœna* (savoir) et avec le nom de l'écriture *runique* des Scandinaves. La première partie du mot pourrait venir de *all* (tout), et alors *alruna* signifierait *omnium rerum gnara.* C'est là une de ces hypothèses étymologiques en lesquelles on ne peut avoir aucune confiance.

37. — *Alipzuros, Alcidzuros, Itamaros, Tuncassos et Boiscos.... rapuere.* Tous ces peuples, ainsi que ceux que Jornandès indique

comme soumis par Ermanarich, sont inconnus. Comparez sur l'origine des Huns et leur guerre avec les Goths, le récit d'Ammien Marcellin.

38. — *Ermanaricus,... plenus dierum, centesimodecimo anno vitæ suæ defunctus est.* Selon d'autres, Ermanarich se tua.

39. — *Vesegothæ, id est alii eorum socii.* Tous les écrivains modernes, historiens comme géographes, admettent que les noms d'Ostrogoths et de Visigoths ont été en usage longtemps avant cette époque, et que les Grenthunges furent la souche principale des Ostrogoths, comme les Thervinges furent la race principale des Visigoths. Quelques-uns emploient même les noms de Greuthunges et de Thervinges au lieu de ceux d'Ostrogoths et de Visigoths. C'est à tort, selon nous; et il nous semble que les Greuthunges doivent, aussi bien que les Thervinges, être considérés comme Visigoths. Voici sur quoi nous fondons notre opinion : 1° Ammien Marcellin, pas plus qu'aucun auteur antérieur à la fin du ive siècle ou au commencement du ve, n'emploie les noms d'Ostrogoths et de Visigoths. Sans doute, dans Trebellius Pollio (*in Claudio*, c. vi), on trouve le mot *Austrogotthi*; c'est là la seule autorité qui puisse faire douter de l'exactitude de notre assertion. Mais cette seule expression est-elle bien valable contre nous? Tous les autres noms au milieu desquels figure ce mot *Austrogotthi* sont défigurés : *Trutungi, Virtingui, Segipedes* : ce mot *Austrogotthi* serait-il seul à l'abri de toute suspicion? Au temps où fut fait le manuscrit de Trebellius Pollio, qui sert de base à nos imprimés, le nom d'Ostrogoths était dans toutes les bouches : ne peut-on pas croire que le copiste a pu commettre une interpolation? 2° Jornandès place, il est vrai, les noms dont il s'agit à une époque antérieure; mais, pour ne rien dire des Ostrogoths qu'il cite parmi la masse des peuples de la Scanzie, il dit ailleurs, d'un roi des Ostrogoths : *Ejus adhuc imperio tam Ostrogothæ quam Vesegothæ subjacebant.* Mais cela est tout simplement le langage de son temps, et signifie, comme il l'ajoute lui-même par forme d'explication : tous les Goths lui étaient soumis, *id est ejusdem gentis populi.* Si donc il remarque plus loin que, dans leurs troisièmes demeures, *supra mare Ponticum*, ils se divisèrent en Ostrogoths et Visigoths, cette observation ne décide rien au sujet de l'époque où cette division fut établie. L'assertion même que, divisés, *Vesegothæ familiæ Baltharum, Ostrogothæ præclaris Amalis serviebant*, ne se rapporte pas à un temps bien ancien, puisqu'ailleurs Jornandès désigne Alaric comme le fondateur de la race des Balthes. 3° Jornandès répète que la séparation des

Ostrogoths et des Visigoths n'eut lieu qu'après l'irruption des Huns, après la mort d'Ermanarich et la destruction de son empire. La séparation de ces peuples existait sans aucun doute depuis longtemps, depuis qu'ils portaient leurs efforts dans des directions différentes, c'est-à-dire depuis l'époque de Constantin le Grand; mais la séparation ne fut exprimée que depuis la mort d'Ermanarich par les nouveaux noms d'Ostrogoths et de Visigoths. 4° Cette dénomination vint vraisemblablement de ce qu'on ne connaissait pas les noms des peuples plus éloignés qui avaient été forcés de se soumettre aux Huns. On dit donc : les Goths orientaux, les Ostrogoths ont été, par exemple, domptés par les Huns : on désignait au contraire les autres peuples par leurs noms particuliers; mais de plus en plus aussi, à partir de ce moment, par le nom de Visigoths, en partie pour les mettre en opposition avec ceux-là, en partie parce que, par leur émigration, lors de l'arrivée des Huns, l'ancienne confédération fut entièrement dissoute et détruite. On préféra ces dénominations générales à cause de leur brièveté, de même que, d'après Ammien Marcellin (liv. xxxi, ch. 2 et 3), on appelait Tanaïtes tous les peuples situés autour du Tanaïs, et de même que l'on étendait le nom d'Alains jusqu'à l'Inde. D'après Jornandès, sur l'autorité duquel on ne peut faire le moindre fond dès qu'il parle de pays et de peuples, le nom d'Ostrogoths semble aussi dans le fait être le plus ancien : il ne sait s'il faut faire venir ce nom *a nomine regis Ostrogothæ, an a loco orientali;* mais les *residui* sont appelés *Vesegothæ*. 5° Dans la dernière guerre de l'empereur Valens contre les Goths, les Thervinges et les Greuthunges sont réunis, d'après les écrivains autres que Jornandès. Les deux peuples sont voisins, et Athanaric règne sur l'un comme sur l'autre. 6° Cette alliance, ce voisinage, se retrouvent lors de l'irruption des Huns. 7° Selon Jornandès, les Ostrogoths furent vaincus par les Huns; selon Ammien, les Greuthunges succombèrent. Ils sont réunis aux Thervinges; ils soutiennent en commun avec eux des batailles contre les Romains; ils obtiennent avec eux des demeures communes dans l'empire; réunis à eux, ils marchent dans la suite sur l'Italie, sur la Gaule, sur l'Espagne; réunis à eux, ils fondent l'empire dit des Visigoths. Comment pouvaient-ils donc être des Ostrogoths ? Nous pourrions ajouter d'autres considérations à celles-ci, mais l'espace nous manque. Nous croyons en avoir dit assez pour démontrer : 1° que les noms d'Ostrogoths et de Visigoths ne sont pas aussi anciens qu'on l'admet généralement; 2° que les Greuthunges (dont Jornandès ne parle pas) étaient, non pas des Ostrogoths, mais bien des Visigoths, comme les Thervinges. *Voyez* du reste Luden, *Histoire d'Allemagne*, liv. v.

40. — *Ad gehennæ ignem detorsisset.* — *Voyez* le récit de cette bataille dans Ammien Marcellin, liv. xxxi, ch. 13.

41. — *Et ipsi dicti sunt Fœderati.* Latinus Pacatus (xii *Paneg. Vet.* 12, 22) : *Dicamne ego receptos ad servitium Gothos, castris tuis militem, terris sufficere cultorem?* Cf. Orose, liv. vii, ch. 34.

42. — *Baltha.... nomen inter suos acceperat.* Les mots, sans doute, sont placés ici d'une façon singulière; mais Jornandès veut probablement dire qu'Alaric fonda la race des Balthes; car c'était lui, et non ses aïeux, qui avait la *secunda nobilitas post Amalos*; c'est lui, et personne avant lui, qui reçut le nom de *Baltha ob audaciam virtutis.* Le génitif *Baltharum* ne pourrait-il pas en conséquence être considéré comme dépendant d'*origo* et non de *genere?* Dès lors on concevrait pourquoi précédemment Jornandès n'a donné que la généalogie des Amales, sans s'inquiéter de celle des Balthes : ceux-ci n'en avaient point. Si du reste Claudien (*De* vi *consul. Honorii*, v. 105) fait élever Alaric dans l'île de Peucé (*Alaricum barbara Peuce nutrierat*), c'est là tout au plus une licence poétique.

43. — *Eneti.* En grec Ἀινετοί.

44. — *In Foro Livii, Æmiliæ civitate, suo matrimonio copulavit.* Les historiens ne sont d'accord ni sur le temps ni sur le lieu où fut célébré le mariage d'Athaulf avec Placidie.

45. — *Non longe ad vicum.* C'est l'*Etzilburg* (*Niebelungenlied*, 7293 et suiv.). Priscus, cité ici par Jornandès, nous apprend que, dans ce palais de bois, les bains étaient en pierre. Auraient-ils été construits par quelque architecte grec?

46. — *Is namque Attila.* Il serait possible que le nom d'Attila ou Attilas, comme l'écrit Priscus, n'ait pas été le nom propre du roi, mais une sorte de titre d'honneur. *Atta*, le père; *Attila*, le petit père; aussi le *puissant*, le *sublime*. *Ethel*, un torrent impétueux; *Etzel*, une montagne haute et escarpée.

47. — *Patre genitus Mundzucco.* Priscus écrit ce nom *Mundiuck*.

48. — *Attila vero, nacta occasione de recessu Vesegotharum.* Pour l'invasion d'Attila, comparez de Guignes, *Histoire des Huns*; Lebeau, *Histoire du Bas-Empire*, édition de Saint-Martin; Gibbon, *Histoire de la décadence et de la chute de l'empire ro-*

main, traduction de M. Guizot; du Buat, *Histoire ancienne des peuples de l'Europe;* Luden, *Histoire des États de l'Europe au moyen âge* (en allemand).

49. — *Odovacer, Turcilingorum rex.* L'histoire d'Odovacre est difficile à débrouiller : ce qui répand surtout une grande obscurité sur elle, ce sont certaines circonstances consignées dans une vie de saint Séverin, écrite, selon toutes les apparences, peu de temps après la mort de ce saint personnage par un auteur appelé Eugippius. Jornandès aussi ne s'accorde pas avec lui-même. Ici, il appelle Odovacre roi des Turcilinges; ailleurs, il le désigne comme Rugien. Nous regrettons que l'espace nous manque pour discuter plusieurs points très-obscurs de l'histoire de cette époque fort intéressante; nous aurons, dans un autre ouvrage, l'occasion de revenir sur la chute de l'empire romain d'Occident.

50. — *A quorum nominibus inchoant.* Cette remarque a été répétée depuis par mille auteurs, sous des formes plus ou moins élégantes. Mais, lors même que ces rapprochements seraient toujours parfaitement exacts, que peuvent-ils prouver?

51. — *Netad.* Ce fleuve est inconnu. Des motifs qu'il serait trop long de donner ici nous font douter que cette bataille ait eu lieu en Pannonie.

52. — *Theodericum filium suum.... a Leone imperatore.... gratanter excepit.* On ne trouve pas dans l'histoire le moindre indice des circonstances qui ont pu contraindre l'empereur à laisser sortir le jeune Théodéric de l'espèce de prison où il avait été retenu dix ans.

53. — *Et alia quæ Sium vocantur.* Que faire de tous ces noms? Doit-on y voir des noms de villes ou des noms de pays? Faut-il, comme cela est probable, les considérer comme corrompus? Mais alors, l'ont-ils été par les copistes ou par Jornandès lui-même? Dans ce dernier cas n'autoriseraient-ils pas le mépris que certains historiens ont fait de notre auteur? Toutes questions dont nous laissons la solution au lecteur. — Nous ajouterons seulement en passant qu'au lieu de *Sium* on a quelquefois voulu lire *Phtium*.

54. — *Nolens tamen eum contristare.* D'autres historiens exposent autrement les motifs de cette concession de l'empereur. Voyez Gibbon.

55. — *Ad pontem Sontium nuncupatum.* L'*Historia miscella* est plus précise; elle dit : *Juxta Sontium flumen, quod non longe ab Aquileia labitur.*

56. — *Romanis qui aderant.* Peut-être ces Romains n'étaient-ils autres que les habitants mêmes de Ravenne.

57. — *Postmodum hac luce privavit.* Le crime infâme de Théodéric ne saurait être mis en doute, puisque tous les écrivains s'accordent du moins en ce qu'ils parlent de la mort violente d'Odovacre. Ennodius seul, dans son *Panégyrique*, passe rapidement et vaguement sur ce fait, qui devait certes l'embarrasser. *Consumpta res est*, dit-il, *prospero fataliquebello; succisa est Odovacri præsumptio, postquam eum contigit de fallacia non juvari.*

58. — *Audofledam sibi in matrimonio petit.* Audoflède ne peut avoir été fille de Clovis. Mais Grégoire de Tours ne connaît pas non plus à Clovis une sœur de ce nom; et Alboflède ne s'est jamais mariée. Cependant Cassiodore parle aussi d'une *affinitas* entre Théodéric et Clovis.

59. — *Ad civitatem nomine Margoplano.* Ce nom est écrit ailleurs *Margumplanum.*

60. — *Post mortem Alarici generi.* Remarquez que Jornandès ne parle point de la guerre entre Alaric et Clovis, et qu'il ne dit pas comment mourut le roi des Visigoths.

61. — *Principemque orientalem placatum semper propitiumque haberent.* Jornandès passe avec une merveilleuse rapidité sur le règne de Théodéric et sur la chute du royaume des Ostrogoths. *Voyez* les auteurs contemporains, PROCOPE surtout, et, parmi les modernes, GIBBON.

FIN.

TABLE ALPHABÉTIQUE
DES NOMS PROPRES CITÉS PAR JORNANDÈS.

A

Ababa ou Abaqua, de la nation des Alains, mère de l'empereur Maximin, p. 141, 263.
Abimélech, juge des Hébreux, 19.
Ablabius, historien des Goths, 225, 263, 285.
Ablavius, le même qu'Ablabius.
Abraham, 13, 15, 17.
Acacius, patriarche de Constantinople, 173.
Accia, femme du berger Faustulus, nourrice de Romulus et de Remus, 25.
Achab. *Voir* Achas.
Achaïe, 69, 109, 299.
Achas (*Bible*, Achab), roi d'Israël, 21.
Achas (*Bible*, Achaz), roi de Juda, 25.
Achéens (les), 107.
Achias Sélonitès, prophète des Hébreux, 21.
Achille, 247.
Achille (Achillée), gouverneur d'Égypte sous Dioclétien, 147, 281.
Achillis, île, 237.
Achiulf, fils d'Athal, 261.
Acliuft, serviteur de Théodéric, 357.
Acrajapes, roi d'Assyrie, 21.
Acroventus Mambolinms, 351.
Actium, 31.
Adam, 13, 15, 29.
Adherbal, fils de Micipsa, 105.
Adiabène, contrée d'Assyrie, 139.
Adiabenicus, surnom de l'empereur Septime Sévère, 139.
Adogit, nation qui habite la partie septentrionale de l'île Scanzia, 219.
Adrianople, 109, 175, 297.
Adriatique (golfe), 349.
Adriatique (mer), 63, 69, 87, 111, 191, 309, 411.
Adrien, fils adoptif et successeur de Trajan, 135.
Æstiens (les), 287.
Aétius, général romain, gouverneur des Gaules sous Valentinien III, 165, 321, 331, 333, 335, 337, 343, 347.
Africanus, historien, 139.
Afrique (l'), 57, 69, 79, 83, 89, 91, 97, 99, 101, 103, 107, 147, 149, 157, 159, 163, 165, 167, 183, 187, 193, 211, 281, 309, 315, 317, 319, 365, 405, 411.
Agamemnon, 279.
Aganzies, peuplade de l'île Scanzia, 223.
Agazzires (les), 229.
Agrigente, ville de Sicile, 77.
Agrippa, 259.
Agrolaurentum, 19.

Aïoth, juge des Hébreux, p. 19.
Ajax, 247.
Alains (les), 141, 143, 159, 263, 289, 311, 333, 335, 343, 353, 355, 361, 379, 383.
Alanowamuthis, père de Jornandès, 383.
Alaric, roi des Goths et des Wisigoths, 157, 159, 285, 303, 307, 309, 313, 319, 351, 367, 403.
Alaric, roi des Wisigoths, fils d'Euric, 367.
Alathée, roi des Goths, 295.
Albains (les), peuple, 41.
Albains (les), successeurs d'Énée au trône d'Italie, 21.
Albanie (l'), 227.
Albaniens (les), 119, 227.
Albe, 21, 35, 43.
Albinus, homme du peuple qui recueillit et plaça dans sa voiture le cortége fugitif des Vestales, 59.
Alcidzurés (les), 289.
Alémans, 149, 155, 757, 393.
Aleria, ville de Corse, 79.
Alexandra Salomé, épouse d'Alexandre roi des Hébreux, reine de Jérusalem, 31.
Alexandre le Grand, 5, 29, 239, 245, 251, 285.
Alexandre. *Voir* Ptolémée Alexandre, 31.
Alexandrins (les), 31.
Alexandre Mammée (Sévère), empereur, 141, 263, 265.
Alexandrie, 29, 125, 131, 135, 165, 277, 281.
Algidum, ville des Latins, 55.
Aliorumnes, magiciennes, 287.
Alipzures (les), 289.
Allia, rivière du Latium, 59.
Allophyles, ennemis acharnés des Hébreux, 19.
Alpes (les), 59, 85, 87, 89, 93, 101, 229, 275, 393.
Alpes Cottiennes, 307.
Alpes Noriques, 221.
Altenum, 137.
Amala, arrière-petit-fils de Gapt, chef de la race des Amales, 259.
Amalaberge, fille d'Amalafrède, et épouse d'Hermenfred, 405.
Amalafrède, mère de Théodat ou Théodahat, 405.
Amalaric, fils d'Alaric, 405, 407.
Amalasunthe ou Amalasuente, fille de Théodéric et mère d'Athalaric, 183, 261, 371, 405, 409, 413.
Amales (les), 233, 259, 261, 285, 303, 319, 371, 335, 371, 383, 385, 405, 415.

Amantins, (les), p. 107.
Amantius, préposé au palais de l'empereur Justin, 177, 179.
Amasias, roi de Juda, 21.
Amazones (les), 235, 241, 243, 245, 279.
Ambra, de la tribu de Lévi, père de Moïse, 17.
Ambri, roi d'Israël, 21.
Améus Alexandre, roi des Hébreux, 31.
Amiens, 153.
Amnius, frère de Sanielh, 291.
Ammon (*bib.* Amon), fils de Manassès, roi de Juda, 25.
Amon. *Voir* Ammon.
Amphée, 237.
Amulius, roi d'Albe, 23, 35.
Anastase (Ier, le silentiaire), empereur d'Orient, 175, 177.
Anatole, évêque de Thessalonique, 155.
Anchialos, ville bâtie au pied du mont Hémus, 279.
Ancus Marcius, 43, 49.
Andagis, Ostrogoth, 341.
Andagis, fils d'Andæle de la race des Amales, et époux de la sœur de Peria, aïeul de Jornandès, 383.
Andala, père d'Andegis, 383.
André, cubiculaire de l'empereur Justin, 177.
Angiscires (les), 387.
Anio, rivière d'Italie, 63.
Anitiens (les), 415.
Annibal, général carthaginois, 87, 89, 91, 93, 95, 97, 99, 101, 103.
Anses, ou demi-dieux, chez les Goths, 259.
Ansila, fils d'Achiulf, 261.
Antes (les), 195, 229, 287, 367.
Anthemius, empereur d'Occident, gendre de Marcien, 167, 361.
Antioche, 31, 119, 145, 155, 187, 297, 299.
Antiochus, roi de Syrie, 29, 31.
Antiochus (III, Ceraunus), roi de Syrie, 113, 115.
Antium, ville d'Italie, capitale des Volsques, 57.
Antoine (Marc), triumvir, 117, 121, 125, 127.
Antonin Caracalla, fils de Sévère, 139.
Antonin le Pieux, 135, 137; 265.
Antirégire, roi des Goths, 249.
Aoric, roi des Goths, 283.
Apennin (mont), 309.
Aper, beau-père de Numérien, 147.
Apollonia, ville de Thrace, 111.
Appion, fils de Ptolémée Fiscon, roi d'Égypte, 115.
Appius Claudius, 75, 83, 99, 109.
Apulie, contrée d'Italie, 71, 75, 91, 97.
Apuliens (les), 69.
Apulium, à quatre milles de Rome, 171.
Aqua nigra, fleuve, 385.
Aquila du Pont, 135.
Aquilée, ville d'Italie, 141, 145, 267, 349.
Arabes (les), 117, 119, 135, 139.
Arabicus, surnom de l'empereur Septime Sévère, 139.
Aralius, roi des Assyriens, 17.
Araric, roi des Goths, 283.
Araxe, rivière d'Asie, 227, 243, 247.
Arbace ou Arbacès, roi des Mèdes, 5, 15, 23.
Arbogaste, général gaulois de l'armée de Théodose Ier, 157.
Arcadiens (les), 37.

Arcadius, empereur d'Orient, fils aîné de Théodose le Grand, p. 153, 157, 159.
Arche du Testament, 21.
Archélaüs, roi de Cappadoce, 113, 129, 139.
Archimède, célèbre géomètre de Syracuse, 97.
Ardabure, Ardaburius, 167, 177, 179, 315, 361.
Ardaric, roi des Goths et des Gépides, 163, 337, 377, 379, 381.
Ardée, place forte du Latium, 47.
Aréthuse, fontaine de Syracuse, 97.
Arfaxat, 13.
Argaït, 269.
Argentalium, ville de Gaule, 155.
Ariadne, fille de Léon Ier, épouse de Zénon l'Isaurien, 167, 169, 173, 175.
Aricie, ville et forêt du Latium, 55.
Ariens (les), secte qui niait la divinité de J.-C., 153, 293.
Arigis, 223.
Ariminum (Rimini), ville d'Italie, 413.
Ariobarzane (Ier), roi de Cappadoce, 113.
Ariobinde, assassiné par Jean Stozas, 193.
Arioviste, roi des Suèves en Germanie, 85.
Aristarque, roi des peuples du Bosphore et de la Colchide, 119
Aristobule, fils de Jonatas, roi et pontife des Juifs, 31.
Aristobule, philosophe péripatéticien, 31.
Aristus, 175.
Arius, roi des Assyriens, 17.
Arles, 161, 315, 365, 367.
Armanitrès, roi des Assyriens, 17.
Arménie, grande contrée d'Asie, 117, 119, 121, 131, 135, 241, 243.
Arméniens (les), 117, 121, 243.
Armoricains (les), 331.
Arnegistlus, maître de la milice en Mésie, 163.
Arochirannes, peuplade de l'île Scanzia, 223.
Arsace, roi des Babyloniens, 117.
Arsame, 27, 29.
Arsès, fils d'Ochus, 29.
Arsia, petite rivière d'Illyrie, 87.
Artaban, maître de la milice africaine, 193.
Artabure. *Voir* Ardabure.
Artacès, roi d'Ibérie, 119.
Artaxate, capitale de l'Arménie, 119.
Artaxersès Macrochir (Longue-Main), 29.
Artaxersès-Mnémon (Assuérus des Hébreux, *Jornandès*), fils de Darius Nothus et de Parisatis, successeur de Darius, 29.
Artaxersès-Ochus, fils et successeur d'Artaxersès Mnémon, 29.
Athalie (*Bible,* Athalie), reine de Juda, 21.
Aruns, fils de Tarquin le Superbe, 55.
Arusiniens (les champs), 73.
Arvernes (*Clermont-Ferrand*), 361, 363.
Ascadès, roi des Assyriens, 17.
Ascagne, fils d'Énée, 21.
Ascalcrus, serviteur de Thorismund, 355.
Ascon (fosse d'), 305.
Asculum, ville d'Apulie, 71, 75.
Asdinges, 269.
Asdrubal, fils d'Amilcar, 101, 103.
Asie, 111, 115, 211, 227, 231, 239, 241, 247, 279.
Aspar, patrice, 161, 165, 361.
Assuérus. *Voir* Asuérus.
Assyrie (l'), province d'Asie, 135.
Assyriens (les), 5, 13, 15, 21, 23, 241.

Astinges, p. 283.
Astiques (les), peuple de la Thrace, 109.
Asturiens (les), 125.
Asturique (l'), 357.
Astyage, roi des Mèdes, 27.
Asuérus, 29.
Ataulfe ou Ataulf, roi des Wisigoths, successeur d'Alaric, 161, 311, 313, 315, 367.
Athal, fils d'Unilt, 261.
Athalaric, roi des Goths, petit-fils et successeur de Théodéric, fils d'Amalasuente et frère de Mathésuente, 181, 183, 261, 371, 409.
Athalie. *Voir* Arthalie.
Athanagilde, roi des Goths, 407.
Athanaric, roi des Goths, 301.
Athaulf. *Voir* Ataulfe.
Athelnil, l'un des peuples de l'île Scanzia, 221.
Athéniens (les), 251.
Athual (les), 285.
Attale (III, Philométor), roi de Pergame, 103, 111.
Attila, roi des Huns, 163, 165, 195, 323, 325, 327, 329, 333, 335, 337, 341, 343, 345, 347, 349, 351, 353, 355, 373, 375, 377, 379, 383, 385, 387, 407.
Attius Navius, 43.
Aucha, fleuve près de la ville de Galte, 273.
Audoflède, fille du roi de France Lodoïs (Clovis), 403, 405.
Aufide, fleuve de l'Italie méridionale, 93.
Augis, petit-fils de Gapt, 259.
Augis, sœur de Priam, 245.
Auguste César Octavien, 3, 5, 31, 33, 49, 121, 123, 125, 127, 129, 169, 365.
Augustule, fils du général Oreste, couronné par son père à la place de Nepos, 169, 363, 365, 367.
Aulziagres (les), 231.
Aunxes (les), 285.
Aurelianus, consul avec Stilicon, 303.
Aurélien, empereur, 109, 145, 151.
Aurelius, parent d'Antonin le Pieux, 137.
Austrogonie (l'), 365.
Aventin (le mont), 35.
Averne, lac de Campanie, 65.
Aviri (les), 231.
Avitus, empereur d'Occident, puis évêque de Plaisance, 363.
Azarias, ou Ozias, roi de Juda, 23.

B

Babaï, roi auxiliaire des Sarmates, 391, 395.
Babel (tour de), 13.
Babylone, 15.
Babylonie, contrée d'Asie, 135.
Babyloniens (les), 117.
Bacchus, 65.
Badiuta, roi des Goths, neveu de Hildebald et successeur d'Errarius, 189, 191.
Bagaudes, 147.
Baies, ville maritime de Campanie, 93, 135.
Baiobares, peuple voisin des Suèves, 393.
Balamir, roi des Huns, 293, 369.
Balbinus (Decimus Claudius), empereur romain avec Pupienus, 141.
Baléares, îles de la Méditerranée, 213.
Baleus, roi des Assyriens, 17.

Balthes ou Baltes (les), p. 233, 303.
Barania, fontaine dans le pays des Sabins, 63.
Barcelone, 313.
Bardores (les), 387.
Barentinum, rivière, 309.
Basa, roi d'Israël, 21.
Basiliscus, beau-père de Léon Ier et son successeur, 167, 169.
Bassia, ville de Pannonie, 387.
Bastarnes (les), 257.
Baza. *Voir* Gunthigis.
Bebius, 85.
Bélébarès, roi des Assyriens, 19.
Bélisaire, 181, 183, 185, 187, 189, 191, 317, 411, 413, 415.
Belochus, roi des Assyriens, 17, 19.
Belus, père de Ninus, 15.
Beremund, le même que Beremuth.
Beremuth, fils de Thorismund, de la famille des Amales, 261, 319, 371, 405.
Bereum, terres d'Illyrie cédées aux Goths par les Romains, 399.
Bergios, l'un des peuples de l'île Scanzia, 221.
Berig, ou Bérich, roi des Goths, 223, 271.
Bérimund, le même que Beremuth. *Voir* Beremuth.
Berismund, le même que Beremuth. *Voir* Beremuth.
Berræa, 275.
Bessa, patrice, 383.
Besses (les), peuple de la Thrace, 109, 121, 257.
Beuga, roi auxiliaire des Sarmates, 391.
Béurgus, roi des Alains, 361.
Bigelès, roi des Gètes, 167.
Biozimètes, 383.
Bithynie (la), contrée de l'Asie Mineure, 114, 279.
Bittugores (les), 387.
Blemmyes, peuple de l'Éthiopie, 165.
Bleta, roi des Huns, frère d'Attila, 325.
Blivias, duc de la Peetapole, 381.
Boïsques (les), 289.
Bollia, fleuve de Pannonie, 391.
Bolsena, lac, 409.
Boniface (le comte), 163, 315, 317.
Bontæ, 257.
Boristhénis, ville de Sarmatie, 227.
Bosphore Cimmérien, 117, 119, 227, 235.
Bosphoriens (les), 135.
Bourges, 361.
Bourguignons (les), 153, 273, 311.
Bovilles, ville du Latium, 55.
Box, roi des Antes, 367.
Brachila (le comte), 365.
Bretagne (la), Albion, 131, 139, 153, 215, 219, 231.
Bretons (les), 125, 361.
Brigion, lieu où mourut l'empereur Valentinien Ier, 153.
Brindes, capitale des Calabres, 75, 127.
Brutia, reine du pays des Brutiens, 309.
Brutiens (les), 309.
Brutium, province de la Grande-Grèce, 75, 309.
Brutus, 51, 53, 55.
Bubalie, village de Pannonie, 143.
Bubegentes (les), 285.
Bulgares (les), 179, 195, 231.
Burgundions (les), 331, 357, 361, 367, 393, 405.

Buteo (M. Fabius), consul, p. 83.
Byzance, 145, 249.

C

Caïète (le port de), 65.
Cainan, 13.
Calabre (la), 69, 127.
Calatinus (A. Attilius), 77.
Calédonie, 217.
Calédoniens (les), 217.
Caligula (Caïus-César), 129, 131.
Callinique, ville de Syrie, 187.
Callipide, ville grecque, 237.
Callipos, ville d'Asie, sur le Pont-Euxin, 227.
Callux Magmilide, 195.
Calpurnius (Flamma), tribun militaire, 79.
Calydon, ville d'Étolie, 67.
Cambyse, roi de Perse, 27.
Cambyse (le), fleuve, 243.
Camérine (bois de), 77.
Camille (M. Furius), 61, 63.
Campanie (la), 63, 71, 93, 97, 169, 185, 191, 309, 365, 411, 413.
Campaniens (les), 69.
Camundus, général romain, 395
Candax, chef des Alains, 383.
Cannes, village de l'Apulie, 91, 93.
Cantabres (les), 107, 125.
Capitole (le), 55, 61, 85, 93, 101, 145.
Capitolin (le mont), 61.
Capoue, grande ville de la Campanie, 65, 93, 99.
Cappadoce (la), 113, 129, 149, 169.
Cappadociens (les), 113.
Caprée (marais de), 39.
Caracalla (Antoninus), 265.
Caralis, capitale de la Sardaigne, 97.
Carausius, 147.
Cardicès, roi des Mèdes, 25.
Cares (les), 285.
Carie, contrée de l'Asie Mineure, 111.
Carinus, empereur romain, fils de Carus, 147.
Carpes (les), peuples de Pannonie, 149.
Carres, ville de Mésopotamie, 55.
Carthage, ville d'Afrique, 65, 79, 81, 83, 85, 93, 99, 101, 103, 161, 167, 181, 183.
Carthage d'Espagne (la Neuve, Carthagène), 99.
Carthagène, 99, 107.
Carthaginois (les), 77, 79, 81, 89, 91, 73, 97, 101.
Carus, empereur romain, successeur de Probus, 147.
Caspienne (mer), 227, 235, 243.
Caspiennes (portes), 243.
Cassandre, fille de Priam, 247.
Cassius (C. Longinus), 125.
Castalius, frère de Jornandès, 201.
Castra, 243.
Castrum Martena, 381.
Catalauniques (champs), ou Mauriciens, 331, 335, 355.
Caton (d'Utique), 115.
Caucase (mont), 227, 239, 241, 243.
Caudines. Voir Fourches Caudines.
Celerianus, garde de Vitalien, 179.
Célésyrie, 187.
Celtibériens (les), 107.

Cémandres (les), p. 381.
Céniniens (les), 37.
Cénophrurium, ville de Thrace, entre Byzance et Héraclée, 145.
Céréalius, eunuque, 165.
Cérès, 65.
Céropelles (les), terres d'Illyrie, cédées aux Goths par les Romains, 397.
Cervæ, ville d'Illyrie, 399.
César (Caïus Julius), 113, 117, 119, 125, 129, 215, 253.
Césarée, ville de Cappadoce, 55, 113, 129, 187, 305.
Chalcédoine, ville de Bithynie, 169, 249, 279.
Chaldée, 15, 17.
Chaldéens (les), 25, 27.
Châlons, ville des Gaules, 145.
Chanaan (terre de), 17.
Chaonie, contrée montagneuse de l'Épire, 105.
Cheldepert, fils du roi des Francs Lodoïs (Clovis), 403.
Cherson, ville d'Asie, 227.
Chersonèse, 231.
Chrétiens (les), 131, 133, 141, 143, 149, 151, 159.
Chrinni (montagnes des), 235.
Christ (le), 277.
Cibalis, ville de Pannonie, 151.
Cilicie, contrée de l'Asie Mineure, 119, 143, 187, 241, 243.
Ciliciens (les), 115.
Ciminienne (forêt), 67.
Cité Neuve (la), 229.
Clarianus, patrice, 397.
Clélie, vierge donnée en otage au roi Porsena, 55.
Cléopâtre, reine d'Alexandrie, 31, 117, 125, 127.
Claude, quatrième empereur romain, père adoptif de Néron, 113, 131.
Claude (II), empereur romain, successeur de Galliens, 145, 147.
Clusium, ville de Toscane, 59.
Clypea (Aspis), ville d'Afrique, près de Carthage, 79.
Cniva, 275.
Cnivida, roi des Goths, 283.
Cogènes, l'un des peuples de l'île Scanzia, 223.
Colchide, contrée d'Asie, 119.
Colchidiens (les), 135.
Coldes (les), 285.
Collatin. Voir Tarquin Collatin.
Comagène. Voir Syrie.
Commode ou Commodus (Lucius Aurelius), fils d'Antonin (Marc-Aurèle), 137.
Comosicus, roi des Goths, 257.
Condinien (le pont), à trois milles de Ravenne, 303.
Constance, général des armées romaines sous Honorius, 313.
Constance (Chlore), empereur romain avec Galerius, par l'abdication de Dioclétien et de Maximien Hercule, 147, 149.
Constant, fils de Constantin (Flavius Claudius), 161, 315.
Constantien, 189, 267.
Constantin le Grand, 281, 283, 301.
Constantin (Flavius Claudius), proclamé empereur dans les Gaules, 161, 315.
Constantinople, 153, 155, 157, 159, 163, 171,

DES NOMS PROPRES. 433

175, 177, 191, 193, 261, 301, 317, 321, 361, 371, 387, 393, 399, 413.
Corcyre, p. 305.
Corillus, roi des Goths, 257.
Corinthe, 43.
Coriolan (Caïus Marcius), 55.
Corioles, ville du Latium, 55.
Cornelius Avitus, 279.
Cornelius (Cn.) Scipio Asina, consul, 77.
Corniculum, ville des Latins, 55.
Corse (la), 79.
Cosenza, ville sur le Barentinum, 309.
Cotzianum, ville de Phrygie, 175.
Crassus (M. Lic.), triumvir, 119, 121.
Créfennes, l'un des peuples qui habitent l'île Scanzia, 221.
Cremera, rivière d'Étrurie, 59.
Crète (la), 109.
Ctésiphon, ville d'Assyrie, 135, 147, 151.
Cumes, ville de la Campanie, 65.
Cumunila, chef des Goths, 413.
Cures, 39.
Curiaces (les), 41.
Curion, proconsul romain, 107.
Curius Dentatus, 63, 71.
Cyaxare, roi des Mèdes, 25, 27.
Cyclades, îles de la mer Égée, 111, 211.
Cypre, grande île de la Méditerranée, 115.
Cyprien, évêque, martyr du Christ, 277.
Cypsus, fleuve, 243.
Cyrille, juge à Carthage, 183.
Cyrus, roi des Perses, 5, 27, 247.

D

Daces (les), 109, 135.
Dacie (la), 109, 125, 145, 147, 163, 229, 231, 233, 257, 295, 299, 353, 381, 383.
Daclasthama, lieu où mourut Jovien, 151.
Dalmates (les), 123.
Dalmatie, province d'Illyrie, 109, 167, 305, 363, 381, 389.
Danaster, fleuve, 227, 229.
Daniel, prophète des Hébreux, 33.
Danois (les), 223.
Danube (Ister), fleuve de Germanie, 107, 109 111, 123, 125, 145, 227, 229, 235, 247, 249, 257, 259, 263, 267, 269, 283, 295, 297, 351, 381, 385, 389, 393, 395, 405, 407.
Daphné, lieu de Syrie, près d'Antioche, regardé comme un faubourg de cette ville, 119.
Dardanie (la), 109.
Dardaniens (les), 107.
Darius fils d'Hystaspe, roi de Perse, successeur de Smerdis le Mage, 27, 249.
Darius fils d'Arsame (III), (Codoman), roi des Perses, 27, 29.
Darius fils d'Astyage, roi des Mèdes, 27.
Darius Nothus, fils naturel d'Artaxerxès Longuemain, successeur de Sogdien, 29.
David, roi des Hébreux, 21.
Débora, chef de la nation juive, 19.
Décéates, peuplade de Ligurie, 85.
Décébale, roi des Daces, 109.
Decius, empereur, successeur de Philippe l'Arabe, 143, 267, 273, 275, 277.
Décius, fils de l'empereur Avitus, 363.
Décius Mus, dit le jeune, 69.
Déjotarus, roi de Galatie, 43.

Denys l'historien, p. 277.
Dercilius, roi d'Assyrie, 21.
Dertona, ville de Ligurie, où périt Majorien, 167, 361.
Deuxippe, historien, 283.
Diane, 241, 279.
Dicenéus, 233, 253, 257.
Dinzio, roi des Huns, fils d'Attila, 387.
Dioclétien, empereur romain, 147, 149, 269, 281.
Dion, 217, 233, 245, 251, 305.
Dolabella, 63.
Dominica Augusta, épouse de l'empereur Valens, 155.
Domitien, frère de Titus, 133, 259.
Domitien, client de Basiliscus, 167.
Dorosthène, ville de Mésie, 321.
Dorpanéus, 259.
Drave, rivière de Germanie, 107, 123.
Drépane, ville de Sicile, 77.
Dricca, fleuve, 323.
Drusus, 109.
Duellius (Duilius) C. Nepos, consul, 77.
Duennius, général des armées d'Auguste, et vainqueur des Pannoniens, 123.

E

Édesse, capitale de la Mygdonie en Mésopotamie, 139.
Edica, chef des Scires, 391.
Ediulf, fils d'Achiulf, 261.
Égérie (déesse), 41.
Egimure, 83.
Égypte, 17, 19, 29, 117, 125, 127, 147, 149, 237, 277.
Égyptiens (les), 17, 237.
Ela, roi d'Israël, 21.
Été, 285.
Éléazar, pontife des Hébreux, 29.
Elia, nom donné à Jérusalem par l'empereur Adrien (Ælianus), 135.
Ellac, l'aîné des fils d'Attila, 399.
Emaüs. Voir Nicopolis.
Émilie (l'), 189, 307, 311.
Émilien, un des tyrans qui prirent la pourpre sous le règne de Gallien, 143.
Émilien, 277.
Émimontins (les), 109.
Emnedzar, frère d'Attila, 383.
Énée, roi d'Italie, successeur de Latinus, son beau-père, 19, 35, 37.
Énée Silvius, fils posthume d'Énée et de Lavinie, 21.
Eneti, 303.
Énoch, 13.
Enos, 13.
Éolie, 241.
Épaphra, roi de Cappadoce (probablement le faux Ariarathe), 113.
Éphèse, 241, 279.
Epiphane. Voir Ptolémée.
Épire, 69, 71, 109, 127, 141, 191, 299, 305.
Épirotes (les), 107.
Éques (les), 57.
Erac, fleuve, 369.
Erelieva, concubine de Théodemir, 385.
Éridan, fleuve, 305.
Ermanaric, roi des Goths, 285, 287, 291, 293, 367, 369, 371.

Jornandès.

2

TABLE ALPHABÉTIQUE

Errarius, roi des Goths, successeur de Hildebald, p. 189.
Érules. *Voir* Hérules.
Éryx, ville de Sicile, 77.
Ésaü, 17.
Espagne, 87, 89, 97, 99, 101, 103, 105, 135, 143, 163, 171, 215, 311, 313, 319, 355, 357, 367, 397, 405, 407.
Espagnols (les), 125, 145, 217, 313.
Esther. *Voir* Hester.
Étalles (les), 125.
Éthelruges, peuplade de l'île Scanzia, 223.
Etheron, 213.
Ethesparama, 235.
Éthiopie, 165.
Éthiopiens (les), 237.
Etna, montagne de Sicile, 65.
Étrurie (l'), 63, 67, 69.
Étrusques (les), 53, 67, 75.
Eubariates, peuplade de Ligurie, 85.
Eucherius, fils du comte Stilicon, 49.
Eudoxe, évêque arien, 153.
Eudoxie, fille de l'empereur Théodose II, épouse de Valentinien III, 163, 165.
Eugène, usurpateur du trône d'Occident, 157, 303.
Eugène, intendant d'Honoria, sœur de Valentinien III, 163, 171.
Eupalès, roi d'Assyrie, 21.
Euphrate, fleuve d'Asie, 55, 170, 241.
Euric, roi des Wisigoths, frère de Théodéric, 359, 361, 363, 365.
Eurimond, gendre du roi Théodahat, 183.
Europe, 109, 211, 213, 215, 227, 235.
Europe (l'), terres d'Illyrie cédées aux Goths par les Romains, 399.
Eurypile, roi des Gètes, fils de Téléphe, 247.
Eustesium, 275.
Eutrope, eunuque, ministre d'Arcadius, 157.
Eusèbe, 15.
Euthaiic. *Voir* Uthéric.
Évagères, l'une des peuplades de l'île Scanzia, 221.
Évandre, roi d'Arcadie, 37.
Évergète. *Voir* Ptolémée.
Évermor, gendre de Théodat ou Théodahat, 411.
Ézéchias, fils d'Achaz (*Jornandès :* Achas), roi d'Israel, 25.

F

Fabius, consul, 59.
Fabius (M.), grand pontife de Rome, 71.
Fabius (Q.) Maximus Rullianus, vainqueur des Samnites, 65, 69.
Fabius Cunctator, 89, 95.
Fabius Gurgès, 75.
Fabius, historien, 305.
Fabricius (C.) Luscinus, 71.
Facéé, roi d'Israël, 23.
Facéé, roi d'Israël, autre que le précédent, 25.
Falech, 13.
Falerne, ville du Latium, 65, 95.
Falisques (les), 57.
Fara, juge de Carthage, 183.
Fastida, roi des Gépides, 273.
Faunus, petit-fils de Saturne, 19, 21.
Faustulus, berger albain, auquel la courtisane Lupa apporta Romulus et Remus enfants, 25, 35.

Faventinum, ville de l'Émilie, p. 189.
Fervirs, l'un des peuples de l'île Scanzia, 221.
Festus, consul, 321.
Fésules, ville d'Étrurie, 55.
Fidénates (les), 41, 57.
Filimer, roi des Goths, 223, 225, 231, 287.
Filogud, 223.
Finées, grand-prêtre, 19.
Finnaithes, peuples de l'île Scanzia, 221.
Finois, l'un des peuples de l'île Scanzia, 223.
Flaccilla, épouse de l'empereur Théodose, mère d'Arcadius et d'Honorius, 153.
Flaccus, 99.
Flaccus Anilius, préfet d'Égypte sous Tibère et Caligula, 131.
Flaminic (la), 307.
Flaminius, 85, 91, 105, 107.
Florianus (M. Antonius), empereur romain; frère de l'empereur Tacite, 145.
Florus, procurateur de la ville d'Alexandrie, 165.
Formies, ville du Latium, 65.
Fortunata (île), 213.
Forum Flaminii, 143.
Forum Livii, ville de l'Émilie, 311.
Fosatisiens, 383.
Fourches Caudines, passage étroit et dangereux auprès de Caudium, 65.
Francs (les), 183, 187, 253, 311, 323, 347, 393, 403, 407, 409.
Fraortes, roi des Mèdes, 25.
Frégelles, ville du Latium, 55.
Fridéric, l'un des fils de Théodéric, roi des Wisigoths, 331.
Fridigern, roi des Goths, 235, 295, 297, 299, 301.
Froilas, frère de Blivias, duc de la Pentapole, 383.
Fulvius, consul, 85.
Fulvius (Cn.) Centimalus, 87.
Fuscus, 259.

G

Gabies, place forte du Latium, 47.
Gadès (Détroit de), 213, 315.
Gaïnas, général goth sous Arcadius, 157, 159.
Caïus Minutius, hastaire de la quatrième des légions romaines, 71.
Galata, ville de Thrace, 111.
Galatie ou Gallo-Grèce, 111, 113, 241.
Galba, 133.
Galerius (Maximianus), empereur romain avec Constance Chlore, 147, 149, 269, 281.
Galice. *Voir* Gallice.
Galien, empereur, 109.
Galla, fille de l'empereur Valentinien 1er, épouse de Théodose 1er, 153.
Gallice (Galice), province d'Espagne, 107, 355.
Gallicie, 213.
Gallien, empereur romain, fils de Valérien, 143, 279.
Gallo-Grèce, ou Galatie, 111.
Gallus, empereur romain, 275, 277.
Galtis, ville sur le fleuve Aucha, 273.
Gandaric le Grand, roi des Goths, 287.
Gapt, le premier des Anses, 259.
Garamantes, nation africaine, 125.
Gargane, ville, 241.

Gaudentius, fils du patrice Aétius, p. 321.
Gaule (la), 145, 147, 155, 161, 171, 215, 303, 311, 315, 333, 361.
Gaules (les), 143, 155, 157, 161, 183, 215, 283, 299, 307, 311, 313, 315, 321, 327, 347, 361, 363, 367, 397, 407, 409.
Gaulois (les), 59, 61, 63, 75, 85, 145, 147, 217, 321, 331, 403.
Gaulois Sénonais (les), 57.
Gaurus, montagne de Campanie, 65, 95.
Gautigoths, peuple de l'île Scanzia, 221.
Gébérich, roi des Goths, 283, 285, 313.
Gédéon ou Jérobaal, juge des Hébreux, 19.
Gelimer, roi des Wandales, 181, 317.
Gentius, roi d'Illyrie, 107.
Gépides, peuples issus des Goths. 163, 179, 195, 229, 257, 271, 273, 283, 295, 347, 369, 377, 379, 381. 391, 407.
Gépidie, 257.
Gépidos, île du fleuve Viscla, 271.
Germain, patrice, neveu de l'empereur Justinien, deuxième époux de Mathasuente, 187, 193, 261, 371, 415.
Germain, fils posthume du patrice Germain et de Mathasuente, 193, 261, 371, 415.
Germains (les), 125, 141, 143, 217, 227, 253.
Germanie (la), 133, 215, 219, 227, 287, 375.
Germanique (Océan), 287.
Gètes (les), peuples de la Scythie d'Europe, 143, 167, 201, 233, 245, 247, 285, 291, 293, 415.
Gildon, gouverneur d'Afrique sous Arcadius, 157.
Gilfil, fleuve, 283.
Gizéric, roi des Wandales, 163, 165, 307, 315, 317, 327, 359, 365.
Glycérius, usurpateur, puis évêque de Salone, 167, 363, 365, 395, 397.
Gnosius, roi de l'île de Cypre, 115.
Gordien, 141.
Gothie (la), 253, 257.
Gothila, roi des Goths, 251.
Gothique (Nation), 5.
Gothiscanzia, 223.
Goths, (les), 143, 145, 155, 157, 159, 163, 169, 171, 183, 185, 187, 191, 195, 223, 225, 233, 235, 237, 239, 245, 249, 251, 253, 255, 257, 259, 267, 269, 271, 273, 275, 277, 279, 281, 283, 285, 287, 289, 291, 293, 297, 299, 301, 303, 305, 307, 309, 311, 313, 319, 321, 323, 327, 331, 343, 345, 347, 353, 357, 361, 265, 367, 369, 379, 381, 385. 387, 389, 391, 393, 395, 399, 401, 403, 407, 409, 411, 413, 415.
Goths (Petits), 383.
Granniens, peuplade de l'île Scanzia, 223.
Grata, fille de l'empereur Valentinien Ier, 153.
Gratien, empereur romain, fils de Valentinien Ier, 153, 155, 157, 299, 301, 303.
Grèce (la) 69, 103, 105, 143, 253.
Grecs (les), 5, 15, 19, 23, 27, 29, 43, 185, 227, 233, 245, 247, 285.
Grissia, fleuve, 283.
Gundamund, roi des Wandales, 317.
Gundiac, roi des Burgundions, 357.
Gunthar, maître de la milice africaine, 193.
Gunthéric, 269.
Gunthigis, appelé aussi Baza, maître de la milice, fils d'Andagis, de la race des Amales, et de la sœur de Peria, aïeul de Jornandès, p. 383.

H

Hacténusagil, roi des Goths, successeur de Théodigisglossa, 407.
Hallins, l'un des peuples de l'île Scanzia, 221.
Halmal, fils de Gapt, 259.
Halys, 241.
Heber, 13.
Hèbre, rivière de Thrace, 109.
Hébreux (les), 13, 17, 19, 21, 25, 29, 31.
Heldérich, roi des Goths, 283.
Héli, grand-prêtre des Juifs, 21.
Héliachim, appelé aussi Joachim, roi de Juda, 27.
Héliogabale, 139, 265.
Hellade (l'), 305.
Hellespont (Détroit des Dardanelles), 111, 159, 279.
Hémonie (l'), 275.
Hémus, montagne de Thrace, 279.
Héraclée, plus communément Herculanium ou Herculanum, ville de Campanie, 65, 71, 145, 397.
Héraclien, 161.
Herculanum. Voir Héraclée.
Hercule, 55, 245, 247. — (Camp d'), 307; — (Colonnes d'), 99; — (Forêt d'), 55; — (Temple d'), 213.
Hercule. Voir Maximien Hercule.
Herculius, le même que Maximien, 149
Hercynie, forêt de Germanie, 67.
Hérennius, père du général samnite qui fit passer les Romains sous le joug à Caudium, 67.
Hermenfred, roi des Thuringiens, 405.
Hermérich, fils d'Achiulf, 261.
Hermogène, maître des offices du palais de Justinien, 181.
Hermundures (les), 283.
Hernac, le plus jeune des fils d'Attila, 383
Herta, tour sur la rive du Danube, 407.
Hésébon, juge des Hébreux, 19.
Hester, 29.
Hibbas, l'un des comtes du roi Théodéric, 407.
Hibérie (Espagne), 227, 357.
Hiempsal, roi de Numidie, fils de Micipsa, 105.
Hierus, 315.
Hiéron, roi de Syracuse, 75.
Hiésabel, reine d'Israël, épouse d'Achas (bible Achab), 21.
Hildebald, roi des Goths, 189.
Hildérich, roi des Wandales, 317.
Hilperic, roi des Burgundions, 357.
Himmerit, l'un des fils de Théodéric, roi des Visigoths, 331.
Hippanie, ville grecque, 237.
Hippodes, 213.
Hippolyte, captive de Thésée, 245.
Hircan, roi des Juifs, frère d'Aristobule, 31.
Hirtius, 51.
Hister, fleuve de Germanie, 227, 229, 243, 257, 283.
Histrie (l'), 247, 305.
Honoria, sœur de l'empereur Valentinien III, 163, 351.
Honorius, empereur d'Occident, fils de Théo-

dose le Grand, p. 153, 157, 159, 161, 305, 307, 311, 313.
Huldi, 159.
Hunila, général Goth, 185.
Hunimund, fils d'Ermanaric, roi des Goths, 369, 389, 391.
Hunnéric, roi des Wandales, 317, 327.
Hunnimund, fils d'Herméric ou Hermérich, 261, 369.
Hunnivar, nom du Danube chez les Goths, 385.
Huns (les), 155, 159, 163, 177, 227, 231, 245, 287, 289, 291, 293, 315, 319, 321, 323, 325, 329, 331, 333, 335, 337, 339, 341, 343, 345, 347, 349, 351, 353, 355, 367, 369, 371, 373, 379, 381, 383, 387, 389.
Hunugares (les), 231.
Horaces (les), 41.
Hymnæ, bourg voisin d'Antioche, 145.
Hypatius, neveu de l'empereur Anastase, 177, 179.
Hystaspe, 249.

I

Iatrus, fleuve, 275.
Ibères (les), 125, 135.
Ibérie, contrée d'Asie, 119, 133.
Ibrions (les), 331.
Ildebert, fils du roi des Francs Lodois (Clovis), 403.
Ildico, jeune femme qu'épousa Attila, 373.
Ilia, la même que Rhéa.
Ilion, 279.
Illyrie, 69, 107, 109, 163, 175, 179, 259, 385, 397, 399, 405.
Illyriens, 87, 123.
Illyrique (l'), 107, 145.
Ilus, Isaurien, intime ami de Zénon, 173, 175.
Indien (océan), 213.
Indienne (mer), 241.
Indiens (les), 243.
Insubriens (les), 85.
Ionie, 241.
Ionie (mer d'), 103, 303.
Ira, rivière près de Dertona, 361.
Isaac, 17.
Isarma, fils d'Amala, 259.
Isaurie, province de l'Asie mineure, 169, 175.
Isauriens (les), 115, 159, 175, 191.
Iscalmus, 383.
Israël (royaume d'), 21, 23, 25.
Israélites, division du peuple hébreu, 21.
Ister, 111.
Istrie, 69.
Italica (Séville la vieille), ville de la Bétique, 135, 155.
Italie, 19, 21, 51, 67, 69, 75, 83, 89, 91, 97, 99, 101, 103, 107, 157, 161, 163, 169, 171, 181, 183, 187, 189, 191, 195, 303, 305, 307, 309, 311, 351, 359, 361, 365, 395, 397, 403, 405.
Itemestes (les), 229.
Iule, fils d'Énée, 35.

J

Jacob, 17.
Jadus, grand prêtre des Juifs, 29.

Jaïr, chef de la nation juive, p. 19.
Jamblique, 11.
Jamnesia, 213.
Jamnius, 243.
Janus, roi d'Italie, 21, 39, 129, 141.
Janicule (le mont), 53.
Jareth, 13.
Jean, apôtre et évangéliste, 5, 133.
Jean (le Notaire), usurpateur de l'empire d'Occident, 161, 163.
Jean et Valérien, collègues, 191.
Jean Stozas, usurpateur, 193.
Jean Troglita, patrice, gouverneur d'Afrique, 193.
Jéhu, roi d'Israël, 21.
Jéricho, ville de Palestine, 139.
Jéroboam, roi d'Israël, 21, 23.
Jérôme (Saint), 15.
Jérusalem, 27, 31, 119, 131, 133, 135.
Jésus-Christ, 33, 129.
Jésus, fils de Josédech, reconstructeur du temple de Jérusalem avec Zorobabel, 27.
Jésus, fils de Syrach, auteur du livre de la Sagesse, 29.
Jésus Navé, 19.
Jeunesse (la déesse de la), 47.
Jézabel. *Voir* Hiésabel.
Joachas, roi d'Israël, 22.
Joachim, roi de Juda, 27.
Joachim, successeur d'Héliachim-Joachim, roi des Mèdes, 27.
Joas, roi d'Israël, fils de Joachas, 23.
Joas, roi de Juda, fils d'Ochosias, 21.
Joatham, roi de Juda, 23.
Jonatas, chef des Juifs, 31.
Joram, roi d'Israël, 21.
Joram, roi de Juda, 21.
Jornandès, 383.
Josaphat, roi de Juda, 21.
Josédech, 27.
Joseph, fils de Jacob, 17.
Josèphe, historien juif, 133, 225.
Josias, roi des Juifs (Judéens), 25.
Jovien, empereur romain, successeur de Julien, 151.
Jovinus, usurpateur, 161, 315.
Juba, roi de Mauritanie, 105.
Jubius, 123.
Juda (tribu de), 21.
Juda (royaume de), 21, 23, 25, 27.
Judas Machabée, 31.
Judée, 27, 31, 125, 129, 133, 139.
Judéens, division du peuple hébreu, 21.
Jugantes, peuplade de Ligurie, 85.
Jugurtha, roi de Numidie, 105.
Juifs (les), 25, 27, 29, 31, 131, 133, 139.
Julianus, jurisconsulte par qui fut tué Pertinax, 137, 139.
Julien l'Apostat, 151.
Julius Proculus, 39.
Jupiter, 37, 61, 85, 131. — Férétrien, 37, 87; — Stator, 37.
Justa, fille de l'empereur Valentinien Ier, 153.
Justin (Ier, le vieux), empereur d'Orient, successeur d'Anastase, 177, 179.
Justin, fils du patrice Germain, 187.
Justine, sicilienne, seconde épouse de l'empereur Valentinien Ier, 153.
Justinien Ier, empereur d'Orient, 3, 5, 181, 183, 187, 261, 411, 413, 415.

Justinien, empereur d'Orient, neveu et collègue de l'empereur Justin, p. 179, 317. 319, 371.

L

Laban, beau-père de Jacob, 17.
Labdon, juge des Hébreux, 19.
Labinius, Romain mis par les Parthes à la tête de leur armée, 121.
Lacédémone, 81.
Lacédémoniens (les), 69, 71.
Lagides. *Voir* Ptolemées Lagides.
Lagus, 29.
Lamech, 13.
Lamparès, roi des Assyriens, 19.
Lampeto, 239.
Langres, 149.
Laosthène, roi des Assyriens, 21.
Larisse, ville de Thessalie, 397.
Latins, peuple d'Italie, 19, 55, 57, 63.
Latinus, arrière-petit-fils de Saturne, 19, 71.
Latium (territoire du), 23, 35, 37, 47.
Laurente (territoire de), 23.
Lavinie, fille de Latinus, et épouse d'Énée, 19, 21.
Lavinium, ville bâtie par Énée, 35.
Lares (les), 239.
Lentulus, 125.
Léon Ier (l'ancien), empereur d'Orient, 165, 167, 361, 363, 387, 395.
Léon II, petit-fils de Léon Ier par sa fille Ariadne, 167, 365.
Léon (le Pape), 351.
Léonce, usurpateur, 173, 175.
Lévi (tribu de), 17.
Lévinus (M. Valerius), 71, 95, 103.
Liberius, patrice, 193, 407.
Liburnes (les) ou Vénètes, 87.
Liburnie (la), 305.
Libye, partie de l'Afrique, 115, 181.
Licinius, 281.
Ligures (les), 85.
Ligurie, contrée de la Gaule Cisalpine, 85, 189, 307, 351.
Lilingis, chef des Isauriens, 175.
Lilybée, ville de Sicile, 77.
Liothidas, l'un des peuples de l'île Scanzia, 221.
Lipara, petite ville de l'Étrurie, 77.
Liris, fleuve de Campanie, 71.
Litiens (les), 331.
Litorius, général des Huns, 323.
Livius Salinator, 101.
Lodoïs (Clovis), roi des Francs, 403.
Lombards (les), 195.
Lucain, 233.
Lucanie, 69, 73, 75, 95, 309.
Lucaniens (les), 69.
Lucius, préteur romain, 107.
Lucius, parent d'Antonin le Pieux, 137.
Lucrèce, épouse de Tarquin Collatin, 47, 53.
Lucrin, lac de Campanie, 65.
Lucullus, 109, 117, 169, 365; (— château de) en Campanie, 365.
Lupa, courtisane, 23.
Lupicin, général romain, 295, 297.
Lusitanie (la), 107, 213, 355.
Lutatius (Luctatius) C. Catulus, consul, 83.
Lycie, province de l'Asie Mineure, p. 111.
Lydie, royaume de l'Asie Mineure, 111.

M

Macédoine, 29, 71, 105, 107, 109, 145, 247, 251, 253.
Macédoniens (les), 75, 105, 107, 245, 251, 253.
Macra, petite rivière d'Italie, 85.
Macrin, 139, 265.
Madian (terre de), 17.
Madiclus, roi des Mèdes, 25.
Magnésie du Sipyle, ville de Lydie, 115.
Maharbal, chef de la cavalerie carthaginoise à Cannes, 93.
Majorien, empereur d'Occident, 165, 359.
Malalehel, 13.
Mallius, consul, 57.
Mamilius de Tusculum, 55.
Maminthus, roi des Assyriens, 17.
Manaé, roi d'Israël, 23.
Manassès, roi des Hébreux (Juda), 25.
Manchaléus, roi des Assyriens, 17.
Manlius Capitolinus, 61, 79.
Manlius Torquatus, 63.
Mantoue, ville de la Gaule transpadane, 213.
Marc-Aurèle (Antonin), fils d'Antonin Caracalla, 137, 139.
Marcellin, patrice, 363.
Marcellus (Marcus Claudius), 87, 95. 97.
Marcellus, juge à Carthage, 183.
Marcia, sœur de Trajan, 269.
Marcianopolis, ville de Mésie, 163, 269, 271.
Marcien, empereur d'Orient, successeur de Théodose II, 163, 165, 167, 353, 359, 361, 375, 381.
Marcius, 123.
Marcomans, peuple de Germanie, 107, 267, 283.
Marcus, fils de Basiliscus, 169.
Marcus Claudius, 109.
Margumplanum, ville d'Illyrie, 405.
Margus, fleuve de Thrace, 147, 175.
Marie (la Vierge), 129.
Marie, fille de Stilicon, épouse de l'empereur Honorius, 159, 307.
Marisia, fleuve, 283.
Marius (C.), général romain, 105.
Marmarides (les), habitants de la Marmarique en Afrique, 125.
Marpesia, 239, 241.
Mars, 23, 35, 51, 85, 233, 325, 327.
Marseille, 365.
Martin, consul romain, successeur de Bélisaire dans la guerre des Goths, 189.
Martin, maître de la milice africaine, 183.
Masaca. *Voir* Mazaca.
Mascelzer, frère de Gildon, 159.
Massique, montagne de la Campanie, 65.
Mathasuente ou Mathésuente, fille d'Amalasuente et d'Utheric, et petite-fille de Théoderic, 185, 191, 261, 371, 413, 415.
Mathusalem, 13.
Maures (les), 105, 193, 319.
Mauriciens (Champs). *Voir* Catalauniques.
Mauritanie, 105.
Mauritanie Césaréenne, 105.
Mauritanie Sitifienne, 105.

Maxime, général romain, p. 155, 295, 297.
Maxime, tyran des Gaules, 157, 161, 165, 359.
Maximien Galère. *Voir* Galerius.
Maximien Hercule, collègue de Dioclétien à l'empire, 147, 149, 281.
Maximin empereur, successeur d'Alexandre Sévère, 141, 263, 265.
Mayence, 141, 265.
Mazaca Cæsarea, l'une des principales villes de Cappadoce, 113, 129.
Méates, peuples de la Bretagne, 217.
Mecca, 263. Le même que Micca.
Mèdes (les), 5, 15, 23, 25, 27, 29, 237.
Médiane (la), terres d'Illyrie cédées aux Goths par les Romains, 399.
Médie, 23, 121.
Medopa, fille de Gothila, roi des Goths, 251.
Melanes (les), 245.
Memma, île de l'Océan, 217.
Menius, 57.
Merens (les), 285.
Mésie (la), province de l'empire romain, 109, 143, 163, 231, 233, 247, 249, 251, 253, 257, 263, 267, 269, 275, 277, 293, 295, 381, 383, 405.
Mésiens (les), 107, 123, 321.
Mésopotamie (la), 117, 119, 135, 145, 151, 241.
Métaure, fleuve d'Italie, dans le Brutium, 101.
Metellus (Q. Cec.), 105, 107.
Micca, 141. Le même que Mecca.
Mevania, 213.
Micipsa, roi de Numidie, fils de Masinissa, 105.
Milan, 143, 157, 351.
Miliare, fleuve, 283.
Mincius, fleuve, 351.
Minutius. *Voir* Gaïus.
Minutius, vainqueur des Thraces, 109.
Mirmycio, ville d'Asie, 227.
Misaël, cubiculaire de l'empereur Justin, 177, 179.
Mithréus, roi des Assyriens, 19.
Mithridate, roi de Pont, 113, 117.
Mitilius, 75.
Misène, ville et port de la Campanie, 65.
Moïse, 13, 17, 19, 31.
Molosses (les), 75.
Monts insensés (Insani montes, ou Ménomènes, folles montagnes, monte di Canello), montagnes au nord de la Sardaigne, 97.
Mordensimnes (les), 285.
Mucius Scévola, 55.
Mundio, 195.
Mundo, 175, 405, 407.
Mundzuc, père d'Attila, 323, 375.
Musianus (lac), 229.
Mysiens (marais), 227.

N

Nabad, roi d'Israël, 21.
Nabuchodonosor (II, le Grand), roi de Babylonie, c'est-à-dire des Chaldéens, 27.
Nachor, 15.
Naïsse, ville de la Haute Mésie, 397.
Naples, ville d'Italie, en Campanie, 65, 183, 413.

Narbazapatus, p. 159.
Narbonne, 147.
Narsès ou Narséus, roi de Perse, petit-fils du grand Sapor, 147, 149.
Natissa, fleuve, 349.
Navego (les), 285.
Népos, empereur d'Occident, 167, 169, 363.
Nepotien, empereur d'Occident, 167.
Néron (C. Claudius), général des troupes romaines en Espagne, 101.
Néron (Claudius), fils adoptif et successeur de l'empereur Claude, 121, 131, 133.
Nerva, père adoptif de Trajan, 133.
Nétad, fleuve de Pannonie, 379.
Nicomède (III), roi de Bithynie, 111.
Nicomédie, capitale de la Bithynie, 151.
Nicopolis, ville de Judée, élevée sur les ruines d'Émaüs, 139.
Nicopolis, ville d'Épire, fondée par Auguste après la bataille d'Actium, 141, 275.
Nicopolitane (la), 383.
Nifacès, 243.
Nil, fleuve d'Égypte, 237, 257.
Ninias, 15, 17.
Ninive, 15.
Ninus, 3, 13, 15.
Nisibis, ville de la Mésopotamie, 117, 151.
Nizibis, la même que Nisibis.
Noé, 13.
Noles, ville de la Campanie, 95.
Nomades (Numides), peuple d'Afrique, 165.
Noriciens (les), habitants des Alpes noriques, 121.
Noricum (le), 381.
Norique (la), 109.
Nothus. *Voir* Darius.
Novæ, 275.
Numa Pompilius, 39, 41, 43, 49.
Numance, ville d'Espagne, 55, 107.
Numérien, empereur romain, fils de Carus, 147.
Numidie, contrée d'Afrique, 105.
Numitor, roi d'Albe, 23, 25.

O

Obsidius, préfet de la cavalerie férentine, 71.
Obtila, garde d'Aétius, 165.
Occident (empire d'), 151, 161, 165, 167, 169, 183, 189, 359, 365, 401, 409.
Océan (l'), 59, 99, 127, 129, 211, 213, 215, 219, 223, 227, 229, 253, 271, 283, 315, 355, 361.
Ochozias, roi d'Israël, 21.
Ochozias, roi de Juda, 21.
Ochus, 29.
Ochus. *Voir* Artaxerxès Ochus.
Ocriculum, place forte du Latium, 47.
Octar, roi des Huns, oncle d'Attila, 325.
Octave et Octavien Auguste. *Voir* Auguste.
Odénat de Palmyre, 145.
Odoacre, roi des Turcilinges, des Scyres, des Hérules, etc., 169, 171, 173, 365, 403.
Ofratheus, roi d'Assyrie, 21.
Olbia (*Terra Nuova*), capitale de l'île de Sardaigne, 79, 227.
Olybrius, empereur d'Occident, successeur d'Anthemius, 361, 363.

DES NOMS PROPRES. 439

Olympe (l') p. 113.
Ombriens (les), 67.
Osias, grand prêtre des Juifs, 31.
Orcades, îles de l'Océan, 131, 213.
Oreste, patrice et général des armées romaines dans les Gaules, 169, 363, 365.
Orgiagonte, 113.
Orient (l'), 121, 141, 145, 147, 151, 157, 159, 167, 173, 181, 191, 299, 317, 353, 359, 361, 365, 375, 395, 409, 411.
Orléans, ville de la Gaule, 333.
Orodès, roi des Albaniens, roi des Parthes. 119.
Oronte, rivière de Syrie, 187.
Orose, auteur espagnol, 211, 245, 287.
Osdroéniens (les), habitants de l'Osroène, 135.
Osroène, contrée de la Mésopotamie, 119, 139.
Ostie, colonie romaine fondée par Ancus Martius, 43.
Ostrogotha, roi des Goths, petit-fils d'Amala, 259, 263, 267, 269, 273.
Ostrogotho, fille naturelle de Théoderic, 405.
Ostrogoths, peuple de l'île Scanzia, 223, 233, 263, 273, 293, 295, 319, 335, 337, 341, 365, 367, 369, 371, 385, 397.
Othinges, l'une des peuplades de l'île Scanzia, 221.
Cihon, 133.
Othoniel, juge des Hébreux, 19.
Ourse (l'), constellation, 227.
Ovim, contrée de Scythie, 225.
Oxybiens, peuplade de la Narbonnaise (2e), 85.
Ozias, ou Azarias, roi de Juda, 23.

P

Pacorus, l'aîné des fils d'Orodès, roi des Parthes, 119, 121.
Palatin (le mont), 35.
Palestine (la), 117.
Palmyre, 145.
Palus-Méotide, 227, 229, 231, 235, 285, 289, 341.
Pamphylie, contrée d'Asie, 111.
Pannias, roi des Assyriens, 19.
Pannonie (la), 107, 109, 125, 137, 143, 151, 171, 283, 299, 303, 311, 313, 353, 379, 381, 385, 387, 389, 391, 393, 401.
Pannoniens (les), 107, 123.
Panorme (*Palerme*), ville de Sicile, 77, 81.
Pansa, 51.
Paphlagonie (la), 113.
Papirius (L.) Cursor, vainqueur des Samnites, 65, 67.
Papyrium, château fort qui renfermait les trésors de Zénon, 175.
Parco, ville d'Asie, 227.
Paretonium, ville de Libye, 127.
Parisatis, épouse de Darius Nothus, 29.
Parthénopolis, ville de Bithynie, 111.
Parthes (les), 117, 119, 121, 131, 135, 137, 139, 141, 143, 151, 153, 165, 175, 179, 181, 187, 189, 237, 239, 243, 247, 265, 279, 281.
Parthicus, surnom de l'empereur Septime Sévère, 139.

Pathmos, île de la mer Égée, p. 133.
Patriciolus, fils du patrice Aspar, 167, 361.
Paul (Saint), 131.
Paul-Émile, général romain, 93, 107.
Paulus, garde de Vitalien, 179.
Pelsodis, lac, 385, 389.
Peluse, ville de la Basse-Égypte, 127.
Pentapole, contrée de la Cyrénaïque, 115, 381.
Penthésilée, reine des Amazones, 245.
Perdica, 179.
Perdiccas, roi de Macédoine, 245, 251.
Pergame, royaume de l'Asie-Mineure, 103.
Peria, notaire de Candax, et aïeul de Jornandès, 383.
Pérouse, ville d'Étrurie, 413.
Perse (la), 147, 227.
Persée, roi de Macédoine, 107.
Perses (les), 5, 15, 29, 27, 29, 117, 119, 135, 139, 141, 143, 145, 147, 149, 157, 247, 249, 281.
Pertinax (Helvius), 137, 139.
Pétine (la), terres d'Illyrie cédées aux Goths par les Romains, 399.
Petronius (Gaïus), gouverneur de la Judée sous Caligula, 131.
Petza, l'un des comtes de Théoderic, 405, 407.
Peucé, île de la Basse-Mésie, 269.
Peucènes, 269.
Phase, fleuve, 237.
Phénicie, contrée d'Asie, 119.
Philippe, roi de Macédoine, père d'Alexandre le Grand, 251.
Philippe roi de Macédoine (Philippe V, père de Persée), 107.
Philippe (M. Julius Philippus, Arabs), empereur romain, successeur de Gordien, 141, 143, 267.
Philippe, fils de Philippe l'Arabe, 141, 143.
Philippopolis, ville d'Arabie, fondée par l'empereur Philippe l'Arabe, sur les ruines de l'ancienne Pulendena, 143, 275. *Voir* aussi Pulpudena.
Philométor. *Voir* Ptolémée.
Phiscon. *Voir* Ptolémée Fiscon.
Phrygie (la), 111, 175.
Phrygie Salutaire, 153.
Phrygiens (les), 19, 37, 247.
Picentins (les), 75.
Picenum (le), 307.
Picis (mont), 349.
Picus, fils de Saturne, 19, 21.
Pierre (Saint), 131.
Piléates. *Voir* Zarabes Térés.
Pineta, lieu où campa Théoderic, à trois milles environ des murs de Ravenne, 403.
Pisidie, province de l'Asie-Mineure, 111, 241.
Pison (C. Calpurnius), 123.
Placidie, fille de l'empereur Théodose Ier, 153, 161, 311, 313, 315, 351.
Plaisance, 363.
Pô, fleuve d'Italie, 59, 91, 189, 303, 305, 403.
Polentia, ville située dans les Alpes Cottiennes, 307.
Pompée, 175, 179, 181.
Pompée (Cn.) le Grand, 31, 113.
Pompée (Trogue), 237, 247.
Pompéii ou Pompéi, ville de la Campanie, 65.

Ponce Pilate, p. 129.
Pont (le), grand royaume de l'Asie-Mineure, 113, 117, 135, 145, 227, 237, 243, 257, 263, 267, 269.
Pont, fleuve de la Macédoine, 111.
Pontins (les marais), 63.
Pontique (mer), 225, 229, 231, 233, 381.
Pontius Herennius, général des Samnites, 67.
Poppéus Sabinus, 259.
Porsena, roi des Étrusques, 53.
Postumius (Posthumus) (Sp.) Albinus, consul vaincu par les Samnites aux Fourches Caudines, 65.
Potamus, fleuve, 239.
Préneste, ville du Latium, 55.
Prévales, 109.
Priam, roi des Phrygiens, 245, 247.
Priscus, gouverneur de Philippopolis, 275.
Priscus, historien, 289, 323, 325, 351, 373, 375.
Pritiadès, roi d'Assyrie, 21.
Probus, empereur romain, 145, 147.
Procope, usurpateur du trône romain, parent de Julien, 153.
Propanismus, 243.
Pseudo-Philippe (le), dernier roi de Macédoine, 107.
Ptolémée, fils de Lagus, 29.
Ptolémée (Claudius,) 219.
Ptolémée-Alexandre, 31.
Ptolémée Aulète, roi d'Égypte, père de Cléopâtre, 125.
Ptolémée Denys, époux de Cléopâtre, 31, 125.
Ptolémée Épiphane, 31.
Ptolémée-Évergète, 29, 31.
Ptolémée Fiscon, ou Soter, 31, 115.
Ptolémée-Philométor, 31.
Ptolémée-Philopator, 29.
Ptolémées Lagides (les), 117, 125.
Pulchérie, sœur de l'empereur Théodose II, 165.
Pulendena. *Voir* Philippopolis.
Pulpudena, appelée aujourd'hui Philippopolis, 109.
Pupienus Maximus, empereur romain avec Balbin, 141.
Pupion, 267.
Putéoles, ville de la Campanie, 65.
Pylæ Caspiæ, 239.
Pylémène, roi de Paphlagonie, 113.
Pyrénées (les), 99, 313.
Pyrrhus, roi d'Épire, 69, 71, 73, 105.

Q

Quades (les), peuple de Germanie, 107, 137, 143, 267.
Quinquagentiens ou Quinquegentiens, 147, 149, 281.
Quintilius (Quintillus Aurelius Claudius), frère de l'empereur Claude le Goth, 145.
Quirinal (le mont), 61.
Quirinus, nom de Romulus au ciel, 39.
Quirinus, gouverneur de Syrie sous Auguste, 125.

R

Radagaise le Scythe, 159.
Ragan, 15.
Raugnariciens, l'un des peuples de l'île Scanzia, 223.

Raumarices, l'un des peuples de l'île Scanzia, p. 223.
Ravenne, ville de la Gaule cisalpine, 143, 165, 167, 171, 173, 185, 187, 191, 303, 305, 363, 365, 403, 409, 413.
Régéric, roi des Visigoths, 313.
Régille, lac du Latium, 55.
Regulus (Marcus Atilius), consul, 79, 81.
Regulus (Memmius), gouverneur de la Grèce sous Caligula, 129.
Remismund, roi des Suèves, 359.
Remus, frère de Romulus, 35, 37.
Respa, chef des Goths, 279.
Rhéa Sylvia ou Ilia, fille de Numitor, vestale, mère de Romulus et de Remus, 23, 35.
Rhegium (Reggio), ville du Brutium, sur le détroit de Sicile, 411.
Rhétie, contrée d'Europe, 143.
Rhin, fleuve de Gaule, 153, 215.
Rhodes, 111.
Rhodiens (les), 105, 111.
Rhodope (le), montagne de Thrace, 109.
Riciarius, roi des Suèves, 355, 357.
Ricimer, gendre de l'empereur Anthemius, 361.
Rimini, ville d'Italie, 185.
Riothime, roi des Bretons, 361.
Ripariols (les), 331.
Riphées (monts), montagnes de Scythie, 227, 235, 243.
Roas, roi des Huns, oncle d'Attila, 323.
Roboam, roi d'Israël (Jéroboam II), 23.
Roboam; roi de Juda, 21.
Roves (les), 284.
Rodulf, 223.
Romains (les), 5, 11, 31, 33, 35, 43, 51, 55, 63, 65, 67, 71, 73, 75, 77, 79, 81, 83, 87, 89, 91, 93, 95, 99, 101, 105, 107, 109, 111, 113, 115, 117, 121, 123, 133, 135, 139, 155, 165, 169, 171, 181, 185, 189, 193, 195, 221, 223, 239, 245, 253, 259, 267, 269, 281, 295, 297, 301, 315, 321, 325, 327, 329, 331, 335, 339, 341, 345, 347, 349, 353, 361, 363, 365, 373, 381, 385, 387, 395, 403.
Romanie (la), 293, 383.
Rome, 15, 25, 33, 41, 43, 47, 53, 55, 57, 63, 65, 77, 87, 89, 93, 95, 99, 101, 107, 113, 115, 119, 125, 129, 131, 133, 137, 139, 141, 143, 145, 149, 157, 161, 163, 165, 167, 169, 185, 189, 191, 253, 267, 281, 299, 307, 311, 315, 351, 359, 361, 363, 365, 375, 413.
Romulus, 3, 5, 25, 33, 35, 37, 39, 87.
Rotemer, l'un des fils de Théoderic, roi des Visigoths, 331.
Rouge (mer), 135, 241.
Roxolans (les), 257, 291.
Ruffin, favori de Théodose Ier, 157, 181.
Rugiens (les), 383, 391, 401.

S

Sabins (les), 39, 63, 73.
Sabinien, général des armées romaines en Afrique, 175, 405, 407.
Sacromontisiens, 383.
Sadoch, prophète des Hébreux, 21.
Safrach, roi des Goths, 295, 299.
Sagonte, 89, 105.

Sagontins (les), p. 89.
Saint-Esprit (le), 129.
Salé, 13.
Salentins (les), 75.
Salmanassar, roi des Chaldéens, 25.
Salomé. *Voir* Alexandra.
Salomon, roi des Hébreux, 21, 27, 29.
Salomon, général africain, 183, 193.
Salone, ville de Dalmatie, 167.
Samarie, 25.
Samnites (les), 63, 65, 67, 75, 95.
Samnium, contrée de l'Italie, 65.
Samson, juge des Hébreux, 21.
Sangiban, roi des Alains, 333, 335.
Sanielh, femme de la nation des Roxolans, 291.
Sapor le Grand, roi de Perse, 143, 281.
Sapor II, roi des Parthes (de Perse), 151.
Sardaigne (la), 79, 83, 97, 103.
Sardanapale, 15, 23, 279.
Sardique, ville de Mésie, 147, 191.
Sarmates (les), 143, 147, 245, 257, 275; 323, 331, 383, 391, 395, 397.
Sarmatie, 219.
Sarrasins (les), 117, 119.
Saruch, 15.
Sarus, frère de Sanielh, 159, 291.
Satagariens (les), 383.
Satages (les), 387.
Satricum, ville des Latins, 55.
Saturne, roi d'Italie, 19, 21.
Saturninus (Sext. Julius), salué empereur du vivant de Probus, 145.
Saül, roi des Hébreux, 21.
Sauromates, habitants de la Sarmatie, 135, 381.
Saüs, fleuve de Pannonie, 397.
Save, Savus, fleuve de Pannonie, 105, 107, 123.
Saxons (les), 153, 331.
Scamares, 407.
Scandiopolis, 383.
Scanzia, île de l'Océan, 215, 219, 223, 271, 287.
Scarniunga, fleuve, 385.
Scipion, frère de Scipion l'Africain (L. Cornelius Asiaticus), 115.
Scipion (Cn.), oncle du premier Africain, 97.
Scipion (P. Corn.), père de Scipion l'Africain premier, 91, 97.
Scipion (Publ. Corn.), le premier Africain, 91, 97, 99, 103, 105, 107, 115.
Scipion (Lucius Cornelius), 79.
Scipion (monument de), 213, 355.
Scires ou Scyres, 169, 171, 365, 383, 391.
Sclavins (les), 195, 229.
Sclavinum Rumunnense, 229.
Scopa, chef de la milice de Ptolémée Épiphane, 31.
Scordisques (les), peuple de Pannonie, 109.
Scyres, *Voir* Scires.
Scythes (les), 111, 135, 227, 235, 241, 243, 285, 289, 325.
Scythie (la), 163, 219, 225, 227, 229, 231, 235, 243, 249, 263, 287, 289, 319, 323, 367, 375, 383, 385.
Sébastien, usurpateur, 161, 315.
Sedalia, 213.
Séleucie, ville de la Babylonie, 187.

Séleucie, ville d'Isaurie (Sélinonte, *Seleuti*), p. 135, 137, 147.
Selium, roi d'Israël, 23.
Sem, 13.
Sémiramis, épouse de Ninus, 15, 17.
Sempronius Gracchus, 91, 95, 97.
Sennaar (plaine de), 13.
Sénonais (les), 63, 121.
Sères (les), 227.
Servilius (P.) Vatia Isauricus, 111, 115.
Servius Tullius, 45, 49.
Seth, 13.
Séticane (la), 107.
Sévéra, première épouse de l'empereur Valentinien Ier, 153.
Sévère. *Voir* Alexandre Mammée, 263, 265, 361.
Sévère (Libius), empereur d'Occident, 361.
Sévère (Septime), 137, 139.
Severianus, usurpateur, 167.
Sicile (la), 69, 79, 81, 83, 97, 103, 183, 191, 193, 309, 411.
Sidon, 29.
Sigismund, fils de Hunimund, 369, 405.
Silestantina, 213.
Sindérich, gouverneur de Sicile, 183, 411.
Singidonum (Belgrade), ville de la Dacie, 395.
Sirmes, pays voisin de la Pannonie, 401.
Sirmis (Sirmium), ville de Pannonie, 381.
Sirmium (*Sirmich*), ville de Pannonie, 145, 147, 155, 303, 405.
Sitalcus, roi des Goths, 152, 253.
Sium, terres d'Illyrie cédées aux Goths par les Romains, 399.
Slaves (les), 287.
Slemnium, ville de Cappadoce, 169.
Sochoris, défenseur de la Mauritanie, 105.
Sogdien, second fils d'Artaxerxe Longue-main, successeur de Xerxès II, 29.
Sontius, pont sur les frontières des Vénètes, 401.
Sora, ville des Latins, 55.
Sornus, 237.
Sosarès, roi des Assyriens, 19.
Sosarinus, roi des Mèdes, 23.
Soter. *Voir* Ptolémée Fiscon.
Spales (les), 225.
Sparetus, roi des Assyriens, 17.
Spartiates (les), 31, 79.
Spérus, roi des Assyriens, 17.
Sporades, îles de la mer Égée, 211.
Stilicon, général de l'empire, 159, 283, 307.
Stozas, usurpateur, 183, 193.
Strabon, 217.
Sualoris, villa à douze milles de Rome, où mourut Antonin, 137.
Suessa Pometia, place forte du Latium, 47.
Suéthans, peuple habitant l'île Scanzia, 221.
Suéthides, l'une des peuplades de l'île Scanzia, 223.
Suèves (les), 159, 323, 355, 357, 359, 369, 379, 389, 391, 393.
Suévie (la), grande contrée d'Europe, 109, 389.
Suffetius (M.), 43.
Sylla (Lucius), 117.
Sylla (L. Corn.), 107, 253.
Sylores, 217.
Sylviens (les), successeurs d'Énée au trône d'Italie, 21.

TABLE ALPHABÉTIQUE

Symmaque, Samaritain, puis chrétien, traducteur du Nouveau Testament en grec, p. 139.
Symmaque, historien, 263, 267.
Syphax, 103.
Syrach, 29.
Syracuse, ville de Sicile, 75, 97, 411.
Syrie, 29, 31, 111, 115, 119, 121, 143, 175, 187, 241.
Syrie (la) Comagène, 117.
Syriens (les), 243.
Syrtes (les), 83.

T

Tabæ, 257.
Tacite, historien, 217.
Tacite (N. Claudius), empereur romain, 145.
Tadzans (les), 285.
Tage, fleuve, 355.
Talca, roi des Thraces, 123.
Tamazites, 257.
Tanaïs (*Don*), 229, 235.
Tanaïs (*Iaxarte*), 235.
Tanaquil, épouse de Tarquin l'Ancien, 45.
Tantanès, roi des Assyriens, 19.
Taprobane (*Ceylan*), île de la mer des Indes, 213.
Tarente, 69, 73, 75, 93. 99.
Tarentins (les), 69, 71.
Tarquin Collatin, neveu de Tarquin le Superbe et mari de Lucrèce, 51.
Tarquin l'Ancien, 43, 45, 47, 49.
Tarquin le Superbe, 33, 45, 49.
Tarquins (les), 53, 55.
Tarraconnaise (la), province d'Espagne, 107.
Tarse, ville de l'Asie Mineure, 145.
Tatius, roi de Cures, ville des Sabins, 63.
Taunasis, roi des Goths, 237, 239.
Taurus, chaîne de montagnes d'Asie, 113, 115, 159, 227, 243.
Tausis, fleuve, 229.
Télèphe, roi des Gètes, 245, 247.
Tellus (la deesse), 75.
Terme (le dieu), 47.
Tésin, rivière de la Gaule Transpadane, 91.
Tetricus, sénateur romain, salué empereur sous le règne d'Aurélien, 145.
Teutana (Teuta ou Teutata), reine d'Illyrie, 87.
Teutéus, roi d'Assyrie, 21.
Teutons (les), peuples de Germanie, 121.
Thaiphales, 269.
Thamiris, reine des Gètes, 247, 249, 251.
Thamiris, ville de Mésie, 249.
Thané, 15
Théocrite, satellite d'Amantius, 179.
Théodahat, cousin d'Athalaric, associé à la royauté par Amalasunthe, 183, 185, 195, 409, 411, 413.
Théodat. *Voir* Théodahat.
Théodebert, roi des Francs, 187.
Théodemir, roi des Goths, frère et successeur de Walamir, 171, 371.
Théodemir, fils de Winithaire, 261, 385, 387, 389, 391, 393, 395, 397, 399.
Théodéric le Louche, roi des Goths, fils de Triarius, 169, 171, 181, 183, 191, 223, 385, 405, 413.
Théodéric, roi des Visigoths, fils de Théodemir, 261, 321, 327, 329, 331, 333, 335, 341, 343, 345, 355, 357, 359, 365, 371, 395, 397, 399, 401, 403, 405. 407.

Théodora, belle-fille de Maximien Hercule, p. 149.
Théodora, courtisane, épouse de l'empereur Justinien, 191.
Théodose, comte de l'empire, père de l'empereur Théodose Ier, 155.
Théodose Ier, le Grand, empereur romain, 153, 155, 157, 299, 301, 303, 311.
Théodose II, empereur d'Orient, fils d'Arcadius, 159, 163, 165, 321, 323, 353.
Théodosia, ville de la Chersonèse Taurique, 227.
Théodotion du Pont, 139.
Thermantia, fille de Stilicon, épouse de l'empereur Honorius, 159, 307.
Thermopyles (les), 77.
Thersandre, chef des Grecs, 247.
Thésée, 245.
Thessalie (la), 71, 111, 299, 397.
Thessaliens (les), 75, 107.
Thessalonique, 155, 281, 397.
Theudicodo, fille naturelle de Théodéric, 405.
Theusthes, l'un des peuples de l'île Scanzia, 221.
Thiodigisglossa, roi des Goths, successeur de Thiodis, 407.
Thiodis, roi des Goths, tuteur et successeur d'Amalaric, 407.
Thola, juge des Hébreux, 19.
Thonos Concoloros, ou Sardanapale, 15, 23.
Thorcilinges ou Turcilinges, 169, 365, 401.
Thoresmund. *Voir* Thorismund.
Thorismund, fils de Hunnimund, 261, 319, 331, 337, 343, 345, 447, 353, 355, 369, 371, 405.
Thuidepert, fils du roi des Francs Lodois (Clovis), 403.
Thrace (la), 109, 143, 155, 163, 231, 233, 249, 263, 267, 279, 293, 297, 299.
Thraces (les), 109, 123, 155, 265, 295, 299.
Thransfistila, garde d'Aetius, 165.
Thrasimène, lac de Toscane, 91.
Thuides (les), 285.
Thuringiens, l'un des peuples de l'île Scanzia, 221, 393, 405.
Thuro, chef des Goths, 279.
Thuscie (la), 275.
Thylé, île de l'Océan Germanique, 213.
Tibère, troisième empereur romain (en comptant César), 129, 253.
Tibisias, fleuve, 323.
Tibre, fleuve d'Italie, 35, 43, 55, 191.
Ticinum, ville de Ligurie, 91.
Tigrane, roi d'Arménie, 117, 119.
Tigre, fleuve de Perse, 167, 241.
Tinnéus, roi d'Assyrie, 21.
Tisianus, fleuve, 229.
Tite-Live, historien, 215.
Titius, rivière de l'Illyrie, 87.
Titus, fils de Vespasien, 133.
Titus Quinctius, dictateur, 55.
Tomes, capitale de la basse Mésie, 111.
Torismund. *Voir* Thorismund.
Toscane (la), 37, 45, 59, 189, 307, 357, 409, 413.
Totila, roi des Goths en Italie, 191. 193.
Toulouse, 319, 349, 355, 357.
Tour appelée *Ferrata* à Sirmium, 147.

DES NOMS PROPRES.

Trafstile, roi de Sirmium, père de Transaric, p. 405.
Trajan, 109, 135, 155, 269, 275.
Transamund, roi des Wandales, 317.
Transaric, roi de Sirmium, fils de Trafstile, 405.
Trapezunte, ville du Pont, 227.
Trasémund, roi des Wandales d'Afrique, 405.
Trébie, rivière de la Gaule Cisalpine, 91.
Triarius, père de Théodéric le Louche, 169, 385.
Trinacrie (la), ancien nom de la Sicile, 411.
Tripoli, 137.
Tripolitaine (la), province d'Afrique, 105.
Troie, 19, 129, 245, 247, 279.
Tullia, épouse de Tarquin le Superbe, 45.
Tullus Hostilius, 41, 43, 49.
Tuncasses (les), 289.
Turic, l'un des fils de Théodéric, roi des Visigoths, 331.
Turcilinges, le même que Thorcilinges, 169, 365, 401.
Tusculum, 55.
Tyras, fleuve, 227.
Tyrrhenienne (mer), 191, 309, 315.
Tysias, fleuve, 323.

U

Udisitana, ville de Mésie, 251.
Ulméruges, peuple qui habitait les côtes de l'Océan, 223.
Ulpiana (la villa), 397.
Ulysse, 247.
Ulzingures (les), 387.
Unilt, fils d'Ostrogotha, 261.
Unixes, peuplade de l'île Scanzia, 223.
Urbius, fleuve entre l'Asturique et l'Ibérie, 357.
Ursus, soldat romain, 359.
Ustudama, maintenant Adrianople, 109.
Uthéric ou Eutharic, fils de Vidéric, époux d'Amalasunthe, fille de Théodéric, 261, 371, 405, 409.
Uto, 383.
Urindur, frère d'Attila, 383.

V

Vadimone, lac d'Étrurie, 63.
Vagosola, fleuve, 227.
Vagoths, l'un des peuples de l'île Scanzia, 221.
Vagus, fleuve de l'île Scanzia, 219.
Valens, empereur d'Orient, 151, 153, 155, 293, 295, 297, 299.
Valentinien Ier, empereur romain, 151, 153, 157, 293, 313, 327, 329, 351.
Valentinien II, empereur d'Occident, 153, 359.
Valentinien III, 153, 161, 163, 165.
Valéravans, fils de Vuldulf, 261.
Valeria, fille de Dioclétien, 149.
Valérien, empereur romain, père de Gallien, 143.
Valérien et Jean, collègues, 191.
Valérienne (la), 107, 109.
Valerius Corvinus, 63.
Valerius Publicola, 53.

Valia, roi des Visigoths, successeur d'Ataulfe, p. 161, 313, 315, 319, 321.
Vasinabronces (les), 285.
Var, fleuve de Ligurie, 85.
Varo, chef des Goths, 279.
Varron (M. Terentius), général romain vaincu à Cannes par Annibal, 93.
Védéric, fils de Berismund, 371.
Véduco, chef des Goths, 279.
Véiens (les), 37, 57.
Véies, ville de l'Étrurie, 55, 59.
Vénètes, (les) ou Liburnes, 87, 285, 287, 351.
Vénéties (les), 305, 349, 401.
Ventidius Bassus, 121.
Vergelle, rivière de l'Apulie, 93.
Verina Augusta, 167, 169.
Vernulfe, 313.
Vérone, 403.
Verus. Voir Marc-Aurèle.
Vésovis, 235, 237.
Vespasien, 133.
Vesta, 23, 39, 59.
Vestilianus, 137.
Vésuve, montagne volcanique de la Campanie, 65.
Véturius (T.) Calvinus, consul, vaincu par les Samnites aux Fourches Caudines, 65.
Victoire (déesse de la), 289.
Vidicula, le plus vaillant des Goths, 323.
Vidioariens (les), 229.
Vienne, ville de la Gaule, 157, 161, 315.
Vierge (la Sainte), 33.
Vigilias, 3.
Vindélicie, contrée de Germanie, 107.
Vindéliciens (les), 121.
Vinoviloths, l'un des peuples de l'île Scanzia, 223.
Virgile, poète, 233, 239.
Viridomar, chef des Éduens, 85.
Viscla, fleuve, 229, 271.
Visigoths, 159, 233, 263, 273, 293, 295, 299, 301, 305, 309, 311, 319, 325, 327, 329, 331, 333, 337, 339, 343, 345, 347, 349, 351, 353, 355, 357, 359, 361, 363, 365, 367, 371, 373, 397, 405.
Vistule, rivière du nord de l'Europe, 219, 227, 229.
Visumar, roi des Wandales, 283.
Vitalien, petit-fils d'Aspar, chef de la milice sous l'empereur Anastase, 177, 179.
Vitellius, 133.
Vividariens (les), 271.
Volsques (les), 57, 73.
Volusien, empereur romain, 277.
Vulcain, 87.
Vuidulf, fils d'Achiulf, 261.
Vulfila, pontife et primat des Petits-Goths, 383.
Vulfo, chef des Scires, 391.
Vulsiniens (les), peuple d'Étrurie, 75.

W

Waladamaria, nièce de Winithaire, et épouse de Balamire, 369.
Walamer, Walamir ou Walemir, roi des Goths, fils de Winithaire, 261, 335, 337, 371, 385, 387, 389, 391, 393.
Wandalarius, 371.
Wandales (les), p. 163, 165, 167, 181, 183,

187, 267, 283, 299, 307, 311, 313, 315, 319, 327, 359, 365, 405, 411.
Warnes (les), 357.
Widemir, fils de Winithaire, 261, 335, 371, 385, 391, 395, 397.
Widéric, fils de Bérimund, 261.
Widicula, 235.
Widimer, collègue de Théodemir à la royauté des Goths, 171.
Vindomina, ville de Pannonie, 381.
Winides (les), 229.
Winithaire, fils de Valéravans, 261, 367, 369.
Wisigoths. *Voir* Visigoths.
Wisimare, roi des Wandales, 283.
Witérich, de la famille des Amales, 319, 405.
Witichis, époux de Mathasuente, 261.
Witigès, roi des Goths, 185, 191, 411, 413, 415.

X

Xanthippe, général lacédémonien, 81.
Xersès Baleus, roi des Assyriens, 17.

Xerxès, fils de Darius (Xerxès 1er, fils de Darius 1er, fils d'Histaspe, et d'Atosse); roi de Perse, p. 29, 249.
Xerxès (II fils et) successeur d'Artaxerxe Longue-main, 29.

Z

Zacharie, roi d'Israël, fils de Jéroboam II (*Jornandès* Roboam), 23.
Zaméis, 15, 17.
Zamolxès, 233.
Zarabes Térés, famille la plus illustre des Goths, appelée depuis Piléates, 233.
Zénon l'Isaurien, empereur d'Orient, gendre de Léon 1er, 165, 167, 169, 171, 173, 175, 365, 399, 403.
Zeutas, 233.
Zorobabel, Juif, neveu du roi Joakim, obtient de Darius, fils d'Hystaspe, des lettres pour la reconstruction du temple de Jérusalem, 27.
Zorta, 175.

FIN.